원가관리회계

신 성 식 저

청목출판사

머리말

21세기는 국경없는 세계가 확산되면서 무한경쟁시대로 기업도 경영혁신을 통한 경쟁력 확보 없이는 살아남기 극히 어려운 실정이다. 이에 CEO들은 제품과 서비스 및 고객별 원가계산 뿐만 아니라 계획과 통제에 필요한 정확한 원가자료를 필요로 한다. 원가관리회계는 경영의사결정을 중심으로 하여 경영계획, 경영통제 등의 경영관리에 유용한 정보의 제공을 목적으로 하고 있는 회계분야이다. 이와 같이 시대적 요청에 부응하여 원가관리회계는 재무제표(F/S) 작성의 기초자료를 제공하는 것 외에 의사결정에 필요한 회계정보와 경영능률을 측정하는 제반 정보자료를 제공하므로 원가의 지식 없이는 무한 경쟁시대에서의 우위확보를 위한 경영전략을 수행하기가 불가능해졌다. 이러한 관점에서 본서는 다음과 같은 사항에 역점을 두고 저술하였다.

첫째, 본서는 학습자들이 이해하기 쉽도록 체계있게 예제와 풀이를 상세히 설명하였다.

둘째, 본서의 제1편에서는 원가관리회계의 기초적인 제품원가계산을 이해하기 쉽도록 하였고, 제2편에서는 기업내부의 일상적인 경영활동에 관련된 원가관리 및 분석, 업적평가 등 경영의사결정회계를 심도있게 다루었다.

셋째, 각종 국가고사 및 자격증 시험에 맞게 최근까지 기출제된 문제들을 장별로 수록하였다.

넷째, 학습자들이 혼자서도 충분히 공부할 수 있도록 배려하였다.

본서가 학습자들에게 많은 도움을 준다면 필자로서는 더할 수 없는 보람이겠으나 여러 가지 여건의 제약과 필자 자신의 천학비재한 탓으로 집필을 끝내고 보니 미숙하고 미미한 점이 많이 있음을 자인하지 않을 수 없다. 앞으로도 계속해서 동학재현들의 비판을 겸허히 받아들여 수정・보완해 나갈 것을 다짐하는 바이다.

2008년 9월 10일

월하리 연구실에서

저자

차 례

§ 부록

제 1 장

원가관리회계의 본질

제 1 장

원가관리회계의 본질

제 1 절 회계시스템의 의의와 목적

1. 회계정보시스템의 의의

회계의 본질을 정보시스템으로 보는 정의는 미국회계학회(AAA)의 "기초적 회계이론에 관한 보고서(ASOBAT)"에 나타난 다음과 같은 회계정의다.

"회계는 정보이용자가 사정을 잘 알고서 판단이나 의사결정을 할 수 있도록 경제적 정보를 식별하고 측정하여 커뮤니케이팅(communicating)하는 과정이다." 이 정의에서 보면 정보이용자에게 의사결정에 유용한 정보를 제공하는 것을 회계의 목적으로 보는 것이다.

회계는 의사결정에 필요한 정보를 수집하여 측정하고 이를 커뮤니케이션을 하는 시스템이라고 본다. 즉, 정보이용자로 하여금 의사결정을 용이하게 하도록 정보를 제공하는 것이 회계의 본질적 목적이며, 그 정보는 회계주체의 경제현상을 일정한 측정단위로 나타낸 계량적 정보(quantitative information)라고 한다. 회계와 경제적 환경의 상호작용은 〈표 1-1〉과 같다.

〈표 1-1〉 회계와 경제적 환경의 상호작용

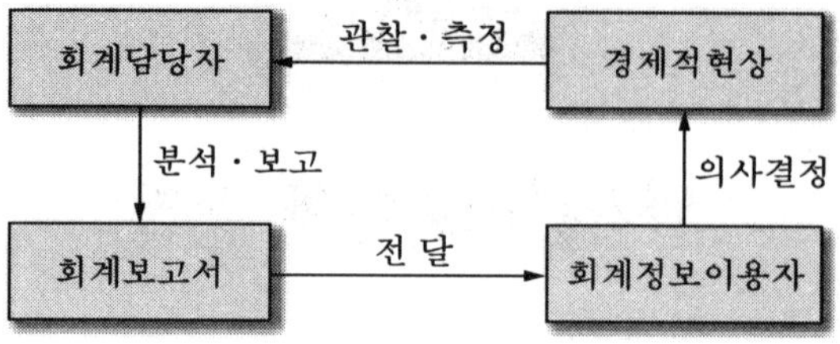

2. 회계정보시스템의 목적

경제행위를 하고 있는 이해관계자들은 모두 희소한 자원을 가지고 최대의 욕구를 충족시키려고 한다. 인간의 욕망은 무한하지만, 그것을 충족시킬 수단이나 자원은 한정되어 있기 때문에 경제원칙에 따라 최적화 행동을 하는 것이다. 따라서 투자가가 투자대상이 되는 실체를 선택할 때는 각 기업실체의 투자수익과 위험(risk)을 예측하고 비교함으로써 최대의 수익을 얻을 수 있는 기업실체를 선택하는 의사결정(decision making)을 할 것이다. 이런 의사결정과정이 바로 희소한 자원배분에 관한 의사결정이며, 이 과정에서 이해관계자는 합리적인 정보를 얻고자 할 것이다. 이러한 정보욕구에 따라 회계정보를 적시에 제공하여 이해관계자의 합리적 의사결정을 돕는 것이 바로 회계시스템의 주된 목적이며 기능인 것이다.

회계시스템(accounting system)은 정보이용자들이 희소자원의 배분에 관한 합리적 의사결정을 할 수 있도록 기업실체의 경제적 활동을 화폐단위로 측정 · 기록하고 이 자료를 유용한 정보로 처리 · 요약하여 이해관계자들에게 전달하는 수단이다. 따라서 회계시스템은 거의 모든 조직에 있어서 필요하고 중요한 계량적 정보시스템인 것이다. 효율적인 회계시스템은 다음과 같은 세 가지의 광범위한 목적을 위하여 정보를 제공하여야 한다. 즉, ① 경영자의 일상적 활동계획 및 통제에 이용되기 위한 내부보고 ② 특수의사결정, 기업의 전략적 계획과 경영정책을 하기 위한 내부보고 ③ 주주, 정부, 기타 이해관계자 집단을 위하여 정보를 제공하는 외부보고 등이 있다. 여기에서 세 번째 목적인 외부보고는 "일반적으로 인정된 회계원칙(GAAP)"에 의해 주로 회계의 역사적이고 재무적 측면이 엄격하게 제약을 받는 재무회계(financial accounting)이다. 첫 번째, 두 번째의 목적인 내부보고는 기업내부의 이해관계자에게 유용한 회계정보를 제공하는 관리회계(managerial accounting)이다. 정보이용자를 중심으로 한 분류는 〈표 1-2〉와 같다.

〈표 1-2〉 정보이용자를 중심으로 한 분류

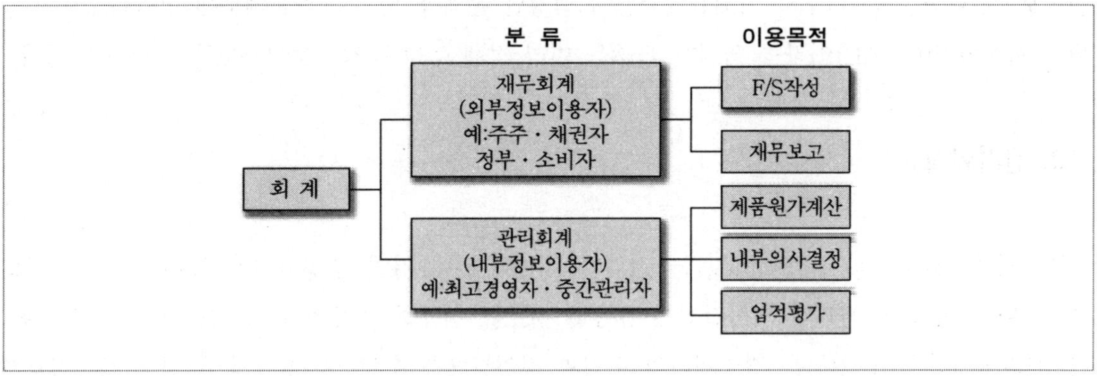

제 2 절 재무회계와 관리회계의 차이 및 관계

현재 일반적으로 인정되고 있는 회계의 목적은 "정보이용자가 경제적 의사결정을 하는데 유용한 정보를 제공하는 것"이라고 의견의 일치를 보고 있다. 회계의 목적이 의사결정에 유용한 정보를 제공하는 것이라는 사실에 비추어 회계정보이용자가 기업외부인인가 아니면 기업내부에서 회계정보를 이용하는가에 따라 재무회계와 관리회계로 분류하는 것이 보통이다.

1. 재무회계

재무회계(financial accounting)는 기업의 외부이해관계자인 주주나 채권자 등에게 일반적으로 인정되는 회계원칙(GAAP)에 따른 재무제표(F/S)를 통하여 경제적 의사결정에 유용한 정보를 제공하는 것을 목적으로 하는 회계분야이다.

재무회계의 주요 기능은 기업환경내에서 자원배분이 효율적으로 이루어질 수 있도록 기업에 관한 양적 · 화폐적인 재무정보(financial information)를 제공하는 것이라고 할 수 있다. 즉, 정보이용자의 정보활용목적에 맞는 정보를 제공함으로써 기업환경내에 존재하는 이해관계자집단(interest group)의 자원배분에 관한 의사결정을 도와주고, 그 결과 사회전체의 효용을 향상시키는데 있다.

이러한 재무회계의 기능이 효율적으로 수행되기 위해서는 중립적이고 편견이 없는 재무정보를 제공하여야 한다. 만약 재무회계에서 산출된 회계정보가 특정의 이해관계자에게만 유리하도록 측정 · 보고된다면 다른 다수의 이해관계자들이 엄청난 손해를 볼 수 있기 때문에 일반적으로 인정되는 회계원칙(GAAP)이라는 엄격한 기준을 미리 정해 두고 측정 · 보고하도록 규정하고 있다.

2. 관리회계

관리회계(managerial accounting)는 기업의 내부이해관계자인 경영관리자 등에게 보고수단의 형식이나 제한 없이 관리적 의사결정에 유용한 정보를 제공하는 것을 목적으로 하는 회계분야이다. 관리회계의 주요 기능은 경영계획의 수립과 경영통제를 수행하는데 도움이 되는 회계정보를 수집 · 정리 · 해석하고 이를 관리적으로 이용하는데 있다.

관리회계에 의해 작성되는 관리회계보고서는 재무제표(F/S)와는 달리 특정의 양식 없이 자유롭게 작성될 수 있고, 법적 강제력 없이 기업의 특성에 맞게 임의로 작성하며, 화폐액만이 아닌 물량자료 · 비계량적 자료도 표시될 수 있으며, 과거의 자료뿐만 아니라 미래의 자료도 포함될 수 있다.

기업 경영상 재무회계와 관리회계는 공존하여야 하고 각각의 목적에 따라 회계를 수행하여야 한다. 양자는 추구하는 목적이 다르므로 이들간의 차이를 조정할 필요가 있는 것이다.
양자의 관계와 조정은 〈표 1-3〉과 같이 나타낼 수 있다.

〈표 1-3〉 재무회계와 관리회계와의 관계

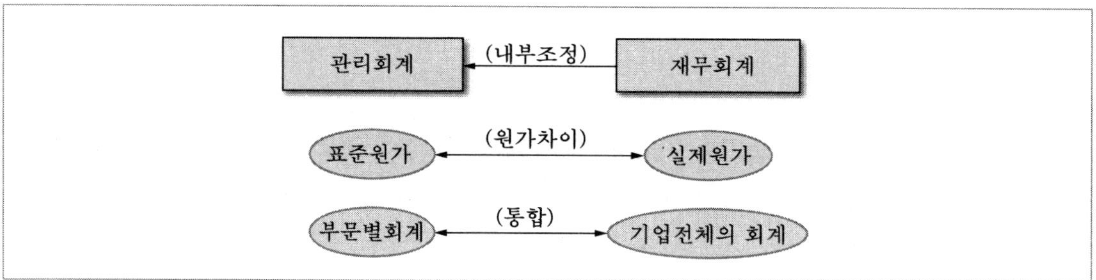

〈표 1-3〉과 같이 먼저 기업내부에서 관리회계가 수행되고, 다음에 외부보고 목적의 재무회계가 수행된다. 관리회계와 재무회계의 조정의 예로 표준원가회계시스템을 채택하고 있으며 관리회계상의 표준원가(standard costs)와 재무회계상의 실제원가(actual costs)를 조정하기 위해서는 원가차이(예 : 재료비 차이, 노무비 차이)를 계산하여 조정한다. 또 관리회계상 부문별회계(예 : 사업부회계)를 하고 있으면 재무회계상 기업전체의 회계로 조정해야 한다.
재무회계와 관리회계의 차이점은 〈표 1-4〉와 같다.

〈표 1-4〉 재무회계와 관리회계의 차이점

구 분	재 무 회 계	관 리 회 계
목 적	외부이용자의 경제적 의사결정에 유용한 정보를 제공하기 위한 외부보고목적	내부경영자의 경제적 의사결정에 유용한 정보를 제공하기 위한 내부보고목적
보 고 대 상	광범위한 외부이해관계자 예 : 주주, 채권자, 투자자	내부이해관계자 예 : 경영관계자(CEO), 종업원
기 준 (원칙)	GAAP(기업회계기준)	일정한 기준이 없음
보 고 양 식	재무제표(F/S)	일정한 양식이 없는 관리회계보고서(원가보고서, 성과보고서 등)
보 고 시 점	1년 및 반기	일별, 주별, 월별, 분기별, 반기별, 연도별로 보고될 수 있음
법적강제여부	법적강제성이 있음. 기업회계기준에 입각해서 작성되어야 함	법적강제성이 없음. 경영자의 관리적 목적에 따라 자유 선택됨

제 3 절 재무회계, 관리회계와 원가회계의 구분

재무회계는 기업전체를 계산단위로 하여 그의 대외적 경제활동을 파악의 대상으로 하며 이것을 자산, 부채, 자본 및 수익, 비용의 증감 또는 발생 등으로 수집・기록・분류・정리하여 기업의 경영성과와 재무상태에 대한 정보를 집계하여 외부정보이용자들에게 유용한 회계정보를 제공하는 것에 초점을 두는 회계이다.

관리회계는 기업의 조직의 목적을 달성하기 위하여 경영관리자의 합리적인 의사결정에 도움이 되는 정보를 파악・집계・측정・분석・해석・전달하는 과정을 거쳐 내부경영관리자들에게 유용한 회계정보를 제공하는 미래지향적인 내부회계이다.

원가회계는 기업내부의 경영계획과 통제, 외부보고, 그리고 특수의사결정에 필요한 정보를 제공하기 위하여 원가자료를 집계・배부하는 회계를 말한다. 원가회계는 재무회계 목적과 경영관리목적이 있는데 재무회계목적의 원가회계는 대차대조표(B/S)상의 재고자산 평가와 손익계산서(I/S)상의 매출원가 산정을 위한 제품원가계산을 하는 원가회계를 말한다.

한편, 경영관리목적의 원가회계는 예산편성(budgeting), 경영통제와 특수의사결정에 필요한 원가자료를 제공한다. 따라서 원가회계는 제품원가계산과 경영관리에 필요한 정보를 제공한다는 두 가지의 기능을 가지고 있기 때문에 재무회계와 관리회계의 일부분이라고 말할 수 있다. 재무회계, 원가회계 및 관리회계를 구분 표시하면 〈표 1-5〉와 같다.

〈표 1-5〉 재무회계, 원가회계 및 관리회계의 관계

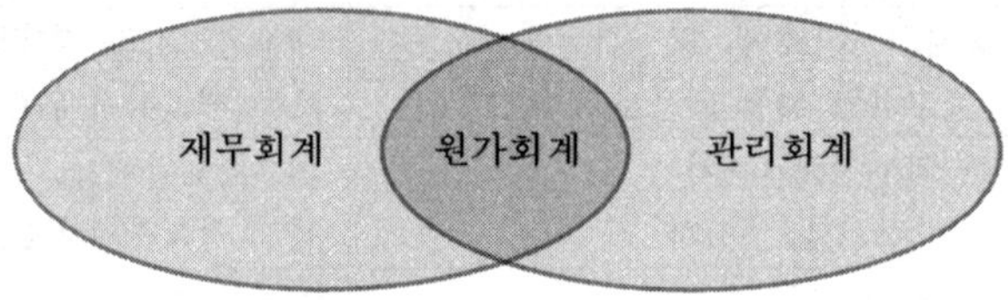

제4절 원가회계와 관리회계의 구분

관리회계자료의 대부분은 원가자료이므로, 관리회계와 원가회계를 분명하게 구분한다는 것은 쉽지 않으며, 양자간의 차이가 있다면, 그것은 강조점을 달리하는 정도에 불과하다고 할 수 있다.

원가회계는 원가자료를 집계, 배부 및 분석하는 측면을 강조하고, 관리회계는 기업내부의 계획과 통제, 그리고 특수의사결정에 원가자료를 활용한다는 측면을 강조하고 있다. 원가자료의 집계・배부・분석(원가회계)과 원가자료의 활용(관리회계)은 서로 연관성이 있기 때문에 대부분의 원가회계 서적은 관리회계 문제를 다루고 있으며, 또한 대부분의 원가회계서적들은 원가의 집계・배부와 분석에 관한 내용을 다루고 있는 것을 볼 수 있다. 따라서 현실적으로 원가회계와 관리회계는 내용의 중복이 많고, 그 내용의 구분도 명확하지 않다.

일부의 학자들은 원가회계는 제품원가계산을 강조하고 관리회계는 원가회계에서 산출된 원가정보를 의사결정에 활용되는데 강조점을 두고 있다고 말한다. 이러한 경우에 원가회계는 공장수준의 회계이고, 관리회계는 최고경영관리계층(CEO)의 회계라고 할 수 있다.

그러나 현실적으로 원가회계와 관리회계는 거의 같은 의미로 사용되고 있는 경우가 많다. 협의의 원가회계는 제도적 원가계산을 말하지만, 광의로 사용할 경우에는 원가회계와 관리회계의 구분은 더욱 모호해진다. 이러한 이유 때문에 현대 원가회계는 관리회계와 동의어로 사용되고 있다.[1)]

그러나 원가회계와 관리회계간의 관계에 대하여 벨코이(A. Belkaoui, Conceptual Foundation of Management Accounting, 1980)는 원가회계에 다양한 다른 학문의 기법들을 가미한 것이 관리회계라 보아 원가회계의 영역이 확장되어 관리회계를 이루고 있다고 설명하였다. 즉, 관리회계는 다음과 같은 면에서 원가회계보다 영역이 확장되었다는 것이다.

---

1) 심재석, 『현대원가회계』, 법문사, 1995, p. 10.

① 관리회계는 회계정보의 설명능력 뿐만 아니라 예측능력도 강조한다.

② 관리회계는 수학적 기법, 통계적 기법 및 오퍼레이션 리서치(operation research) 기법들을 중시하므로 회계연구에 규범적 모델을 적용하게 하였다.

③ 관리회계는 회계정보가 정보이용자에게 미치는 행동적 영향을 강조한다.

④ 관리회계는 회계정보의 목적적합성을 재고시키기 위하여 경제적 정보, 환경적 정보 및 질적 정보를 활용한다.

⑤ 관리회계는 컴퓨터에 대한 의존도를 높여 정보의 집중화를 초래하고, 나아가서 관리회계담당자로 하여금 정보의 종합적 관리를 하게 된다.[2)]

2) 홍정화 외 8인 공저, 『원가관리회계』, 두남, 1997, p. 6.

연 습 문 제

〈주관식〉

1. 재무회계와 관리회계의 차이점을 비교 · 설명하여라.

2. 회계정보시스템의 의의와 목적을 설명하여라.

3. 원가회계와 관리회계의 동질성 및 차이점을 비교 · 설명하여라.

4. 회계정보이용자를 설명하여라.

5. 회계가 환경에 미치는 영향을 약술하여라.

6. 회계와 경제적 환경의 상호작용을 설명하여라.

7. 원가관리회계의 목적을 설명하여라.

8. GAAP란 무엇인가?

9. 회계정보시스템이 기업에서 왜 중요한가?

10. 원가관리회계 영역에는 무엇이 있는가?

제 2 장

원가의 흐름

제 2 장

원가의 흐름

제 1 절 원가의 흐름이란?

원가계산제도는 재무회계와 유기적으로 결합되어 있으므로 원가계산을 고찰함에 있어서는 기업내의 원가의 흐름과 이에 따른 원가관련 계정의 흐름을 파악할 필요가 있다. 이와 같은 원가의 흐름이 기간손익계산과 어떤 관련을 갖게 되는가? 또는 원가계산제도하에서의 원가의 흐름이 어떻게 변화하는가를 파악해야 한다.

제조기업의 경영활동은 기본적으로 구매, 제조 및 판매활동을 통하여 이루어지기 때문에 원가의 흐름도의 각 단계를 통하여 추적 파악할 수 있다. 따라서 회계담당자가 해결하여야 할 주요한 문제는 제조공정을 통하여 원가흐름을 파악하는 것이다.

〈표 2-1〉 상기업과 제조기업의 경영활동

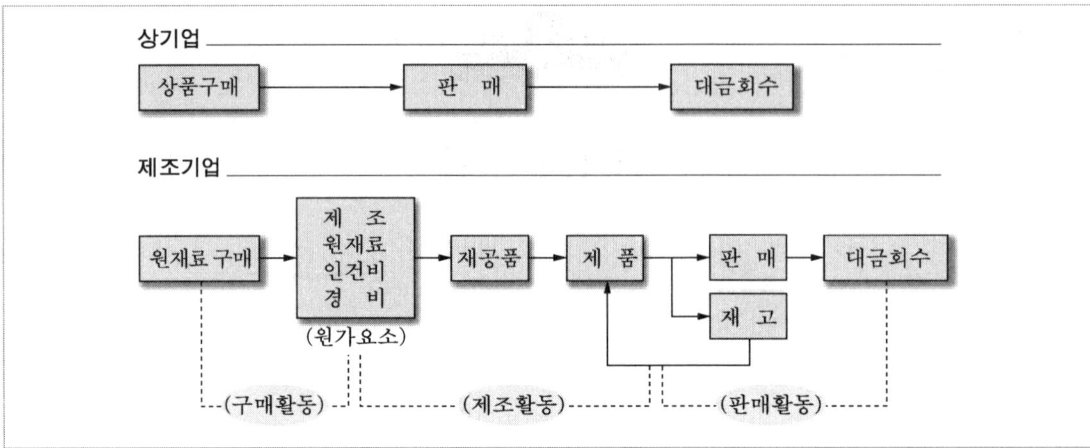

제 2 절 제조원가의 흐름

제조의 순환과정에서 제조원가의 흐름은 〈표 2-2〉에서 보는 바와 같다. 원재료는 창고에서 출고되어 제조공정에 투입되며, 제조공정에서는 노동과 기타자원을 투입하여 제조작업을 수행한다. 이 과정에서 직접재료비, 직접노무비 및 제조간접비의 형태로 제조원가가 발생한다. 이렇게 발생된 제조원가는 일단 재공품계정에 기록되며, 제품이 완성되면 그에 상당하는 원가는 제품계정으로 대체된다. 마지막으로 판매된 제품에 상당하는 제조원가만을 수익·비용 대응의 원칙에 따라 매출원가 계정에 대체하여 비용화한다.

〈표 2-2〉 제조원가의 흐름

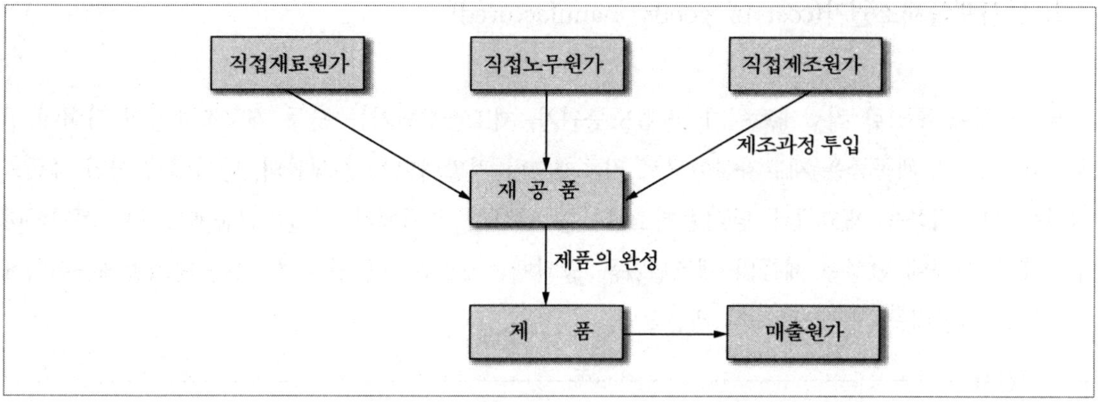

〈산식〉

· 직접 재료 원가 = 기초재료재고액 + 당기재료매입액 - 기말재료재고액
· 당기총제조원가 = 직 접 재료원가 + 직 접 노무원가 + 간 접 제조원가

제 3 절 원가계산의 절차

제조원가의 흐름을 바탕으로 제품의 원가계산절차는 다음과 같다.

1. 당기총제조원가(total manufacturing costs)

당기에 제품제조를 위해 투입된 총원가요소를 말하며, 직접재료비, 직접노무비, 제조간접비로 구성된다. 직접재료비는 당기에 제조과정에 투입된 재료의 원가이다. 그런데 재료는 재고자산이므로 기초재고나 기말재고가 존재한다. 당기에 제조과정에 투입한 직접재료원가는 기초재료재고액과 당기재료매입액을 가산한 금액에서 기말재료재고액을 차감하여 산출한다.

직접노무원가는 당기에 제조과정에 투입한 생산직 근로자의 임금으로서 임금지급액에 전기나 당기의 미지급분을 조정하여 당기분을 계산하고, 간접제조원가는 간접재료원가, 간접노무원가, 경비 등을 집계하여 총액을 제조원가에 산입한다.

2. 당기제품제조원가(cost of goods manufactured)

제조과정에 투입한 직접재료원가, 직접노무원가, 제조간접원가는 모두 재공품계정의 차변에 집계된다. 그런데 재공품은 재고자산이므로 기초재고나 기말재고가 존재한다. 당기에 완성된 제품의 원가는 기초재공품 재고액과 당기총제조원가를 가산한 금액에서 기말재공품재고액을 차감하여 구한다. 당기중에 완성된 제품의 제조원가를 당기제품제조원가를 말하며, 이는 당기총제조원가에서 기초·기말재공품을 조정하여 계산한다.

〈산식〉

당기제품제조원가 = 기초재공품원가 + 당기총제조원가 - 기말재공품원가

3. 매출원가(cost of goods sold)

당기에 판매한 제품의 원가를 말하며 이는 당기제품제조원가에 제품의 기초·기말재고를 조정하여 계산된다.

〈산식〉

매출원가 = 기초제품재고액 + 당기제품제조원가 - 기말제품재고액

제 4 절 제조원가의 회계처리

제조원가의 흐름을 순차적으로 회계처리하면 다음과 같다.

1. 원재료의 매입 : 원재료를 현금으로 매입할 경우

(차) 원 재 료 ××× (대) 현 금 ×××

2. 원재료의 사용 : 원재료를 제조과정에 사용되어 투입될 경우

(차) 재 공 품 ××× (대) 원 재 료 ×××

3. 직접노무원가의 발생

· 생산직 근로자의 노동력이 제조과정에 투입될 경우

(차) 재 공 품 ××× (대) 미 지 급 임 금 ×××

· 공장감독자, 수위 등에게 지급하는 간접노무원가가 발생시

(차) 제 조 간 접 원 가 ××× (대) 미 지 급 원 가 ×××

4. 제조간접원가의 발생 : 제조간접원가는 그 구성항목이 다양하므로 일차적으로 제조간접원가를 집계할 필요가 있다.

(차)			(대)	
제 조 간 접 원 가	×××		미 지 급 임 금	×××
			공 장 소 모 품	×××
			감가상각누계액	×××
			미 지 급 비 용	×××

5. 제조간접원가의 대체 : 제조간접원가계정 차변에 집계한 제조간접원가 총액을 재공품계정에 대체한다.

(차) 재 공 품 ××× (대) 제 조 간 접 원 가 ×××

6. 제품의 완성 :재공품 가운데 당기에 완성된 제품의 원가(당기제품제조원가) 제품계정으로 대체한다.

(차) 제 품 ××× (대) 재 공 품 ×××

7. 판매한 제품의 원가 : 제품 가운데 당기에 판매한 제품의 원가를 매출원가계정으로 대체한다.

(차) 매 출 원 가 ××× (대) 제 품 ×××

T계정을 통한 제조원가의 흐름도

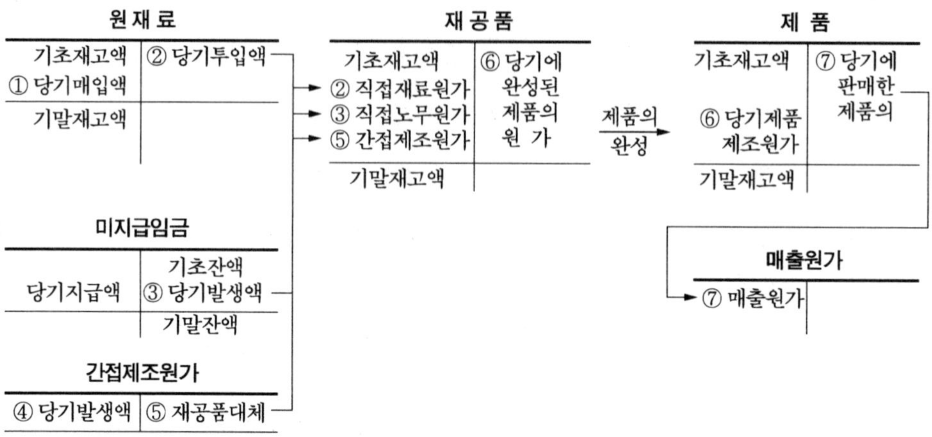

* 위의 경우는 재공품계정이 하나이므로 간접제조원가 계정에서 집계된 원가 전액이 재공품으로 대체되나, 재공품계정이 둘 이상인 경우에는 각 재공품에 간접제조원가가 배부된다.

〈예제 2-1〉 한양공업(주)의 1월 한달 동안의 생산활동과 관련된 자료는 다음과 같다.

〈산식〉

(1) 생 산 :

완성품수량	2,500개
당기직접재료매입액	₩20,000
당기직접재료사용액	60,000
직접노무원가	25,000
제조간접비	40,000

(2) 재 고 :

	기초재고	기말재고
직접재료	₩50,000	₩10,000
재 공 품	15,000	10,000
제 품	15,000	15,000

(3) 매 출 :

매출수량	2,000개
매 출 액(@80)	₩160,000
판매비와 관리비	25,000

〈물 음〉

(1) 1월의 원가흐름을 분개하시오.

(2) 위(1)의 분개를 T계정에 전기하시오.

(3) 제조원가명세서를 작성하시오.

(4) 손익계산서를 작성하시오.

(김범진 · 박인주 외 7인 공저, 『원가관리회계』, 두남, 1997년, pp. 40~42)

[해답]

1) 분 개

① 직접재료의 매입

(차)	직 접 재 료	20,000	(대)	외상매입금	20,000

② 직접재료의 투입

(차)	재 공 품	60,000	(대)	직 접 재 료	60,000

③ 직접노무비의 발생

(차)	재 공 품	25,000	(대)	미지급임금	25,000

④ 제조간접비의 발생

(차)	제 조 간 접 비	40,000	(대)	미지급비용	40,000

⑤ 제조간접비의 대체

(차)	재 공 품	40,000	(대)	제조간접비	40,000

⑥ 제품의 완성

(차)	제 품	130,000	(대)	재 공 품	130,000

⑦ 제품의 판매

(차)	외 상 매 출 금	100,000	(대)	매 출	100,000
(차)	매 출 원 가	130,000	(대)	제 품	130,000

⑧ 판매비와 관리비의 발생

(차)	판매비와관리비	25,000	(대)	미지급비용	25,000

2) T계정에의 전기

직접재료

차변	대변
50,000	② 60,000
① 20,000	10,000
70,000	70,000
10,000	

재 공 품

차변	대변
기초 15,000	⑥ 130,000
② 60,000	
③ 25,000	
⑤ 40,000	
140,000	10,000
10,000	140,000

제 품

차변	대변
기초 15,000	⑦ 130,000
⑥ 130,000	125,000
145,000	145,000
15,000	

매출원가

차변	대변
⑦ 130,000	

미지급임금

차변	대변
	③ 25,000

외상매출금

차변	대변
⑦ 160,000	

판매비와 관리비

차변	대변
⑧ 25,000	

제조간접비

차변	대변
④ 40,000	⑤ 40,000

매 출

차변	대변
	⑦ 160,000

외상매입금

차변	대변
	① 20,000

미지급비용

차변	대변
	④ 40,000
	⑧ 25,000

3) 제조원가명세서의 작성

제조원가명세서

재 료 비 :		
기초재고액	₩50,000	
당기매입액	20,000	
계	70,000	
기말재고액	10,000	₩60,000
노무비		25,000
경 비		40,000
당기총제조원가		₩125,000
기초재공품재고액		15,000
합 계		₩140,000
기말재공품재고액		10,000
당기제품제조원가		₩130,000

4) 손익계산서의 작성

손익계산서

매 출 액		₩160,000
매 출 원 가		
기초제품재고액	15,000	
당기제품제조원가	130,000	
판매가능제품액	145,000	
기말제품재고액	15,000	130,000
매 출 총 이 익		30,000
판매비와 관리비		25,000
당 기 순 이 익		₩5,000

제 5 절 제조원가명세서

우리나라 기업회계기준상 제조원가명세서 양식은 아래와 같다.

제 조 원 가 명 세 서

(단위: 원)

과 목	당 기		전 기	
Ⅰ. 직 접 재 료 원 가				
1. 기 초 재 고 액	×××			
2. 당 기 매 입 액	×××			
계				
3. 기 말 재 고 액	×××	×××		
Ⅱ. 직 접 노 무 원 가				
1. 급 여	×××			
2. 퇴 직 급 여	×××	×××		
Ⅲ. 간 접 제 조 원 가				
1. 전 력 비	×××			
2. 가 스 수 도 비	×××			
3. 운 임	×××			
4. 감 가 상 각 비	×××			
5. 수 선 비	×××			
6. 소 모 품 비	×××			
7. 세 금 과 공 과	×××			
8. 임 차 료	×××			
9. 보 험 료	×××			
10. 복 리 후 생 비	×××			
11. 여 비 교 통 비	×××			
12. 통 신 비	×××			
13. 특 허 권 사 용 료	×××			
14. ………………………	×××			
15. 잡 비	×××	×××		
Ⅳ. 당 기 총 제 조 원 가		×××		
Ⅴ. 기 초 재 공 품 재 고 액		×××		
Ⅵ. 합 계		×××		
Ⅶ. 기 말 재 공 품 재 고 액		×××		
Ⅷ. 유형자산(또는 타계정)대체액		×××		
Ⅸ. 당 기 제 품 제 조 원 가		×××		

연 습 문 제

〈주관식〉

1. 원가의 흐름이 무엇인가?

2. 제조원가가 기업에서 왜 중요한가?

3. 원가시스템에 대하여 설명하여라.

4. 제조원가 계산절차를 설명하여라.

5. 제조원가의 흐름을 T계정으로 설명하여라.

6. 당기총제조원가란 무엇인가?

7. 당기제품제조원가란 무엇인가?

8. 매출원가란 무엇인가?

9. 재공품이 왜 중요한가?

10. 제조원가명세서를 설명하여라.

제 3 장

원가의 개념과 분류

제 3 장

원가의 개념과 분류

제 1 절 원가의 일반적 개념

1. 원가의 의의

원가(costs)란 제품의 제조, 용역의 생산 및 판매를 위하여 소비된 경제가치의 소비액을 말한다. 원가의 개념은 원가를 파악하는 목적에 따라 차이가 있다. 클라크(J. M. Clark)는 그의 저서 『간접비의 경제학』에서 "상이한 목적에 따라 상이한 원가(different costs for different purposes)"라는 말로 원가회계의 기본적 사고가 말하여 주듯이 원가의 개념은 여러 가지 목적에 따라 달리 적용되고 있으며 원가에 관한 용어도 시대적 배경과 회계학의 발전에 따라 변화·발전되어 왔다. 미국회계학회(AAA)의 1951년도 보고서에 의하면 원가에 대한 필요가 있으면 발생하고 필요가 없으면 따라서 그 개념도 변화하는 특성을 갖고 있다고 지적하였다.

1930년대 초기에 독일의 슈마렌바하(Schmalenbach)는 "원가라고 하는 것은 일정의 급부를 위해서 소비된 재화의 원가계산상 평가되는 가치"라고 정의를 내리고 있다. 이 정의에 나타난 특징을 요약해 보면, 첫째는 재화(goods)가 소비되었다고 해서 모두가 원가에 포함되는 것이 아니라 급부(Leistung : output, performance)와 관련하여 나타난 소비만이 원가가 된다는 점이다. 둘째는 급부를 위하여 재화가 소비되었다고 하더라도 원가계산과정에서 제외되는 것이 있다는 것을 지적하고 있다.

종전의 원가회계가 제품원가계산의 단계를 벗어나 경영관리에 활용됨에 따라 원가의 개념도 폭

넓게 달라졌다. 그 예가 1951년도 미국회계학회(AAA)의 「원가개념 및 기준위원회」의 보고서에서 "원가란 특정의 목적을 달성하기 위해서 발생하였다든가 또는 발생할 가능성이 있는 희생을 화폐가치로 측정한 것(cost is foregoing measured in monetary terms, incurred or potentially to be incurred to achieve a specific objective)"라고 정의하고 있다. 이 정의에서 말하고 있는 희생(foregoing)이라는 것은 상실되었다든가, 또는 상실될 것으로 기대되는 가치를 뜻하는 것으로서 경제가치의 상실을 의미한 것으로 풀이할 수 있다.

1955년 미국회계학회(AAA)의 보고서에서 "원가란 경영목적에 따라 유형·무형의 경제적 자원을 취득하거나 창출함에 있어 의도적으로 포기된 또는 포기될 가치측정액에 대한 일반적 용어(for business purpose, cost is general term for a measured amount of value purposefully released or to be released in the acquisition or creation of economic resources, either tangible or intangible)"라고 정의하고 있다.

여기에서는 원가를 가치의 희생 또는 포기의 개념으로 규정함으로써 원가는 지출원가뿐만 아니라 기회원가에 의해서도 측정될 수 있음을 말하고 있으며, 아울러 자원의 취득원가를 포함하고 과거와 미래원가까지 포괄하고 있다.

미국공인회계사회(AICPA)는 회계용어공보 제4호에서 "원가라고 하는 것은 수취하였다든가 또는 수취할 것으로 기대되는 재화나 용역에 대하여 지출한 현금이나 이전한 재산, 발행한 주식, 제공한 용역 또는 발생한 부채의 화폐적 평가액을 말한다.(cost is the amount, measured in money of cash expended or other property transferred, capital stock issued, services performed, on a liability, incurred, in consideration of goods or services received or to be received)"라고 정의하고 있다. 여기에서 원가란 다른 자산이나 재화 또는 용역과의 교환으로 현금의 지출, 타자산의 이전, 용역의 제공, 주식의 발행을 화폐액으로 추정한 것으로 볼 수 있다.

우리나라 한국공인회계사(KICPA)의 원가계산기준에 의하면 "(1) 원가라 함은 경영에 있어서 일정한 급부에 관련하여 파악된 재화 또는 용역의 소비를 화폐가치로 표시한 것이며, (2) 원가는 경영목적 이외의 경제가치의 소비나 이상상태하의 경제가치의 감소를 포함하지 아니한다"라고 규정하고 있다.

위에서 고찰한 원가의 제개념을 정리해 보면 "원가란 특정한 목적을 달성하기 위하여 희생된 또는 희생될 경제적 자원을 화폐단위로 표시한 것"이라고 말할 수 있다. 그리고 원가계산제도하에서 원가가 될 수 있는 제약요건은 다음과 같이 5가지로 요약할 수 있다.

〈원가가 될 수 있는 제약요건〉

① 원가는 급부생산과 관련되어야 한다.
② 원가는 경제적 가치가 소비되어야 한다.
③ 원가는 경영목적과 관련되어야 한다.
④ 원가는 정상적인 상태하에서 소비되어야 한다.
⑤ 원가는 화폐단위로 측정될 수 있어야 한다.

2. 원가와 비용

원가와 비용은 다같이 기업경영의 자본순환과정에서 나타나는 경제가치의 소비액을 화폐액으로 측정한 것이라는 점에서는 동일하다. 그러나 원가가 특정제품이나 용역을 생산하기 위해서 희생된 경제적 가치를 말하나, 비용은 일정기간 내에 기업의 수익과의 관련하에서 발생하는 경제가치의 희생액이라는 점에서 개념상의 차이를 가진다.

즉, 비용은 수익을 획득하기 위하여 사용된 원가로서 소멸원가(expired costs)라고도 한다. 따라서 경제가치의 소비라는 관점에서 보면 원가와 비용은 같은 의미로 이해할 수 있다. 그러나 원가회계에서 원가는 재화나 용역을 생산하여 판매하기 전단계인 자산의 형태가 변화되는 생산과정에서 일어난 경제가치의 소비이고, 비용은 수익창출인 판매과정에서 일어나는 경제가치의 소비이다. 그러므로 개념상 원가는 자산이고, 비용은 자산인 원가가 소비된 것, 즉 소멸된 원가인 것이다.

또한 원가와 자산, 비용 및 손실과의 관계는 다음과 같이 나타날 수 있다. 원가는 재화나 용역을 얻기 위하여 소비된 경제적 가치 즉, 소멸원가가 되며, 자산은 재화나 용역과 관련된 미래의 경제적 효익이 아직 소멸되지 아니한 미래로 이연되는 미소멸원가(unexpired costs)가 되며, 이것은 대차대조표에 자산으로 계상된다. 소멸원가는 수익을 창출하는데 기여했으면 비용으로 계상하고, 수익의 창출과 관계없이 소멸되었다면 손실(losses)로 분류된다.

〈표 3-1〉 원가와 자산, 비용 및 손실과의 관계

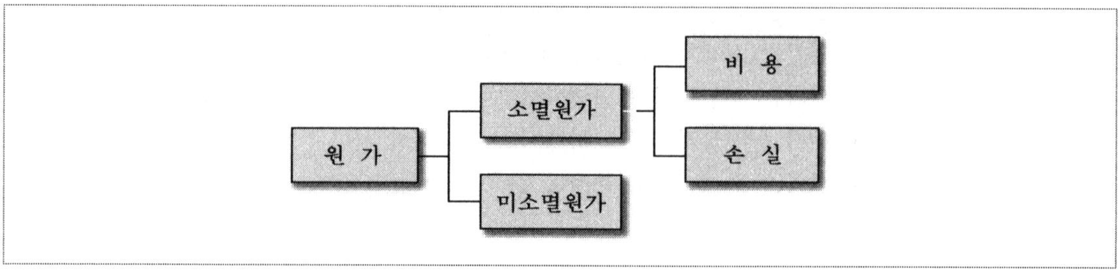

슈말렌바하(E. Schmalenbach)는 원가계산 제도하에서 원가구성력의 여부에 따라 원가와 비용의 상호관계를 다음과 같이 설명하고 있다. 즉, 손익계산상의 비용이나 원가계산상의 원가가 아닌 것을 중성비용이라 하고, 원가계산상의 원가이지만 손익계산상의 비용이 아닌 것을 부가원가라고 하고 있다. 그리고 손익계산상의 비용인 동시에 원가가 되는 것을 목적비용이라고 하고, 원가계산상 원가인 동시에 비용이 되는 것을 기초원가라고 한다. 원가와 비용의 상호관계는 〈표 3-2〉에서 잘 나타내고 있다.

〈표 3-2〉 원가와 비용과의 관계

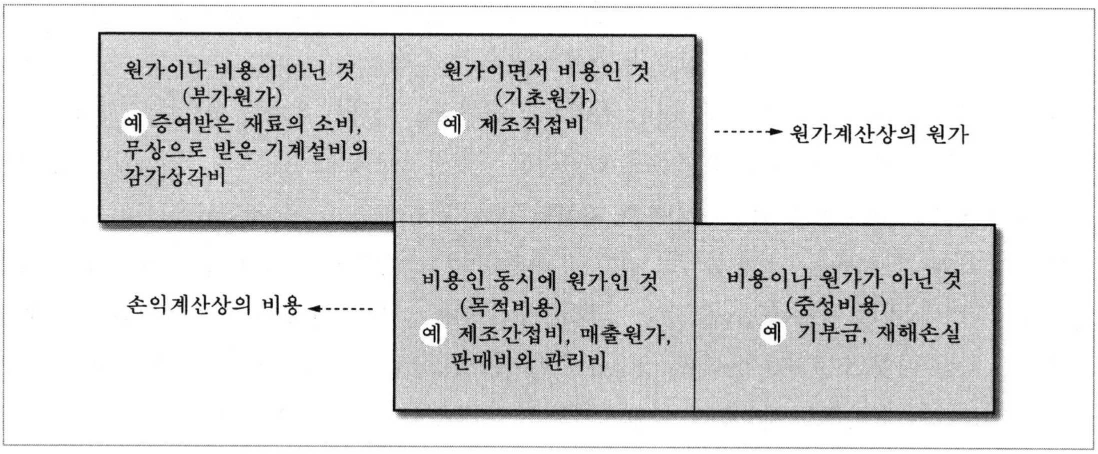

위와 같이 원가와 비용은 그 개념에 따라 구분하고 그 각각을 여러 가지로 분류하기도 하지만 때에 따라서는 구별하지 않고 혼용하는 경우도 많다.

제 2 절 원가의 분류

원가란 특정제품이나 용역을 생산하기 위해서 희생된 경제적 가치라는 점에서 모든 원가가 갖는 공통의 특징인 것이다. 그러나 원가가 어떻게 분류되느냐 하는 것은 원가의 사용목적이나 관점에 따라 〈표 3-3〉과 같이 분류된다.

〈표 3-3〉 원가의 분류

분 류 기 준	원 가 항 목
발 생 형 태	재료비, 노무비, 경비
추 적 가 능 성	직접비, 간접비
경 영 기 능 상	제조원가, 판매원가, 관리원가
관리가능성 여부	관리가능비, 관리불능비
파악하는 시점	실제원가, 예정원가
수익과 대응관계	제품원가, 기간원가
조업도와 관련성	변동비, 고정비
의사결정과 관련성	부가원가, 미래원가, 대체원가, 차액원가, 기회원가, 회피가능원가, 현금지출원가, 연기가능원가, 매몰원가

1. 발생형태에 따른 분류

원가는 발생형태에 따라 재료비, 노무비, 경비로 분류되며, 이 3가지의 요소를 원가의 3요소라고 한다.

1) 재료비

재료비(material cost)는 제품의 제조에 소요되는 재료의 소비액을 말한다. 재료비는 주요재료비, 보조재료비, 부분품비, 소모공구기구비품비, 공장소모품비등이 있다. 재료비는 그 추적 가능성에 따라 직접재료비와 간접재료비로 분류한다. 재료비는 재료의 소비량에 단가를 곱하여 계산한다.

2) 노무비

노무비(labor cost)는 제품을 제조하는데 직접, 간접으로 종사한 종업원에 대하여 소비된 가치,

즉 노동력의 소비에 대하여 발생한 원가를 말한다. 노무비는 임금, 급료, 잡급, 종업원 상여수당 등이 있다. 노무비는 보통 작업시간 또는 생산량을 기준으로 계산한다.

3) 경비

경비(overhead cost)는 제품의 제조에 소비된 가치로서 재료비, 노무비 이외의 원가요소를 말한다. 경비의 원가요소에는 감가상각비, 전력비, 운임, 수선료, 보험료, 가스료 등이 있다. 경비는 그 발생액과 지급액을 기준으로 하여 소비액을 계산한다.

2. 추적가능성에 따른 분류

원가요소가 특정의 대상에 대하여 추적할 수 있는가의 여부에 따라 직접비와 간접비로 구분된다.

1) 직접비

직접비(direct cost)는 특정의 제품을 제조하기 위해서 직접적으로 소비되어 그 제품의 원가로서 집계할 수 있는 원가요소를 말한다. 직접비에는 직접재료비, 직접노무비, 직접경비로 분류할 수 있고, 이를 집계한 것을 제조직접비라고 한다. 그리고 특정의 제품에 집계하는 것을 직접비의 부과(賦課)라고 한다.

2) 간접비

간접비(indirect cost)는 각종의 제품을 제조하는데 공통적으로 소비되어 특정의 제품에 직접적으로 집계할 수 없는 원가요소를 말한다. 간접비는 간접재료비, 간접노무비, 간접경비로 분류할 수 있고, 이를 집계한 것을 제조간접비라고 한다.

제조간접비는 제품에 직접 집계할 수 없기 때문에 제품별 원가계산을 하기 위해서는 일정한 기준에 따라 각 제품에 할당하지 않으면 안 된다. 이 때 할당하는 것을 간접비의 배부(配賦)라고 한다.

3. 경영기능상에 따른 분류

원가가 경영활동의 어떠한 기능을 수행하기 위해서 발생한 것인가에 따라서 구분되는 것으로 경영활동을 제조활동, 판매활동, 일반관리활동으로 구분할 경우에 그 각각에 대해서 나타나는 원가는 제조원가, 판매원가, 관리원가로 분류할 수 있다.

1) 제조원가

제조원가(manufacturing costs)는 제품을 제조하는데 발생하는 모든 원가요소(제조직접비 + 제조간접비)를 말하는 것으로서, 일명 공장원가(factory costs) 또는 생산원가(production costs)라고도 한다. 우리가 일반적으로 원가라고 하면 이 제조원가를 의미한다.

2) 판매원가

판매원가(selling costs)는 제조활동이 완료되고 나서 판매가 이루어지기까지 나타나는 모든 비용을 말하는 것으로서, 일명 마케팅원가(marketing costs) 또는 분배원가(distribution costs)라고도 한다. 이에는 광고선전비, 견본비, 판매원의 급료, 포장비, 발송비 등이 있다.

3) 관리원가

관리원가(administrative costs)는 경영활동과 관련하여 조직 내에서 전반적인 지시, 통제, 관리 등 제반활동과정에서 발생한 원가를 말한다. 이에는 본사 관리업무사무원의 급료, 수당, 통신비, 사무용품비, 보험료, 대손금 등이 있다.

4. 관리가능성 여부에 따른 분류

원가의 발생이 각 계층의 관리자(최고경영자, 부문관리자)에 의해서 관리될 수 있는지의 여부에 따라 관리가능비와 관리불능비로 구분한다.

1) 관리가능비

관리가능비(controllable costs)란 각 계층의 관리자의 의지나 관리방법에 따라 통제할 수 있는 원가를 말한다. 일반적으로 변동비가 관리가능비이지만 상당부분의 고정비도 관리가능비인 경우도 있다.

2) 관리불능비

관리불능비(uncontrollable costs)란 각 계층의 관리자의 의지나 관리방법에도 불구하고 절약할 수 없는 원가를 말한다. 관리불능비는 관리자의 계층에 따라 관리가능비가 될 수도 있다. 예를 들면 기계임차료는 현장관리책임자의 관리불능원가이지만 기계구입의 권한을 갖고 있는 부문관리자 및 최고경영자에게는 관리가능비가 될 수도 있다.

5. 파악하는 시점에 따른 분류

원가를 어느 시점에서 파악하느냐에 따라 실제원가와 예정원가로 분류한다.

1) 실제원가

실제원가(actual costs)는 재화나 용역을 취득한 당시의 교환가격을 말하는 것으로서 보통 원가라고 하면 실제원가를 말한다. 실제원가를 일명 역사적원가(historical cost), 취득원가(acquisition cost), 투하원가(invested cost)라고도 한다.

실제원가는 제조활동의 결과에 따라 과거의 원가회계 기간에 걸쳐서 원가파악을 행하는 것으로 실제의 제조활동을 대상으로 한다는 의미에 있어서도 과거원가에 속하는 것이다. 그러므로 실제의 재화소비량과 실제가격에 의하여 산정한 원가인 것이다.

실제원가는 과거에 발생한 원가이기 때문에 매출원가의 산정, 재고자산의 평가, 가격계산 등의 원가를 산출하기 위해서는 매우 중요하나 생산활동이 종료되기 전에는 알 수 없으므로 원가관리에 있어서 유용한 정보를 제공할 수 없는 문제점이 있다.

2) 예정원가

예정원가(predetermined cost)는 제품의 제조에 착수하기 전에 과거의 경험을 기초로 하여 예정치로 계산된 원가로서 미리 계획된 사전원가이다. 예정원가는 일명 견적원가(estimated cost), 또는 추정원가라고도 하며 계산의 신속성이나 원가능률을 측정하기 위하여 생산 및 판매가 실시되기 이전에 산정된 원가를 말한다. 이 예정원가에는 표준원가(standard cost)와 견적원가로 구분된다.

여기에서 표준원가란 능률의 척도가 되도록 재화의 소비량을 과학적, 통계적 방법에 의해서 예정하여 계산된 원가를 말한다.

6. 수익과 대응관계에 따른 분류

원가는 손익계산서(I/S)에서 수익과 대응관계에 따라 제품원가와 기간원가로 분류된다. 제품원가와 기간원가의 관계를 표시하면 〈표 3-4〉와 같다.

〈표 3-4〉 제품원가와 기간원가와의 관계

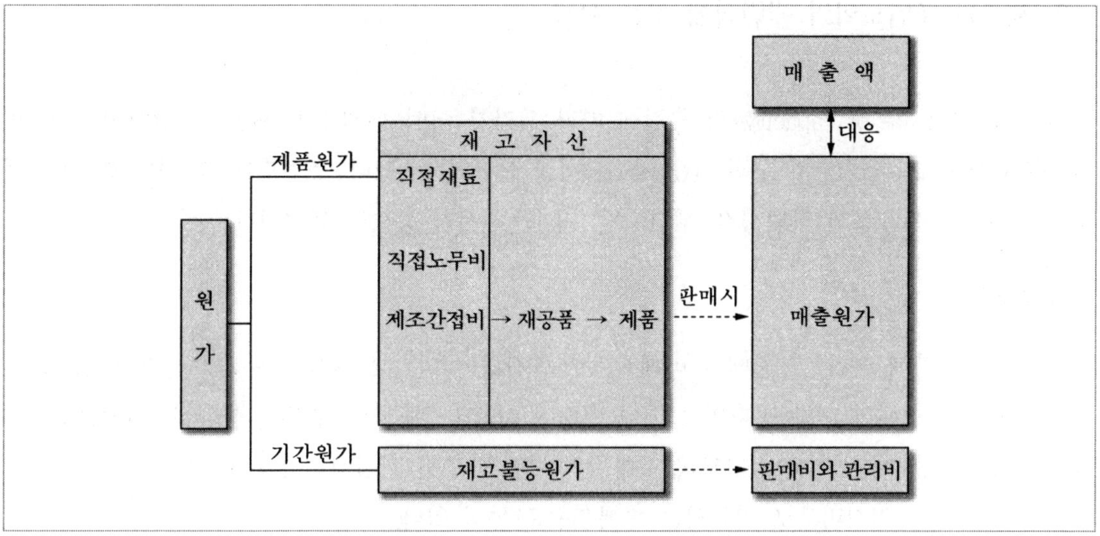

1) 제품원가

제품원가(product cost)는 일정단위의 제품에 집계된 원가로서 재료비, 노무비, 경비의 합계금액으로 구성되며, 개념상으로는 재고자산에 포함시킬 수 있는 원가를 말한다. 제품원가는 재무제표(F/S)상 제품이 판매되기까지는 재고자산으로 계상시켰다가 제품이 판매될 때 비용화되어 매출원가로서 수익에 대응된다.

제품원가에는 원재료, 생산직 근로자의 임금, 공장의 감가상각비 · 임원의 급료 · 수선유지비 · 수도광열비 · 동력비 등이 있다. 따라서 판매비와 관리비는 제품원가에 포함되지 않는다.

2) 기간원가

기간원가(period cost)는 제품의 제조와 직접적인 관련없이 발생하는 비용으로 일정기간의 원가발생액을 당기의 수익에 대응시켜 파악하는 재고불능의 소비원가이다. 기간원가는 제조완료 후 발생하는 경우가 많고 매기 거의 동일한 금액이 발생된다는 특징이 있다.

기간원가에는 사장 및 본사 임원의 급료, 판매원의 급료, 여비, 광고비, 사무용소모품비, 영업용 건물의 감가상각비, 수선유지비, 수도광열비 등으로 보통 판매비와 관리비를 의미한다.

7. 제품과 조업도와의 관련성에 따른 분류

이는 조업도(rate of capacity)의 증감에 따라 원가가 어떤 행태(behavior)로 나타나느냐에 따라 변동비(variable costs)와 고정비(fixed costs)로 분류할 수 있다. 조업도는 생산활동의 이용 정도를 나타내는 지표로서 작업시간, 생산수량, 기계운전시간 등으로 표시된다.

1) 변동비

조업도의 증감에 따라 그 총액이 비례적으로 증감하는 원가요소이다. 변동비(variable costs)는 생산량의 증감에 대한 변동 정도의 상이에 의하여 비례비, 체감비, 체증비, 불규칙적 변동비로 분류된다. 일명 가변비(可變費)라고도 부르며 전형적인 예로서 직접재료비와 직접노무비 외에 포장재료비, 매출액의 일정비율로 지급되는 판매수수료 등이 있다.

① 비례비

비례비(proportional cost)는 생산량의 증감과 같은 비율로 변동하는 원가로서, 예를 들면 생산량이 3배가 되는 때는 그 원가도 대체로 3배가 되며 또 생산량이 반감하면 그 원가도 반감하는 것이다. 이 원가에 속하는 것은 직접재료비, 직접노무비, 직접경비 등이다. 이 비례비는 생산의 증감에 정비례하여 발생하는 것이므로 제품단위에 대한 비례비의 할당액은 조업도의 변동 여하에도 불구하고 항상 동일액을 유지한다. 그러므로 제품단위의 입장에서 보아 이와 같은 원가를 불변비(不變費)라고도 한다.

〈비례비와 단위원가와의 관계〉

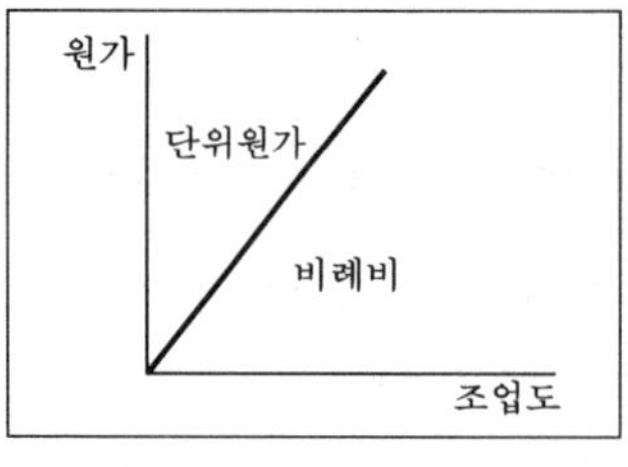

생 산 량	원 가	단위원가
10,000	1,000,000	100
20,000	2,000,000	100
30,000	3,000,000	100
40,000	4,000,000	100

② 체감비

체감비(degressive costs)는 조업도가 증가함에 따라 원가요소도 증가하지만, 그 증가하는 비율이 생산량을 따르지 못하는 원가로서 체감비는 조업도가 증가하면 급부단위당 원가가 체감하고 조업도가 감소하면 급부단위당 원가는 체증한다. 비례적 이하로 증감한다는 점에서 이것을 역비례비라고도 하며, 연료비, 동력비, 수선비, 수수료 등이 이에 속한다.

〈체감비와 단위원가와의 관계〉

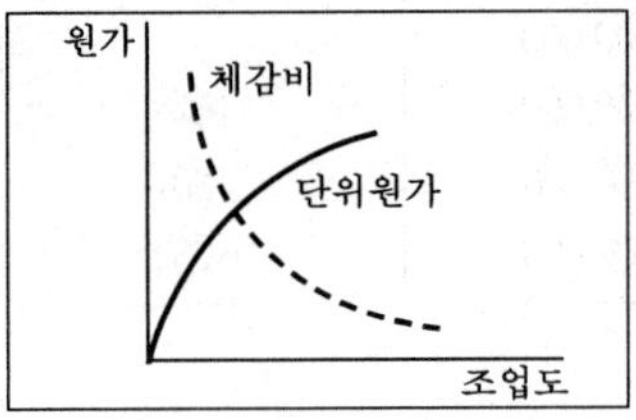

생 산 량	원 가	단위원가
10,000	1,000,000	100
12,000	1,080,000	90
16,000	1,280,000	80
20,000	1,500,000	75

③ 체증비

체증비(progressive costs)는 생산량이 증가하면 원가도 증가하지만 그 비율이 생산량 증가의 비율보다도 큰 것이다. 예를 들면 조업도가 증가되어 기계가 많이 사용되기 때문에 감가상각비 또는 수선비가 특별히 증가한다든가 혹은 야간작업에 대하여 보통 임금 이상을 지급하기 때문에 노무비가 증가하는 경우이다. 그 증가의 비율은 비례적 이상이므로 이것을 초비례비라고도 한다. 그리고 제품의 단위원가는 생산량이 증가하면 체증하고 감소하면 체감한다.

〈체증비와 단위원가와의 관계〉

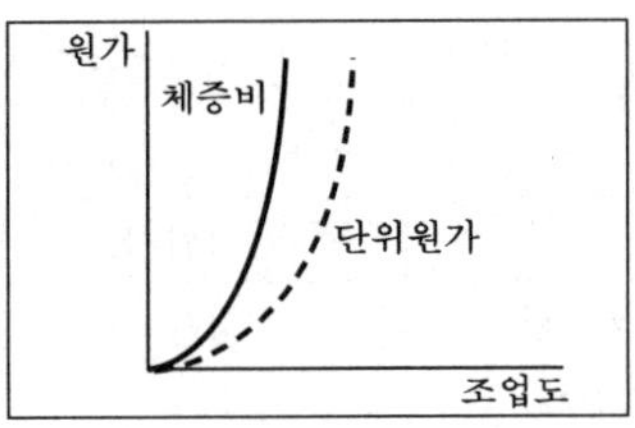

생 산 량	원 가	단위원가
10,000	1,000,000	100
20,000	2,400,000	120
30,000	3,900,000	130
40,000	5,600,000	140

④ 준변동비

준변동비(semi-variable costs)는 조업도가 0(zero)인 경우에도 일정액이 발생하고 동시에 증가하면 그에 따라 원가발생도 증가하는 원가요소이다. 예를 들면 전화료, 기계수선비, 가스료, 수도료, 전기료 등은 실제 사용 여부에 관계없이 기본료가 부담되는 원가요소들이 여기에 해당된다.

〈준변동비와 단위원가와의 관계〉

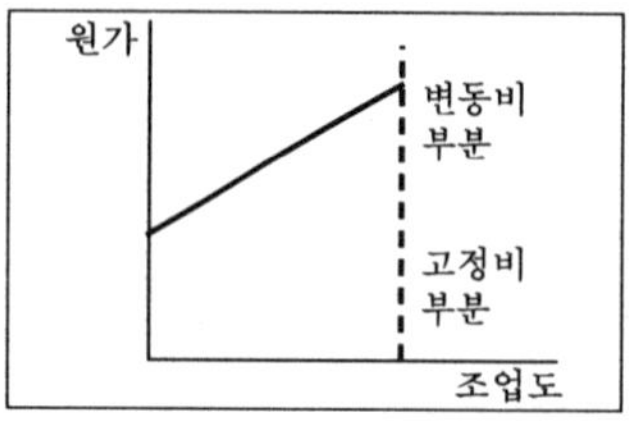

생 산 량	원 가	단위원가
0	1,000,000	-
10,000	1,000,000	100
15,000	1,200,000	80
20,000	1,500,000	75

2) 고정비

조업도가 증가함에도 불구하고 일정 조업도 내에서는 변동하지 않는 원가요소를 말한다.

고정비(fixed costs)는 조업도가 증가함에도 그 총액이 일정하기 때문에 제조 단위당 고정비 조업도의 증가에 반비례한다. 즉, 생산량이 증가하면 제품의 단위원가는 절감하며 생산량이 감소하면 단위원가는 증대한다. 때문에 대규모 제조회사에 있어서 생산량을 증가시킴으로써 각 제품이 부담하는 고정비를 감소시킬 수 있다는 것이다. 고정비는 조업도의 변동과 관계없이 정기적으로 발생되는 비용으로 공장기계설비 등의 유지비중 임차료, 감가상각비, 이자비용, 화재보험료, 고정적인 조세공과 등이 이에 속한다.

〈고정비와 단위원가와의 관계〉

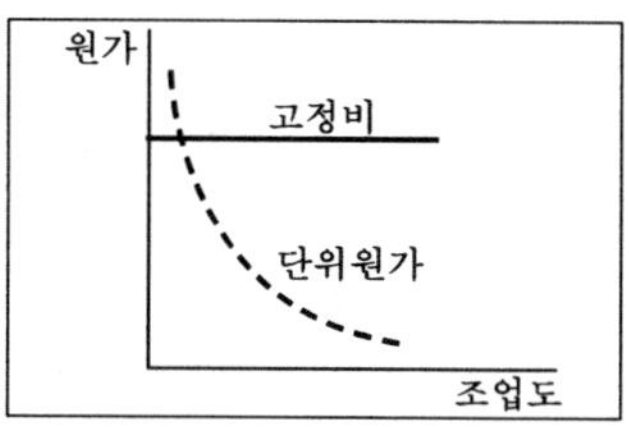

생 산 량	원 가	단위원가
10,000	3,000,000	300
20,000	3,000,000	150
30,000	3,000,000	100
40,000	3,000,000	75

① 준고정비

준고정비(semi-fixed costs)는 일정 조업도 내에서는 고정되어 있으나 이 한계를 넘으면 비약적으로 증가하고 그 후에는 다시 일정 조업도 내에서 고정되는 원가요소이다. 준고정비를 비약비(jump cost) 또는 단계비(step cost)라고도 하는데 간접공임금, 공장감독자 급료 등이 이에 해당된다.

〈준고정비와 단위원가와의 관계〉

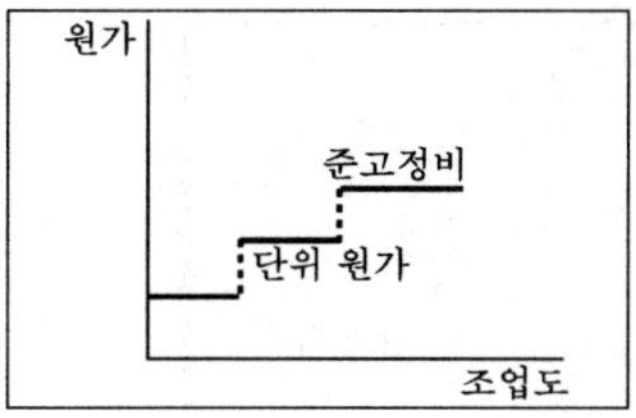

생 산 량	원 가	단위원가
10,000	1,000,000	100
20,000	1,000,000	50
25,000	2,000,000	80
30,000	2,000,000	60.70

8. 의사결정과 관련된 특수원가에 의한 분류

이들 원가는 미래지향적인 것으로서 의사결정원가(decision making costs), 특수원가(special costs), 경제원가(economic costs)라고도 부르는데 1951년 미국회계학회(AAA)에서 보고한「원가개념 및 기준위원회 보고서(Report of the Committee on the Cost Concepts and Standard, The Accounting Review, April, 1952)」에서 22종에 달하는 원가개념을 분류하는 한편 의사결정과 관련된 특수원가를 원가회계의 영역에 도입하는 계기를 마련하였다.

특수원가는 신제품의 생산계획, 구제품의 폐지계획, 부분품의 자가제작 또는 구입에 대한 선택에 관한 계획, 설비의 확장・대체・임차 등의 계획, 가격설정계획 등에 이용되는 여러 원가개념을 총칭하여 쓰이는 말이다. 여기에는 부가원가, 미래원가, 대체원가, 차액원가, 기회원가, 회피가능원가, 현금지출원가, 연기가능원가, 매몰원가 등이 있다.

제 3 절 원가의 구성

원가의 각 요소는 적절하게 집계되어서 원가를 구성하게 되나, 이들 각 원가요소가 어느 범위까지 집계되느냐에 따라 직접원가, 제조원가, 총원가, 판매가격으로 구분된다. 즉, 제품의 원가는 재료비, 노무비, 경비로 구성된다. 이들 원가의 3요소가 일정한 기준에 의해서 분리, 통합하여 제조원가를 구성하고 여기에 예상이익을 가산하여 판매가격을 형성한다. 이러한 과정을 〈표 3-5〉로 나타내면 다음과 같다.

〈표 3-5〉 원가의 구성

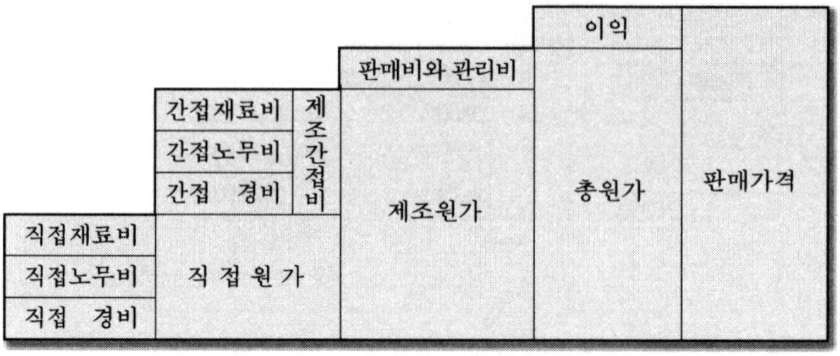

1. 직접원가

직접원가(direct costs)는 특정제품의 제조를 위하여 소비된 직접재료비, 직접노무비, 직접경비의 3요소를 포함한 직접비의 합계액을 말한다. 이 원가는 제품제조의 기초적 비용으로서, 일명 제일원가(first cost), 소가(素價, prime cost), 기초원가라고도 한다. 소규모적이고 단순제품을 생산하는 노동집약적 기업에서는 직접원가가 대부분을 차지한다.

〈산식〉

직접원가 = 직접재료비 + 직접노무비 + 직접경비

2. 제조원가

제조원가(manufacturing costs)는 제품을 제조하는데 발생한 모든 원가를 말한다. 즉, 제조직접비에 공장건물과 설비에 대한 감가상각비, 보험료, 수도광열비, 임차료 등과 같은 제조간접비를 가산한 원가이다. 제조원가는 총원가 산정의 기초가 된다.

〈산식〉

제조원가 = 직접원가 + 제조간접비

3. 총원가

총원가(total costs)란 제조원가에 판매비와 관리비를 가산한 원가로 일명 영업비(operating costs)라고도 한다. 총원가는 제품이 제조되어 판매가능한 상태에 이르기까지의 일체의 원가요소를 합한 것으로 제품의 판매가격을 결정하는 기초자료가 된다.

〈산식〉

총원가 = 제조원가 + 판매비와 관리비

4. 판매가격

판매가격(selling price)은 총원가에 판매이익을 가산하여 제품이 매출되는 제품가격을 말한다. 판매가격의 결정은 시장에서의 수요(demand)와 공급(supply)에 따라 시장가격에 의하여 결정되는 것이 일반적이지만, 주문생산이나 신제품 생산 등에 따라 사전에 예상이익을 가산한 금액으로 결정하는 경우도 있다.

〈산식〉

판매가격 = 총원가 + 이익

〈예제 3-1〉 다음 자료에 의하여 직접원가, 제조간접비, 총원가, 판매가격을 산출하여라.

〈자료〉

직접재료비 ₩ 6,000 직접노무비 ₩ 3,000 직접경비 ₩ 1,000
간접재료비 ₩ 2,000 간접노무비 ₩ 2,500 간접경비 ₩ 1,500
판 매 비 ₩ 1,600 관 리 비 ₩ 400
예상이익은 총원가의 25%이다

[해답]

① 직 접 원 가 : ₩ 6,000 + ₩ 3,000 + ₩ 1,000 = ₩ 10,000
② 제조 간접비 : ₩ 2,000 + ₩ 2,500 + ₩ 1,500 = ₩ 6,000
③ 제 조 원 가 : ₩ 10,000 + ₩ 6,000 = ₩ 16,000
④ 총 원 가 : ₩ 16,000 + ₩ 1,600 + ₩ 400 = ₩ 18,000
⑤ 판 매 가 격 : ₩ 18,000 + ₩ 4,500 = ₩ 22,500

연 습 문 제

〈객관식〉

1. 다음 중 원가의 개념을 가장 적절하게 표현한 것은?
   ① 일정한 급부를 생산하는데 희생된 경제가치의 소비
   ② 일정기간 동안의 재화의 소비
   ③ 기업의 존재 및 활동을 위한 재화의 소비
   ④ 화폐 또는 경제가치의 조달

【해설】 원가는 경제가치의 소비이고, 급부의 창출과정에서 희생 또는 포기된 경제가치이며, 경영목적에 관련된 것만 파악한다. 따라서 경영목적이외의, 또는 이상 상태하에서의 경제가치의 희생은 기업활동과정에서 소비되었다 하더라도 원가에 포함되지 않는다.

2. 직접원가에 제조간접비를 배분한 원가는 다음 중 어느 것인가? **(AICPA 기출제문제)**
   ① 총원가 ② 간접원가
   ③ 제조원가 ④ 직접원가

3. 제1원가(prime cost 또는 기초원가)란? **(세무사 기출제문제)**
   ① 직접재료비와 간접재료비 ② 직접노무비와 간접노무비
   ③ 직접재료비와 직접노무비 ④ 재료비 · 노무비 및 제조경비

【해설】 prime cost는 직접원가 · 제1원가 · 기초원가 · 주원가 · 소가라고도 하며, 직접재료비 · 직접노무비 · 직접경비를 말한다.

4. 관련범위 내에서 변동비는 어떻게 변동하는가? **(AICPA 기출제문제)**
   ① 각 생산 수준에 따라 다르다.
   ② 각 생산 수준마다 일정하다.
   ③ 제품 생산 증가에 따라 증가한다.
   ④ 제품 생산 증가에 따라 감소한다.

【해설】

조업도의 변화에 따른 원가의 형태

	총 액	단위당원가
변 동 비	변 화	불 변
고 정 비	불 변	변 화

5. 다음 중에서 목적비용이 아닌 것은?

① 간접재료비　　② 광고선전비

③ 판매비와 관리비　　④ 이자비용

【해설】 ① ② ③은 총원가로서 원가이면서 비용인 목적비용이다.

6. 체감비의 경우 생산량과의 관계에 있어서 제품의 단위원가는?

① 생산량이 증가하면 체감하고, 생산량이 저하하면 체증한다.

② 생산량의 증감에 관계없이 체증한다.

③ 생산량의 증감에 관계없이 고정되어 있다.

④ 생산량이 증가하면 체증하고, 생산량이 저하하면 체감한다.

【해설】 체감비는 생산량의 증가에 따라 제품단위당 부담원가가 차츰 낮아진다. 체감비는 생산량의 증가에 따라 증가하지만, 그 증가하는 비율이 생산량을 따르지 못하는 원가로서 보조재료비, 동력비, 연료비, 수수료, 수선비 등이 있다.

7. 다음 비용 중 제조원가에 계상되지 않는 것은?

① 생산직 근로자의 임금　　② 공장의 감가상각비

③ 본사 임원의 급료　　④ 원재료

【해설】 제조원가에 계상되지 않는 것은 기간원가로써 판매비와 관리비가 여기에 속한다. 즉, 사장 및 본사임원의 급료, 판매원의 급료, 여비, 교통비, 사무용 소모품비 등이 있다.

8. 다음 중에서 준변동비가 아닌 것은?

① 전기료　　② 가스료

③ 수도료　　④ 이자비용

【해설】 준변동비는 변동원가와 고정원가의 2가지 요소가 모두 포함되어 있는 것으로, 조업도가 0인 경우에도 발생하고 그 이후에도 조업도에 따라 비례적으로 증가하는 원가를 말한다. 즉 이들 원가는 기업의 기존시설을 유지하기 위하여 일정수준의 고정비용이 지출되어야 하고 생산이 증가할수록 일정수준부터 비례적으로 증가하는 비용을 말한다.
예) 전기료, 가스료, 수도료, 전화료, 기계수선비

※ 문제 9, 10은 아래의 자료와 관련되었다. 물음에 답하여라.

〈자 료〉

직접재료비 ₩ 950,000　직접노무비 ₩ 540,000　제조간접비 ₩ 380,000

9. 가공비(conversion cost)는 얼마인가?

① ₩ 1,330,000　　② ₩ 920,000

③ ₩ 1,490,000　　④ ₩ 1,870,000

【해설】 가공비는 원가발생액 중에서 직접재료비를 제외한 나머지 원가의 총계, 즉 직접노무비, 직접경비 및 제조간접비의 일체를 지칭한다.

10. 기초원가(prime cost)는 얼마인가?

① ₩ 1,870,000　　② ₩ 1,330,000

③ ₩ 1,490,000　　④ ₩ 920,000

【해설】 직접재료비, 직접노무비, 간접원가로 구분된 제조원가 중에서 두 개씩 짝을 지어 다른 명칭으로 부르기도 한다. 예를 들면, 직접재료비와 직접노무비를 기초원가(prime cost)라 하여 간접원가에 대응시키기도 하며, 직접노무비와 간접원가를 가공원가(conservision cost)라 하여 직접재료비와 대응시키기 위함이다.

직접재료비	+	직접노무비	⇒	기초원가
직접노무비	+	간접원가	⇒	가공원가

해답 1. ① 2. ③ 3. ③ 4. ② 5. ④ 6. ① 7. ③ 8. ④ 9. ② 10. ③

〈주관식〉

1. 원가와 비용의 관계를 설명하여라.

2. 원가의 의의를 설명하여라.

3. 조업도와 관련한 고정비와 변동비에 대하여 구체적인 예를 들어 설명하여라.

4. 의사결정과 관련된 특수원가란 무엇이며 종류는 어떤 것이 있는가?

5. 제품원가와 기간원가를 비교하여 설명하여라.

6. 직접비와 간접비의 차이를 설명하여라.

7. 다음 중 관계 있는 것끼리 연결하여라.

① 원가이면서 비용인 것	ⓐ 부가원가
② 원가이면서 비용이 아닌 것	
③ 비용이면서 원가가 아닌 것	ⓑ 중성비용
④ 기증받은 기계설비 등의 감가상각비	
⑤ 영업외 비용, 재해손실	ⓒ 기초원가
⑥ 재료비, 노무비	

8. 다음 항목 중 제조원가인 것에는 ○표, 비제조원가인 것은 ×표를 하여라.

① 소비된원료 (　　)	② 사무용소모품비 (　　)
③ 여비 (　　)	④ 감가상각비(전시장건물) (　　)
⑤ 공장장의급료 (　　)	⑥ 사장의급료 (　　)
⑦ 판매원의급료 (　　)	⑧ 공장유지비 (　　)
⑨ 공장동력비 (　　)	⑩ 광고비 (　　)

9. 다음 자료에 의하여 ( ) 안에 정확한 금액을 계산하여 기입하여라.

〈자료〉

직접재료비 ₩ 360,000	직접노무비 ₩ 270,000	직접경비 ₩ 150,000
간접재료비 ₩ 98,000	간접노무비 ₩ 120,000	간접경비 ₩ 160,000
판 매 이익 ₩ 24,000	판매비와 관리비 ₩ 99,000	

① 직접원가 (₩)　　② 제조간접비 (₩)

③ 제조원가 (₩)　　④ 총 원 가 (₩)

⑤ 판매가격 (₩)

10. 다음 자료에 의하여 원가 구성도를 완성하여라.

〈자료〉

직접원가 합계 ₩ 300,000, 제조간접비는 직접원가의 25%임
판매비와 관리비는 총원가의 20%이고, 판매이익은 총원가의 18%이다.

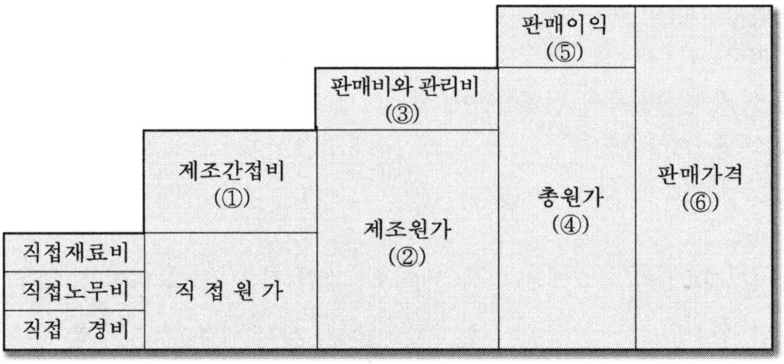

제 4 장

원가계산의 기초개념

제 4 장

원가계산의 기초개념

제 1 절 원가계산의 의의

1. 원가계산의 의의

원가계산(cost accounting)이란 제품을 제조하기 위하여 소비된 경제가치의 금액을 제품 1단위에 대해서 계산하는 절차를 말한다.

원가계산은 기업이 재화와 용역을 생산하고, 공급하는 과정에서 소비하였다든가 또는 소비할 것으로 기대되는 경제가치의 희생액을 평가하고, 이것을 발생형태별, 경영활동의 기능별, 발생장소별로 분류·측정하며, 또 필요에 따라서는 제품별, 제공하는 용역별, 프로젝트(project)의 대체안별, 관리책임자별 등으로 분류·집계하여 이를 비교·분석함으로써 필요한 원가정보를 제공하는 회계시스템(accounting system)의 하나이다.

2. 원가계산기간

일정의 재화와 용역의 단위와 그의 원가를 계산하기 위해서는 기간적 구분을 필요로 하는데 이 기간적 단위를 원가계산기간(cost accounting period)이라고 한다. 재무회계에서는 일정기간, 즉 회계연도(FY)를 중심으로 그 기간의 경영성과를 명백히 하는 동시에 기말의 재무상태를 파악하는 것을 목적으로 한다. 이에 대해 원가계산은 제품의 제조원가를 계산하는 것이기 때문에 기간

(period)과는 아무런 관계없이 수행되는 것으로 보이나, 원가계산은 제품의 제조 착수에서부터 제조완료에 이르기까지의 원가계산기간을 대상으로 하여 행하여진다. 때문에 원가는 요소별 원가계산, 부문별 원가계산을 거쳐 제품별 원가계산을 하는 절차이므로 원가발생액을 일정한 기간으로 구분·집계하지 않으면 안 된다. 제조공업에 있어서 각 제품에 직접 집계할 수 있는 비용뿐만 아니라 임차료, 보험료, 감가상각비 등 다수의 제품에 공통적으로 소비되는 비용이므로, 이것을 일정기간마다 그 총액을 집계하고 각 제품단위에 할당하여야 한다. 그러므로 원가계산에서 기간설정은 매우 중요한 것이다.

재무회계에서는 통상 1년이나 6개월을 1회계기간으로 정하지만 원가회계에서는 원가집계나 원가관리를 위하여 1개월 단위로 하는 것이 실무관행으로 되어 왔다. 원가계산기간을 短期(1개월)로 하는 근본 이유는 원가통제 및 원가관리를 합리적으로 하기 위함이다.

제 2 절 원가계산의 목적

미국의 경제학자 클라크(J. M. Clark)의 "상이한 목적을 위한 상이한 원가"란 말로 표현되듯이 어떠한 목적에 원가를 활용하느냐에 따라 원가계산의 범위·방법·내용이 달라진다는 것이다. 원가계산의 목적을 일반적으로 내부보고목적과 외부보고목적으로 구분할 수 있는데, 내부보고목적을 위한 원가계산은 기업내부의 경영자의 관리적 의사결정에 필요한 기업의 역사적, 계획적, 경제적 자료를 제공하는 데 있다. 외부보고목적과 관련하여 원가계산은 기간이익의 산정과 분석을 위한 재무제표 작성상의 목적을 갖는다. 재무제표의 작성에 있어서 원가계산은 역사적 원가에 의한 기말재고자산과 완성품의 제품 단위당 원가계산, 매출상품의 제조원가계산을 다루게 된다. 원가계산의 목적을 정리하면 〈표 4-1〉과 같다.

〈표 4-1〉 원가계산의 목적

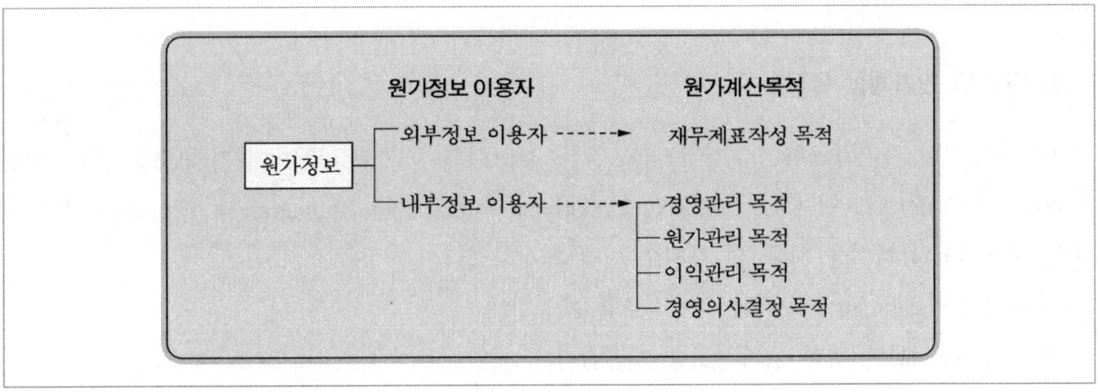

1. 미국회계학회의 원가계산의 목적

미국회계학회(AAA)는 1947년, 1951년 및 1955년의 3차에 걸쳐 원가계산의 목적에 관한 보고서를 발표한 바 있다. 그 변천과정과 내용을 요약하면 다음과 같다.

1) 1947년 초기의 원가계산 목적

원가계산원칙 표명에 관한 위원회(Committee on Statement of Cost Accounting Principles)의 보고서에서는 다음과 같은 세 가지의 원가계산 목적을 제시하고 있다.

① 원가관리에 기여한다(contribution to cost control).

② 손익산정 및 재무상태의 결정을 위한 기초자료를 제공한다(basic information for income determination and financial standing).

③ 제품의 원가결정과 그 밖의 경영방침에 관한 특수문제를 해결하기 위한 기초자료를 제공한다(basic information for product pricing and solving the special problems to managerial policy).

2) 1951년 원가계산 목적

원가개념 및 기준위원회(Committee on Cost Concepts and Standards)의 보고서에 나타난 원가계산의 목적은 다음 세 가지로 구분되어 있다.

① 재무제표(F/S)를 작성하는 데 필요한 원가자료를 집계한다.

② 각 계층의 경영관리자에 대하여 원가관리에 필요한 원가정보를 제공한다.

③ 경영관리자에 대해서 경영상의 여러 가지 의사결정 및 이와 관련된 경영방침의 설정에 필요한 원가정보를 제공한다.

3) 1955년 원가계산 목적

원가개념 및 기준위원회는 "경영자를 위한 보고서의 기초가 되는 원가개념에 관한 시안(Tentative Statement of Cost Concepts Underlying Reports for Management Purpose)"을 발표하여 원가계산의 목적을 다음 세 가지로 변경 제시하였다.

① 계획설정(planning)을 위한 원가정보를 제공한다.

② 통제(control)를 위한 원가정보를 제공한다.

③ 재무제표(F/S)의 작성을 위한 원가정보를 제공한다.

이러한 미국회계학회의 원가계산 목적의 변천과정과 내용을 정리해 보면 1947년도의 보고서에서는 원가관리와 손익결정 및 제품원가결정을 위한 목적을 제시하였고, 1951년도에서는 예산결정을 원가계산 목적에 포함시키고 경영의사결정에의 정보제공을 강조하였다. 1955년도에서는 원가계산의 중요성이 종래의 재무제표(F/S)작성으로부터 계획 및 통제를 위한 원가정보의 작성을 중요시하는 방향으로 전환하였다는 특징이 있다.

2. 한국공인회계사의 원가계산 목적

한국공인회계사회(KICPA)는 1973년에 원가계산을 함에 있어서 준거하여야 할 원가계산기준을 마련하였다. 여기에서 구분 제시된 원가계산의 목적은 다음과 같다.

〈KICPA의 원가계산 목적〉

① 재무제표작성의 목적(재무제표상에 필요한 원가자료의 제공)

② 가격산정의 목적(가격계산에 필요한 원가자료의 제공)

③ 원가관리의 목적(원가관리에 필요한 원가자료의 제공)

④ 예산관리의 목적(예산편성 및 예산통제에 필요한 원가자료의 제공)

⑤ 기본계획설정의 목적(경영의 기본계획설정에 필요한 원가자료의 제공)

1) 재무제표작성의 목적

재무제표는 재무회계의 최종 산출물로서 기업외부의 이해관계자에게 기업의 경영성과와 재무상태를 전달해 주는 회계보고서이다.

원가계산은 이 목적을 위하여 정확한 원가계산 결과를 재무회계에 제공해야 한다. 즉, 원가계산은 손익계산서와 관련하여 매출원가를 산정하고, 대차대조표와 관련하여서는 제품, 반제품, 재공품 등 재고자산의 평가액을 결정하는데 기초가 되는 원가자료를 제공함으로써 재무제표의 작성에 기여한다.

2) 가격산정의 목적

가격산정의 목적이라 함은 기업이 생산·판매하는 제품의 매가추정과 가격정책의 기초가 되는 원가자료를 제공한다. 제조원가는 제품의 판매가격결정의 중요한 원가자료가 된다. 판매가격은 제조원가 이외에도 경쟁시장에서의 수요공급의 법칙에 따라서, 정부의 물가통제 및 기업의 경영정책 등에 의하여 결정되는 것이 보통이다. 특히 주문 생산에 의한 수주가격, 특수한 물자를 생산할 때의 가격, 정부에 의하여 이루어지는 통제가격, 신제품과 독과점품을 생산시 예상가격 등은 시장가격이 형성되지 않으므로 합리적인 이익을 가산하여 판매가격을 책정하여야 한다. 이러기 위해서는 제품 제조를 위해 소비되는 경제가치를 합리적으로 측정하는 원가회계의 자료들이 필수적으로 요구되어지는 것이다.

3) 원가관리의 목적

원가관리(cost control)란 현재의 생산설비·생산방법의 조건하에서 일정수준의 품질을 유지하면서 원가절감(cost reduction)이나 원가능률(cost performance)의 향상을 기하기 위하여 제반 경영활동을 행하는 관리기능이다.

원가관리는 현재의 생산조건을 전제로 하여 원가절감을 꾀하는 관리기능이라고 하면 이 기능을 발휘하기 위해서 기업은 각 원가책임의 구분에 따라 책임부문 및 부문관리자별로 활동의 목표가 되는 동시에 실적의 기준이 되는 원가액을 설정(making standard costs)하여 원가절약의 자극, 즉 동기부여(motivation)를 하고 기준과 실적을 비교함으로써 관리자의 업적을 평가할 수 있다. 뿐만 아니라, 그 영업성과를 관리자에게 전달(communication)함으로써 필요한 조치를 취할 수 있게 된다.

원가관리는 표준원가계산제도(standard cost accounting system)를 채택함으로써 효과적으로 달성할 수 있는데, 표준원가계산제도라는 것은 노력하면 달성 가능한 수준에서 원가표준을 설정하고, 이것을 실제 발생한 원가와 비교하여 그 차이의 원인을 분석, 보고하는 대표적인 원가관리 도구이다.

4) 예산관리의 목적

예산(budget)이란 일정기간에 있어서 기업이 경영활동 전반에 걸친 구체적인 계획을 화폐금액으로 표시하고, 이것을 종합적으로 편성하는 것을 말한다. 여기에서 예산관리란 기업목표로서 일정한 이익을 획득하기 위해서 예산을 이용하여 일정기간 동안 경영활동을 관리하는 것이다. 예산편성은 기업활동에 대한 구체적인 실행계획에 근거하여 구매예산, 제조예산, 판매예산, 판매비 및 관리비 예산 등의 부문예산으로 구성되어 있다. 예산은 한편으로는 이익목표를 실현하기 위한 계획이라는 점에서는 이익계획(profit planning)이라 할 수 있고, 다른 한편으로는 일정기간의 경영활동 전반에 관한 계획을 수립한 것이란 점에서는 기간계획(period planning)이라 할 수 있다.

원가계산에서는 원가·조업도·이익관계(cost-volume-profit relationship), 즉 원가행태(cost behavior)등을 분석하고, 예정원가와 실제원가와의 비교 및 그 결과를 보고함으로써 예산편성에 크게 기여한다. 그리고 각 업무분야에 대한 제반활동을 예산에 의해 표시하여 경영계획과 통제기능을 수행하는 종합관리(over-all management)의 수단으로 활동되고 있다.

5) 기본계획의 설정목적

기본계획이란 기업의 경영의사결정을 위한 특수원가계산으로 기업이 장기적인 관점에서 경제적 환경변화에 동태적으로 적응하기 위하여 행하는 신제품 개발이나 입지선정, 생산설비의 확충, 판매망 정비, 자회사의 취득과 처분 등 전략적 의사결정과 관련된 개념이다. 즉, 원가계산에 의해서 기업의 기본계획을 설정하는데 필요로 하는 원가정보를 제공한다는 것을 의미한다. 원가회계는 여러 가지 대체안을 경제적으로 비교하여 최적안을 선택하는 과정에서 정확하고 목적적합한 원가정보를 제공하는 임무를 가진다.

제 3 절 원가계산의 종류

원가계산은 여러 가지 관점에 따라 다음과 같이 분류된다.

〈원가계산의 종류〉

계 산 목 적		원가계산의 종류
계산집계방법	-------------	개별원가계산 · 종합원가계산
계 산 시 점	-------------	사전원가계산 · 사후원가계산
원 가 자 료	-------------	실제원가계산 · 표준원가계산
계 산 범 위	-------------	전부원가계산 · 부분원가계산

1. 개별원가계산과 종합원가계산

1) 개별원가계산

개별원가계산(job order cost system)이란 종류, 규격을 달리하는 제품을 개별적으로 생산하는 기업, 즉 조선업, 공작기계제조업, 가구제조업, 토목건축업 등에서 적용되는 원가계산방법이다.

개별원가계산은 각 급부로 원가를 집계하게 되므로 주문생산형태의 기업에 적합한 방법이다. 개별생산형태에 있어서는 특정의 제품제조를 명령하는 제조지시서(production order)가 발행되어 특정제품의 제조원가를 이 특정제조지시서 번호에 알맞도록 구분·집계하는 계산방법이기 때문에 미국에서는 개별원가계산을 지시서별 원가계산(job order cost system)이라 하며, 또한 특정제조지시서(special production order)에 지시된 일정량의 제품의 제조가 완료될 때까지 발생한 원가를 부과해 가는 계산방법이므로 독일에서는 부가원가계산이라고도 한다.

2) 종합원가계산

종합원가계산(process cost system)이란 제품을 대량으로 제조하는 연속생산형태의 기업, 예를 들면 제철업, 제분업, 제지업, 화학공업 등 종류, 성질, 규격이 동일한 제품을 연속적으로 생산하는 원가계산방법이다.

종합원가계산은 일정기간에 발생한 총원가(total costs)를 그 기간의 총생산량으로 나누어 제품단위당 원가를 산정하는 방법이다. 이는 규격이 통일된 한 종류의 제품을 생산하는 제조업에 적용되는 계산제도로 전부의 원가를 기간에 따라 집계하고 기간적 제품단위 원가를 계산하는데 특징이 있다.

2. 사전원가계산과 사후원가계산

1) 사전원가계산

사전원가계산(predetermined cost accounting)은 제품의 생산 및 판매를 개시하기 이전에 소요되는 원가수치를 미리 예정하여 원가를 계산하는 방법으로 예정원가계산 또는 예상원가계산이라고도 한다. 사전원가계산은 주문·인수의 가부 판단이나 혹은 수주가격을 행하는 원가견적 또는 특수의사결정을 하기 위하여 행하여진다.

사전원가계산방법에는 견적원가계산(estimate cost accounting)과 표준원가계산(standard cost accounting)으로 나누어지는데, 전자는 과거의 실제원가를 기초로 하여 장래에 예상되는 상황을 고려하여 원가를 추정하는 것이며, 후자는 과학적·통계적 방법에 의하여 표준이 되는 원가를 정하고 나중에 실제원가와 비교하여 그 차이를 분석하는 방법이다.

2) 사후원가계산

사후원가계산(actual cost accounting)은 제품의 생산 과정에서 실제로 발생되고 소비된 원가, 즉 재료비, 노무비, 경비를 계산하는 것을 말한다. 따라서 사후원가계산은 실제원가계산 또는 역사적 원가계산(historical cost accounting)이라고도 한다.

사후원가계산은 경영활동이 종료된 후에 실제로 발생한 실적자료에 의한 계산이 이루어지기 때문에 가격결정의 기초가 되는 동시에 경영관리의 수단이 된다.

3. 실제원가계산과 표준원가계산

1) 실제원가계산

실제원가계산(actual cost accounting)은 실제로 소비된 재료비, 노무비, 경비의 원가요소를 계산하는 것으로 실제원가계산에서는 제품의 제조활동이 진행됨에 따라서 원가가 계산되며 제조활동이 종료됨과 동시에 제조원가를 구할 수 있기 때문에 이것을 사후원가계산이라고도 한다. 때문에 과거의 회계기간에 걸쳐서 원가요소를 파악하는 것을 대상으로 한다는 의미에서 과거원가(past costs)에 속한다고 볼 수 있다.

2) 표준원가계산

표준원가계산(standard cost accounting)은 과학적인 근거에 의하여 이루어지기 때문에 표준원가는 실제활동의 능률을 측정하는 기준의 역할을 한다. 실제와 표준과의 차이를 과학적으로 분석·검토하여 비효율적인 문제점을 밝혀서 보다 효율적인 방향을 모색해야 한다.

4. 전부원가계산과 부분원가계산

1) 전부원가계산

전부원가계산(full cost accounting)이란 제품의 제조에서 판매에 이르기까지 소요되는 모든 원가, 즉 제품의 총원가를 계산하는 것으로 보통 원가계산이라 하면 전부원가계산을 뜻하고 주로 재무제표의 작성에 도움이 되며 회계기간의 기간손익을 산정하거나 재고자산의 평가를 하는데 필요한 전통적인 원가계산방법이다.

2) 부분원가계산

부분원가계산(partial cost accounting)은 원가요소 중 일부만을 집계하여 제품에 대한 제조원가를 계산하는 방법으로 그 대표적인 예가 변동원가계산(variable cost accounting)을 들 수 있다. 변동원가계산은 제조원가를 변동비와 고정비로 분해하여 변동비만으로 제품원가를 계산하는 방법을 말한다. 변동원가계산에서는 제품의 제조원가 중 고정비는 제조원가에서 제외되어 기간비용으로 처리된다.

제 4 절 원가계산의 절차

원가계산은 기업경영활동의 상위에 따라서 제조원가의 계산과 판매비와 관리비의 계산으로 구분되며, 제조원가계산은 요소별 원가계산, 부문별 원가계산, 제품별 원가계산의 순서로 계산된다.

〈원가계산의 절차〉

제 1 단계 : 요소별 원가계산(무엇이 소비되었나?)
제 2 단계 : 부문별 원가계산(어디에서 얼마만큼 소비되었나?)
제 3 단계 : 제품별 원가계산(무엇에 소비되었나?)

1. 요소별 원가계산

요소별 원가계산은 재료비, 노무비, 경비의 원가요소를 세분하여 비목별로 원가계산을 한다. 요소별 원가계산은 부문별 원가계산과 제품별 원가계산을 위한 기초적 준비단계가 된다.

2. 부문별 원가계산

부문별 원가계산은 요소별로 파악된 원가요소를 원가 부문별로 분류·집계하는 계산절차를 말한다. 여기에서 원가부문(cost department, cost center)이란 원가발생장소라고도 하며 원가계산에 있어서 원가요소를 발생장소에 따라서 파악·집계하는 것으로 각 생산부문의 원가관리를 위한 수단으로서 실무에 많이 활용되고 있다.

부문별 원가계산에서는 직접원가는 직접 각 제품에 부과시키고 제조간접비는 제조부문과 보조부문에 적당한 배부기준에 의하여 배부한다. 보조부문에 배부된 간접원가를 다시 제조부문에 배부하면 제조부문에는 모든 간접원가가 집계된다.

3. 제품별 원가계산

제품별 원가계산은 최종적으로 원가의 부담자인 제품별로 제조원가를 집계하는 절차이다. 즉, 원가요소별 원가계산에서 파악된 직접비는 제품별로 집계되며, 부문별 원가계산에서 파악된 간접비는 일정한 기준에 따라 각 제품별로 배부하여 각 제품의 제조원가를 계산한다.

연 습 문 제

〈객관식〉

1. 한국공인회계사회(KICPA)가 제시한 원가계산 목적으로 적합치 않은 것은?
   ① 재무제표의 작성목적　　② 가격산정의 목적
   ③ 원가관리의 목적　　④ 예산관리의 목적
   ⑤ 기본계획설정의 목적　　⑥ 외부이해관계자에게 보고하기 위한 목적

   【해설】 재무회계는 외부이용자의 경제적 의사결정에 유용한 정보를 제공하기 위한 외부보고 목적 회계이다.

2. 다음 중에서 원가계산단위에 관한 설명으로 적합한 것은 어느 것인가?
   ① 급부 1단위당에 소비된 화폐량적 계산이다.
   ② 종업원 1인당 또는 주원료 1단위당 생산되는 급부량 계산이다.
   ③ 동종업체의 평균원가계산이다.
   ④ 급부 1단위당에 소비되는 물량적인 계산이다.

3. 다음 중 원가계산절차를 올바르게 표시한 것은?
   ① 요소별 원가계산→부문별 원가계산→제품별 원가계산
   ② 제품별 원가계산→부문별 원가계산→요소별 원가계산
   ③ 부문별 원가계산→제품별 원가계산→요소별 원가계산
   ④ 제품별 원가계산→요소별 원가계산→부문별 원가계산

4. 외부보고를 위하여 이루어지는 원가계산의 방법은?
   ① 사후원가계산　　② 표준원가계산
   ③ 견적원가계산　　④ 변동원가계산

   【해설】 사후원가계산은 제품의 생산과정에서 실제로 발생되고 소비된 원가, 즉 재료비, 노무비, 경비를 계산하는 표를 말한다.

5. 회계기간의 기간손익산정 및 재고자산 평가를 하는데 필요한 원가계산방법은?
   ① 부분원가계산　　② 표준원가계산
   ③ 전부원가계산　　④ 사전원가계산

   【해설】 전부원가계산이란 제품의 제조에서 판매에 이르기까지 소요되는 모든 원가를 계산하는 것으로 주로 F/S의 작성에 도움이 되며 회계기간의 기간손익을 산정하거나 재고자산의 평가를 하는데 필요한 전통적인 원가계산방법이다.

6. 가구제조업, 토목건축업, 조선업 등에서 적용할 수 있는 원가계산은 다음 중 어느 것인가?
   ① 부분원가계산　　② 개별원가계산
   ③ 종합원가계산　　④ 사전원가계산

【해설】 개별원가계산제도에 적합한 업종 - 조선업 · 건설업 · 인쇄업 · 가구제조업 등

7. 제품을 대량으로 제조하는 기업 내지 연속생산 형태의 기업에서 실시하는 원가계산방법은?
   ① 개별원가계산　　② 종합원가계산
   ③ 표준원가계산　　④ 실제원가계산

【해설】 종합원가계산이란 동종의 제품을 연속적으로 대량생산을 하는 생산형태에 적용하는 원가계산방식이다.

8. 제조지시서가 다른 많은 제품이 생산될 때 어떤 원가계산 방법을 사용하는 것이 가장 좋은가?

(AICPA 기출제문제)

   ① 개별원가계산　　② 공정별원가계산
   ③ 실제원가계산　　④ 표준 원가 계산

9. 실제원가(actual costs)에 대한 설명을 한 것이다. 잘못된 것은?
   ① 사후원가
   ② 원가소비액을 확실히 파악할 수 있다.
   ③ 과거에 실제 발생한 원가
   ④ 원가관리에 유용한 정보제공

10. 실제원가계산은 다음 어느 것이 사용될 수 있는가? (AICPA 기출제문제)
   ① 종합원가계산과 개별원가계산 둘 다 불가
   ② 종합원가계산은 가능하나 개별원가계산은 불가
   ③ 개별원가계산은 가능하나 원가계산은 불가
   ④ 종합원가계산과 개별원가계산 모두에 가능

해답 1. ⑥ 2. ① 3. ① 4. ① 5. ③ 6. ② 7. ② 8. ① 9. ④ 10. ④

〈주관식〉

1. 원가계산은 경영관리상 어떠한 목적에 유용한 정보를 제공하는가?

2. 원가계산에 있어서 원가계산 기간은 왜 필요한가?

3. 한국공인회계사회(KICPA)가 제시한 원가계산 목적을 설명하여라.

4. 미국공인회계사회(AICPA)가 제시한 원가계산 목적을 설명하여라.

5. 요소별 원가계산이란 무엇인가?

6. 부문별 원가계산이란 무엇인가?

7. 원가계산과 원가관리와는 무슨 상관관계가 있는가?

8. 표준원가계산이란 무엇인가?

9. 원가계산 절차를 간단하게 설명하여라.

10. 다음을 간단히 비교 설명하여라.
   ① 개별원가계산과 종합원가계산
   ② 사전원가계산과 사후원가계산
   ③ 실제원가계산과 표준원가계산
   ④ 전부원가계산과 부분원가계산

제 5 장

재료비의 회계

제 5 장

재료비의 회계

제 1 절　재료비의 의의

판매를 목적으로 제품을 제조하는 공기업 또는 제조기업이 기업 외부로부터 필요한 물품을 구입하여 이를 보관하였다가 제품의 제조과정에 투입하여 이를 변형·가공하여 최종적으로 제품이라는 완성품을 만들어낸다. 이 때 기업이 제품의 생산에 소비할 목적으로 외부로부터 구입하여 보관하고 있는 물품을 재료(material)라고 한다. 재료는 엄밀한 의미에서 원료(raw material)와는 구별된다. 즉 재료는 물리적·화학적가공을 함으로써 제품으로 전환될 수 있는 것이다. 그러나 원가계산에서는 양자를 구분한다는 것이 별다른 중요성을 갖지 않기 때문에 재료와 원료의 합성어인 원재료란 용어를 사용하기도 한다.

원가계산에서 어떤 물품이 재료인가 아닌가 하는 판단기준은 그 물품이 갖는 어떤 형태에 따라 결정되는 것이 아니라 제품생산과의 관계에서 결정된다. 즉 제품생산을 위해서 사용할 목적으로 보관하고 있는 물품이라고 하면 그것은 재료가 되나 생산과정이 완전히 종료되어 판매를 목적으로 대기 상태에 있는 물품이 있다면 이것은 제품이 된다. 또 생산과정에 있는 것은 재공품 또는 반제품이 된다. 따라서 동일한 물품이라 하더라도 어떤 기업의 입장에서 재료로 취급되는 것이 다른 기업에서는 재공품, 반제품 또는 제품 등으로 파악되는 경우가 있다. 예를 들어 석유는 석유화학회사의 입장에서는 중요한 재료이지만, 정유회사의 입장에서는 제품의 일종으로 파악된다.

재료비(material cost)란 제품의 제조과정에서 소비되는 재료의 가치를 화폐라는 측정척도에 의해서 파악한 금액을 말한다. 따라서 재료(material)와 재료비(material costs)는 엄격히 구분되는 개념이다.

기업이 외부로부터 구입한 물품 중에서, 제품의 제조과정에 투입하고 남은 잔여분은 재료라는 명칭으로 대차대조표에 자산으로 계상되는 데 반하여, 제품제조과정에서 소비(또는 사용)된 가치로서의 재료비는 제조원가의 일부를 구성하여 제품(또는 재공품이나 반제품)이라는 명칭으로 대차대조표의 자산계정에 계상하게 된다. 이와 같이 볼 때 재료비란 원가요소로서 파악된 부분이기 때문에 비용과도 구별되는 개념이다.

이러한 측면에서 재료비는 기업경영에 있어서 제품원가의 중요한 구성요소가 된다. 따라서 재료비의 계산은 재료의 구입·보관·출고 등에 필요한 정보의 원천을 제공해 줄 뿐만 아니라 제품원가를 산정하는데 중요한 요소이다.

제 2 절 재료비의 분류

1. 형태별 분류

재료의 외형적 형태 또는 생산에 참여하는 상태를 기준으로 하여 분류하면 재료비는 주요재료비, 보조재료비, 부분품비, 공장소모품비, 소모공구기구비품비 등으로 분류할 수 있다.

〈표 5-1〉

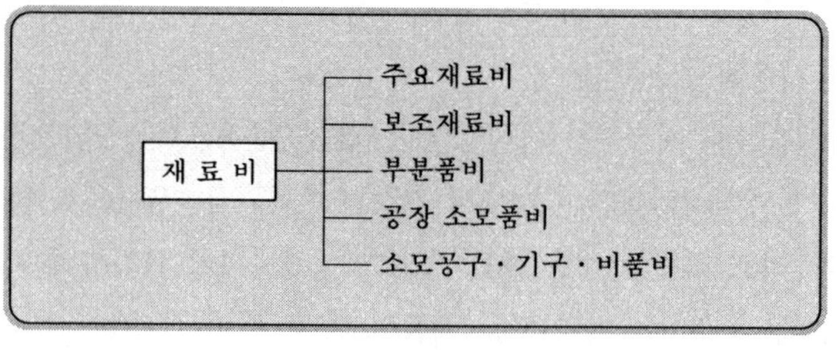

1) 주요재료비

주요재료비는 제품의 제조과정에서 직접적으로 소비되어 제품의 기본적 실체로서 재현되는 재료(주요재료)의 소비가액을 말한다. 일반적으로 재료라고 할 때에는 주요재료를 의미하는 경우가 많다. 예를 들면 가구제조업의 목재, 자동차 공업의 철판, 제지공업의 펄프, 방직업의 면화, 제과업에서의 밀가루 등이 이에 속한다.

2) 보조재료비

보조재료비는 제품의 제조과정에서 보조적으로 소비될 뿐 제품의 본체를 구성하지는 않는 소모성 재료의 가액을 말한다. 예를 들면 동력용 연료, 기계용 유류, 수선재료, 접착재료, 연마재 등이 있다.

3) 부분품비

부분품비는 제품에 원형대로 부착되어 그 제품의 일부 구성부분이 되는 물품의 가액을 말한다. 부분품에는 기업 외부로부터 구입 · 조달하여 사용되는 매입부분품과 자체생산하여 사용하는 부분품으로 대별되는데, 원가계산에서 부분품비라 함은 보통 매입부분품의 소비가액을 의미한다. 자가생산 부분품은 일반적으로 반제품으로 취급하는 경우가 많다. 예를 들면 자동차공업에서의 타이어, 가구제조업에서의 장식용 금패 등이 이에 속한다. 또한 오늘날과 같이 기업의 계열화가 일반화되어 있고, 하나의 기업이 여러 협력업체(하청공장)을 두고 있는 여건하에서는 재료비 중에서 부분품비가 차지하는 비중은 높아가고 있는 실정이다..

4) 공장소모품비

공장에서 생산을 위해서 소비되는 소모품의 원가로서 금액적으로 크지 않은 화학약품, 포장재료, 공장의 작업에 사용되는 샌드페이퍼(sand paper) · 작업복 · 작업모 · 고무장화 등 청소용품, 사무용소모품 등의 원가발생액이 이에 해당한다.

5) 소모공구 · 기구 · 비품비

소모공구 · 기구 · 비품비는 내용년수가 1년 미만이거나 또는 내용년수가 1년 이상이라 하더라도 가격이 상당액 미만인 소모성 공구 · 기구 · 비품의 소모가격을 말한다. 원래 내용년수가 1년 이상인 공구, 기구, 비품은 유정자산으로 계상한 후 감가상각의 방법에 의해 일정기간에 소비된 가액을 감가상각비로 인식하는 것이 일반적이지만, 중요성의 원칙에 입각하여 내용년수가 1년 이상인 공구, 기구, 비품일지라도 그 가액의 상당액을 어느 정도로 보느냐 하는 문제는 업종과 경영규모 그리고 기업의 회계정책에 따라 결정될 문제이다.

2. 재료비의 집계방법에 의한 분류

제조과정에 투입된 재료가 원가계산단위로서의 특정제품(또는 특정제품에 대한 제조지시서)과 직접적으로 관련하여 소비되느냐 아니냐 하는 기준에 따라 구분할 때 재료비는 직접재료비와 간접재료비로 분류된다. 따라서 이 분류는 특정제품에 대한 원가를 개별적으로 계산하는 개별원가계산에서 특히 중요한 의미를 갖는다.

1) 직접재료비

이는 제조과정에서 직접 소비되고 원가계산단위로서의 특정제품에 대하여 그 소비액을 직접 파악할 수 있는, 다시 말해서 특정제품에 대한 제조지시서별로 직접 부과할 수 있는 재료비를 말한다. 전술한 재료비의 형태별 분류 중에서 주요재료비와 부분품비는 직접재료비에 속한다.

2) 간접재료비

이는 직접재료비 이외의 재료비로서 제품전체 또는 다수의 제품에 대하여 공통적으로 발생하고 있는 관계로 특정제품(또는 특정제품의 제조지시서)별로 그 소비액을 직접적으로 파악할 수 없는 재료의 소비가액을 말한다. 따라서 간접재료비는 2개 이상의 관련제품에 대하여 전체적으로 파악하였다가, 인위적인 배부기준에 따라 원가계산단위로서의 특정제품에 배부하는 절차를 밟게 된다. 전술한 재료의 형태별 분류 중에서 보조재료비, 공장소모품비, 소모공구기구비품비는 대부분이 간접재료비에 속한다.

재료의 특성상 직접재료비로 처리되어야 할 성질의 것이라도, 그 소비액을 특정제품별로 파악하는데 계산비용이 많이 들고, 그 금액이 상대적으로 적은 경우에는 실무상의 편의에 따라 간접재료비로 일괄 처리하였다가 인위적인 배부기준에 의하여 특정제품에 배부하기도 한다.

제 3 절 재료의 구입 · 보관 · 출고의 기장

기업이 제조활동을 원활히 수행하기 위해서는 필요한 재료를 적정수준으로 구입 · 보관하였다가 재료사용부서의 요구가 있을 때에는 적시에 공급할 수 있어야만 한다. 일반적으로 재료를 구입하는 데는 막대한 자금이 소요될 뿐만 아니라 구입한 재료를 보관하는 데에도 많은 비용이 발생하기 마련이다. 이 같은 점에서 적절한 재료를 구입하여 보관하지 못함으로써 적시에 재료사용부서에 재료를 공급하지 못하는 경우에는 재료부족으로 인한 작업지연으로 말미암아 손실이 발생할 우려가 있기 때문에 재료의 효율적 관리문제는 제조기업에 있어서 특히 중요하다고 볼 수 있다.

1. 재료의 구입과 기장

재료에는 상비재료와 특수재료가 있다. 상비재료는 기업이 목표로 하고 있는 주된 제품을 생산하기 위하여 공장에서 계속 사용하기 때문에 항상 비치하고 있지 않으면 안될 재료로서 일반적으로 주요재료, 부분품, 연료, 공장소모품, 소모공구 · 기구 · 비품 등을 말한다. 특수재료는 특수한 제품이나 또는 특수한 용도에 사용하는 재료를 말한다.

재료의 구입은 구매계에서 하게 된다. 상비재료의 구입절차는 기업의 내부조직에 따라 차이가 있을 수 있으나 일반적으로 다음과 같은 절차를 밟게 된다.

재료를 보관하고 있는 부서인 창고계는 재료의 현재재고량이 이미 설정된 최저보유수준인 주문점(order point)에 도달하면 재료구입청구서(purchases requisition)를 작성하여 구매계에 구입을 의뢰한다. 이때 재료구입청구서는 보통 정부(正副) 2통을 작성하고, 원본은 구매계에 그리고 부본은 발행부서인 창고계가 보관한다.

재료구매청구서

년 월 일

주 문 서 No.________

구매부장 귀하

납 기 ________

아래 재료를 구입하여 주시기 바랍니다.

인도장소 ________

품 명	적 요	수 량	비 고

발행부문책임자 ______________ 인

주 문 서

년 월 일

No. _____

______________ 귀하

다음과 같이 주문하오니 ×월 ×일까지 납품하여 주시기 바랍니다.

품 명	규 격	수 량	단 가	금 액	비 고
조 건	납 품 기 일				
	대금지급방법				
	납 품 장 소				

××주식회사

재료구입을 청구받은 구매계는 재료구입청구서에 입각하여 주문서(purchases order)를 발행하여 재료를 주문한다. 이때 최초로 구입하는 재료에 대해서는 구입처에 견적을 의뢰하고 이들로부터 송부되어 온 견적서에 입각하여 가장 적합한 매입처를 선정한 후 주문서를 발행하게 된다. 그러나 이미 구매경험이 있는 재료에 대해서는 견적서없이 직접 주문서를 발행하는 것이 일반적이며, 긴급을 요할 때는 먼저 전화나 전보로 주문한 후 후일에 주문서를 보내기도 한다. 주문서는 보통 4통을 작성한 후 원본은 매입처에, 1통은 창고계, 1통은 검수계(또는 수입계)에 송부하고 나머지 1통은 발행부서인 구매계에서 보관한다.

매입처로부터 주문재료가 도착하면 검수계는 현품, 송장, 주문서를 대조한 후 이상이 없으면 아래와 같은 재료수입보고서를 3통 작성하여, 구매계와 창고계에 각각 1통을 송부하고, 사본 1통은 보관한다.

재료구매청구서

No. _____

주문서번호 __________

송장번호 __________

수납일자 __________

수납장소 __________

구 매 계 __________

품 명	기 호	수 량	단 가	금 액	비 고

<u>재 료 매 입 장</u>

일자	송품장 번 호	매입처	적 요	차 변 과 목					원 면	대변과목	
				주 요 재 료	보 조 재 료	부분품	소모공 구기구 비품	공 장 소모품		외상매 입 금	제 좌

구매계는 검수계로부터 송부되어온 재료수입보고서, 주문서 사본 및 매입처로부터 송부되어 온 송장과 대조한 후 이상이 없으면 재료매입장에 기입한다.

재료매입장은 구매계에서 기입하는 보조부로서 특수분개장의 일종이라고 할 수 있다. 구매계는 일정한 기간단위로 재료매입장을 마감한 후 회계계에 송부하여야 한다. 왜냐하면 회계계에서는 재료매입장에 입각하여 일반분개장에 다음과 같이 합계분개한 후 총계정원장에 전기해야 하기 때문이다.

(차)		(대)	
주 요 재 료	×××	외상매입금	×××
보 조 재 료	×××	제 좌	×××
부 분 품	×××		
공 장 소 모 품	×××		
소모공구기구비품	×××		

구입하는 재료의 종류가 단순한 기업에서는 재료계정을 주요재료, 보조재료, 부분품, 공장소모품, 소모공구기구비품 등으로 구분하지 않고 다음과 같이 그대로 재료계정에 통합처리하여도 무방하다.

(차)		(대)	
재 료	×××	외 상 매 입 금	×××
		제 좌	×××

또한 관련장부에의 기입이 완료된 재료를 매입처에 반품한 경우에는 관계장부에 주기하여 정정기입을 하여야 한다. 그리고 기말에 가서는 다음과 같이 수정분개한 후 총계정원장에 전기한다.

(차)		(대)	
외 상 매 입 금	×××	주 요 재 료	×××
		보 조 재 료	×××
		부 분 품	×××
		소모공구기구비품	×××

이상에서 설명한 재료매입절차를 그림으로 표시하면 다음의 〈표 5-1〉과 같다.

〈표 5-1〉 재료의 매입절차

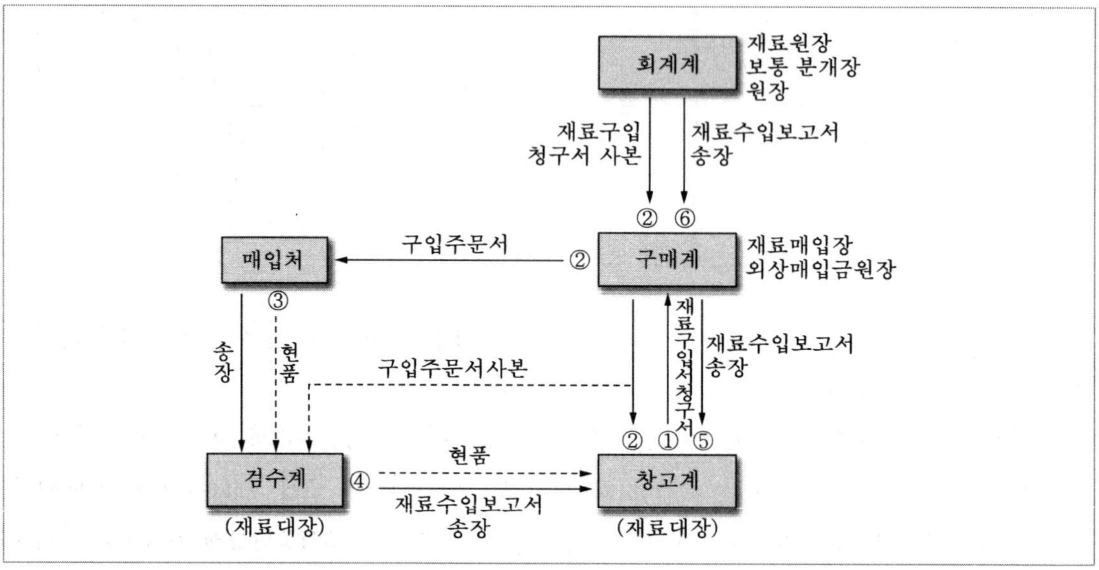

한편 원가계산계에서는 재료수입보고서를 접수함과 동시에, 이에 근거하여 재료원장에 기입한다. 재료원장은 재료의 종류별로 계좌를 설정하여 수입, 출고, 잔액을 기록하는 보조원장의 일종으로서 총계정원장상의 재료계정의 내역을 상세히 나타내 준다. 재료원장에는 재료를 구입한 때 수입란에, 창고에서 재료를 인도한 때 출고란에 각각 해당재료의 수량, 단가, 금액 등을 기록한다.

그러므로 잔액란에는 그때 그때의 재고액이 표시된다. 재료원장에의 기입 예와 방법에 관해서는 다음에 재료의 소비가격결정에서 구체적으로 설명하기로 한다.

2. 재료구입원가의 계산

재료의 구입가격(acquisition costs)은 원칙적으로 재료주비에 당해재료를 소비(또는 사용)하기 위한 상태에 이르기까지 소요된 모든 원가를 포함하여 산정한다. 다시 말하면 재료의 구입원가는 구입처에 지급한(또는 지급할) 송장가격(材料主費)에 재료부비라고 하는 부대비용을 가산한 금액으로 구성된다.

재 료 원 장

계좌번호 ____________　　품　명 ____________　　최고보유수량 ________
보관장소 ____________　　기　호 ____________　　최저보유수량 ________

일 자	적 요	수 입				출 고				잔 액		
		수 입 보고서 번 호	수량	단가	금액	출 고 청구서 번 호	수량	단가	금액	수량	단가	금액

재료의 구입과 관련하여 발생한 부대비용, 즉 재료부비에는 외부부비와 내부부비가 있다. 외부부비란 외부로부터 재료를 구입하는 과정에서 나타난 것으로서 재료가 창고에 도착하기까지 발생한 원가를 말한다. 예를 들면 구입수수료, 인수운임, 하역비, 보험료, 관세 등이 이에 속한다. 내부부비란 경영내부에서 이루어지는 구입사무, 검수, 정리, 선별, 보관 등에 소요되는 원가를 말한다.

- 재료의 구입원가
  - 재료주비
  - 재료부비
    - 외부부비 : 재료의 구입과 관련하여 외부에 지급되는 부대비용으로 인수운임, 하역비, 보험료, 관세 등
    - 내부부비 : 재료의 구입, 보관과 관련하여 기업내부에서 발생한 원가로서 구입사무비, 검수비, 정리비, 선별비, 보관비 등

원칙적으로 재료의 구입원가는 재료주비와 재료부비의 합계액으로 이루어지나 실무상으로는 재료부비 모두를 재료구입원가에 포함시키기 어려운 경우가 많이 있다. 따라서 실무에서는 다음과 같은 3가지 편법이 이용되기도 한다.

1) 재료의 구입원가, 즉 재료주비만을 구입원가로 취급하는 방법(구입대가방법)
2) 재료의 구입대가와 외부부비만을 구입원가로 취급하는 방법(외부부비가산방법)
3) 재료의 구입대가에 외부부비와 내부부비를 모두 가산하여 구입원가로 취급하는 방법(부비가산방법)

일반적으로 실무에서는 재료의 구입대가(재료주비)에 외부부비만을 가산하는 외부부비가산방법이 가장 널리 사용되지만, 경우에 따라서는 외부부비 중에서도 중요성의 원칙에 따라 금액적으로 중요한 것만을 가산하고, 그렇지 않은 것은 실무상의 편의에 따라 일반관리비로 처리하기도 한다. 그리고 대부분의 외부부비는 구입한 재료에 직접적으로 부과할 수 없는 경우가 많을 뿐만 아니라 고정적으로 발생하는 경우가 많기 때문에, 구매부, 창고부 등의 부문관리비로 처리하는 것이 보통이다.

우리나라 원가계산기준(제12조 4항)은 원칙적으로 외부부비가산주의, 즉 외부부비는 재료비의 구입원가에 가산하고 내부부비는 제조경비로 처리하도록 규정하고 있다.

3. 재료의 보관

검수계(또는 수입계)로부터 창고계에 인도된 재료현품은 창고의 일정 장소에 보관된다. 창고계는 재료의 보관책임자로서 수입된 재료를 그의 종류, 규격, 용도, 성질 등에 따라 배열하고 훼손, 멸실, 도난, 분실 등이 나타나지 않도록 잘 정돈하여 보관하고 있다가 제조현장으로부터 청구가 있으면 언제라도 재료를 반출할 수 있도록 준비하고 있어야 한다.

상비재료에 대해서는 최고보유수량과 최저보유수량을 미리 정해놓는 것이 보통이다. 최저보유수량은 1일 평균소비수량에 주문일로부터 도착예정일까지의 날짜를 곱해서 구하게 된다. 최고보유수량은 보통 최저보유수량을 기초로 하여 보관능력이나 매입에 필요한 자금을 고려하여 결정한다. 창고계는 상비재료가 최저보유수량이 되었을 때는 즉시 구매계에 재료구입청구를 하여야 한다. 최고보유수량 이상으로 재료를 보관한다고 하는 것은 많은 자금이 고정화될 뿐만 아니라 관리에 따른 어려움도 있게 마련이어서 피하지 않으면 안 된다.

주문생산을 위해서 필요한 특수재료는 제조현장이 창고계를 통해서 재료의 구입을 청구하게 된다.

저장중의 재료에 대해서 회계계는 보통 보조원장으로서 재료원장(material ledger, store ledger)을 두고 재료의 종류별로 계좌를 설치하여 수입액, 불출액, 잔액으로 구분하고 각각에 대하여 그의 수량, 단가, 금액 등을 기록 · 정리한다.

4. 재료의 출고와 재료비의 기장

재료는 창고로부터 출고되어 제조과정에 투입됨으로써 소비된다. 기업이 구입한 재료는 출고되기 이전까지는 자산으로 취급되지만, 일단 창고에서 출고되면 재료비라는 원가요소가 발생하게 된다. 재료는 작업현장의 요구에 따라 출고되는데, 이때 재료로 출고하기 위해서는 재료출고청구서(material or store requisition)가 사용된다. 재료출고청구서는 작업현장에서 2통 작성하여, 원본은 창고계에 송부하고 사본은 작업현장에서 보관한다.

창고계에서는 재료의 출고를 청구받으면, 재료출고청구서에 출고표시한 후 원가계산계에 회부한다. 원가계산계에서는 재료출고청구서에 단위와 금액을 기입하고, 이를 근거로 하여 재료분개장에 기장한다.

재 료 출 고 청 구 서　　　　제 호 ______

년 월 일

창 고 번 호 ____________　　　　차 변 과 목 ____________

원장 기입자 ____________　　　　대 변 과 목 ____________

제조지시서번호 ____________

품 명	적요(품질 · 규격등)	수 량	단 가	금 액	비 고

수령자 ____________　　　　청 구 자 ____________

창고주임 ____________

재료분개장은 출고된 재료와 출고재료의 소비액(재료비)을 기록하기 위한 특수분개장이다. 출고된 재료의 소비액(재료비) 중에서 직접재료비에 해당하는 금액은 재공품계정(제조계정)의 차변에, 그리고 간접재료비에 해당되는 금액은 제조간접비계정의 차변에 각각 기입한다. 한편 재료계정의 차변에는 출고된 재료의 종류에 따라 해당란에 기입하면 된다.

재료분개장은 기말에 마감하고 일반분개장에 다음과 같이 합계분개를 한 후 총계정원장에 전기한다.

재 료 분 개 장

일자	청구서번호 또는 청구서매수	적 요	차 변 과 목		대 변 과 목				
			재 공 품	제 조 간접비	주 요 재 료	보 조 재 료	부분품	공장 소모품	공구 기구 비품

(차) 재　공　품　×××
　　 제 조 간 접 비　×××

(대) 주 요 재 료　×××
　　 보 조 재 료　×××
　　 부 분 품　×××
　　 공 장 소 모 품　×××
　　 소모공구기구비품　×××

〈예제 5-1〉 다음 자료에 의하여 재료분개장을 작성하고 분개하여라.

6/ 2 A주요재료 ₩800,000(@₩400 2,000개)을 제조부문에 출고하다.

6/10 B보조재료 ₩600,000(@₩500 1,200개)을 동력부문에 출고하다.

6/15 C부 문 품 ₩300,000(@₩300 1,000개)을 제조부문에 출고하다.

6/20 D소 모 품 ₩150,000(@₩250 600개)을 수선부에 출고하다.

재료분개장

월일		적 요	차 변		대 변			
			재공품	제조간접비	주요재료	보조재료	부분품	공장소모품
6	2	A재료 2,000 @400	800,000		800,000			
	10	B재료 1,200 @500		600,000		600,000		
	15	C재료 1,000 @300	300,000				300,000	
	20	D재료 600 @250		150,000				150,000
			1,100,000	750,000	800,000	600,000	300,000	150,000

〈분개〉

(차)	재 공 품	1,100,000	(대)	주 요 재 료	800,000
	제 조 간 접 비	750,000		보 조 재 료	600,000
				부 분 품	300,000
				소 모 품	150,000

작업현장에서는 제품계획의 변경이라든가 또는 소요량 추정의 잘못 등으로 인하여 일단 창고로부터 출고된 재료를 반환할 필요가 있는 경우가 있다. 이 때에는 재료반환표를 작성하여 현품과 함께 창고계에 반환한다.

재료반환표는 다시 원가계산계에 회부되어 재료원장의 수입란에 해당금액만큼을 기입하고 또한 재료분개장에 기입한 후, 합계액을 산출할 때 차감한다.

재 료 반 환 표 No.______

년 월 일

출구청구번호______________

반 환 번 호______________

품 명	규 격	수 량	단 가	금 액	비 고

반환사유 ________________________________

반환책임자 __________________ 인

5. 재료의 감모손에 대한 기장

입고된 재료 중에서 출고하고 남은 잔여분은 창고계에서 관리하여야 한다. 창고에 보관되어 있는 재료의 재고가 아무런 이상없이 잘 보관되고 있는 경우는 부기상의 거래가 발생하지 않는 것이므로 분개 등의 특별한 기장상의 문제는 나타나지 않는다. 그러나 실제로는 재료를 보관하는 과정에서 파손, 도난, 화재, 관리원의 부정 등으로 실제의 재고액과 장부상의 재고액이 일치하지 않는 경우가 발생하는 경우가 있다. 따라서 기말에 실제재고조사를 실시하여 장부상의 재고액과 실제액과의 차이를 찾아내어 차이발생의 원인을 규명하여야 한다.

그 차액이 매기 정상적으로 발생하는 정상액의 범위내의 것이라면 재료재고감모손계정에 계상하였다가 제조간접비계정에 대체하고, 도난이나 화재 등과 같이 이상적으로 발생한 거액의 차액이면 제품원가에 계상하지 않고 원가외손실로 하여 손익계정에 대체한다.

〈정상적 감모인 경우〉

① (차) 재료재고감모손　×××　(대) 재　　료　×××
② (차) 제 조 간 접 비　×××　(대) 재료재고감모손　×××

〈이상적 감모인 경우〉

① (차) 재료재고감모손　×××　(대) 재　　료　×××
② (차) 손　　익　×××　(대) 재료재고감모손　×××

〈예제 5-2〉 다음의 재료감모손실에 대한 거래를 분개하여라.

1. 기말에 실지재고조사결과 재료의 실재재고액이 장부액보다 ₩350,000이 부족한 것으로 밝혀졌다.

   (차) 재료감모손실　350,000　(대) 재　　료　350,000

2. 위의 부족액은 조사결과 정상적인 감손인 것으로 판명되어 원가에 산입하기로 하였다.

   (차) 제조 간접비　350,000　(대) 재료감모손실　350,000

3. 재고조사결과 재료 ₩250,000 이 부족함이 밝혀졌다.

   (차) 재료감모손실　250,000　(대) 재　　료　250,000

4. 재료재고차액 ₩250,000은 비정상적으로 발생된 것으로 판명되었다.

   (차) 손　　익　250,000　(대) 재료감모손실　250,000

이상에서 우리는 재료의 구입, 보관, 출고에 관한 그 절차와 기장관계를 살펴보았다. 이에 관한 기장관계를 총계정원장의 관련계정, 관련분개장 및 보조원장을 중심으로 표시하면 〈표 5-2〉와 같다.

제 4 절　재료소모량의 계산

재료비는 재료의 소비량에 재료의 소비단가를 곱하여 계산한다.

〈산식〉

재료비 = 재료의 소비량 × 재료의 소비단가

따라서 재료비를 계산하여 우선 재료의 소비량을 결정하여야 하는 데 그 방법으로는 다음의 3 가지가 있다.

1. 계속기록법

계속기록법은 재료를 동일한 종류별로 분류하고, 입출이 있을 때마다 수입, 불출량을 기록 계산함으로써 재료의 장부상 잔량(book inventory)을 파악할 수 있도록 하는 방법이다. 따라서 이 방법에 의하면 기말재고량은 다음의 산식에 따라 재료원장을 통하여 파악된다.

〈산식〉

전기이월재고량 + 당기구입(수입)량 - 당기소비(불출)량 = 기말재고량

이 방법은 재료의 소비량을 제품별 또는 부문별로 계산할 필요가 있을 때 채택하면 유용하다. 왜냐하면 재료사용부서(작업현장)의 각 부문에서는 특정한 재료가 필요한 경우에 재료보관부서(창고계 등)에 재료출고청구서를 발행하며, 재료보관부서에서는 출고표와 교환으로 재료를 인도하고, 출고표에 기록된 수량을 기초로 하여 소비수량을 확정하기 때문이다.

〈표 5-2〉 재료비 기장관계의 도해

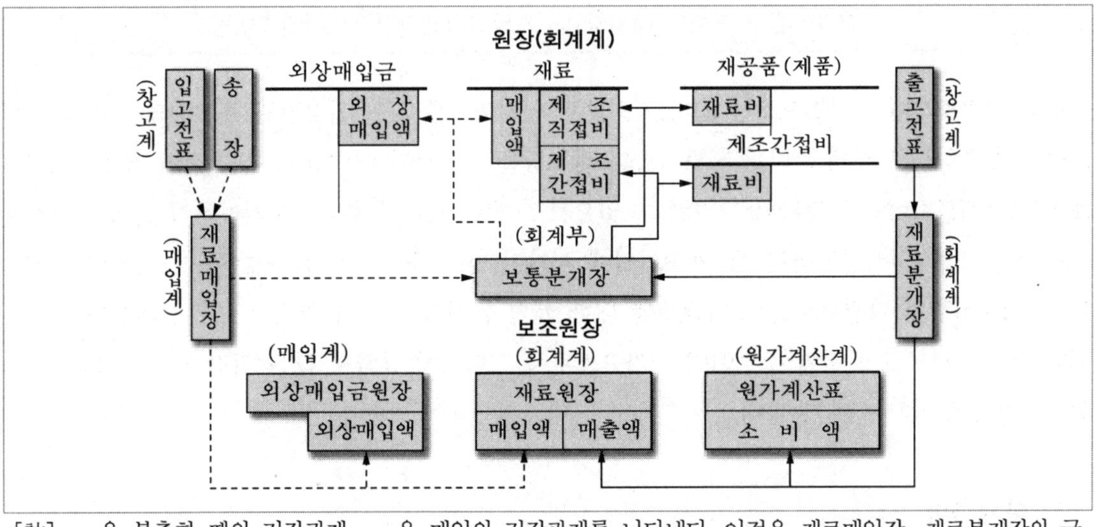

[註] ―은 불출한 때의 기장관계, ―은 매입의 기장관계를 나타낸다. 이것은 재료매입장 · 재료분개장의 금액을 보통분개장을 통하여 총괄전기하는 경우이다.

이 방법이 갖는 장점으로는 다음과 같은 점을 들 수 있다.

첫째, 출고량이 명확하게 파악되며, 출고된 재료가 어느 부문의 누구에 의하여 청구되고, 또한 어떤 작업에 사용되었는지를 알 수 있기 때문에 제조과정에서 재료의 낭비와 부정을 방지할 수 있다.

둘째, 재료의 실제소비량과 보관중에 생긴 재료의 소모량을 구별할 수 있다. 즉 계속기록의 결과 산출된 재료의 장부상의 잔액을 실지재고조사에 의하여 확인된 실제재고량과 비교하면 양자의 차액에 의하여 보관중에 생긴 재료의 감모량이 판명된다.

〈산식〉

(전기이월량 + 당기매입량 - 당기소비량) - 기말재고량 = 재료감손량

셋째, 원가계산상 각 제조지시서별로 소비량이 명확히 파악되므로 정확한 계산을 할 수 있다.

2. 재고조사법

이것은 원가계산 말기 또는 일정시기에 재료의 종류별로 실지재고조사를 실시하여 기말재고량을 전기이월량 및 당기매입량의 합계에서 차감함으로써 당해기간의 소비량을 간접적·총괄적으로 추산하는 방법이다.

〈산식〉

(전기이월량 + 당기매입량) - 기말실지재고량 = 당기소비량

반면 재고조사법의 단점으로는 ① 정기적으로 실지조사를 하여 입고량과 재고량의 차이를 소비량으로 추정하므로 실제 소비량과 보관중의 감모량을 구별하기 어렵고 ② 개별적인 제조지시별로 소요되는 재료소비량을 명확히 파악할 수 없으므로 재료비를 직접비로서 처리하지 못하고 간접비로서 처리하게 되어 불편하다. ③ 재고파악에 시간이 많이 소요되어 원가계산이 늦어진다는 점이다. 재고조사법의 장점으로는 소비재료에 대한 계속적 기록을 하지 않으므로 기장계산의 노력은 절약된다. 그러므로 가격이 소액이며 원가요소로서 그다지 중요하지 않은 저장적 보조재료(유류)는 이 방법에 의하는 예가 많다.

3. 역계산법

이 방법은 일정단위를 생산하는 데 비례하여 소요되는 재료의 표준소비량을 결정하고 그것에다 제품수량을 곱하여 재료소비량을 산출하는 방법이다. 그러므로 이 방법은 재고조사법처럼 실지조

사를 실시하지 않고 소비량을 추정에 의하여 결정한다는 특징을 가지고 있다. 좀더 구체적으로 말하면 개개의 제품에 대하여 그 제조에 소요되는 재료의 소비량을 예정하고, 제품이 완성된 후에 생산량으로부터 소급하여 재료소비량을 산출한다.

〈산식〉

제품단위당 표준소비량 × 생산량 = 재료소비량

역계산법을 적용하는 경우는 ① 개개의 제품에 있어서 재료소비량을 파악하기 곤란한 생산방식의 경영(제과업에 있어서의 밀가루와 같은 주요재료)과 ② 개개의 제품에 대한 재료소비량을 계산하는 데 노력과 비용이 현저하게 요구되는 경우 등이다.

제품단위에 포함되는 재료소비량의 계산은 과거의 실적을 기초로 하여 결정하지만 이것은 또한 표준원가계산제도하에 있어서 표준재료비를 산정하는 경우에도 이에 준하여 결정할 수 있다. 생산량에 따라 소비량이 비례하는 재료는 이 방법으로 비교적 정확히 소비량을 추정할 수 있다. 그러나 재료의 질적 상위, 조업도의 변화 등으로 말미암아 소비량이 반드시 생산량에 비례하지 않는 경우도 있으므로 이때는 오차를 과거의 실적에 의하여 수정하여야 한다.

그러므로 역계산법에 의하여 소비량을 계산하는 경우에도 정기적으로 재고조사를 하여 계산상의 잔존량을 실제량에 의하여 수정하여야 할 것이다. 그러나 그 차이가 보관상 나타난 감모인지, 또는 계산상 추정오차(추정소비량오차)인지 알 수 없다는 단점을 가지고 있다.

이상에서 재료의 소비량을 산정하는 방법으로 계속기록법, 재고조사법 및 역계산법에 관하여 고찰하였다. 그런데 이 세 가지 방법 중 어느 한 가지만 선택되어 사용되는 것은 아니다. 왜냐하면 개개의 방법은 다같이 단점을 가지고 있기 때문이다. 따라서 정확한 재료소비량을 산정하기 위해서는 계속기록법을 사용하면서 재고조사법을 겸용하는 것이 가장 이상적이며 또 많이 사용되고 있다. 세 번째 방법인 역계산법 역시 계속기록법과 병용하여 사용함으로써 실제소비량과 역계산법에 의한 소비량과의 차이를 구할 수 있다.

우리나라 원가계산기준(제12조)에서도 원칙적으로 계속기록법을 적용하고, 그 적용이 곤란하거나 필요없는 경우에는 재고조사법, 역계산법을 적용할 수 있다고 규정하고 있다.

제 5 절 재료소비가액의 계산

재료비를 계산하기 위해서는 위에서 설명한 재료의 소비량은 물론이고 재료의 소비가격을 결정하여야 한다. 여기서 말하는 재료의 소비가격이라 함은 재료의 출고단가를 의미한다.

재료의 구입원가가 언제나 일정하다면 별다른 문제가 없지만 동일 종류의 재료라 하더라도 상이한 가격으로 구입하였을 경우에는 재료의 소비가격(출고단가)을 어느 가격으로 적용하느냐에 따라 재료비가 다르게 나타난다.

재료의 소비가격의 계산방법은 원가계산의 목적, 재료의 중요성, 계산비용, 가격변동의 정도, 재료의 특성 등에 따라 다르게 마련이지만 일반적으로 다음과 같은 방법들이 이용되고 있다.

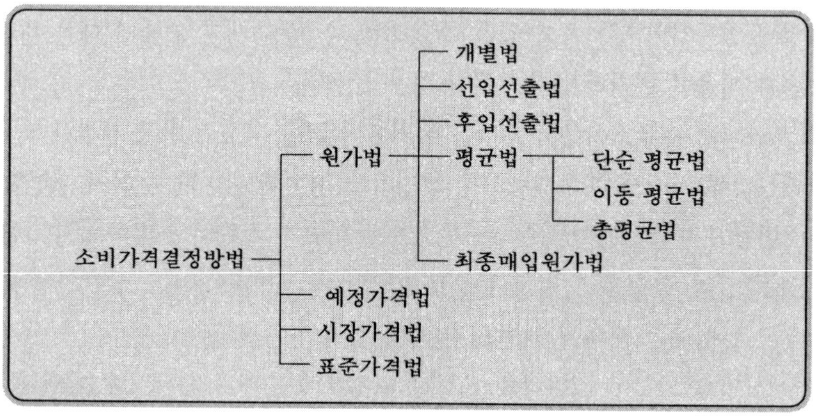

1. 원가법

원가법(cost method)이라 함은 외부로부터 구입한 재료에 대해서는 구입원가를 기준으로 출고단가를 결정하고, 자가생산한 재료에 대해서는 당해재료의 제조원가를 기준으로 출고단가를 결정하는 방법을 말한다. 구입원가의 계산방법에 대해서는 이미 설명한 바와 같이 재료의 구입대가에 일정의 부대비용을 가산하여 결정한다.

오늘날 재무회계에서는 일반물가수준이 상승하는 추세에 있음에도 불구하고, 측정의 객관성을 확보한다는 측면에서 자산의 취득원가를 기준으로 평가하고 있다. 따라서 원가법에 의하여 재료의 소비가격을 결정하게 되면 재무회계에서의 자산평가방법과 일관성을 유지할 수 있다는 점에서 적합한 방법이라고 할 수 있다. 하지만 이 방법에 의한 재료소비가격 결정은 재료의 가격이 급격히 변동하는 경우에는 제품의 매가결정에 별다른 도움을 주지 못할 뿐만 아니라, 재료비가 재료의 시가변동에 따라 수시로 달라지게 되므로 제조부문에서의 재료소비능률을 측정하기 어렵다는 단점을 갖고 있다.

1) 개별법(specific identification of cost method)

이는 동일한 재료라 하더라도 구입품별로 가격표(price tag)를 붙여 두었다가 출고한 때에 가격표에 표시된 구입단가를 재료의 출고단가로 하는 방법이다. 따라서 이 방법에 의하여 재료의 출고단가를 계산하게 되면 출고재료는 모두 각각의 구입원가로 계산되므로 특정품의 생산에 사용된 재료의 구입가격을 구체적으로 식별할 수 있다는 장점이 있다.

그러나 이 방법을 채택하기 위해서는 구입한 재료를 그 단가의 차이에 따라 개별적으로 보관해야 한다는 실무상의 불편이 있다. 따라서 각기 다른 가격으로 구입한 출고빈도가 높은 동종의 품목이 많이 있는 경우에는 이들 각각에 대해서 기장을 한다는 것이 번잡스럽고 계산비용이 많이 들기 때문에 현실적으로 적용하기 어려운 경우가 많다.

2) 선입선출법(first-in first-out method; FIFO)

이는 재료의 취득(입고)순서에 따라 출고가 이루어진다는 가정에 따라 재료의 소비가격을 결정하는 방법으로서 일명 매입순법이라고도 한다. 이 방법에 의하면 재료의 기말재고는 기말에 가장 가까운 시점에서 구입한 재료로서 구성되게 된다. 또한 이 방법은 구입일자가 빠른 재료의 단가를 그 재료의 전 수량이 모두 출고될 때까지 당해 재료에 대한 출고단가로 사용한다. 그러므로 이미 일정한 단가로 구입한 재료를 모두 사용하지 않고 잔량이 남아 있을 때 다른 단가의 재료를 추가로 구입하게 되는 경우에는 잔액란의 수량 및 단가를 추가로 구입한 재료와 구분하여 기록유지해야만 한다.

〈예제 5-3〉 (주)호원산업의 6월중 Q재료의 수불상황은 아래와 같다. 이것으로 선입선출법, 후입선출법의 재료원장에 기입하고 각각 재료소비액과 기말재고액을 산출하여라.

재료수불장

일	자	적 요	수 량	단 가	금 액
6	1	전 월 이 월	300개	@₩10	₩3,000
	10	매 입 액	200개	@₩12	2,400
	15	소 비 액 (출 고)	150개	@₩10	1,500
	20	매 입 액	150개	@₩14	2,100
	25	소 비 액	150개	@₩10	1,500
			50개	@₩12	600
	30	차 월 이 월	300개		

재 료 원 장

(선입선출법)

2008년		적 요	수입 수량	수입 단가	수입 금액	출고 수량	출고 단가	출고 금액	잔액 수량	잔액 단가	잔액 금액
6	1	전월이월	300	10	3,000				300	10	3,000
	10	매 입	200	12	2,400				300	10	3,000
									200	12	2,400
	15	소 비				150	10	1,500	150	10	1,500
									200	12	2,400
	20	매 입	150	14	2,100				150	10	1,500
									200	12	2,400
									150	14	2,100
	25	소 비				150	10	1,500	150	12	1,800
						50	12	600	150	14	2,100
	30	차월이월				150	12	1,800			0
						150	14	2,100			
			650		7,500	650		7,500			
7	1	전월이월	150	12	1,800				150	12	1,800
			150	14	2,100				150	14	2,100

[주] 이 경우의 소비가액은 ₩3,600
기말재고액 ₩3,900

이 방법에 의하여 재료의 입출고를 기록하게 되면 재료의 기말재고액이 비교적 시가에 가까운 최근의 원가로 평가되어 대차대조표에 계상된다는 장점이 있다. 하지만 인플레하에서는 재료의 소비가격이 시가보다 낮게 계산되어 매출원가가 과소평가되므로 결과적으로 이익이 과다하게 계상된다는 단점이 있다.

3) 후입선출법(last-in first-out method; LIFO)

이 방법은 매입역법이라고도 하는데, 선입선출법과는 정반대로 최근에 입고된 재료부터 먼저 출고되는 것으로 가정하여 재료의 소비가격을 계산하는 방법이다. 이 방법에 의하여 재료의 입출고에 대한 재료원장에의 기장을 〈예제 5-3〉의 재료수불장을 이용하여 적용하면 다음과 같다.

재 료 원 장

(후입선출법)

2008년		적요	수입 수량	수입 단가	수입 금액	출고 수량	출고 단가	출고 금액	잔액 수량	잔액 단가	잔액 금액
6	1	전월이월	300	10	3,000				300	10	3,000
	10	매 입	200	12	2,400				300 200	10 12	3,000 2,400
	15	소 비				150	12	1,800	300 50	10 12	3,000 600
	20	매 입	150	14	2,100				300 50 150	10 12 14	3,000 600 2,100
	25	소 비				150 50	14 12	2,100 600	300	10	3,000
	30	**차월이월**				**300**	**10**	**3,000**			**0**
			650		7,500	650		7,500			
7	1	전월이월	300	10	3,000				300	10	3,000

[주] 이 경우의 소비가액은 ₩4,500
기말재고액 ₩3,000

이 방법에 의하여 재료의 입출고를 기장하게 되면 선입선출법과 정반대의 효과를 가져오게 된다. 환언하면 인플레시에 재료의 소비가격이 비교적 시가에 가까운 최근의 원가로 계산할 수 있기 때문에 손익계산상의 판매수익에 최근의 원가로 대응이 가능하며, 그에 따라 비교적 정확한 손익계산이 용이하다는 장점이 있다. 그러나 인플레가 극심한 경우에는 대차대조표에 계상되는 재료의 기말재고액이 과소하게 평가된다는 단점을 아울러 갖고 있다.

4) 평균원가법(average cost method)

상술한 세 가지 방법은 실제구입원가를 그대로 수량과 관련시켜 소비(출고)가액과 재고액(잔액)을 계산하는 방법이었다. 이에 대해서 평균원가법은 구입재료를 풀(pool) 계산하여 평균단가를 산출하고 이를 소비(출고)량과 재고량(잔량)에 곱하여 소비가액과 기말재고액을 계산하는 방법이다. 평균원가법은 평균하는 방법에 따라 ① 단순평균법 ② 총평균법 ③ 이동평균법 등으로 구별된다.

(1) 단순평균법(simple average method)

이 방법은 구입원가를 구입회수로 나눈 가격을 소비재료의 출고단가로 하는 것으로서, 구입수량을 무시하는 방법이다. 따라서 이 방법에 의한 출고단가는 실제구입원가와는 다르다. 앞서의 〈예제 5-3〉를 적용하여 평균단가, 소비가액, 기말재고액을 계산하면 다음과 같다.

평 균 단 가	(₩10+₩12+₩14)÷3	=	₩ 12
소 비 단 가	350개×₩12	=	₩4,200
기 말 재 고 액	₩7,500(구입총액)-₩4,200	=	₩3,300

(2) 총평균법(total weighted average method)

이 방법은 한 기간의 기초재료재고액에다 기중수입액을 가산하고, 이것을 기초재고수량과 기중의 수입수량의 합계로 나누어 평균단가를 산출하는 방법이다. 그리고 이것이 일기간중의 출고단가가 된다. 이 방법은 출고한 재료에 대하여 일일이 그 소비단가를 계산하지 않고 원가계산기말에 평균단가를 산출하여 그것을 동기간에 있어서의 재료의 전체 출고량에 적용하는 방법이다. 따라서 기간 중의 출고 및 잔액의 기록은 수량만 기입하여 둘 수밖에 없다. 그러므로 이 방법은 종합원가계산에는 사용되지만 개별원가계산에는 적합한 방법이 될 수 없다. 이것을 산식으로 표시하면 다음과 같다.

〈산식〉

· 총평균 단가 $= \dfrac{\text{전월이월액} + \text{당월구입액}}{\text{전월이월수량} + \text{당월구입수량}}$

· 재료소비가격 = 평균단가×소비수량

〈예제 5-4〉 〈예제 5-3〉을 이용하여 총평균법에 의한 재료원장에 기입하고 각각 재료소비액과 기말재고액을 산출하여라.

재 료 원 장

(총평균법)

2008년		적 요	수입			출고			잔액		
			수량	단가	금액	수량	단가	금액	수량	단가	금액
6	1	전월이월	300	10	3,000				300	10	3,000
	10	매 입	200	12	2,400				500		
	15	소 비				150	11.54*	1,730	350		
	20	매 입	150	14	2,100				500		
	25	소 비				200	11.54	2,308	300	11.54	3,462
	30	**차월이월**				**300**	**11.54**	**3,462**			**0**
			650		7,500	650		7,500			
7	1	전월이월	300	11.54	3,462				300	11.54	3,462

[주] 이 경우의 소비가액은 ₩4,038 *표의 금액은 기말에 ₩7,500÷650≒₩11.54로 계산된다.
기말재고액 ₩3,462

(3) 이동평균법(moving average method)

이는 가중평균법의 일종으로서 단가가 다른 재료를 구입할 때마다 재료원장의 잔액과 새로운 단가로 구입된 재료와의 가중평균치를 산출하고 이를 소비재료의 출고단가로 하는 방법이다. 따라서 이 방법을 채택하는 경우에는 새로운 단가로 입고가 이루어질 때마다 다음 산식에 따라 가중평균하여 단가를 정정하여야 한다.

〈산식〉

$$이동평균단가 = \frac{전월재료재고액 + 당월구입가격}{당월재료재고수량 + 당월구입수량}$$

이 방법에 의하면 재료의 수불시에 수량계산과 단가계산을 동시에 행하게 되지만, 계산방법이 복잡하여 많은 절차를 요할 뿐만 아니라, 평균단가가 소액의 단수로 나타나는 단점이 있다. 그러나 이 방법은 화폐가치의 변동이 단가에 민감히 반영되므로 출고가격의 변동을 어느 정도까지 완화시킬 수 있는 장점이 있다. 〈예제 5-3〉의 거래기록을 적용하여 이동평균법에 의한 기장 예를 보면 다음과 같다.

재 료 원 장

(이동평균법)

2008년		적 요	수입 수량	수입 단가	수입 금액	출고 수량	출고 단가	출고 금액	잔액 수량	잔액 단가	잔액 금액
6	1	전월이월	300	10	3,000				300	10	3,000
	10	매 입	200	12	2,400				500	10.80*	5,400
	15	소 비				150	10.80	1,620	350	10.80	3,780
	20	매 입	150	14	2,100				500	11.76	5,880
	25	소 비				200	11.76	2,352	300	11.76	3,528
	30	차월이월				300	11.76	3,528			0
			650		7,500	650		7,500			
7	1	전월이월	300	11.76	3,528				300	11.76	3,528

[주] 이 경우의 소비가격은 ₩3,971
기말재고액 ₩3,528
*표의 금액은 (₩3,000+₩2,400)÷(300+200)=₩10.80으로 계산된다.

5) 시장가격법

시장가격법(market price method)이란 재료의 소비가액을 시장가격(market price), 즉 시가(current price)를 기준으로 하여 결정하는 방법이다.

따라서 시가법이라고도 한다. 시가를 기준으로 하여 재료의 소비가격을 결정하게 되면 출고시기에 가장 근접한 가격으로 출고가격을 결정하는 것이 되므로 경영면에서는 가장 합당한 방법이라 할 수 있다. 따라서 제품의 매가를 결정하기 위하여 사용하는 경우가 많다.

그러나 경제의 격동기에는 물가가 끊임없이 변동하기 때문에 순간적으로 변동하는 시가로 소비가격을 파악하는 것은 곤란하다. 그리고 시가법은 시가결정의 시점을 재료가 사용된 시기로 하느냐 아니면 제품의 판매시기로 하느냐에 따라서 재료의 소비가격은 대단한 차이가 생기게 된다. 또 재고재료의 가격을 평가할 경우에도 회계처리상 번잡을 초래하게 되고 세무상 재료비차액의 문제가 야기되는 등 외부보고목적을 위한 실무에서는 여러 가지 곤란한 문제가 생기게 된다. 그리고 시장가격은 극히 추상적이고, 특정의 재료에 대한 시가는 항상 수요와 공급과의 관계에 의하여 시시각각으로 변동되므로 이를 확인하기가 용이하지 않다. 또 그것을 확인하였다 하더라도 시장가격기준에 의할 때에는 재료를 출고할 때마다 시장가격을 조사하여 보지 않으면 안 되는 번거로움이 있다.

이 경우의 회계처리는 예정가격법의 경우와 같다.

6) 예정가격법

예정가격법(predetermined price method)은 과거의 구입원가에 현재의 시장가격과 장래의 시가변동을 예상하여 어떤 일정기간 계속적으로 적용될 수 있는 불변적 가격을 미리 정해서 이것을 소비재료의 계산가격으로 하는 방법이다. 이 방법은 원가나 시가가 많이 변동할 경우 계산절차를 간단히 하고, 원가와 시가의 차이가 심한 경우에 재료비를 비교적 현재시가에 가까운 가격으로 계산하기 위해 또는 일정기간내에 소비되는 재료의 계산가격을 균일하게 하기 위하여 사용된다.

이 방법에 의하면 재료의 종류에 따라 원료비, 매입부품비 등 재료비계정을 설정하고 예정가격에 의한 출고액을 그의 대변에 기입하고, 원가계산일에 실제매입가격에 의한 출고액을 차변에 기입하면 재료비계정에 차액이 나타나게 되는데 이를 재료소비가격차이계정에 대체한다. 이렇게 하기 위해서는 출고전표의 금액란을 실제매입가격과 예정가격의 둘로 구분해 놓아야 한다. 재료소비가격차이계정의 금액이 많으면 기말에 매출원가계정에 대체하는 것이 보통이다.

예정가격을 사용하면 제품이 원가계산기간중에 완성된다 하더라도 재료비의 계산은 원가계산일까지 기다릴 필요는 없다. 또한 공장이 둘 이상이 되는 경우에는 동일의 예정가격을 사용하면 능률을 비교할 수 있어 편리하다.

예정가격은 원가 또는 시가의 변동이 심한 경우에는 기간을 정하여 계속 변경하고 수정하여야 한다.

〈예제 5-5〉 다음 거래를 분개하여라.

1. A재료 ₩90,000(@₩300 300㎏)를 외상으로 매입하다.

(차)재　료 90,000　(대)외상매입금 90,000

2. A재료를 다음과 같이 예정가격에 의해 소비하다.

〈자료〉

직 접 소 비 : @₩330 110㎏ ₩36,300

간 접 소 비 : @₩320 100㎏ ₩32,000

(차)재 공 품 36,300　(대)소 비 재 료 68,300

제조간접비 32,000

3. 월말에 A재료의 실제소비액 ₩61,000을 계상하다.

(차)소 비 재 료 61,000　(대)재　료 61,000

4. 예정가격과 실제가격의 차액 ₩7,300을 재료비차액계정으로 대체하다.

(차)소 비 재 료 7,300　(대)재료비차액 7,300

7) 표준가격법

표준가격법(standard cost method)은 예정가격과 마찬가지로 표준소비가격을 미리 정해두고 이것으로 재료의 소비액을 계산하는 방법이다. 이때 표준가격은 과거의 경험이나 또는 기술적 연구를 기초로 하여 정하게 된다. 이 방법은 일정 기간내에는 원칙적으로 표준가격을 변경하지 않으므로 고정가격법이라고도 한다. 그리고 이 가격을 설정할 때는 당해재료에 관한 과거의 구입가격을 참고하지만 대개는 그 구입평균가격에 의할 때가 많으므로 평균가격법과 유사한 경우가 많다. 그러나 이것은 단순히 과거의 구입가격을 평균한 것이 아니고, 과거의 구입가격을 충분히 참고함과 동시에 당해기업의 장래에 대한 여러 가지 사정도 고려하여 과학적으로 결정한 예정가격이다. 이 방법에 의할 때에는 일정기간 동안 가격을 변경하지 않고 계속적으로 적용하므로 경영외부의 시장영향이 출고계산가격에 변동을 주지 않는다. 따라서 이와 같이 할 경우 재료비의 계산은 시가법에 비해서 신속하게 계산될 뿐 아니라 경영원가의 추이를 여러 기간에 걸쳐 비교할 때에는 재료비단가에 미치는 영향이 없으므로 경영관리에 있어서 공헌하는 바 크다. 그러나 재료의 단가가 계산기간에 걸쳐서 변하지 않으면 시장변동을 받는 실제의 가격과 유리될 우려가 있으므로 시시각각 변동하는 시가를 충분히 반영한 것이 되도록 하기 위하여 조정할 필요가 있다. 이 방법의 활용 예는 이후 표준원가계산에서 구체적으로 설명하기로 한다.

연 습 문 제

〈객관식〉

1. 다음 중 재료소비수량 결정방법이 아닌 것은?

① 선 입 선 출 법　　② 재 고 조 사 법
③ 역 계 산 법　　④ 계 속 기 록 법

【해설】 재료소비수량 결정방법 - 계속기록법 · 재고조사법 · 역계산법

2. 다음 중 재료비차액이 발생되는 경우로서 가장 알맞은 것은?

(공인감정사 기출제문제)

① 재고계산법과 역계산법과의 차액
② 장부재고액과 시가와의 차액
③ 재료의 감모손으로 인한 차액
④ 실제원가소비액과 예정가격에 의한 소비액의 차액
⑤ 장부재고액과 실제재고액과의 차액

3. 원재료 소비가격의 결정방법이 아닌 것은?

① 시장가격법　　② 취득원가법
③ 표준가격법　　④ 실사계산법

【해설】 소비가격결정방법 - 취득원가법 · 예정가격법 · 시장가격법 · 표준가격법

4. 대부분의 제조회사에 있어서 각 제품의 원가와 수량의 실제 흐름을 개별적으로 평가하는 것과 가장 근사한 결과를 가져오는 재고자산 평가방법은?

① 평 균 법　　② 선입선출법
③ 후입선출법　　④ 기준재고법

【해설】 선입선출법은 재료의 기말재고액이 비교적 시가에 가까운 최근의 원가로 평가되어 B/S에 계상된다.

5. 간접재료비는 다음 중 어디에 속하는가? (AICPA 기출제문제)

① 기초 원가　　② 고 정 비
③ 비관련원가　　④ 제조간접비

6. 다음 자료에 의하면 당월 재료소비액은 얼마인가?

〈자료〉

전월이월액	₩650,000	당월매입액	₩8,780,000
감모 손실	₩ 58,000	월말재고액	₩ 390,000

① ₩9,430,000 ② ₩9,878,00

③ ₩8,982,000 ④ ₩9,820,000

【해설】 (₩650,000 + ₩8,780,000) - (₩58,000 + ₩390,000) = ₩8,982,000

※ 다음 자료에 의하여 물음에 답하여라.

재료수불장

일 자		적 요	수 량	단 가	금 액
5	1	전기이월	1,000개	@₩100	₩100,000
	3	매 입	500개	@₩120	60,000
	6	출 고	600개		
	8	출 고	400개		
	11	매 입	200개	@₩125	25,000
	14	출 고	500개		
	15	매 입	600개	@₩130	78,000
	21	출 고	400개		
	28	매 입	700개	@₩135	94,500
	29	출 고	800개		
	31	차기이월	300개		

7. 후입선출법에 의하여 재료소비액을 구하면 얼마인가?

① ₩340,580 ② ₩324,500

③ ₩328,500 ④ ₩380,000

【해설】 기말재고액 ₩33,000
재료소비액 ₩357,500 - ₩33,000 = ₩324,500

8. 선입선출법에 의하여 재료소비액을 구하면 얼마인가?

① ₩350,000 ② ₩317,000

③ ₩360,000 ④ ₩350,640

【해설】 기말재고액 ₩40,500
재료소비액 ₩357,500 - ₩40,500 = ₩317,000

9. 이동평균법에 의하여 재료소비액을 구하면 얼마인가?

① ₩378,543　　② ₩333,245
③ ₩356,950　　④ ₩318,036

【해설】 기말재고액 ₩39,464
재료소비액 ₩357,500 - ₩39,464 = ₩318,036

10. 총평균법에 의하여 재료소비액을 구하면 얼마인가?

① ₩321,749　　② ₩320,446
③ ₩386,758　　④ ₩388,758

【해설】 기말재고액 ₩35,751
재료소비액 ₩357,500 - ₩35,751 = ₩321,749

해답 1. ① 2. ④ 3. ④ 4. ② 5. ④ 6. ③ 7. ② 8. ② 9. ④ 10. ①

〈주관식〉

1. 재료의 구입, 보관, 출고절차를 설명하시오.

2. 재료소비량의 결정방법을 설명하여라.

3. 물가변동시 선입선출법의 장단점을 설명하여라.

4. 재료부비란 무엇인가, 또한 재료부비의 회계처리는 어떻게 하는가?

5. 다음 거래를 분개하여라.
   ① 주요재료 ₩1,350,000을 외상으로 매입하고, 인수운임 ₩55,000을 수표발행하여 지급하다.
   ② 주요재료₩2,200,000을 직접비₩1,600,000, 간접비₩400,000 나머지는 기계수리용으로 소비했다.
   ③ 원가계산 기말에 실지재고조사의 결과, 재료의 실제재고액은 ₩580,000이고, 장부가액은 ₩620,000으로 밝혀졌다. 위의 부족액은 정상적인 감모로 판명되었다.
   ④ 주요재료 6,000개(@₩2,000)를 제조지시서 #55에 따라 소비되었다.
   ⑤ 자사제작의 부분품 500개(제조원가 ₩2,800,000)를 공장으로부터 인수하다.

6. 다음 거래를 거래발생별로 분개하여라.
   (주)나운산업은 7월중에 재료 ₩8,700,000을 (주)인천상사로부터 외상으로 매입하였으나 불량품이 있어 ₩150,000을 반품하였다. 매입한 재료로 제조공장에서 직접소비한 것은 ₩6,000,000이고, 간접소비한 것은 ₩2,000,000이었다. 월말에 공장에서 소비되지 않는 직접소비재료 ₩550,000은 창고에 반납되었다.

7. (주)흥남공업은 1원가계산기간 동안의 재료소비액에 대한 재료는 다음과 같다.
   필요한 분개를 하고 재료비계정과 재료비 차액계정의 기입면을 표시하여라.

〈자료〉

◦재료예정소비액	₩ 3,600,000
◦제 조 직 접 비	₩ 1,900,000
◦제 조 간 접 비	₩ 1,700,000
◦실 제 소 비 액	₩ 4,000,000

8. 다음 각 분개에 대하여 거래의 차이점을 설명하여라.

1) ①	(차) 재 공 품	100,000	(대) 제조간접비	100,000
②	(차) 재 공 품	100,000	(대) 재 료	100,000
2) ①	(차) 재료비차액	200,000	(대) 소 비 재 료	200,000
②	(차) 소비 재료	200,000	(대) 재료비차액	200,000
3) ①	(차) 손 익	80,000	(대) 재료감모손실	80,000
②	(차) 제조간접비	80,000	(대) 재료감모손실	80,000
4) ①	(차) 제조간접비	300,000	(대) 재 료	300,000
②	(차) 재 공 품	300,000	(대) 재 료	300,000
5) ①	(차) 재 공 품	280,000	(대) 재 료	430,000
	제조간접비	150,000		
②	(차) 재 공 품	280,000	(대) 소 비 재 료	430,000
	제조간접비	150,000		

9. (주)금강공업의 5월중 K재료의 수불상황은 아래와 같다. 이것으로 선입선출법, 총평균법, 이동평균법, 후입선출법의 재료원장에 기입하고 각각 재료소비액과 기말재고액을 계산하여라.

재료수불장

일 자		적 요	수 량	단 가	금 액
5	1	전기이월	200개	@₩200	₩40,000
	6	매 입	300개	@₩250	₩75,000
	10	출 고	350개		
	15	매 입	500개	@₩300	₩150,000
	18	출 고	550개		

10. 다음 계정에 기입된 거래를 추정하여라.

재료비차액

차변		대변	
① 소비재료	60,000	② 소비재료	38,000
		③ 손 익	22,000

재료감모손실

차변		대변	
④ 재 료	15,000	⑤ 제조간접비	10,000
		⑥ 손 익	5,000

제 6 장

노무비의 회계

제 6 장

노무비의 회계

제 1 절 노무비의 의의

노무비(labor costs)란 제품을 생산하기 위하여 제조과정에서 소비되는 노동력의 가치를 화폐라는 측정척도에 의해 계산한 것이다. 그러므로 노무비는 노무제공의 대가로서 종업원에게 지급되는 임금, 급료, 상여금 등과는 다른 개념이다. 즉 노무비는 기업이 구입 또는 획득한 노동력의 소비에 초점을 두고 있는 데 대하여, 임금 · 급료 · 상여금 등은 노무제공의 대가에 대한 지급형태에 초점을 둔 개념이다. 환언하면 원가계산상의 노무비는 노동력의 소비에 의하여 발생하는 원가요소이므로 재무회계상의 비용인 급료, 임금, 상여금 등과는 다르다. 그러므로 기업이 임금이나 급료를 지급하고 노동력을 구입하였다 하더라도 그 노동력이 제조과정에서 소비 또는 사용되지 않은 경우에는 노무비는 발생하지 않은 것이며, 또한 비록 노무제공의 대가로서 현금이 지급되지 않은 경우라도 노동력이 소비 또는 사용되면 노무비가 발생한 것이다.

그러나 노동력은 그 성질상 구입과 소비 사이에 시간적 간격이 없이 동시에 발생하며 재료와는 달리 인간의 노동력을 비축할 수가 없기 때문에 일정기간에 발생한 임금, 급료, 상여금 등은 모두 당해기간의 노무비로서 취급하는 것이 보통이다. 때문에 실무에서는 양자를 동의어로 사용하는 경우가 많다.

따라서 노무비회계에 있어서 중요한 문제는 기업에서 종업원이 제공하는 노동력의 구입액을 계산하는 것과 그 노동력의 소비액을 계산하는 것으로 나누어 볼 수 있다. 전자를 지급임금의 계산이라고 하며 후자를 소비임금의 계산이라고 한다. 이와 같은 지급임금 및 소비임금의 계산과 아울러 이들의 기장절차는 노무비회계에서 중요하게 다루어야 할 문제이다.

제 2 절 노무비의 분류

1. 노무비의 지급형태에 따른 분류

1) 임금

임금(wages)은 생산활동에 직접 종사하는 사람(공원, 기타의 육체노동자 등)에게 지급되는 노동력의 대가를 말한다. 임금은 기업의 임금체계(wage systems)에 따라 다르지만 통상적으로 기본임금과 할증금으로 구성된다. 할증금에는 시간외수당(over-time-premium) 특수작업수당 등이 있다. 임금은 그 지급형태에 따라 월급, 주급, 일급(day-rate-system), 시간급(hour-rate system), 성과급(piece-work system) 등으로 구분할 수 있다.

2) 급료

급료(salaries)는 주로 정신적 노동을 하는 공장의 직원(공장장, 기사, 감독, 사무장 등)에게 지급되는 노동력의 대가를 말한다. 급료는 임금과는 달리 그 지급형태가 단순하며 월급제인 경우가 많다.

그런데 여기서 유의해야 할 점은 원가계산상 노무비로 취급되는 급료는 공장관계직원에게 지급된 보수라는 점이다. 따라서 사회통념상 급료로 불리우는 본사의 사장을 포함한 임원이나 판매원 등에게 지급되는 급료는 재무회계상의 판매비와관리비 항목으로 취급되며 원가계산상의 노무비는 아니다.

3) 잡급

잡급이란 정규의 노무자적을 갖지 아니한 사외인부, 임시의 잡역인부 등에게 지급되는 노동력의 대가를 말한다. 잡급은 그 지급형태가 시간급이거나 성과급인 경우가 많다.

4) 종업원상여수당

종업원상여수당은 할증급과는 달리 공장에서 생산에 직접·간접으로 참여하는 직원에 대하여 종업원의 작업과는 직접적인 관련 없이 경상적으로 지급되는 정기상여금(bonus)과 연공, 정근,

가족, 근무지, 교통, 주택등과 관련하여 지급되는 제수당으로 구성된다. 제수당은 보통 매월마다 급여 지급시에 지급되지만 상여수당은 업종에 따라 일정한 기간단위(분기별, 반기별, 연도말 등)로 지급되는 경우가 많다. 따라서 이러한 상여금은 보통 종업원 개인별로 분할하여 임금 또는 급료에 포함시켜 계산한다.

2. 노무비의 성질에 따른 분류

1) 노무주비

노무주비(勞務主費)란 제품의 제조를 위하여 직접 또는 간접으로 소비되는 노동력에 대한 대가이다. 이는 종업원 개인별로 그 지급액을 계상할 수 있다는 특징을 가지고 있다. 노무주비는 일정기간을 단위로 하여 노무비를 산정하고자 할 때 비교적 명료하게 나타나므로 원가로서 파악하기가 용이하다. 앞서 설명한 바 있는 임금, 급료, 잡급, 종업원상여수당 등은 노무주비에 속한다고 할 수 있다.

2) 노무부비

노무부비(勞務副費)란 사람을 고용, 관리 및 유지하는데 소요되는 일체의 비용 중에서 노무주비 이외의 비용이라고 할 수 있다. 기업이 사람을 고용하게 되면 종업원 개개인에게 실제로 지급되는 노무주비 이외에도 사람을 고용하고 관리하기 위하여 많은 비용을 부담해야 한다.

노무부비에 속하는 것으로는 모집비, 교육훈련비 뿐만 아니라 종업원의 사기앙양을 위한 복리후생적 부담(유급휴가, 종업원 자녀에 대한 학자금 보조 등)과 고용에 따른 제반사회적 부담(근로기준법에 의한 재해보상비나 의료보험법에 의한 의료비 중에서 사업주 부담분 등) 등이 포함된다. 이와 같은 종업원을 위한 복리후생적 부담이나 사회적 부담을 흔히 추가효익(fringe benefit)이라고도 한다. 오늘날 사회가 고도로 산업화됨에 따라 노무부비의 중요성이 널리 인식되고 있으며, 노무비 중에서 노무부비가 차지하는 비율이 점차로 높아지고 있는 추세에 있다.

앞에서도 고찰한 바와 같이 일반적으로 재료의 구입원가를 결정할 때에 재료부비를 재료주비에 포함시켜야 함을 원칙으로 하고 있듯이, 노무부비도 노무비의 일부인 만큼 노무비의 정확한 산정을 위해서는 노무부비를 노부주비에 포함시켜야 하는 것이 바람직한 일이다. 그러나 노무부비는 노무주비와는 달리 종업원 각자에게 개별적으로 나타나기보다는 종업원 전체에 대하여 일괄적으로 나타나는 경우가 많다. 이 같은 이유로 노무부비를 노부주비에 정확히 배부하기가 어렵기 때문에 실무에서는 이를 제조간접비(overhead costs)의 일종으로 취급하는 것이 일반적이다.

3. 제품과의 관련성에 따른 분류

재료비와 마찬가지로 노무비도 제품과의 관련성에 따라 직접노무비(direct labor costs)와 간접노무비(indirect labor costs)로 구분된다. 이 구분은 제품에 대한 원가발생의 양상, 다시 말하면 노무비의 발생을 특정제품(또는 급부)에 직접적으로 부과할 수 있느냐 없느냐에 따라 분류한 것이다. 환언하면 특정의 제품에 직접적으로 부과할 수 있는 노무비를 직접노무비라고 하고 노무비가 특정제품의 제조와 직접적인 관련성을 갖고 있지 않고 간접적으로만 관련성을 갖고 있는 노무비를 간접노무비라고 한다. 예로서 개별원가계산제도를 채택하고 있는 기업에서 특정제품의 생산에 직접적으로 종사한 직접공의 임금은 당연히 특정제품의 원가를 구성하는 요소로서 당해제품에 직접 부과되어야 할 것이다. 여기서 직접공이란 제품제조를 위해서 직접 가공작업을 하는 공원으로서, 자동차 차체 제조공장을 예로 들어보면 판금공, 단조공, 기계공, 도장공, 조립공 등이 직접공이다. 이에 대해서 여러 종류의 제품생산에 참여한 간접공의 임금이나, 여러 종류의 제품의 생산에 공동으로 기여했다고 볼 수 있는 공장장 또는 공장관계 사무직원 등의 급료는 특정제품에 직접 부과하기가 어렵다. 따라서 이러한 간접노무비는 간접재료비의 회계처리와 마찬가지로 제조간접비로서 일괄하여 집계하였다가 인위적인 배부기준에 의하여 특정제품에 배부하는 절차를 밟게 된다. 여기서 간접공이란 상술한 직접작업 이외의 작업(간접작업)에 종사한 공원으로서 이에는 수선공, 청소공 등이 있다.

직접노무비와 간접노무비의 구분은 제품별 원가계산을 위하여 매우 중요한 분류기준이라고 할 수 있다. 그런데 이 구분은 공원의 업무와 성격(직접공・간접공), 작업시간의 성격(직접작업시간・간접작업시간) 및 원가계산제도의 상이(개별원가계산・종합원가계산)에 따라 분류기준이 달라진다.

제 3 절 노무비의 계산

1. 지급임금과 소비임금

노무비의 계산은 계산목적에 따라 지급임금의 계산(payroll accounting)과 소비임금의 계산(labor distribution accounting)으로 구분할 수 있다. 여기서 말하는 지급임금이라 기업이 노동력이라는 요소용역을 구입한 대가로서 그 제공자에게 지급하는 금액을 의미하며, 소비임금이란 기업이 구입한 노동력이라는 요소영역 중에서 제품의 제조과정에서 사용 또는 소비되는 가치를 말한다.

이 같은 의미로 이해하면 지급임금과 소비임금은 반드시 일치하지는 않는다. 왜냐하면 기업이 구입한 노동력은 일정의 제조과정에서 모두 소비되지는 않기 때문이다.

지급임금은 일정한 기간단위(월별, 반월별, 주별, 일별)를 중심으로 하여 각 종업원에 대한 지급액을 산정함으로써 얻어진다. 이에 대하여 소비임금은 각 제조지시서 또는 원가계산단위로서의 부문별로 소비액을 산정하여 구한다.

그러므로 기업이 개별원가계산제도를 채택하고 있는 경우에는 제조과정에서 노동력의 소비가 나타났다 하더라도 제조지시서별로 파악할 수 없는 소비액, 즉 간접노무비는 소비임금의 범주에서 제외되게 된다. 따라서 이 경우 소비임금이란 직접노무비만을 의미하므로 간접노무비는 소비임금의 범주에서 제외되며, 소비임금의 계산이란 직접노무비를 각 제조지시서별로 부담시키는 것을 의미하게 된다.

지급임금의 계산은 원래 원가계산의 영역에 속한다기보다는 재무회계의 영역에 속하는 문제이다. 그러나 오늘날 대부분의 제조기업이 계정체계를 매개로 하여 재무회계와 유기적으로 결합되어 「제도로서의 원가계산」을 실시하고 있는 만큼, 재무회계 측면에서의 지급임금계산과 원가계산 측면에서의 소비임금(원가요소로서의 노무비)의 계산은 서로 밀접한 관계를 갖고 있다.

2. 지급임금의 계산

앞에서도 설명한 바와 같이 원가계산이 일정한 급부를 계산단위로 하는 대상계산이라고 한다면, 재무회계에서의 비용계산은 일정한 기간을 단위로 하는 기간계산이라고 할 수 있다. 따라서 재무회계의 영역에 속하는 지급임금은 반드시 일정한 기간(월, 반월, 주, 일)을 단위로 계산하게 마련이다.

종업원 각자에 대한 지급임금(S_i)은 그 지급방식에 따라 계산방법에 차이가 있지만 일정기간 동안에 있어서의 종업원 각자의 노동력(Q_i)에, 일정기간 동안에 있어서의 종업원 개인별 임률(W_i)을 곱하여 계산한다. 이를 산식으로 표시하면 다음과 같다.

〈산식 1〉

$$S_i = Q_i \cdot W_i$$

그러므로 어느 기업이 일정기간 동안 종업원을 m명을 고용한 경우 그 기간 동안의 지급임금 총액(S_t)은 다음과 같은 식으로 표시할 수 있다.

〈산식 2〉

$$S_t = \sum_{I=1}^{m} S_i = \sum_{i=1}^{m} Q_i \cdot W_i$$

위 식에서 일정기간 동안의 종업원 각자에 대한 노동력(Q_i)은 노무비 지급방식에 따라 달라진다. 환언하면 노동력(Q_i)은 일급제인 경우에 있어서는 작업일수, 시간급제인 경우에 있어서는 작업시간수, 개수급제인 경우에는 완성품수량을 의미하게 된다.

그리고 작업일수, 작업시간수, 완성품수량 등을 파악하기 위해서는 기업별로 적절한 양식의 출근부, 작업시간보고서, 작업량보고서를 각각 고안하여 사용하여야 한다. 아울러 여기서 유의해야 할 점은 시간급제인 경우의 작업시간수는 실동시간은 물론이고 부동시간까지 포함함 취업시간이라는 점이다.

그리고 지급임률(W_i)은 일급제인 경우에는 1일당의 지급임금액, 시간급인 경우에는 1시간당의 지급임금액, 개수급인 경우에는 완성품수량 1개당의 지급임금액을 의미한다.

한편 위의 식에서 지급임률(W_i)은 정규작업에 대한 임금단가를 나타낸다. 따라서 정규작업 이외의 특수작업(위험작업, 시간외근무 등)에 대해서 할증금(incentive fee)을 지급하는 경우의 지급임금은 다음과 같이 계산한다.

〈산식 3〉

지급임금 = 기본금 + 할증금

$= Q_i \cdot W_i$ + 할증금

보 고 서

년 월 일

소 속 부 문 : 공구번호 :

제조지시번호 : 성 명 :

작 업 종 류	산 출 량	임 률	금 액
합 계			

<table>
<tr><td>(주)동원상사 A공장</td><td>직장</td><td></td><td>검사계</td><td></td><td>임 금
계산계</td><td></td></tr>
</table>

작업시간보고서

제조지시서 : 품 명 :

년 월 일 : 작업자 :

<table>
<tr><td>작 업 종 별</td><td colspan="2">착 수 시 간</td><td colspan="2">종 료 시 간</td><td colspan="2">작 업 시 간</td></tr>
<tr><td></td><td></td><td></td><td></td><td></td><td></td><td></td></tr>
<tr><td></td><td></td><td></td><td></td><td></td><td></td><td></td></tr>
<tr><td colspan="5">합 계</td><td></td><td></td></tr>
</table>

<table>
<tr><td rowspan="2">검
사
결
과</td><td>양</td><td>불량</td><td rowspan="2">임
률</td><td rowspan="2"></td><td>직장</td><td>계</td><td>임금계산계</td></tr>
<tr><td colspan="2"></td><td></td><td></td><td></td></tr>
</table>

(주)동현상사 B공장

3. 소비임금의 계산

소비임금을 계산한다고 하는 것은 결국 원가계산상의 노무비를 산정하는 것을 뜻한다. 이것은 원칙적으로 직장별, 부문별, 제품별로 이루어진다. 소비임금도 앞서 설명한 지급임금의 계산과 마찬가지로 작업량과 임률에 의해서 결정된다. 즉 노무비를 파악하기 위해서는 한편으로는 작업시간 또는 작업량을 측정하여야 하고 다른 한편으로는 임률 즉 노동단가를 결정하여야 한다.

1) 작업시간수의 결정

노무비를 계산하기 위해서는 우선 종업원이 생산에 참여한 작업시간인 직접작업시간이 결정되어야 한다. 직접작업시간을 계산하기 위해서는 생산에 직접·간접으로 참여하는 종업원이 출근해서부터 퇴근할 때까지의 시간이 어떻게 분할되는지를 분석해 볼 필요가 있는데 이를 보면 다음과 같다.

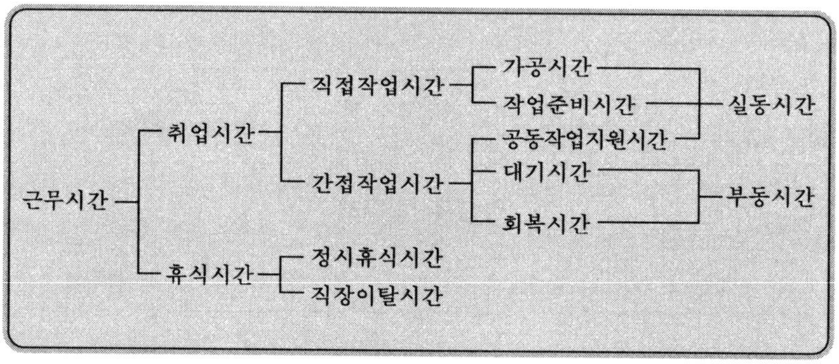

직접작업시간이란 종업원(공원)이 특정제품의 생산을 위하여 직접적으로 참여한 시간을 말하며, 이는 가공시간은 물론이고 작업개시전에 필수적으로 소요되는 작업준비시간(set-up time)까지도 포함된다.

간접작업시간에는 여러 종류의 제품을 생산하기 위하여 공동으로 참여한 시간, 다시 말해서 일반적인 노동에 종사한 공동작업 지원시간은 물론이고 작업대기시간과 회복시간 등이 포함된다. 작업대기시간이란 기계수선, 공구의 검사, 정전 등으로 부득이 작업을 쉬지 않을 수 없는, 다시 말해서 공원의 책임이 아닌 부동시간(idle time)을 말한다. 회복시간이란 작업 도중에 피로의 회복을 위하여 임시로 작업을 중단하는 정상적 부동시간을 말한다.

이상에서 설명한 직접작업시간과 간접작업시간은 모두 취업시간을 구성한다. 일반적으로 취업시간에 대해서는 임금이 지급되지만 휴식시간에 대해서는 임금이 지급되지 않는다.

임금이 지급되는 취업시간을 직접작업시간과 간접작업시간으로 구분하는 것은 이후 설명할 것이지만 노무비를 직접노무비와 간접노무비로 구분하여 계산하고자 할 때 중요한 판단기준이 된다.

2) 소비임률의 계산

노무비를 계산하기 위해서는 작업시간수 이외에도 소비임률을 결정하여야 한다는 것은 전술한 바와 같다. 이 때 적용되는 소비임률에는 실제임률과 예정임률이 있으며, 실제임률은 다시 개별임률과 평균임률로 구분할 수 있다.

(1) 실제임률

① 개별임률 : 개별임률이란 제품의 제조에 참여한 종업원 각자에 대하여 개별적으로 산출한 임률을 말한다. 그러므로 개별임률은 동일한 작업에 종사한 종업원일지라도 개인별로 다르게 마련이다. 개별임률은 종업원별로 각각의 소비임률을 계산하는 것으로, 이의 산식은 다음과 같다.

〈산식〉

$$개별임률 = \frac{일정기간의\ 지급임금\ 총액}{같은\ 기간의\ 총\ 취업시간}$$

이 임률에 의하여 소비임금과 제품원가를 계산하려면 많은 시간과 노력이 필요하다. 따라서 종업원 개인이 제품의 원가에 미치는 영향이 큰 경우에만 적용한다.

② 평균임률 : 평균임률이란 생산에 참여한 각 종업원의 개별임률을 평균한 것이다. 따라서 작업자의 집단별로 임금총액을 그 집단의 노동시간 총합계로 나누어 평균임률을 구하게 된다. 평균임률의 산식은 다음과 같다.

〈산식〉

$$평균임률 = \frac{임금\ 합계액}{총작업시간}$$

직접노무비를 계산할 때 평균임률을 일괄적으로 적용하게 되면 계산이 간편할 뿐만 아니라, 제품별 원가부담이 생산에 참여한 종업원의 개별임률의 차이에 영향을 받지 않고 공평하게 나타난다는 장점이 있다. 그런데 이 경우에는 산식에서 지급임금 총액이나 총 작업시간수가 기말이 되어야만 확정되는 관계로 직접노무비의 계산이 기말까지 연기되어야 한다는 단점이 있다.

(2) 예정임률

직접노무비의 계산을 실제임률이 확정되는 기말까지 연기하지 아니하고, 노무비가 발생할 때마다 계산하는 경우에는 예정임률을 적용한다. 예정임률이란 실제임률이 확정되기 이전에 예상되는 실제임률을 추정한 것이다.

예정임률에도 개별임률과 평균임률을 생각할 수 있지만, 일반적으로 예정평균임률을 적용한다. 예정임률에 의하여 계산된 노무비는 실제임률에 의한 노무비와 대부분의 경우 일치하지 않게 마련인데, 이 경우에 나타나는 원가차이를 임률차이(labor rate variance)라고 하며, 이는 기말에 가서 조정하여야 한다.

〈산식〉

$$예정임률 = \frac{예정임금총액}{예정작업시간\ 총수}$$

$$예정임금의\ 소비액 = 예정임률 \times 작업시간$$

〈예제 6-1〉 다음 자료에 의하여 필요한 분개와 원장기입을 표시하여라.
임금분개장의 당월소비임금은 예정임률법에 의하여 배부하였다.

〈자료〉

1. 예정임금		2. 실제임금	
제 조	₩1,400,000	당월지급임금합계	₩2,600,000
제조간접비	700,000	전월미지급임금	350,000
판매관리비	200,000	당월미지급임금	480,000
	₩2,300,000		

[해답]

※ 당월실제소비임금 = ₩2,600,000 - 350,000 + 480,000 = ₩2,730,000

〈분 개〉

① (차)	재 공 품	1,400,000			
	제 조 간 접 비	700,000	(대)	소 비 임 금	2,300,000
	판 매 관 리 비	200,000			
② (차)	소 비 임 금	2,730,000	(대)	임 금	2,730,000
③ (차)	임 금 차 액	430,000	(대)	소 비 임 금	430,000

〈전 기〉

임 금

차변		대변	
지급임금	2,600,000	전월이월	350,000
차월이월	480,000	소비임금	2,730,000
	3,080,000		3,080,000

소비임금

차변		대변	
임금	2,730,000	제 좌	2,300,000
		임금차액	430,000
	2,730,000		2,730,000

재 공 품

차변		대변
소비임금	1,400,000	

제조간접비

차변		대변
소비임금	700,000	

판매관리비

차변		대변
소비임금	200,000	

임금차액

차변		대변
소비임금	430,000	

4. 노무비의 기장과 회계처리

1) 지급임금의 기장

임금은 보통 월 1회 또는 2회 간격으로 일정일에 지급된다. 그러므로 임금계산부서는 임금지급일이 도래하기 직전에 일급제인 경우엔 출근부, 시간급제인 경우엔 작업시간보고서, 개수급제인 경우엔 작업량보고서를 마감한 후, 종업원 각자에 대하여 개별적으로 일정기간 동안의 작업일수, 작업시간수, 완성품수량 등을 산정하고 이에 개인별 지급임률을 곱해 임금지급액을 계산한다. 그리고 계산된 내역을 임금계산표에 기록한 후, 이와 함께 임금을 지급한다.

임금계산부서는 각 개인별 임금계산표에 나타난 지급임금의 내역을 임금지급장(payroll)에 옮겨 기록, 유지한다. 임금지급장은 지급임금계산에 관한 보조부로서 지급임금에 관한 특수분개장이라고 할 수 있다.

임 금 계 산 표

제 호

번 호 ________　　　　계산기간 자 200×년 ×월 ×일
성 명 ________　　　　　　　　지 200×년 ×월 ×일
소속부문 ________　　　작 성 자 ____________

시간수		임률		지급총액				차감액			차감지급액
상업	잔업	상업	잔업	기본급	가급금	가족수당	합계	소득세	보험료	기타	

임 금 지 급 장

자 200×년 ×월 ×일
지 200×년 ×월 ×일

번호	성명	기본임금	가급금	임금합계	제수당				총지급액	차감액				지급액	수령액
					가족수당	교통수당	기타	합계		소득세	보험료	기타	합계		

임금지급장의 각란의 합계액은 총계정원장에 합계전기되는데 이때 필요한 분개는 다음과 같다.

(차) 임 금	×××	(대)	현 금	×××
	×××		소득세예수금	×××
			보험료예수금	×××
			선 대 임 금	×××

〈예제 6-2〉 다음 거래를 분개하여라.

1. 당월분 급료 지급총액 ₩3,000,000 현금지급액 ₩2,000,000
   차감액(소득세 ₩300,000 보험료 ₩200,000 선대금 ₩500,000)

(차) 임 금	3,000,000	(대)	현 금	2,000,000
			소득세예수금	300,000
			보험료예수금	200,000
			선 대 임 금	500,000

2. 당월분 급료소비액 ₩3,000,000을 제조간접비 ₩1,700,000에 판매비와 관리비 ₩1,300,000으로 배부하다.

(차)	제 조 간 접 비	1,700,000	(대) 급 료	3,000,000
	판매비와관리비	1,300,000		

2) 노무비의 기장

원가계산부서는 작업시간보고서를 접수하는 대로 종업원 각자의 취업시간을 직접작업시간과 간접작업시간으로 구분하여, 직접작업시간에 평균소비임률을 곱하여 직접노무비를 그리고 간접작업시간에 평균소비임률을 곱하여 간접노무비를 각각 계산한다.

이 때 적용되는 평균소비임률은 실제임률 또는 예정임률이라고 하는 것은 이미 앞서 설명한 바 있다.

이와 같은 방법으로 산출된 직접노무비와 간접노무비는 노무비분개장에 기입하는 데 필요한 기초자료로서 활용된다. 노무비분개장의 차변은 재공품(제조), 제조간접비, 판매비 및 일반관리비 등의 여러 란으로 구분되어 있는데, 재공품란에는 직접노무비를, 제조간접비란에는 간접노무비를, 판매비와관리비란에는 본사의 임원이나 판매원에 대한 급료를 기입한다.

노무비분개장은 소비임금을 기입하기 위한 특수분개장인데, 일정기말에 마감한 후, 이를 근거로 일반분개장에서 다음과 같이 합계분개함으로써 총계정원장의 당해계정에 전기한다.

임 금 분 개 장

일 자		작 업 시 간 보 고 서 또는 작업량보고서	원면	차 변			대 변
				재 공 품 (제조)	제조간접비	판매비 와 관 리 비	노무비

(차) 재 공 품 ××× (대) 노 무 비 ×××
제 조 간 접 비 ×××
판매비와관리비 ×××

소비임률로서 예정평균임률을 적용하면 노무비분개장의 대변에는 예정노무비가 기록되므로 기말에 실제평균임률을 적용하여 계산한 노무비와 차이가 나타나게 마련이다. 실제임률과 예정임률의 차이로 인한 노무비차이는 보통 총계정원장의 임률차액계정에 대체한다.

〈예제 6-3〉 다음의 노무비와 관련된 연속적인 거래를 분개하고 T계정에 표시해 보라.

① 예정임률에 의해 노무비를 계산해 본 결과 직접노무비 ₩100,000, 간접노무비 ₩20,000이었고 본사 임원 및 판매원 등에 대한 급료가 ₩10,000으로 밝혀졌다.

(차) 재 공 품 100,000 (대) 노 무 비 130,000
제 조 간 접 비 20,000
판매비와관리비 10,000

② 기말에 실제임률에 의해 노무비를 계산해 본 결과 직접노무비와 간접노무비가 각각 ₩150,000 및 ₩20,000으로 밝혀졌고, 본사의 임원이나 판매원에 대한 급료는 변동이 없었다.

(차) 노 무 비 170,000 (대) 현 금 170,000

③ 노무비차액 ₩40,000을 임률차이계정에 대체하였다.

(차) 임 률 차 액 40,000 (대) 노 무 비 40,000

④ 결산시에 임률차액계정의 차변 잔액 ₩40,000을 손익계정에 대체하였다.

(차) 손 익 40,000 (대) 임 률 차 액 40,000

임 금	
① 지급액 ×××	② 노무비 170,000

노무비	
② 임금 170,000	① 제좌 130,000 ③ 임률차액 40,000

임률차액	
③ 노무비 40,000	④ 손익 40,000

손 익	
④ 임률차액 40,000	

재공품	
① 노무비 100,000	

제조간접비	
① 노무비 20,000	

판매비와 관리비	
① 노무비 100,000	

원가계산일과 임금지급일이 일치하지 않는 경우가 있는데 이의 예를 들면 원가계산기간이 당월 1일부터 당월 30일까지 되어 있고, 지급임금 계산기간은 전월 20일부터 당월 19일까지로 되어 있는 경우 등이다. 이 경우 다음의 임금계정에서 볼 수 있는 바와 같이 임금계정의 대변에 나타나 있는 원가계산기간 동안의 노무비발생액(직접노무비와 간접노무비)과 전월부터 이월된 미지급액의 합계액은 차변의 당월 지급임금액과 일치하지 않는다.

임 금	
당월지급액	전월미지급액
미지급임금	노무비발생액 (소비임금액)

이 경우 임금계정의 대변잔액은 원가계산기간 동안에 지급되어야 할 임금임에도 불구하고 원가계산일과 임금지급일이 다름으로 인하여 원가계산일 현재까지 지급되지 않은 미지급임금액을 나타낸다. 이러한 미지급임금액은 임금계정에서 매월 이월처리하였다가, 결산기에 미지급임금계정의 차변에 대체하며, 이때 필요한 분개는 다음과 같다.

(차) 임 금 ××× (대) 미지급임금 ×××

〈예제 6-4〉 다음 거래를 분개하고 임금계정에 전기하여라.

① 전월이월된 미지급임금 ₩360,000이 있다.

(차) 미지급임금 360,000 (대) 임 금 360,000

② 종업원에게 ₩590,000을 선대하여주다

(차) 선 대 금 590,000 (대) 현 금 590,000

③ 당월의 임금총액 ₩2,745,000중 선대금 ₩590,000 소득세 ₩35,000 보험료 ₩20,000을 차감한 차액은 현금으로 지급하였다.

(차)	임 금	2,745,000	(대)	선 대 금	590,000
				소득세예수금	35,000
				보험료예수금	20,000
				현 금	2,100,000

④ 임금에서 차감했던 소득세 ₩35,000 보험료 ₩20,000을 수표발행하여 납부하였다.

(차)	소득세예수금	35,000	(대)	당 좌 예 금	55,000
	보험료예수금	20,000			

⑤ 당월분 임금소비액 ₩2,640,000중 ₩1,100,000은 제조직접비에 ₩900,000은 제조간접비에 ₩640,000은 판매관리비에 소비하였다.

(차)	재 공 품	1,100,000	(대)	임 금	2,640,000
	제조간접비	900,000			
	판매관리비	640,000			

⑥ 당월의 미지급임금은 ₩255,000이다.

(차)	임 금	255,000	(대)	미지급임금	255,000

〈전 기〉

임 금

선 대 금	590,000	전월미지급임금	360,000
소득세예수금	35,000	재 공 품	1,100,000
보험료예수금	20,000	제 조 간접비	900,000
현 금	2,100,000	판매 관리비	640,000
당월미지급임금	255,000		
	3,000,000		3,000,000

3) 지급임금과 소비임금의 상호관계

이상에서 우리는 기업이 노동력을 구입한 대가로 노무제공자에게 지급하는 노동에 대한 대가로서의 지급임금과 제품의 제조과정에서 소비된 원가요소로서의 소비임금(노무비)에 대한 기장과 회계처리방법을 고찰하였다. 비용으로서의 지급임금에 대한 회계는 원래 재무회계의 영역에 속하며, 원가요소로서의 소비임금(노무비)에 관한 회계는 원가계산의 영역에 속하지만, 오늘날의 원가계산이 재무회계와는 관계없이 독자적으로 이루어지는 것이 아니라 계정이라는 매체를 통하여 재무회계와 유기적인 관련성을 맺고 이루어지고 있다고 하는 점은 이미 설명한 바 있다. 이들의 제관계를 도표로 표시하면 〈표 6-1〉과 같다.

〈표 6-1〉 노무비 기장관계

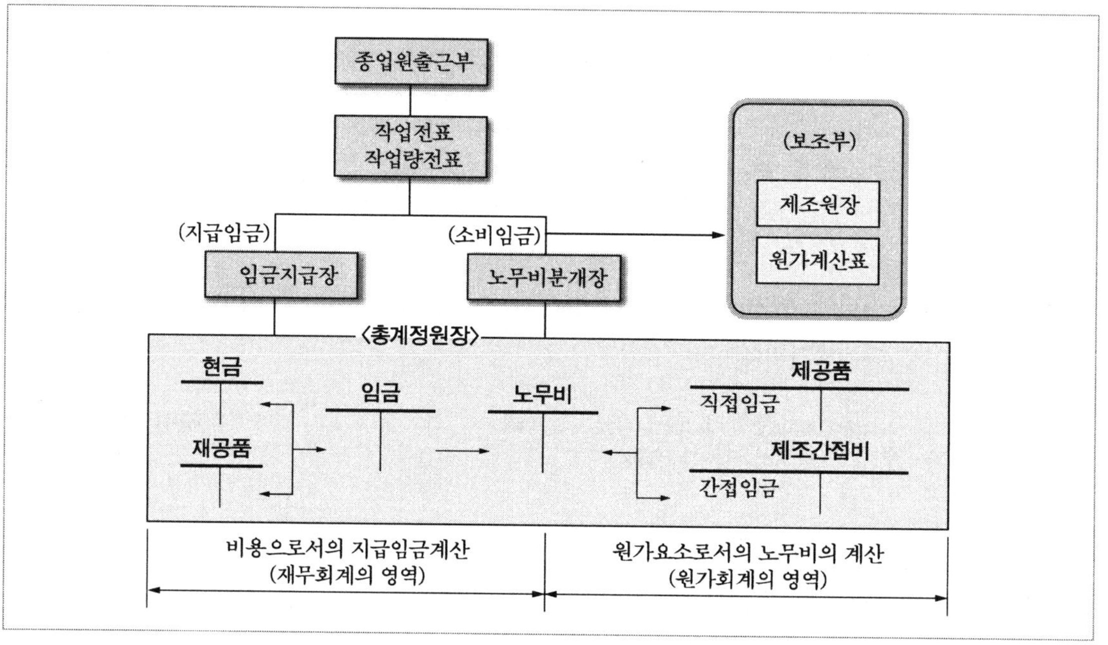

〈예제 6-5〉 다음 자료에 의하여 임금지급장과 임금분개장을 작성하고 관련된 분개를 하여라.

〈자료〉

성 명	지시서번호 및 작업장소	작업시간	지급임률	차 감 항 목		
				소 득 세	보 험 료	조 합 비
A	# 1	250	₩1,800	₩30,000	₩10,000	₩5,000
	# 2	200				
B	# 3	230	1,500	28,000	9,000	3,800
	동력부	220				
C	# 2	210	1,400	26,000	8,000	3,900
	수선부	240				
D	# 1	235	1,600	29,000	10,000	4,000
	영업부	245				
E	# 3	230	1,500	28,000	9,000	3,800
	판매부	220				

[해답]

1. 임금분개장의 작성 및 소비임금의 분개

1) 임금분개장

임금분개장

일자	적 요	원면	차 변			대 변
			재공품	제조간접비	판매관리비	소비임금
	A, #1, #2		₩702,000			₩702,000
	B, #3,동력부		358,800	₩343,200		702,000
	C, #2,수선부		327,600	374,400		702,000
	D, #1,영업부		366,600		₩382,200	748,800
	E, #3,판매부		358,800		343,200	702,000
			2,113,800	717,600	725,400	3,556,800

※(1,800 + 1,500 + 1,400 + 1,600 + 1,500) ÷ 5 = ₩1,560(평균임률)

2) 소비임금의 분개

(차)	재 공 품	2,113,800	(대)	소 비 임 금	3,556,800
	제 조 간 접 비	717,600			
	판 매 관 리 비	725,400			

2. 임금지급장의 작성 및 지급임금의 분개

1) 임금지급장

임금지급장

성명	작업시간수	임률	지급임금총액	차감액			실제지급액
				소득세	보험료	조합비	
A	450	₩1,800	₩810,000	₩30,000	₩10,000	₩5,000	₩765,000
B	450	1,500	675,000	28,000	9,000	3,800	634,200
C	450	1,400	630,000	26,000	8,000	3,900	592,100
D	480	1,600	768,000	29,000	10,000	4,000	725,000
E	450	1,500	675,000	28,000	9,000	3,800	634,200
			3,558,000	141,000	46,000	20,500	3,350,500

2) 지급임금의 분개

(차)	임 금	3,558,000	(대)	소 득 세 예 수 금	141,000
				보 험 료 예 수 금	46,000
				조 합 비 예 수 금	20,500
				당 좌 예 금	3,350,500
(차)	소 비 임 금	3,558,000	(대)	임 금	3,558,000

3) 임금차액의 계산 및 분개

※ ₩3,558,000(실제임금) - ₩3,556,800(소비임금) = ₩1,200(임금차액)

(차)	임 금 차 액	1,200	(대)	소 비 임 금	1,200

3. 계정관련 흐름

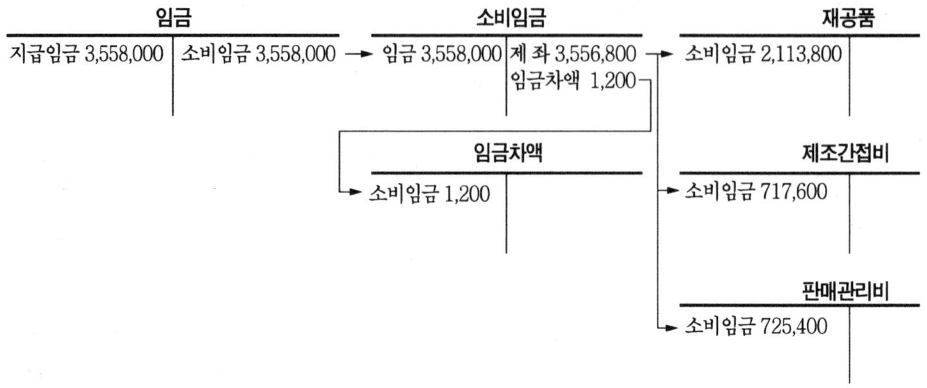

〈예제 6-6〉 다음 자료에 의하여 임금지급장 및 임금분개장에 기장하고 관련된 분개를 하여라.

〈자료〉

성명	지시서번호 및 작업장소	작업시간	지급임률	차 감 액			
				소득세	보험료	조합세	연금
홍길동	# 6	40	630	1,320	800	700	2,300
	# 9	80					
신문고	# 14	50	490	1,200	600	600	1,800
	수선비	60					
박세라	# 16	40	450	1,000	450	450	1,600
	동력부	60					
정우뚝	# 18	50	430	1,100	500	500	1,500
	판매부	70					

[해답]

1. 임금분개장의 작성 및 소비임금의 분개
   1) 임금분개장

임금분개장

일자	적 요	원면	차 변			대 변
			재 공 품	제조간접비	판매관리비	소비 임금
	홍길동, #6, #9		60,000			60,000
	신문고, #14, 수선비		25,000	30,000		55,000
	박세라, #16, 동력부		20,000	30,000		50,000
	정우뚝, #18, 판매부		25,000		35,000	60,000
			130,000	60,000	35,000	225,000

※(630 + 490 + 450 + 430) ÷ 4 = ₩500(평균임률)

2) 소비임금의 분개

(차)	재공품	130,000	(대) 소비임금	225,000
	제조간접비	60,000		
	판매관리비	35,000		

2. 임금지급장의 작성 및 지급임금의 분개

1) 임금지급장

임금지급장

성명	작업시간	지급임률	지급임금총액	차감액				순지급액
				소득세	보험료	조합비	연금	
홍길동	120	630	75,600	1,320	800	700	2,300	70,480
신문고	110	490	53,900	1,200	600	600	1,800	49,700
박세라	100	450	45,000	1,000	450	450	1,600	41,500
정우뚝	120	430	51,600	1,100	500	500	1,500	48,000
			226,100	4,620	2,350	2,250	7,200	209,680

2) 지급임금의 분개

(차)	임금	226,100	(대)	소득세예수금	4,620
				보험료예수금	2,350
				조합비	2,250
				연금	7,200
				현금	209,680
(차)	소비임금	226,100	(대)	임금	226,100

3) 임금차액의 계산 및 분개

※ ₩ 226,100(실제임금) - ₩ 225,000(소비임금) = ₩1,100(임금차액)

(차)	임금차액	1,100	(대) 소비임금	1,100

3. 계정관련 흐름

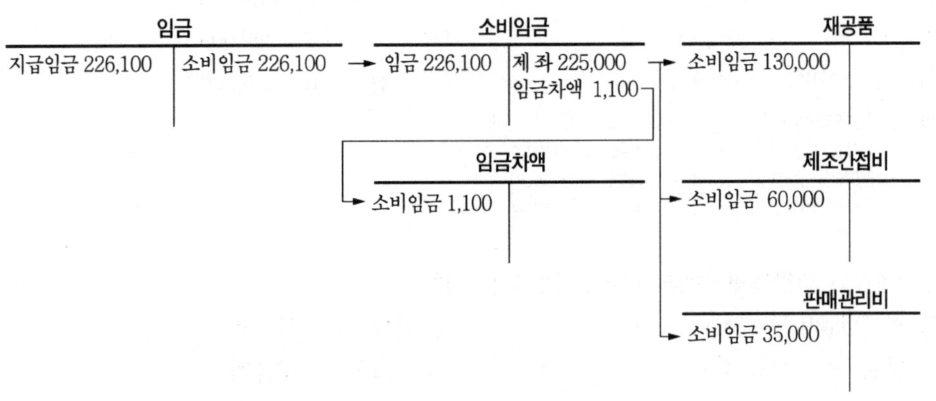

연습문제

〈객관식〉

1. 다음 중 공원(工員)의 시간외 작업임금은 어느 것인가? **(공인감정사 기출제문제)**

① 비례비이다 ② 고정비이다
③ 체증비이다 ④ 체감비이다
⑤ 불변비이다

【해설】 공원의 시간외작업에 대한 임금은 정상근무시의 임금보다 높은 것이 보통이다.

2. 다음 중 노무부비는?

① 복리후생비 ② 급　　료
③ 임　　금 ④ 종업원 상여수당

【해설】 노무비는 지급성질에 따라
노무주비 : 제조를 위하여 직접, 간접으로 소비된 노동에 대한 보수
노무부비 : 복리후생비, 오락시설비, 교육훈련비

3. 당월지급액 ₩950,000 당월미지급액 ₩540,000 전월미지급액 ₩370,000인 경우 임금소비액은?

① ₩1,490,000 ② ₩1,860,000
③ ₩1,120,000 ④ ₩1,320,000

【해설】 ₩950,000 + ₩540,000 - ₩370,000 = ₩1,120,000

4. 임금의 실제소비액이 예정임률에 대한 소비액보다 ₩880,000이 많은 경우의 분개는?

① (차) 소비임금 880,000 (대) 임금차액 880,000
② (차) 임금차액 880,000 (대) 소비임금 880,000
③ (차) 손　　익 880,000 (대) 소비임금 880,000
④ (차) 소비임금 880,000 (대) 임　　금 880,000

【해설】 임금실제소비액 〉 예정임률에 의한 소비액
(차) 임금차액 ××× (대) 소비임금 ×××
임금실제소비액 〈 예정임률에 의한 소비액
(차) 소비임금 ××× (대) 임금차액 ×××

5. 임금계정의 월말대변잔액은 무엇을 의미하는가?

① 전월임금미지급액 ② 당월 임금 선급액
③ 당월 임금 지급액 ④ 당월임금미지급액

6. 다음 중에서 간접노무비는? **(AICPA 기출제문제)**

① 비제조원가 ② 가 공 비

③ 기초 원가 ④ 기간비용

7. 제조공장에서 기계운전자에게 지급된 임금은 다음의 어느 원가에 속하는가? **(AICPA 기출제문제)**

	기초원가	가공비
①	아니오	아니오
②	아니오	예
③	예	아니오
④	예	예

【해설】 직접노무비이므로 기초원가인 동시에 가공비가 된다.

8. 당월 임금지급액은 ₩3,200,000이다. 이중 소득세예수금 ₩280,000 보험료예수금 ₩150,000 선대금 ₩400,000을 차감한 잔액은 현금으로 지급했을 때의 분개는?

①	(차)	소비임금	3,200,000	(대)	소득세예수금	280,000
					보험료예수금	150,000
					선대금	400,000
					현금	2,370,000
②	(차)	소비임금	3,200,000	(대)	임금	3,200,000
③	(차)	임금	3,200,000	(대)	소득세예수금	280,000
					보험료예수금	150,000
					선대금	400,000
					현금	2,370,000
④	(차)	임금	3,200,000	(대)	현금	3,200,000

9. 다음 자료로 당기에 발생한 직접노무비는 얼마인가?

〈자료〉

	기초재고액	기말재고액	
① 완 제 품	₩220,000	₩190,000	
② 재 공 품	140,000	160,000	
③ 직접재료	180,000	190,000	
④ 당기 직접재료비 사용액			₩ 386,000
⑤ 제조간접비			334,000
⑤ 총제품제조원가(기초재공품+당기총제조비용)			1,308,000
⑤ 당기 판매가능제품의 총원가			1,368,000

① ₩448,000 ② ₩436,000

③ ₩876,000 ④ ₩972,000

【해설】 ₩1,308,000 - ₩140,000 - ₩386,000 - ₩334,000 = ₩448,000
(기초재공품) (당기직접재료비) (제조간접비)

10. 예정임률은 ₩2,000 직접작업시간 230시간, 간접작업시간 180시간일 경우 노무비 예정소비에 관한 분개는?

① (차) 노 무 비 820,000 (대) 임 금 820,000
② (차) 임 금 820,000 (대) 노 무 비 820,000
③ (차) 노 무 비 820,000 (대) ┌재 공 품 460,000
　└제 조 간 접 비 360,000
④ (차) ┌재 공 품 460,000 (대) 노 무 비 820,000
　└제 조 간 접 비 360,000

해답 1. ③ 2. ① 3. ③ 4. ② 5. ④ 6. ② 7. ④ 8. ③ 9. ① 10. ④

〈주관식〉

1. 지급임금과 소비임금을 비교 설명하여라.

2. 노무비계산에 있어서 예정임률이란 무엇인가?

3. 다음의 노무비는 원가계산상 어떻게 처리되는가? (JICPA 기출제문제)
   ① 준비시간(set up time)의 임금
   ② 잔업임금(overtime Premium)
   ③ 부동시간(idle time)에 대하여 지급한 임금

4. 예정임률을 사용할 경우 발생되는 임금차이는 어떻게 처리되는가?

5. (주)월명공업은 개별원가계산제도를 시행하고 있다. 아래의 자료로 동사의 8월중 A제품이 부담하는 노무비를 계산하여라.

〈산식〉

	갑부문	을부문	병부문
① 각 부문의 8월중의 임 금총 액	₩600,000	₩500,000	₩300,000
② 각 부문의 8월중의 작업시간수	600시간	500시간	300시간
③ A 제품의 각 부문 작업시간수	280시간	210시간	180시간

6. 다음 거래를 분개하고, 임금 계정에 전기하여라.
   1) 전월이월된 미지급임금 ₩580,000이 있다.
   2) 생산과에 근무하는 종업원에게 ₩1,500,000을 선대하여 주다
   3) 당월의 임금총액 ₩2,300,000중 선대금 ₩1,500,000 소득세 ₩21,000 의료보험료 ₩15,000을 공제한 차액은 현금으로 지급하였다.
   4) 임금에서 공제했던 소득세 ₩21,000 의료보험료 ₩15,000을 수표발행하여 납부하였다.
   5) 당월분 임금소비액 ₩202,000중 ₩900,000은 제조직접비에, ₩600,000은 제조간접비에 나머지 ₩520,000은 판매관리비로 소비하였다.
   6) 당월의 미지급임금액은 ₩300,000이다.

7. 다음 자료에 의하여 임금지급장과 임금분개장을 작성하고, 관련된 분개를 표시하여라.

성명	지시서번호 및 작업장소	작업시간	지급임률	차 감 항 목		
				소득세	보험료	조합비
갑	# 1	90	₩3,000	₩18,000	₩9,000	₩5,000
	# 3	80				
을	# 2	85	2,800	16,000	8,000	5,000
	판매부	80				
병	# 3	80	2,600	15,000	7,000	5,000
	동력부	75				
정	# 1	78	2,500	14,500	6,000	5,000
	수선부	70				

8. 아래 자료에 의하여 필요한 분개를 하고 관련계정에 전기 하여라.

〈자료〉

① 예정임률에 의한 당기임금소비액 ₩1,850,000
제조직접비 ₩ 1,200,000
제조간접비 ₩ 650,000
② 당기임금 실제소비액 ₩ 1,900,000

9. 다음 거래를 분개하여라.

① 예정임률에 의한 임금소비액 ₩ 950,000중 제조직접비가 ₩ 650,000 제조간접비가 ₩ 300,000 이다.
② 월말에 실제임금 소비액 ₩ 1,000,000을 계상하다.
③ 임금차액 ₩ 50,000을 임금차액계정에 대체하다.
④ 결산기말에 임금차액계정잔액 ₩ 50,000을 손익계정에 대체한다.

10. 다음 자료에 의하여 필요한 분개와 관련계정에 전기하여라. 당월소비임금은 예정임률에 의해 배부하였다.

〈산식〉

1. 예 정 임 금

재 공 품	₩1,280,000
제 조 간 접 비	880,000
판 매 관 리 비	440,000
	₩2,600,000

2. 실 제 임 금

당월지급임금합계	₩2,800,000
전월 미지급임금	250,000
당월 미지급임금	350,000

제 7 장

경비의 회계

제 7 장

경비의 회계

제 1 절 경비의 의의와 분류

1. 경비의 의의

경비(expense)란 제품을 제조하기 위하여 소비되는 원가 중에서 재료비와 노무비를 제외한 모든 원가요소를 말한다. 이상과 같은 경비의 의미를 보다 정확하게 이해하기 위해서는 특히 다음 네 가지 사항에 유의하여야 한다.

첫째, 경비란 '제품의 제조를 위하여 소비되는 원가'의 일부분이므로 여기서 말하는 경비란 제조경비(manufacturing factory)를 의미한다. 그러므로 원가계산상 경비와 재무회계에서의 판매비와 관리비는 엄격히 구분되는 개념이다. 특히 경비를 담당하는 본사와 생산을 담당하는 공장이 함께 있을 경우, 세금과공과, 본사 사용건물에 대한 감가상각비 및 임차료, 광고선전비, 접대비 등은 제조경비가 아니라 판매비와 관리비의 구성항목으로서 취급된다는 점에 유의하여야 한다.

둘째, 경비란 제품을 제조하기 위하여 소비되는 원가요소 중에서 재료비와 노무비를 제외한 모든 원가요소이기 때문에 경비의 구성내용은 상대적으로 결정되는 것으로서 일률적으로 말할 수는 없다. 다시 말하면 재료비와 노무비의 범위를 넓히면 경비의 범위는 좁아지며, 반대로 재료비와 노무비의 범위를 축소하면 경비의 범위는 확대된다. 따라서 경비 중에는 그 성질상 재료비 또는 노무비에 속하는 것도 포함되는 경우가 있다.

예를 들어 재료의 검수 · 정리 · 보관에 소요되는 재료부비는 이론상 재료의 구입원가에 포함시켜야 하는 것이 원칙이지만 실무상의 편의에 따라 이들의 전부 또는 일부를 경비로서 처리하기도 하며, 또한 종업원의 복리후생비 등의 노무부비도 실무상의 편의에 따라 경비로 취급한다고 하는 점은 이미 설명한 바와 같다.

이와 같이 재료비, 노무비, 경비의 분류는 어디까지나 상대적인 것이며, 이는 업종, 생산양식, 경영규모 및 원가계산에 관한 실무지침 등에 따라 달라진다는 점에 유의하여야 한다.

셋째, 경비는 재료비와 노무비를 비교할 때 그 구성내용이 다양하며, 간접적인 성격을 갖는 원가가 대부분이다. 경비의 대부분은 간접적인 성격을 갖고 있으며 국한된 특별한 비목만이 직접적인 성격을 갖는다.

넷째, 경비는 제품을 생산하는 과정에서 불가피하게 발생한 것으로서, 정상적인 것이어야 한다. 그러므로 우발적이거나 비정상적으로 발생한 것은 비록 그의 성격이 경비에 속한다 하더라도 경비로서 제품원가에 산입되어서는 안된다.

2. 경비의 분류

재료비나 노무비의 분류와 마찬가지로 경비도 관점에 따라 여러 가지로 분류할 수 있다. 일반적으로 경비의 구성항목은 재료비나 노무비와 비교해 볼 때 그 내용이 다양하므로, 경비는 계산목적에 따라 매우 상세히 구분할 수 있으며 업종의 성격에 따라 경비의 구성내용이 달라질 수도 있다. 경비의 구성항목을 분해하는 것은 원가분석이나 원가의 관리, 통제 등을 위하여 필요하지만, 지나치게 세분하여 항목수를 많게 하면 계산비용이 많이 들게 마련이다. 그러므로 경비는 계산목적과 계산비용을 고려하여, 각 기업의 사정에 맞도록 적절하게 분류하여야 한다.

1) 형태별 분류

제품의 제조를 위하여 발생한 경비를 형태별로 분류하면 다음과 같이 여러 가지로 구분할 수 있다.

〈경비의 형태별 분류〉

복리후생비, 임차료, 특허권사용료, 보험료, 수선비, 전력비, 가스료, 수도료, 운임, 보관료, 조세공과, 여비교통비, 교제비, 재고감모비, 외주가공비, 감가상각비, 통신비, 잡비등.

2) 단순경비 · 복합경비

단순경비란 단 1종의 원가요소만으로 이루어지는 경비로서 앞에서 설명한 발생형태에 따라 분류된 경비는 모두 단순경비에 속한다.

복합경비란 2종 이상의 원가요소가 결합하여 하나의 과목으로 취급되는 경비를 말한다. 복합경비는 재료비, 노무비, 경비 등 복수의 원가요소에 특정의 경영활동을 표시하는 명칭을 붙인 비목을 종합적으로 파악한 원가이다. 예를 들면 수선재료비, 수선작업원의 임금, 지급수선비 등을 수선비계정에 집합한 경우 수선비계정의 금액은 복합경비가 된다. 이 밖에도 복합경비로서 많이 사용되는 비목으로서는 운반비, 용수비, 동력비, 복리후생비, 종업원 모집비, 훈련비, 검사비 등이 있다.

복합경비는 원칙적으로 소규모 경영에서 보조부문비계산을 실시하기 번잡한 경우에 보조부문비계산을 생략하기 위하여 설정된다. 이 경우 정식으로 보조부문비계산을 실시하려면 경비를 발생 형태별로 정확하게 파악한 후 복잡한 배부절차를 밟아야 하는 어려움이 있으나, 일단 복합경비계정을 설정하게 되면 용이하게 포착할 수 있는 제원가요소를 복합하여 파악하면 되므로 간단한 방법으로 부문비계산의 목적을 달성할 수 있는 장점이 있다.

3) 제품과의 관련성에 따른 분류

재료비와 노무비가 각각 직접비와 간접비로 분류되듯이, 경비도 특정제품의 생산과 직접적으로 관련을 맺고 발생하였는가 아닌가에 따라 직접경비와 간접경비로 구분할 수 있다.

직접경비는 특정의 제품(또는 특정제조지시서)에 대해서만 특별히 발생한 원가를 특정의 제품 또는 특정제조지시서에 직접적으로 부과할 수 있는 경비를 말한다. 이러한 직접경비는 그리 많지 않기 때문에 이를 흔히 특별비라고도 한다.

예를 들어 개별원가계산제도나 조별종합원가계산제도를 채택하고 있는 기업에서 나타나는 직접경비로는 특정제품의 생산에만 사용되는 전용설비(기계, 금형, 계기, 치공구 등)의 임차료 및 감가상각비, 특정제조지시서와 직접 관련된 주문획득비, 설계비, 시작비, 외주가공비, 특허권사용료, 공손비 등이 있다.

이에 대하여 간접경비는 전체의 제품 또는 다수의 제품에 대하여 공통적으로 발생하는 관계로 특정제품의 제조지시서별로 직접 파악할 수 없는 경비를 말한다. 일반적으로 경비의 대부분은 간접경비인 경우가 많다. 개별원가계산제도하에서 이러한 간접경비는 간접재료비 및 간접노무비와 함께 제조간접비로서 일괄하여 집계하였다가 일정한 인위적인 배부기준에 따라 제품별로 할당하는 절차를 밟게 된다.

제 2 절 경비소비액의 계산

원가요소로서의 경비는 그 계산방법에 따라 지급경비, 월할경비, 측정경비 및 발생경비로 구분할 수 있고 이는 각각의 성질에 따라 다음과 같이 계산된다.

1. 지급경비

지급경비는 원가계산기간 동안에 지급하여야 할 금액을 당해기간의 경비로서 측정, 파악함으로써 계산된다. 지급경비에 속하는 항목으로는 복지후생비, 수선비, 운반비, 보관비, 여비, 교통비, 교제비, 외주가공비, 잡비 등이 있다. 지급경비는 회계계에서 작성하나 재무회계자료에 입각하여 계산한다.

여기서 말하는 지급경비는 원가계산기간 동안에 현금을 지급하였다는 사실보다는, 발생주의에 따라 당해기간에 경비라는 원가요소가 발생하였다는 사실에 입각하여 계산한 금액을 말한다. 그러므로 지급경비를 계산하고자 할 때에는 우선 선급액과 미지급액을 다음과 같은 방법에 따라 가감계산하여 원가계산기간의 총발생액을 산출한 다음 이를 당기의 소비액으로 하여 제품원가에 산입하여야 한다.

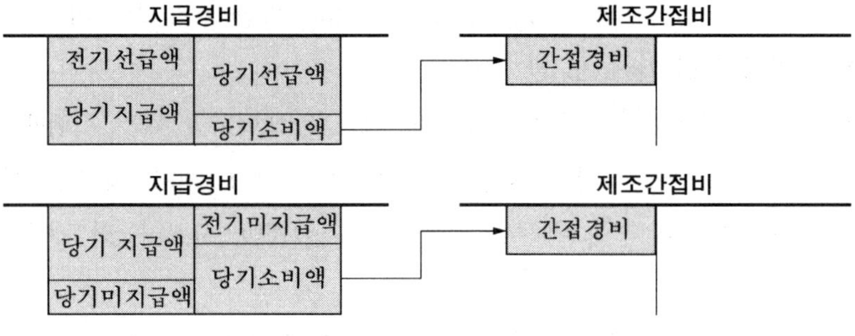

첫째, 매월 선급액이 발생하는 지급경비에 대해서는 다음 산식에 따라 당기순발생액(또는 소비액)을 계산하여 제조간접비계정에 대체한다.

〈산식〉

당기지급액 + 전기선급액 - 당기선급액 = 당기순발생액

둘째, 매월 미지급액이 발생하는 지급경비에 대해서는 다음의 산식에 따라 당기순발생액(소비액)을 계산한 후 제조간접비계정에 대체한다.

〈산식〉

당기지급액 + 당기미지급액 - 전기미지급액 = 당기순발생액

이상에서 설명한 지급경비의 기별순발생액을 손쉽게 계산하기 위해서는 다음과 같은 경비 지급표를 사용하면 편리하다.

지급경비표

_______월분　　　　　　　　　　　　　　　　　　　　　　　　년　월　일

원 가 항 목	당월지급액	전 월		당 월		당월부담액
		미지급액(-)	선급액(+)	미지급액(+)	선급액(-)	
수 선 비	265,000	70,000		96,000		291,000
외 주 가 공 비	115,000		23,000		37,000	101,000
특허권사용료	89,000		11,000	12,400		112,400

2. 월할경비

월할경비란 그 발생액이 1년, 6개월, 또는 3개월 등과 같이 일정한 기간 단위로 결정되는 항목으로서 보험료, 임차료, 감가상각비, 조세공과, 특허권사용료 등이 이에 속한다. 이러한 월할경비는 그 금액이 이미 확정되어 있으므로 월할경비표에 의하여 월별할당액을 산정하고 그 금액을 당월의 소비액으로 계상한다. 그리고 월할경비표상에 나타난 당월경비 부담액을 간접경비원장 또는 경비원장에 기입하고, 경비분개장 및 일반분개장을 경유하여 총계정원장의 제조간접비계정에 전기한다. 만일 월할경비 중에서 직접경비(특별비)가 있으면 총계정원장의 재공품계정에 대체하고, 제조지시서별 원가계산표에 기입하여야 한다.

월할경비표

상반기용

원가 항목	경비발생 예 정 액	월 할 당 액					
		1월	2월	3월	4월	5월	6월
감가상각비	3,600,000	600,000	600,000	600,000	600,000	600,000	600,000
보 험 료	420,000	70,000	70,000	70,000	70,000	70,000	70,000
임 차 료	5,700,000	950,000	950,000	950,000	950,000	950,000	950,000

3. 측정경비

측정경비란 원가계산기간 동안에 발생한 경비부담액을 공장에 비치되어 있는 측정계기에 의하여 산정한 경비를 말한다. 이에 속하는 항목으로는 전력비, 수도료, 가스료 등이 있다. 측정경비는 그 지급일이 원가계산일과 일치하는 경우에는 그 지급액을 그대로 당기의 원가부담액으로 할 수 있지만, 지급일이 1개월, 2개월 지연되거나 검침일과 원가계산일이 일치되지 않는 경우에는 측정액 또는 지급액을 그대로 원가부담액으로 할 수가 없다. 이 경우에는 지급경비의 계산방법에 따라 조정계산을 할 필요가 있다.

측정경비를 계산하는 데에는 측정경비표가 사용되며, 관계장부에 기록하는 것은 월할경비에 준하면 된다.

측정경비표

월 일

원 가 항 목	전월검침량	당월검침량	당월소비량	단 가	금 액
전 력 비	6,100KW	8,400KW	2,300KW	₩160	₩368,000
수 도 료	3,300㎥	5,200㎥	1,900㎥	130	247,000
가 스 료	760㎥	1,300㎥	540㎥	300	162,000

4. 발생경비

발생경비는 재고감모비와 같이 현금지출을 수반하지 않는 내부거래에서 발생하는 경비로서, 그 발생액을 실지조사에 의해서 측정한 후 제조원가에 산입한다. 이에 속하는 항목으로는 재고감모비, 공손비 등이 있다. 그러나 원가계산기말에 매번 실지재고조사를 실시한다는 것은 실제로 곤란한 때가 많으므로 과거의 발생액을 기초로 하여 1회계년도의 발생액을 추정하고 이를 월할하여 각 원가계산기간에 부담시키는 것이 상례이다. 발생경비의 계산을 위해서는 다음과 같은 경비발생표가 사용된다. 그리고 발생경비를 월별로 배분하고자 할 때에는 월할경비에 준해서 처리하면 된다.

발생경비표

월 일

원 가 항 목	발생부문	품 명	수 량	단 가	금 액
재고감모비	B창고	B주요재료	10개	2,400	₩24,000
공 손 비	C창고	부 분 품	30개	1,760	52,800

제3절 경비소비액의 기장

원가계산기간 동안 지급경비표, 월할경비표, 측정경비표, 발생경비표의 작성이 완료되면 1원가계산기간의 경비소비액이 산정된다.

이때 제품별 원가를 산출하기 위하여 제조직접비에 해당하는 원가항목, 즉 특허권사용료・외주가공비・시작비 등은 제조원장의 당해 제품계정에 직접 기입하여 부과하고, 제조간접비에 해당하는 원가항목에 대해서는 일정한 배부기준에 의하여 특정제품에 배부계산을 한 후에 제조원장의 특정제품계정에 기입한다. 일정한 원가계산기간 동안의 경비소비액 중에서 직접경비에 해당하는 원가항목은 총계정원장의 재공품계정에, 그리고 간접경비에 해당하는 원가항목은 총계정원장의 제조간접비계정에 합계전기하여야 하는데, 이를 위해서 아래와 같은 경비분개장을 별도로 설정하면 편리하다.

경 비 분 개 장

경비분류	원 가 항 목	원면	차 변			대 변
			재공품	제조간접비	판매관리비	
지급경비	수 선 비			203,700	87,300	291,000
	외 주 가 공 비		101,000			101,000
	특 허 권 사 용 료		112,400			112,400
월할경비	감 가 상 각 비			420,000	180,000	600,000
	보 험 료			49,000	21,000	70,000
	임 차 료			665,000	285,000	950,000
측정경비	전 력 비			257,600	110,400	368,000
	수 도 료			172,900	74,100	247,000
	가 스 료			113,400	48,600	162,000
발생경비	재 고 감 모 비			24,000		24,000
	공 손 비			36,960	15,840	52,800
	합 계		213,400	1,942,560	822,240	2,978,200

※제조부와 영업부의 배부율은 각각 70%와 30%로 되어 있다.

경비분개장은 월말에 마감하고 대변과목란의 원가항목별 금액은 총계정원장의 해당계정에 합계전기하고 차변과목란의 합계액은 총계정원장의 재공품계정과 제조간접비계정에 합계 전기되는데 합계 전기를 위한 분개는 다음과 같다.

(차)	재 공 품	×××	(대) 제 좌 (제경비a/c)	×××
	제 조 간 접 비	×××		
	판매비와관리비	×××		

경비에 관한 기장관계를 도해하면 〈표 7-1〉과 같다.

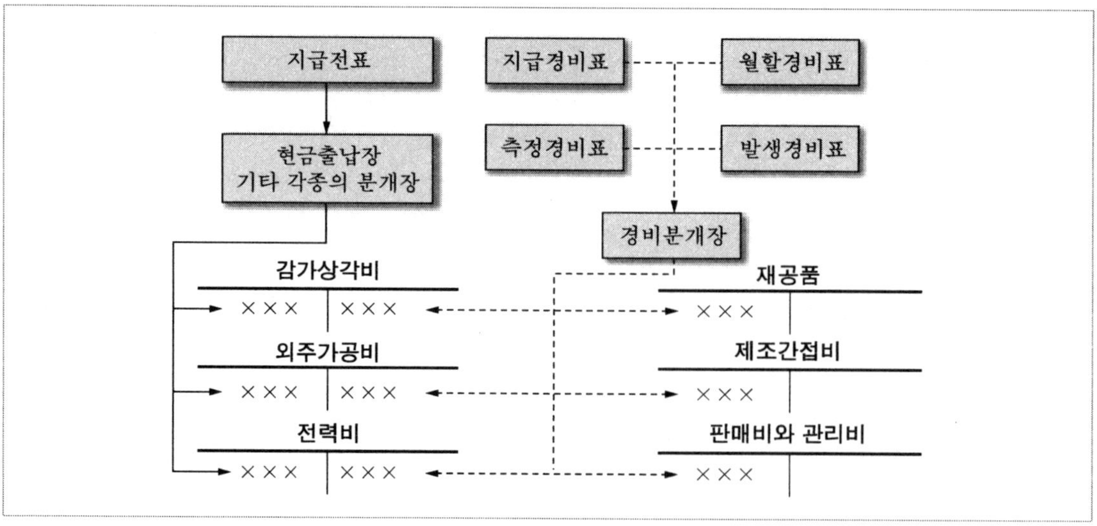

〈예제 7-1〉 다음 자료를 이용하여 당월중의 경비소비액을 계산하고 경비분개장을 작성하여라. 그리고 총계정원장에 전기하는 합계분개를 하여라. 이 회사의 회계기간은 1년이며 제조부와 영업부의 배부율은 6:4로 되어 있다.

1. 지급경비

원가 항목	당월지급액	전월미지급액(-)	당월선급액(-)
복리후생비	₩650,000	₩110,000	₩120,000
외주가공비	380,000	85,000	100,000
통 신 비	580,000	125,000	87,000

2. 월할경비

원가 항목	경비발생 예정액
감가상각비	₩1,920,000
임 차 료	2,880,000
보 험 료	2,400,000

3. 측정경비

원가항목	당월소비량	단 가	금 액
전 력 비	300KW^2	₩1,500	₩450,000
수 도 료	260ton	180	46,800
가 스 료	150㎥	1,200	180,000

4. 발생경비

원가 항목	품 명	수 량	단 가	금 액
재고감모비	부 분 품	20개	₩3,000	₩60,000
공 손 비	보조재료	10개	2,000	20,000

[해답]

1. 경비분개장 작성

경비분개장

경비분류	원 가항 목	원면	차변			대 변
			재공품	제조간접비	판매비와관리비	
지급경비	복리후생비			252,000	168,000	420,000
	외주가공비		195,000			195,000
	통 신 비			220,800	147,200	368,000
월할경비	감가상각비			96,000	64,000	160,000
	임 차 료			144,000	96,000	240,000
	보 험 료			120,000	80,000	200,000
측정경비	전 력 비			270,000	180,000	450,000
	수 도 료			28,080	18,720	46,800
	가 스 료			108,000	72,000	180,000
발생경비	재고감모비			60,000		60,000
	공 손 비			12,000	8,000	20,000
	합 계		195,000	1,310,880	833,920	2,339,800

2. 분 개

	차변 계정	금액		대변 계정	금액
(차)	재 공 품	195,000	(대)	복 리 후 생 비	420,000
	제 조 간 접 비	1,310,880		외 주 가 공 비	195,000
	판 매 관 리 비	833,920		통 신 비	368,000
				감 가 상 각 비	160,000
				임 차 료	240,000
				보 험 료	200,000
				전 력 비	450,000
				수 도 료	46,800
				가 스 료	180,000
				재 고 감 모 비	60,000
				공 손 비	20,000

연 습 문 제

〈객관식〉

1. 다음 자료에 의해 경비의 순발생액을 구하면 얼마가 되겠는가?

〈자료〉

당기지급액 ₩600,000　　당기선급액 ₩100,000　　전기선급액 ₩80,000

① ₩600,000　　② ₩580,000
③ ₩500,000　　④ ₩780,000

【해설】 ₩600,000 - ₩100,000 + ₩80,000 = ₩580,000

2. 다음 자료에 의해 제조경비의 당월부담액은 얼마이겠는가?

〈자료〉

당월지급액 ₩1,200,000　　당월 미지급액 ₩30,000　　전월 선급액 ₩10,000
당월선급액 ₩ 35,000　　전월 미지급액 ₩43,000

① ₩1,283,000　　② ₩1,238,000
③ ₩1,162,000　　④ ₩1,235,000

【해설】 당월지급액 - 전월미지급액 + 전월선급액 + 당월미지급액 - 당월선급액 = 당월부담액
₩1,200,000 - ₩43,000 + ₩10,000 + ₩30,000 - ₩35,000 = ₩1,162,000

3. 다음 자료에서 당월제조경비 소비액? **(세무사 기출제문제)**

〈자료〉

전월 경비선급금액 ₩100,000　　당월 경비 지급액 ₩300,000
당월 경비 선급액 ₩80,000　　당월 경비미지급액 ₩50,000

① ₩330,000　　② ₩370,000
③ ₩430,000　　④ ₩530,000

【해설】

제 조 경 비

전 월 선 급	100,000	당 월 선 급	80,000
당 월 지 급	300,000	당월제조경비소비	(x)
당월 미지급	50,000		
	450,000		450,000

※ 450,000 - 80,000 = ₩370,000

4. 내부거래로서 발생하지만 실제지급은 수반하지 않는 경비는?

① 지급경비 ② 월할경비

③ 발생경비 ④ 측정경비

【해설】 발생경비는 재고감모비, 공손비 등과 같이 실제지급을 수반하지 않고 내부거래에서 발생하는 경비이다.

5. 다음 자료에서 당월의 경비선급액은 얼마인가?

〈자료〉

전월경비선급액 ₩480,000 당월경비지급액 ₩1,230,000

당월경비소비액 ₩770,000

① ₩2,480,000 ② ₩1,250,000

③ ₩2,000,000 ④ ₩940,000

【해설】 당월경비선급액 = 전월경비선급액 + 당월경비지급액 - 당월경비소비액 이므로

= 480,000 + 1,230,000 -770,000 = ₩940,000

6. 월할경비는?

① 재고감모비 ② 외주가공비

③ 보 험 료 ④ 전 력 비

【해설】 월할경비는 감가상각비, 보험료, 임차료, 세금과 공과 등과 같이 1년 또는 수개월분을 분할해서 계산하는 경비를 말한다.

※ 문제 7, 8, 9는 아래의 자료와 관련되었다. 물음에 답하여라.

〈자료〉

◦ 복리후생비 : 당월 지급액 ₩760,000 전월미지급액 ₩64,000
당월미지급액 ₩30,000 전월 선급액 ₩54,000

◦ 임 차 료 : ₩2,100,000(6개월분)

◦ 특허권사용료: 당월 지급액 ₩1,800,000 당월 선급액 ₩89,000
당월미지급액 ₩ 87,000 전월미지급액 ₩24,000

7. 복리후생비의 당월소비액은?

① ₩780,000 ② ₩740,000

③ ₩800,000 ④ ₩790,000

【해설】 760,000 - 64,000 + 30,000 + 54,000 = ₩780,000

8. 임차료의 당월소비액은?

① ₩280,000 ② ₩2,100,000

③ ₩300,000 ④ ₩ 350,000

【해설】 ₩2,100,000 ÷ 6개월 = ₩350,000

9. 특허권사용료의 당월소비액은?

① ₩1,826,000 ② ₩1,711,000

③ ₩1,774,000 ④ ₩1,976,000

【해설】 1,800,000 - 89,000 + 87,000 - 24,000 = ₩1,774,000

10. 발생경비에 속하는 것은?

① 재고감모비 ② 감가상각비

③ 수 선 비 ④ 전 력 비

해답 1. ② 2. ③ 3. ② 4. ③ 5. ④ 6. ③ 7. ① 8. ④ 9. ③ 10. ①

〈주관식〉

1. 다음 용어를 간략하게 설명하여라.
   ① 지급경비
   ② 월할경비
   ③ 측정경비
   ④ 발생경비

2. 외주가공비와 재고감모비의 내용과 회계처리방법을 설명하여라.

3. 다음 경비를 분류하여 해당되는 난에 번호를 기입하여라.

① 운 반 비	② 감가상각비	③ 전 력 비	④ 수 선 비
⑤ 특허권사용료	⑥ 가 스 료	⑦ 외주가공비	⑧ 조세 공과
⑨ 수 도 료	⑩ 보 험 료	⑪ 잡 비	⑫ 임 차 료
⑬ 교 통 비	⑭ 교 제 비	⑮ 재고감모비	⑯ 공 손 비
⑰ 보 관 비			

구분	
지 급 경 비	
월 할 경 비	
측 정 경 비	
발 생 경 비	

4. 다음 경비 계정의 기입을 보고 추정하여라.

수도료

② 현 금	38,000	①전 월 이 월	23,000
⑤차월이월	28,000	③제 조 간 접 비	29,000
		④판매비와관리비	14,000
	66,000		66,000

복리후생비

⑥전월이월	18,600	⑧제 조 간 접 비	19,600
⑦현 금	30,000	⑨판매비와관리비	13,600
		⑩차 월 이 월	15,400
	48,600		48,600

5. 다음 자료에 따라 경비소비액을 산출하여라.

〈자료〉

원가항목	당월지급액	전 월		당 월		당월소비액
		미지급액	선지급액	미지급액	선지급액	
수선비	84,000	—	3,400	5,200	—	
통신비	65,000	1,800	—	—	4,600	
잡 비	72,000	—	2,600	2,100	—	

6. 다음 자료에 의하여 1개월분의 경비소비액을 계산하여라.(결산 연 2회)

〈자료〉

- 감가상각비 ₩88,200 (1회계기간분)
- 부동산임차료 ₩72,500 (5개월분)
- 외주가공비 당월 지급액 ₩34,000　　당월 미지급액 ₩18,500
- 복리후생비 당월 지급액 ₩19,000　　전월 선 급 액 ₩16,300
- 재료 : 당월 장부재고액 ₩120,000　　당월 실제재고액 ₩98,000
- 가스료 ₩50,000 (4개월분 지급액)　　본 원 측 정 액 ₩14,000
- 세금과 공과 ₩81,600 (6개월분)

7. 다음 거래를 분개하여라.

① 특허권 사용료 ₩180,000을 현금으로 지급하였다.
② 위 특허권사용료를 제조지시서 #3에 부과하였다.
③ 월말에 재료를 실지재고조사한 결과 장부잔액보다 ₩84,000이 부족함을 발견하였다.
④ 위의 재료감모비는 전액 정상적인 것으로 판명되었다.

8. 다음 거래를 분개하여라.

(1) 수선비 ₩265,000을 다음과 같이 할당하다. 제조부 70% 영업부 30%
(2) 전력비 측정액은 ₩160,000이었으나, 지급액은 ₩148,000이었다.
　전력비 소비액중 제조부 70% 영업부 30%
(3) 월말에 재료를 실사한 결과 장부잔액보다 ₩130,000이 부족한 것으로 밝혀지다. 이는 정상적이다.
(4) 상기 재고감모비를 제조간접비 계정에 대체하였다.
(5) 검침기에 의하여 측정한 결과 6월분 수도료의 소비액은 ₩27,000이었다.

9. (주)소룡산업의 6월분 경비에 관한 자료를 이용하여 경비분개장에 기입하고, 원장에 전기하기 위하여 합계분개를 하여라. 단, 재고감모비는 정상적인 것임

1. 월할경비

원 가 항 목	당월부담액	공 장 관 계	영업 관계
감가 상각비	₩ 260,000	₩ 210,000	₩ 50,000
임 차 료	3,670,000	2,750,000	920,000
보 험 료	820,000	540,000	280,000
특허권사용료	1,400,000	1,400,000	—
조 세 공 과	760,000	530,000	230,000

2. 지급경비

원 가 항 목	당월지급액	전월분		당월분		공장관계	영업관계
		미지급액	선급액	미지급액	선급액		
외주가공비	280,000	23,000	14,000	25,000	—	296,000	—
교 제 비	335,000	—	124,000	—	82,000	186,000	191,000
운 임	185,000	14,000	—	52,000	24,000	150,000	49,000
수 선 비	476,000	—	150,000	21,000	—	560,000	87,000

3. 측정경비

원가항목	당월소비액	공장관계	영업관계
전 력 비	134,000	110,000	24,000
가 스 료	84,000	80,000	4,000
수 도 료	92,000	84,000	8,000

4. 발생경비

원가 항목	당월발생액	공장관계	영업관계
재고감모비	76,000	76,000	—

10. (주)월하공업의 5월중 경비에 관한 자료는 다음과 같다. 5월중 경비소비액을 계산하고, 경비분개장에 기입하여 총계정원장에 전기할 때의 합계분개를 표시하여라. 단, 당 회사는 1년을 회계기간으로 하고 제조부, 영업부의 배부율은 각각 60%, 40%로 되어 있다.

1. 월할경비

원 가 항 목	연간 발생액
감가 상각비	₩276,000
임 차 료	162,000
특허권사용료	222,000

2. 지급경비

원 가 항 목	당월지급액	전월미지급액	당월선급액	전월선급액
복리후생비	₩78,000	₩1,400	₩2,300	₩5,400
수 선 비	69,000	1,800	2,500	5,100
외주가공비	55,000	1,200	2,800	5,300

3. 측정경비

원가 항목	당월지급액	당월측정액
전 력 비	₩85,000	₩88,000
가 스 료	---	54,000

4. 발생경비(전액 제조부 부담)

┌ 당월 재료 장부재고액 ₩99,000
└ 당월 재료 실지재고액 81,000

제 8 장

부문별 원가계산

제 8 장

부문별 원가계산

제 1 절 부문별 원가계산의 의의와 목적

1. 부문별 원가계산의 의의

제품원가계산의 절차는 제조원가요소를 재료비, 노무비, 경비의 요소별로 계산하고, 요소별로 계산된 원가요소를 원가의 발생장소인 원가부문에 할당하고, 원가부문에 할당된 원가를 원가부담자인 제품단위에 부담시켜 제품원가를 계산하는 것이 일반적이다.

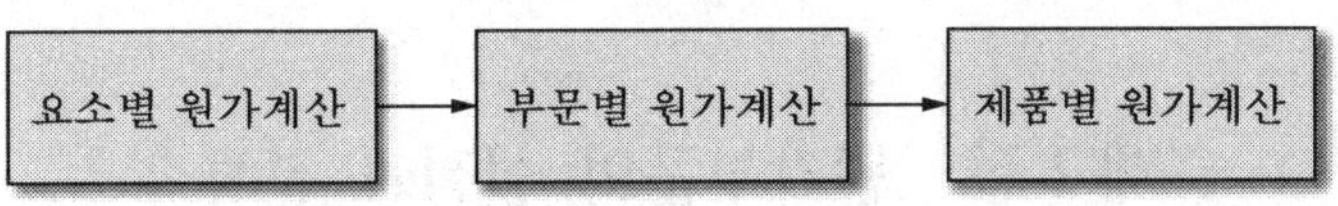

부문별 원가계산(departmental cost accounting)이란 제조간접비를 정확히 계산하기 위하여 요소별로 계산된 것을 다시 발생장소별로 분류 · 집계하는 계산과정이다.

원가를 분류 · 집계하기 위한 계산조직상의 구분을 원가중심점(cost center) 또는 원가부문(cost department)이라 하고 부문에 집계되는 원가를 부문비(departmental burden)라고 한다. 그러므로 원가부문이란 일반적으로 제품제조과정에서 발생하는 원가를 발생장소별로 집계할 때 설정되는 기본적 원가계산단위라고 말할 수 있다.

2. 부문별 원가계산의 목적

부문별 원가계산을 실시하는 목적은 다음과 같이 두 가지로 나누어 설명할 수 있다.

첫째, 부문별 원가계산은 정확한 제품원가를 산정하기 위하여 실시된다. 개별원가계산을 할 때에는 직접비는 특정제품의 제조와 직접관련하여 발생한 원가이기 때문에 정확하게 파악할 수 있지만, 다수의 제품제조와 관련하여 공통적으로 발생한 제조간접비는 특정제품에 얼마를 배부시켜야 하는가를 결정하는 것은 매우 어려운 것이다. 그러므로 제조간접비를 정확하게 배부하기 위해서는 공장전체에 일괄된 배부율을 적용해서 할당하는 것보다는 간접비를 발생한 부문별로 집계한 후 부문별로 책정된 배부율을 적용하는 것이 정확한 제품원가를 산출할 수 있다.

둘째, 부문별 원가계산은 부문별 원가관리와 책임소재의 명확화를 기하기 위하여 실시된다. 즉, 어느 장소(책임중심점으로서의 원가부문)에서 누구의 책임하에 얼마만큼의 원가가 발생하였는가를 명확히 하여 원가관리 및 통제에 유용한 자료를 제공하기 위해 필요한 것이다. 원가가 발생한 책임중심점별로 원가를 집계하여 이를 각 관리 책임자들에게 피드백(feed back)시키는 방식 등으로 원가관리를 실시하기 위해서는 원가의 부문별 집계가 필요하다. 따라서 원가관리는 집계된 부문비에 의하여 그 실적을 비교·분석함으로써 그 부문의 능률과 책임을 명확히 하여 원가부문을 관리책임자별로 관리되도록 설정하는 것이다. 바꾸어 말하면 각 부문별로 원가의 실제발생액을 분류·집계한 후에 부문별 실제발생액과 전기발생액을 비교하고 그 발생원인을 명백히 하여 부문책임자의 성과를 평가할 수 있어 원가관리에 이바지하게 된다.

제 2 절 원가부문의 설정과 분류

1. 원가부문의 설정

부문별 원가계산을 행하기 위하여 설정되는 원가부문(cost departments)이란 원가의 발생을 기능별·책임별로 관리하는 것과 같이 제품원가의 산정을 명확하게 하기 위하여 원가요소를 분류·집계할 계산상의 구분이다. 원가부문을 설정하는 경우에는 기업의 규모, 상황, 생산 및 관리조직, 사무능력 등 여러 가지 사정에 따라 달라지나, 원가부문을 합리적으로 설정하기 위해서는 어떤 기준이 있어야 하고, 그 기준은 부문별 원가계산의 목적과 부합되어야 한다. 원가부문의 설정은 세분화될수록 원가계산이 정확하게 산정될 수 있지만, 반면에 회계처리의 번잡과 경비과다의 문제점을 야기할 수 있기 때문에 신중을 기해야 할 것이다. 그러므로 경영조직과 계산조직의 조정을 고려하여 설정하지 않으면 아니된다.

이와 같은 점을 고려한 원가부문 설정의 기준으로서는 생산기술상의 작업구분, 직제상의 관리책임 구분으로 나누어진다.

1) 생산기술상의 작업구분

생산기술상의 작업구분에 따른 부문설정은 작업의 성질에 따라 제품, 반제품, 부산물 등의 이동상황(physical movements)에 따라 부문을 구분하는 것을 말한다. 동력설비, 제빙업 등과 같이 기말재공품이 발생되지 않는 공장에서는 부문화(departmentalization)가 필요 없으나, 부문화를 필요로 하는 공장에 있어서는 어디를 공정의 구분점으로 하느냐에 따라 달라진다. 예를 들면 단조·기계가공·열처리 등의 작업절차에 따라 가공작업이 행하여지면 단조부·기계가공부·열처리부 등으로 부문을 설정한다. 이 경우에 제품검사점, 부품 및 반제품의 완성품, 부산물의 발생점, 연산품의 분리점 등도 부문설정시에 고려하여야 한다. 또한 동질성(homogeneity)에 따라 부문을 구분하기도 한다. 이것은 공장내부의 각 장소마다, 행하여지는 작업의 동질성에 따라 부문을 구분하는 것이다. 예를 들면 동력부 내에 증기설비와 발전설비가 합쳐져 있다면 이것을 증기부·전력부 등으로 부문을 나누는 것이 합리적인가를 고려해야 할 것이다.

2) 직제상의 관리책임 구분

직제상의 관리책임 구분에 따른 부문설정은 관리책임자의 권한 및 책임과 직무의 특성을 감안하여 설정한 것을 말한다. 이것은 부문비 통제에 의하여 원가관리(cost control)의 최대한 효과를 얻으려는데 주된 목적을 둔 원가부문의 설정 기준이다. 이 기준은 발생원가에 대한 책임소재를 명확히 함으로써 효율적인 원가관리를 기하는데 매우 유익한 수단이 된다.

2. 원가부문의 분류

원가부문은 원가계상 대상인 원가요소의 범위, 업종의 성격, 경영규모 등에 따라 여러 가지로 분류할 수 있겠으나, 제조원가계산에서는 제품의 제조작업과의 관계를 중심으로 제조부문과 보조부문으로 구분하는 것이 일반적이다.

(1) 제조부문

제조부문(manufacturing department)은 주요부문이라고도 하며 생산활동의 목적인 제품을 제조하기 위한 작업이 직접 이루어지는 부문으로서 제품의 종류, 제품생산의 단계, 제조활동의 종류에 따라 몇 개의 부문(공정)으로 나누어진다.

제조부문은 제품의 생산에 있어서 주된 목적의 제품을 제조하느냐, 부차적인 목적의 제품을 제조하느냐에 따라 주제조부문과 부제조부문으로 나누어진다.

① 주제조부문

주제조부문은 주된 목적의 제품제조를 직접하는 부문으로 제품의 종류나 제조작업의 성질에 따라 여러 가지로 구분할 수 있다. 예를 들면 기계제조업의 경우 주조부, 단조부, 선반부, 기계부, 조립부 등이 있으며 자동차제조업의 경우 철공부, 기계부, 도장부 등이 이에 해당된다.

② 부제조부문

부제조부문이란 부차적 제품을 생산하는 부문으로, 예를 들면 부산물의 가공, 포장 용기를 제조하는 부문은 이에 해당된다.

(2) 보조부문

보조부문(service department)은 제조부문의 활동을 보조하기 위하여 보조부문 자신이 제작한 제품 또는 용역을 제조부문에 제공하는 부문이다. 보조부문은 작업의 성질에 따라 보조경영부문과 공장관리부문으로 나누어진다.

① 보조경영부문

보조경영부문은 제조부문에 대하여 직접제조활동에 필요한 용역 또는 자기의 제품(자가생산에 의한 공구·기구등)을 제공함으로써 제조활동을 보조하는 부문이다. 예를 들면 동력부, 수선부, 운반부, 검사부, 공구제작부 등이 이에 해당된다.

② 공장관리부문

공장전체의 관리기능을 담당하는 보조부문으로서 재료나 노무의 관리 또는 기획, 설계, 그밖에 공장사무를 총괄하는 부문이다. 예를 들면 재료부, 공구관리부, 노무부, 기획·설계부, 시험연구부, 공장사무부 등이 해당된다.

제 3 절 부문별 원가계산의 절차

원가부문별계산은 개별원가계산을 하느냐 또는 종합원가계산을 하느냐에 따라서 차이가 있다. 개별원가계산은 원칙적으로 제조간접비만을 부문별로 원가계산을 하는 반면에 종합원가계산은 모든원가요소·가공비·제조간접비에 대해서 부문별 원가계산을 한다.

〈표 8-1〉 원가요소의 부문별 집계 범위

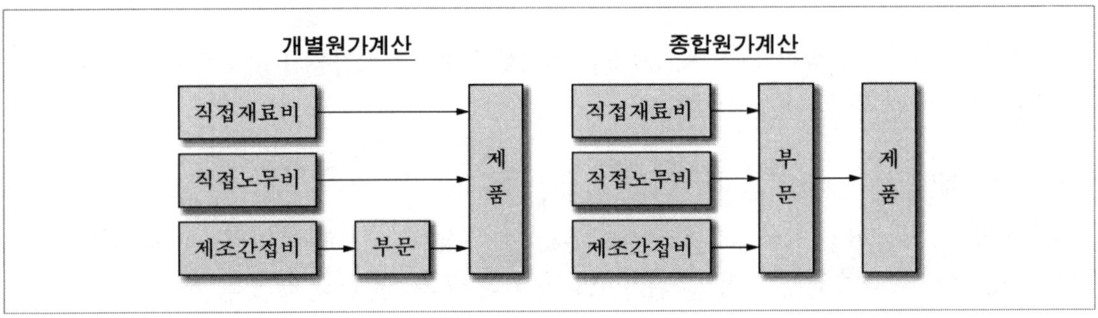

1. 부문비 계산의 순서

개별원가계산의 경우 부문별 원가계산 순서는 다음과 같다.

〈부문비 계산의 순서 1〉

① 부문비 제1차 집계
원가요소를 제조부문별·보조부문별로 집계한다.

② 부문비 제2차 집계
보조부문에 집계된 보조부문비를 제조부문에 배부한다.

③ 최종적으로 제조부문에 집계된 원가를 당해 제조부문을 통과한 제품별로 배부한다.

부문비의 계산순서를 더 세분하면 다음과 같다.

〈부문비 계산의 순서 2〉

① 직접비는 각 지시서에 직접 부과한다.
② 제조간접비중 부문개별비는 제조부문과 보조부문에 직접 부과한다.
③ 제조간접비중 부문공통비는 적절한 배부기준에 의하여 제조부문과 보조부문으로 배부한다.
④ 각 부문별로 집계한 보조부문비는 일정한 배부기준에 따라 제조부문에 배부한다.
⑤ 제조부문비를 각 지시서에 배부하여 제품의 원가를 계산한다.

2. 원가요소의 부문별 집계

부문별 원가계산의 대상이 되는 원가요소를 원가부문에의 추적가능성 여부에 따라 제조간접비를 부문개별비와 부문공통비로 나누어진다.

(1) 부문개별비

부문개별비(direct departmental overhead costs)는 특정부문에서만 개별적으로 발생하는 원가로서 당해부문에 직접부과할 수 있는 원가이다. 예를 들면 특정부문에서 발생하는 보조재료비, 종업원의 임금 또는 급료, 특정부문에서만 사용하는 기계의 수선비, 시험연구부문의 실험용 약품, 특정부문에서만 개별적으로 계산할 수 있는 전력비, 감가상각비 등이 이에 속한다.

(2) 부문공통비

부문공통비(indirect departmental overhead costs)는 다수의 부문 또는 공장 전체에 대하여 공통적으로 발생한 원가요소이다. 따라서 부문공통비는 특정 부문에 직접 부과할 수 없고 인간관계 또는 효익관계 등을 감안한 합리적인 배부기준에 의하여 관련 부문에 배부하여야 한다.

부분공통비에 속하는 원가는 공장장의 급료, 동력비, 공장이나 기계설비의 감가상각비나 화재보험료, 조세공과, 임차료 등이 있다.

3. 부문공통비의 배부기준

부문공통비는 각 부문에 대하여 공통적으로 발생한 원가요소이므로 적절한 배부기준을 설정하여 관련 부문에 배부하여야 한다. 부문공통비의 배부기준은 각 제조기업의 시설규모 및 특성 등에 차이가 있으나 대체로 다음과 같은 원칙을 고려하여 설정되어야 한다.

① 부문공통비의 배부기준은 공통비를 배부받는 부문에 공통적으로 적용될 수 있어야 한다.
② 배부대상이 될 원가요소와 배부기준 간에는 상호비례적 관계가 있어야 한다.
③ 배부기준이 되는 자료가 손쉽게 얻을 수 있고 현실적으로 이용이 가능하여야 한다.
④ 배부기준의 객관성이 있어야 한다.

일반적으로 회계실무상 사용되는 배부기준을 보면 〈표 8-2〉와 같다.

〈표 8-2〉 부문공통비의 배부기준

부 문 공 통 비	배 부 기 준
건물감가상각비 부동산 임차료 건 물 보 험 료 건물고정자산세 건 물 수 선 비	각 부문의 점유면적
감 가 상 각 비 보 험 료 (기 계장 치)	각 부문의 기계장치 가액
동 력 비	각 부문의 기계마력수 또는 마력시간×운전시간
가 스 수 도 비	측정한 각 부문의 소비량 또는 추정량
복 리 후 생 비	각 부문의 종업원수
전 화 료	각 부문의 전화대수×통화수 또는 전화대수
재 료 보 관 비	각 부문의 출고액
시 험 연 구 비	각 부문의 직접작업시간
종업원 모집비	각 부문의 종업원수 또는 직접작업시간
운 반 비	각 부문의 운반물품의 중량×운반거리
간 접 재 료 비	각 부문의 직접재료비
간 접 노 무 비	각 부문의 직접노무비 또는 직접공원수
냉 난 방 비	각 부문의 점유면적 또는 건물의 용적

4. 부문비 배부표의 작성

제조간접비중 부문개별비는 해당 원가부문에 직접부과하고, 부문공통비는 배부기준과 배부방법에 따라 원가부문에 배부하여 집계하는 표를 부문비 배부표(departmental cost allocation sheet)라 한다.

부문개별비와 부문공통비가 재료분개장, 임금분개장, 경비분개장 등에 의해서 파악되고 부문공통비의 배부기준이 선정되면 부문개별비와 부문공통비를 집계하기 위하여 〈표 8-3〉과 같은 부문비 배부표를 작성한다. 원가요소별로 부문비 배부표의 해당란에 기입하고, 부문공통비는 배부기준에 의하여 산정한 것을 해당 부문란에 기입하면 된다.

〈표 8-3〉 **부문비 배부표**

원 가 항 목	합 계	제조부문		보조부문		
		A제조부문	B제조부문	동력부	수선부	공장사무부
부문개별비						
간접재료비						
간접노무비						
수 선 비						
부문공통비						
복지후생비						
건물보험료						
고정자산세						
건물감가상각비						
기계감가상각비						
합 계						

〈예제 8-1〉 아래 자료를 이용하여 부문비 배부표를 작성하고 분개하여라.

〈자료〉

1. 부문개별비

부문 / 금 액	A제조부문	B제조부문	동 력 부	수 선 부	공장사무부
금 액	₩960,000	₩630,000	₩30,000	₩20,000	₩50,000

2. 부문공통비

건물감가상각비 ₩ 95,000 전력비 ₩ 40,000 복리후생비 ₩ 50,000

3. 부문공통비의 배부기준

부 문	A제조부문	B제조부문	동 력 부	수 선 부	공장사무부
면 적	90㎡	80㎡	10㎡	10㎡	10㎡
기계마력	400마력	300마력	120마력	180마력	—
종업원수	85명	70명	10명	20명	15명

[해답] 1. 부문공통비 배부계산

1) 건물감가상각비

A 제 조 부 문 : ₩95,000 × 90 / (90+80+10+10+10) = ₩42,750
B 제 조 부 문 : ₩95,000 × 80 / 200 = ₩38,000
동 력 부 문 : ₩95,000 × 10 / 200 = ₩ 4,750

수 선 부 문 : ₩95,000 × 10 / 200 = ₩ 4,750
공장사무부문 : ₩95,000 × 10 / 200 = ₩ 4,750

2) 전력비

A제 조 부 문 : ₩40,000 × 400 / (400+300+120+180) = ₩16,000
B제 조 부 문 : ₩40,000 × 300 / 1,000 = ₩12,000
동 력 부 문 : ₩40,000 × 120 / 1,000 ₩ 4,800
수 선 부 문 : ₩40,000 × 180 / 1,000 ₩ 7,200

3) 복리후생비

A제 조 부 문 : ₩50,000 × 85 / (85+70+10+20+15) = ₩21,250
B제 조 부 문 : ₩50,000 × 70 / 200 = ₩17,500
동 력 부 문 : ₩50,000 × 10 200 ₩ 2,500
수 선 부 문 : ₩50,000 × 20 200 ₩ 5,000
공장사무부문 ₩50,000 × 15 200 ₩ 3,750

2. 부문비 배부표의 작성

부문비 배부표

원 가 항 목	배부기준	합 계	제조부문		보조부문		
			A제조부문	B제조부문	동력부문	수선부문	공장사무부문
부 문 개 별 비		₩1,690,000	₩960,000	₩630,000	₩30,000	₩20,000	₩50,000
부 문 공 통 비							
건물감가상각비	면 적	95,000	42,750	38,000	4,750	4,750	4,750
전 력 비	마 력	40,000	16,000	12,000	4,800	7,200	—
복 리 후 생 비	종업원수	50,000	21,250	17,500	2,500	5,000	3,750
공 통 비 합 계		185,000	80,000	67,500	12,050	16,950	8,500
부 문 비 합 계		1,875,000	1,040,000	697,500	42,050	36,950	58,500

3. 분개

(차) A제 조 부 문 80,000 (대) 제조간접비 185,000
B제 조 부 문 67,500
동 력 부 문 12,050
수 선 부 문 16,950
공장사무부문 8,500

5. 보조부문비의 제조부문에의 배부

(1) 보조부문비 배부의 절차

부문별 원가계산의 절차에 따라 부문비의 제1차 집계에서는 부문개별비와 부문공통비를 적절한 배부기준에 따라 제조부문과 보조부문에 배부액을 계산하여 부문비 배부표가 완성되면 합계분개를 하여 제원가요소계정으로부터 해당 부문비계정에 대체한 다음, 부문비의 제2차 집계에서는 보조부문비를 다시 제조부문에 대체(배부)하여야 한다. 이와 같이 부문비의 제2차 집계절차를 밟아야 하는 이유는 보조부문에서는 직접적으로 특정제품에 대한 제조작업을 하는 것이 아니고, 타부문에 용역을 제공하는 등의 보조작업만을 수행하므로 보조부문비를 그대로 각 특정제품에 부담시키는 계산을 할 수 없기 때문이다. 따라서 각 보조부문비는 적절한 인위적인 배부기준을 선택하여 이에 따라 용역의 수수가 있는 제조부문에 최종적으로 배부하여야 한다. 이러한 부문비의 제2차 집계절차가 끝나면 결과적으로 모든 제조간접비 항목들은 제조부문에 집계된다. 그리고 제조부문에 집계된 제조간접비는 다시 제조부문을 경유하는 특정제품에 배부함으로써 제조간접비의 제품별 배부절차가 종료되는 것이다. 보조부문비를 제조부문에 배부하는 것은 제조부문의 원가능률을 측정하고 제품의 원가를 정확하게 계산하기 위함이다.

(2) 보조부문비의 배부기준

보조부문비의 합리적 배부를 위해서는 보조부문이 제공하는 용역의 정도에 비례하는 적절한 배부기준을 결정하지 않으면 안된다. 보조부문비의 배부기준은 전술한 부문공통비의 배부기준과 비슷하지만 부문공통비의 배부기준은 단순경비를 위주로 한 것인데 반하여 보조부문비의 배부기준은 복합경비에 대한 것이다. 일반적으로 배부기준으로서 사용하는 기준은 다음과 같다.

보조부문비의 배부기준

보 조 부 문 비	배 부 기 준
동 력 부 문 비	계량기에 의하여 측정된 각 부문의 동력소비량
용 수 부 문 비	계량기에 의하여 측정된 각 부문의 용수소비량
수 선 부 문 비	계산한 각 제조부문의 수선액, 소요시간, 수선횟수등
운 반 부 문 비	각제조부문의 운반물품의 중량 · 운반거리 · 운반횟수등
검 사 부 문 비	각부문의 검사공의 작업시간
재 료 부 문 비	각부문의 재료출고수량, 중량, 가액, 횟수
노 무 부 문 비	각부문의 종업원수, 작업시간, 임금
복리후생부문비	각부문의 종업원수
시험연구부문비	각부문의 직접작업수량, 생산량
기획설계부문비	각부문의 직접작업시간, 종업원수
공장사무부문비	각부문의 종업원수, 조업도

위의 배부기준은 어디까지나 인위적인 것으로 절대적인 배부기준이라 할 수 없으므로, 각 기업의 실무에 적합한 것을 선택하여야 할 것이다.

(3) 보조부문비의 배부방법

보조부문간의 용역의 수수를 어느 정도 고려하느냐에 따라 보조부문의 배부방법은 직접배부법, 계제식배부법 및 상호배부법으로 나누어진다.

① 직접배부법

직접배부법(direct distribution method)은 보조부문 상호간의 용역의 수수를 무시하고, 모든 보조부문비를 제공된 용역의 비율에 따라 제조부문에 직접배부하는 방법이다.

이 방법은 두 가지의 방법으로 분류할 수 있는데, 제1법은 모든 보조부문비를 제조부문에 직접배부하는 방법이고, 제2법은 보조부문비 중 원칙적으로 보조경영부문비만 제조부문에 배부하고, 공장관리부문비는 제품에 직접배부하는 방법이다.

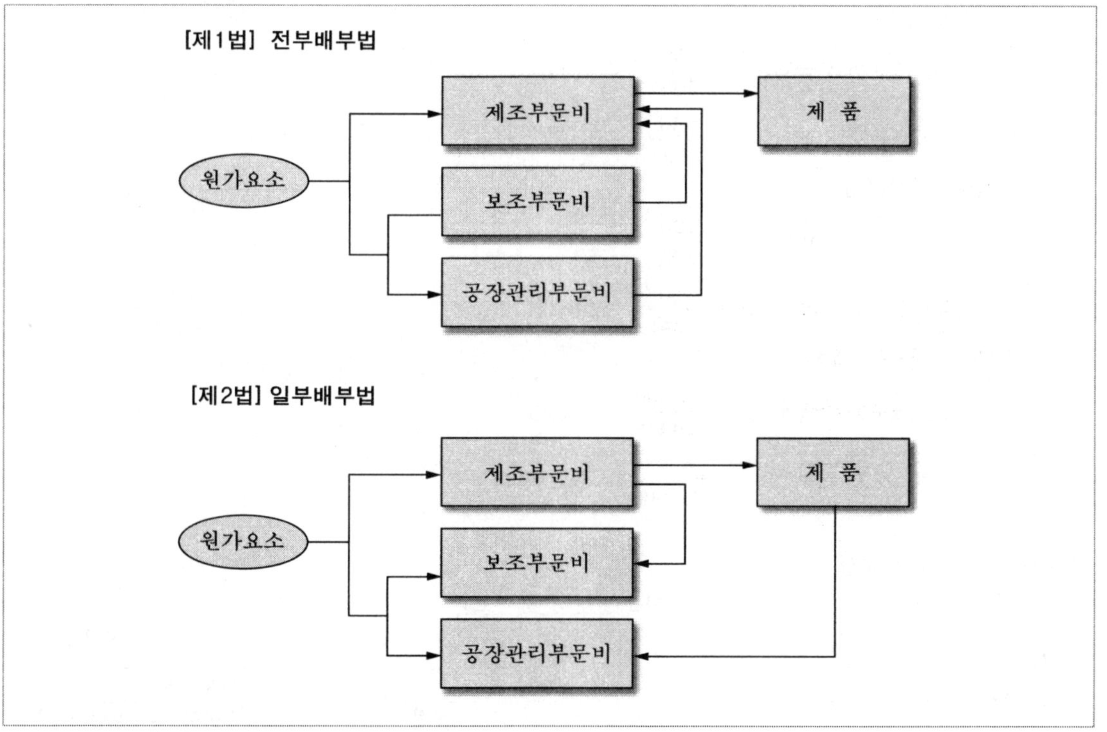

〈예제 8-2〉 다음 자료로 직접배부법에 의하여 부문비 배부표를 작성하여라.

〈자료〉

부 문	부문비 배부액	배 부 기 준		
		기계마력	수선시간	직접작업시간
A제 조 부 문	₩600,000	60	120	4,000
B제 조 부 문	500,000	40	80	6,000
동력보조부문	50,000	–	30	3,000
수선보조부문	40,000	50	–	2,000
공장사무부문	20,000	–	20	–
합 계	₩1,210,000	150	250	15,000

[해답] 1. 보조부문비의 배부액 계산

1) 동력부문비

A제조부문 : ₩50,000 × $\frac{60}{100}$ = ₩30,000

B제조부문 : ₩50,000 × $\frac{40}{100}$ =₩20,000

2) 수선부문비

A제조부문 : ₩40,000 × $\frac{120}{200}$ = ₩24,000

B제조부문 : ₩40,000 × $\frac{80}{200}$ = ₩16,000

3) 공장사무부문비

A제조부문 : ₩20,000 × $\frac{4,000}{10,000}$ = ₩8,000

B제조부문 : ₩20,000 × $\frac{6,000}{10,000}$ = ₩12,000

2. 보조부문비 배부표 작성

보조부문비 배부표

(직접배부법)

원가항목	배부기준	합 계	제조부문		보조부문		
			A제조부문	B제조부문	동력부	수선부	공장사무부
부문비합계		₩1,210,000	₩600,000	₩500,000	₩50,000	₩40,000	₩20,000
동 력 부 문 비	마 력 수	50,000	30,000	20,000			
수 선 부 문 비	수선작업시간	40,000	24,000	16,000			
공장사무부문비	작 업 시 간	20,000	8,000	12,000			
합 계		₩1,210,000	₩662,000	₩548,000			

② 계제식 배부법

계제식 배부법(step-ladder distribution method)은 보조부문 상호간의 용역수수를 비교하여 보조부문 중 가장 많이 용역을 제공하는 차례에 따라서 계제식(단계식)으로 타보조부문에서 용역을 가장 적게 받는 보조부문을 가장 우측에, 다음으로 많은 것부터 적은 순으로 보조부문에 배부하는 방법이다.

이 방법은 보조부문의 용역수수를 다소나마 고려하여 배부계산을 한다는 점에서 직접배부법보다 이점이 있으나, 배부순위의 결정이 어렵기 때문에 실무상 그다지 사용되지 않고 있다.

〈예제 8-3〉 〈예제 8-2〉를 이용하여 계제식배부법에 의하여 부문비 배부표를 작성하여라.

[해답] 1. 보조부문비의 배부액계산

1) 공장사무부문비

A제조부문 : ₩20,000 × $\frac{4,000}{15,000}$ = ₩5,333

B제조부문 : ₩20,000 × $\frac{6,000}{15,000}$ = ₩8,000

동력부문 : ₩20,000 × $\frac{3,000}{15,000}$ = ₩4,000

수선부문 : ₩20,000 × $\frac{2,000}{15,000}$ = ₩2,667

2) 수선부문비

(수선부문비의 합계액 : ₩40,000 + ₩2,667 = ₩42,667)

A제조부문 : ₩42,667 × $\frac{120}{230}$ = ₩22,261

B제조부문 : ₩42,667 × $\frac{80}{230}$ = ₩14,841

동력부문 : ₩ 42,667 × $\frac{30}{230}$ = ₩ 5,565

3) 동력부문비

(동력부문비의 합계액 ₩50,000 + ₩4,000 + ₩5,565 = ₩59,565)

A제조부문 : ₩59,565 × $\frac{60}{100}$ = ₩35,739

B제조부문 : ₩59,565 × $\frac{40}{100}$ = ₩23,826

2. 보조부문비 배부표 작성

보조부문비 배부표

(계제식 배부법)

원 가 항 목	배부기준	합 계	제조부문		보조부문		
			A제조	B제조	동력부	수선부	공장사무부
부 문 비 합 계		₩1,210,000	₩600,000	₩500,000	₩50,000	₩40,000	20,000
공장사무부문비	작업시간	20,000	5,333	8,000	4,000	2,667	20,000
수 선 부 문 비	수선시간	42,667	22,261	14,841	5,565	42,667	
동 력 부 문 비	기계마력	59,565	35,739	23,826	59,565		
합 계		₩1,210,000	₩663,333	₩546,667			

③ 상호배부법

상호배부법(reciprocal distribution method)은 상호간의 용역수수 사실을 모두 인정하고 보조부문비를 제조부문에 배부하는 방법이다. 즉 보조부문 상호간의 용역수수관계를 측정하고, 각 보조부문비를 당해 보조부문으로부터 용역을 제공받은 타 보조부문과 제조부문에 1차 배부한 다음, 각 보조부문에 배부된 금액을 적당한 방법에 의해 다시 제조부문에 2차 배부하는 방법을 말한다. 상호배부법을 제1차 배부의 결과로서 각 보조부문에 배부된 금액을 다시 제조부문에 배부하는 2차 배부방법에 따라 상호직접배부법, 상호계제식배부법, 상호계속배부법으로 나누어진다.

(가) 상호직접배부법

상호직접배부법은 제1차 배부는 보조부문 상호간에 배부하고 제2차 배부는 직접배부법으로 보조부문비를 제조부문에 배부하는 방법이다. 상호배부법이라고 하면 일반적으로 이 방법을 상호배부법이라고 말한다.

(나) 상호계제식배부법

상호계제식배부법은 제1차 배부된 금액을 계제식배부법에 의하여 2차 배부하는 방법을 말한다. 즉, 1차 배부는 상호배부하고 제2차 배부는 계단식배부법으로 하는 방법을 말한다.

(다) 상호계속배부법

상호계속배부법은 제1차 배부, 제2차 배부 또는 제3차 배부까지도 계속하여 상호배부법을 반복하는 방법이다. 이 방법은 다른 상호배부법에 비하여 상호배부의 횟수를 많이 하는 것 외에는 다른 점이 없고, 배부계산의 정확성을 기한다는 점에서는 논리적이나, 계산에 많은 노력이 요하기 때문에 실무에서는 거의 사용되지 않는다.

④ 기타 보조부문비 배부법(연립방정식법)

연립방정식법은 연립방정식에 의하여 각 보조부문이 다른 보조부문으로부터 배부받을 금액을 산정하고 이것과 보조부문비를 가산하여 산정하는 방법이다.

〈예제 8-4〉 〈예제 8-2〉를 이용하여 상호직접배부법에 의하여 부문비 배부표를 작성하여라.

[해답] 1. 제1차 보조부문비의 배부액 계산(부문개별비를 상호배부법으로 계산한다)

(1) 동력부문비

A제 조 부 문 : $₩50,000 \times \frac{60}{150} = ₩20,000$

B제 조 부 문 : $₩50,000 \times \frac{40}{150} = ₩13,333$

수 선 부 문 : $₩50,000 \times \frac{50}{150} = ₩16,667$

(2) 수선부문비

A제 조 부 문 : $₩40,000 \times \frac{120}{250} = ₩19,200$

B제 조 부 문 : $₩40,000 \times \frac{80}{250} = ₩12,800$

동 력 부 문 : $₩40,000 \times \frac{30}{250} = ₩\ 4,800$

공장사무부문 : $₩40,000 \times \frac{20}{250} = ₩\ 3,200$

(3) 공장사무부문비

A제 조 부 문 : $₩20,000 \times \frac{4,000}{15,000} = ₩\ 5,333$

B제 조 부 문 : $₩20,000 \times \frac{6,000}{15,000} = ₩\ 8,000$

동 력 부 문 : $₩20,000 \times \frac{3,000}{15,000} = ₩\ 4,000$

수 선 부 문 : $₩20,000 \times \frac{2,000}{15,000} = ₩\ 2,667$

2. 제2차 보조부문비의 배부액 계산

(제1차 배부계산으로 타 보조부문에서 배부된 것을 직접배부법으로 계산한다)

(1) 동력부문비(₩4,800 + ₩4,000 = ₩8,800)

A제 조 부 문 : $₩\ 8,800 \times \frac{60}{100} = ₩\ 5,280$

B제 조 부 문 : $₩\ 8,800 \times \frac{40}{100} = ₩\ 3,520$

(2) 수선부문비(₩16,667 + ₩2,667 = ₩19,334)

A제 조 부 문 : $₩19,334 \times \frac{120}{200} = ₩11,600$

B제 조 부 문 : $₩19,334 \times \frac{80}{200} = ₩\ 7,734$

(3) 공장사무부문비(₩3,200)

A제 조 부 문 : $₩\ 3,200 \times \frac{4,000}{10,000} = ₩\ 1,280$

B제 조 부 문 : ₩ 3,200 × $\frac{6,000}{10,000}$ = ₩ 1,920

3. 보조부문비 배부표 작성

보조부문비 배부표

(상호직접배부법)

원 가 항 목	배부기준	합　계	제조부문		보조부문		
			A제조	B제조	동력부	수선부	공장사무부
부 문 비 합계		₩1,210,000	₩600,000	₩500,000	₩50,000	₩40,000	₩20,000
(보조부문1차배부)							
동 력 부 문 비	기계마력수	50,000	20,000	13,333	—	16,667	—
수 선 부 문 비	수선 시간	40,000	19,200	12,800	4,800	—	3,200
공장 사무부문비	작업 시간	20,000	5,333	8,000	4,000	2,667	—
					₩8,800	₩19,334	₩3,200
(보조부문2차배부)							
동 력 부 문 비	기계마력수	8,800	5,280	3,520			
수 선 부 문 비	수선 시간	19,334	11,600	7,734			
공장 사무부문비	작업 시간	3,200	1,280	1,920			
합　계		₩1,210,000	₩662,693	₩547,307			

〈예제 8-5〉 〈예제 8-2〉의 자료를 이용하여 상호계제식 배부법에 의하여 부문비 배부표를 작성하여라.

1. 제1차 보조부문비의 배부액 계산(부문개별비를 상호배부법으로 계산한다)

(1) 동력부문비

A제 조 부 문 : ₩50,000 × $\frac{60}{150}$ = ₩20,000

B제 조 부 문 : ₩50,000 × $\frac{40}{150}$ = ₩13,333

수 선 부 문 : ₩50,000 × $\frac{50}{150}$ = ₩16,667

(2) 수선부문비

A제 조 부 문 : ₩40,000 × $\frac{120}{250}$ = ₩19,200

B제 조 부 문 : ₩40,000 × $\frac{80}{250}$ = ₩12,800

동 력 부 문 : ₩40,000 × $\frac{30}{250}$ = ₩ 4,800

공장사무부문 : ₩40,000 × $\frac{20}{250}$ = ₩ 3,200

(3) 공장사무부문비

A제 조 부 문 : ₩20,000 × $\frac{4,000}{15,000}$ = ₩ 5,333

B제 조 부 문 : $₩20,000 \times \frac{6,000}{15,000} = ₩\ 8,000$

동 력 부 문 : $₩20,000 \times \frac{3,000}{15,000} = ₩\ 4,000$

수 선 부 문 : $₩20,000 \times \frac{2,000}{15,000} = ₩\ 2,667$

2. 제2차 보조부문비의 배부액 계산
(제1차 배부계산으로 타 보조부문에서 배부된 것을 계제식배부법으로 계산한다. 즉, 공장사무부문, 수선부문, 동력부문의 순으로 계산한다)

(1) 공장사무부문비

A제 조 부 문 : $₩3,200 \times \frac{4,000}{15,000} = ₩\ 853$

B제 조 부 문 : $₩3,200 \times \frac{6,000}{15,000} = ₩\ 1,280$

동 력 부 문 : $₩3,200 \times \frac{3,000}{15,000} = ₩\ 640$

수 선 부 문 : $₩3,200 \times \frac{2,000}{15,000} = ₩\ 427$

(2) 수선부문비(수선부문비의 합계액 : ₩16,667 + ₩2,667 + ₩427 = ₩19,761)

A제조 부 문 : $₩19,761 \times \frac{120}{230} = ₩10,310$

B제조 부 문 : $₩19,761 \times \frac{80}{230} = ₩\ 6,873$

동 력 부 문 : $₩19,761 \times \frac{30}{230} = ₩\ 2,578$

(3) 동력부문비(동력부문비의 합계액 : ₩4,800 + ₩4,000 + ₩640 + ₩2,578 = ₩12,018)

A제조 부 문 : $₩12,018 \times \frac{60}{100} = ₩\ 7,211$

B제조 부 문 : $₩12,018 \times \frac{40}{100} = ₩\ 4,807$

3. 보조부문비 배부표 작성

보조부문비 배부표

(상호계제식배부법)

원 가 항 목	배부기준	합 계	제 조 부 문		보 조 부 문		
			A제조	B제조	동력부	수선부	공장사무부
부 문 비 합계		₩1,210,000	₩600,000	₩500,000	₩50,000	₩40,000	₩20,000
(보조부문1차배부)							
동 력 부 문 비	기계마력수	50,000	20,000	13,333	—	16,667	—
수 선 부 문 비	수선 시간	40,000	19,200	12,800	4,800	—	3,200
공장 사무부문비	작업 시간	20,000	5,333	8,000	4,000	2,667	—
(보조부문2차배부)							
공장 사무부문비	작업 시간	3,200	853	1,280	640	427	3,200
수 선 부 문 비	수선 시간	19,761	10,310	6,873	2,578	19,761	
동 력 부 문 비	기계마력수	12,018	7,211	4,807	12,018		
합 계		₩1,210,000	₩662,907	₩547,093			

연 습 문 제

〈객관식〉

1. 보조부문상호간의 용역의 수수 관계를 무시하고 모든 보조부문비를 제공된 용역의 비율에 따라 제조부문에 직접배부하는 방법은?
   ① 상호직접배부법　　② 계제식배부법
   ③ 직 접 배 부 법　　④ 상 호 배부법

2. 부문개별비에 속하는 것은?
   ① 특정부문 기계 수선비　　② 임 차 료
   ③ 건 물 감 가 상 각 비　　④ 조세공과

【해설】 부문개별이란 특정부문에서만 개별적으로 발생하는 원가를 말한다.

3. 보조부문비를 제조부문에 배부하는 방법으로 적당하지 않는 것은?
   ① 간접배부법　　② 직 접 배부법
   ③ 상호배부법　　④ 계제식배부법

【해설】 보조부문비를 제조부문에 배부하는 방법에는 보조부문간의 용역의 수수를 어느 정도 고려하느냐에 따라 직접배부법, 상호배부법, 계제식배부법으로 나누어진다.

4. 보조부문 상호간 용역의 수수가 있을 경우 보조부문비를 제조부문과 다른 보조부문에 용역수수의 정도에 따라 계속해서 배부하는 방법은?
   ① 계제식배부법　　② 상호배부법
   ③ 직접 배부법　　④ 간접배부법

5. 부문공통비의 적합한 배부기준으로서 갖추어야 할 요건이 아닌 것은?
   ① 배부기준의 구득의 간편성　　② 배부기준의 비례성
   ③ 배부기준의 객관성　　④ 배부기준의 계속성

6. 부문공통비인 건물감가상각비의 배부기준으로 가장 타당한 것은 어느 것인가?

(공인감정사 기출제문제)

   ① 각 제조부문과 보조부문의 건물상각
   ② 각 제조부문과 보조부문의 인원수

③ 각 제조부문과 보조부문의 작업시간
④ 각 제조부문과 보조부문의 면적

7. 다음 중 부문별 원가계산에 있어서 원가부문 설정의 기준에 적합하지 않은 것은?
① 직공별 구분 ② 작업기능별 구분
③ 직제별 구분 ④ 작업장소별 구분

8. 다음은 부문별 원가계산에 관련된 설명이다. 옳지 않은 것은?
① 원가를 직능적으로 파악할 수 있으며, 책임구분의 명확화를 기할 수 있다.
② 제조간접비를 정확하게 배부하는 데 그 목적이 있다.
③ 원가의 장소별 계산이라고도 한다.
④ 원가계산의 절차를 간소화할 수 있다.
【해설】 부문별 원가계산의 목적 - 정확한 제품원가를 산정, 부문별 원가관리와 책임소재의 명확화

9. 부문비 배부표란 무엇인가?
① 제조부문비를 예정하는 표
② 제조간접비를 각 부문에 배부하기 위해 작성하는 표
③ 보조부문을 제조부문에 대체하기 위해 작성하는 표
④ 제조직접비를 각 부문별로 배부하기 위해 작성하는 표
【해설】 부문비배부표란 제조간접비 중 부문개별비는 해당 원가부문에 직접부과하고 부문공통비는 배부기준과 배부방법에 따라 원가부문에 배부하여 집계하는 표

10. 보조부문비 배부방법을 정확성 기준으로 배열한 것은?
① 상호 배부법 〉 직접 배부법 〉 계제식배부법
② 직접 배부법 〉 상호 배부법 〉 계제식배부법
③ 상호 배부법 〉 계제식배부법 〉 직접 배부법
④ 계제식배부법 〉 직접 배부법 〉 상호 배부법

해답 1. ③ 2. ① 3. ① 4. ② 5. ④ 6. ④ 7. ① 8. ④ 9. ② 10. ③

〈주관식〉

1. 부문별 원가계산의 목적을 설명하여라.

2. 부문별 원가계산의 절차를 설명하여라.

3. 일반적으로 배부기준에 갖추어야 할 요건에 대해 설명하여라.

4. 보조부문비의 제조부문에 배부하는 방법에 대하여 간략하게 설명하고 각 방법의 장단점에 대하여 비교하여라.

5. 다음 자료에 의하여 필요한 분개를 하여라.

〈자료〉

부 문 비	금 액	제 조 부 문	
		제 1 부 문	제 2 부 문
제 조 부 문 비	₩1,100,000	850,000	250,000
동 력 부 문 비	840,000	520,000	320,000
수 선 부 문 비	600,000	400,000	200,000
공장사무부문비	460,000	230,000	230,000
합 계	₩3,000,000	₩2,000,000	₩1,000,000

(1) 제조간접비를 각 부문에 배부한 경우
(2) 보조부문비를 제조부문에 배부한 경우
(3) 제조부문비를 각 제조지시서에 배부한 경우

6. 다음 자료에 의하여 부문비 배부표를 작성하여라.

1. 제조간접비 내역

원가 항목	금 액	부 문 개 별 비				부문공통비
		갑 부 문	을 부 문	동력부문	수선부문	
간접재료비	₩230,000	₩45,000	₩35,000	₩10,000	₩15,000	₩125,000
간접노무비	460,000	120,000	70,000	40,000	30,000	200,000
감가상각비	120,000	8,000	3,000	5,000	4,000	100,000
수 선 비	80,000	10,000	8,000	7,000	5,000	50,000
전 력 비	60,000	5,000	4,000	3,000	3,000	45,000
화재보험료	50,000	–	–	–	–	50,000
합 계	₩1,000,000	₩188,000	₩120,000	₩65,000	₩57,000	₩570,000

2. 부문공통비(%)

원 가 항 목	갑 부 문	을 부 문	동력부문	수선부문
간접재료비	55	40	0	5
간접노무비	40	35	10	15
감가상각비	48	30	12	10
수 선 비	43	33	15	9
전 력 비	44	34	14	8
화재보험료	42	30	16	12

7. 아래 자료에 의하여 부문비 배부표를 작성하고 분개하여라.

〈자료〉

1. 부문개별비

A제조부문 ₩530,000 B 제조부문 ₩350,000 동 력 부 ₩180,000

수 선 부 ₩150,000 공장사무부 ₩130,000

2. 부문공통비

건물감가상각비 ₩230,000 동력비 ₩150,000 복리후생비 ₩100,000

3. 부문공통비의 배부기준

부 문	A제조부문	B제조부문	동력부	수선부	공장사무부
면 적	35㎡	25㎡	15㎡	13㎡	12㎡
기계마력	90 〃	80 〃	16 〃	14 〃	–
종업원수	18 〃	17 〃	8 〃	4 〃	3

8. 삼화공업사의 8월중 제조간접비의 자료는 다음과 같다.

부문비배부표를 작성하고, 부문비계산의 근거를 밝혀라. **(KICPA 기출제문제 수정)**

(1) 제조간접비내역

원 가 항 목	제 조 부 문		보 조 부 문				합 계
	A제조	B제조	동력부	수선부	창고부	관리부	
간 접 재 료 비	₩70,000	₩62,000	₩24,000	₩36,000	₩28,000	₩10,000	₩230,000
간 접 노 무 비	112,000	104,000	16,000	18,000	10,000	12,000	272,000
복 리 후 생 비	–	–	–	–	–	–	59,400
건 물 보 험 료	–	–	–	–	–	–	16,100
전 력 비	–	–	–	–	–	–	180,000
전 화 료	–	–	–	–	–	–	12,600
건물감가상각비	24,000	2,200	600	800	400	600	28,600
기계감가상각비	–	–	–	–	–	–	17,200
잡 비	16,000	13,400	2,400	6,800	5,000	9,200	52,800

(2) 부문공통비의 배부기준

배부 기준	제 조 부 문		보 조 부 문			
	A제조	B제조	동력부	수선부	창고부	관리부
점유 면적	120㎡	110㎡	30㎡	40㎡	20㎡	30㎡
종업원 수	20인	18인	4인	6인	2인	4인
전력소비율	40%	30%	20%	10%	--	--
전화 대수	6대	5대	2대	3대	2대	3대
기계 가액	1,320,000	500,000	1,000,000	20,000	--	--

9. 다음 자료에 의하여 계제식배부법에 의한 부문비 배부표를 작성하여라.

〈자료〉

1. 각 부문비 배부액 (₩3,660,000)

A제 조 부문 ₩1,460,000 B제조부문 ₩1,200,000
수 선 부 문 ₩500,000 동력 부문 ₩400,000
공장사무부분 ₩100,000

2. 부문별 배부율

원 가 항 목	A제조부문	B제조부문	수선부문	동력부문
공장사무부문비	40%	30%	20%	10%
동 력 부 문 비	60%	30%	10%	-
수 선 부 문 비	70%	30%	-	-

10. 다음 자료로 직접배부법, 계제식배부법, 상호직접배부법, 상호계제식배부법에 의하여 부문비 배부표를 작성하여라.

〈자료〉

부 문	부문비배부액	배 부 기 준		
		기계마력	수선시간	직접작업시간
A제 조 부 문	₩800,000	140	55시간	600시간
B제 조 부 문	600,000	60	45시간	400시간
동력보조부문	300,000	-	30시간	120시간
수선보조부문	200,000	40	-	80시간
공장사무부문	100,000	-	20시간	-
합 계	₩2,000,000	240	150시간	1,200시간

제 9 장

개별원가계산

제 9 장

개별원가계산

제 1 절 개별원가계산의 의의

1. 개별원가계산의 의의

개별원가계산(job order cost system)은 그 기간에 종류를 달리하는 제품을 개별적으로 제조하는 업종에서 적용되는 제품별 원가계산의 한 방법이다. 개별원가계산을 적용할 수 있는 업종으로는 대부분 수주생산형태에 적용되는 조선업, 기계제조업, 자동차공업, 건설업, 가구제조업, 항공기산업, 특수운반구제조업 등이 있다. 개별원가계산을 채택하는 제조기업에 있어서 제품은 주문에 따라 규격・종류・양식・품질 등을 달리하며, 생산량도 주문수량에 따라 사전에 결정되는 것이 특징이다. 때문에 생산은 생산단위별로 제조지시서(production order)에 근거를 두고 생산이 개시・진행되고 완성되는 것이다.

원가계산에 있어서 제조지시서를 중심으로 하여 지시서별로 원가를 집계하여야 하므로 개별원가계산을 일명 지시서별 원가계산이라고도 한다. 또 개별원가계산은 직접비에다 간접비의 배부액을 가산하여 제품의 원가를 산정하는 것이므로 독일에서는 이것이 부가원가계산이라고도 불리운다.

개별원가계산에 있어서는 제품단위를 중심으로 제조원가를 계산하기 때문에 어떤 특정제품에 직접적으로 발생한 원가요소와 각 제품에 대하여 공통적으로 발생한 원가요소 즉 제조직접비와 제조간접비의 구별이 중요한 것이다. 특히 제조지시서별로 원가를 집계할 때 제조간접비는 인위적인 기준에 의하여 배부하기 때문에 각 제품별 원가에 미치는 영향이 매우 크므로 제조간접비의 합리적 배분이 중요한 것이다.

이상과 같이 개별원가계산의 특징은 다음과 같다.

첫째, 개별원가계산은 특정제품의 제조를 위한 제조지시서가 발행되고 그 제조지시서에 따라 생산작업이 이루어지는 개별생산형태에 알맞은 원가계산 방법이다.

둘째, 개별원가계산의 모든 원가는 직접비와 간접비로 나누어지며 제조직접비는 제조지시서에 직접 집계되며 제조간접비는 적절한 배부기준에 따라 각 지시서별로 배부된다.

셋째, 개별원가계산은 제조지시서별로 계산되므로 원가계산기간과는 그다지 밀접한 관계가 없는 것이 원칙이다.

넷째, 특정제조지시서에 표시된 제품이 한 개인의 경우에는 그 제조지시서에 집계된 원가가 해당제품의 단위원가이지만, 특정제조지시서에 표시된 제품이 두 개 이상인 경우에는 그 제조지시서에 집계된 원가를 표시수량으로 나누어 제품단위당 원가를 산정한다.

2. 개별원가계산과 종합원가계산의 비교

제품별 원가계산은 원가의 집계방법에 따라 크게 특정제품별로 당기중의 소비원가를 집계하는 제조지시서별 원가계산인 개별원가계산과 기간중의 소비원가를 종합적으로 파악·집계하는 종합원가계산으로 분류되는데 개별원가계산과 종합원가계산의 차이점을 〈표 9-1〉과 같이 요약할 수 있다.

〈표 9-1〉 개별원가계산과 종합원가계산의 비교

구 분	개 별 원 가 계 산	종 합 원 가 계 산
채택하는 기업의 형태	여러 종류의 제품의 주문생산기업	단일제품의 대량으로 시장생산기업
제조지시서의 종 류	특정제조지시서	계속제조지시서
원 가 요 소 의 구 분	직접비와 간접비로 구분	주요재료비와 가공비로 구분
기말 재공품의 평 가	원가계산표에 집계된 원가를 기초로 하여 계산한다.	반드시 안분계산하여야 한다.
원 가 계 산 의 형 태	제조지시서별, 대상별 원가계산	회계기간별, 공정별 원가계산
원 가 집 계 단 위	개별제품	기간생산량
원가계산의 중심과정	제조간접비의 제품별배부	기말재공품 원가의 평가

제 2 절 제조지시서와 원가계산표

1. 제조지시서

제조지시서(production order)는 특정제품의 제조 또는 작업을 지시하는 서류로서 제품의 제조는 제조지시서에 따라 개시되며 제조명령서, 제조지령서, 제조전표, 작업지시서, 제조의뢰서 등으로 불리어진다. 제조지시서는 하나의 명령전달 수단이며, 이것에 의하여 제조활동에 필요한 원재료, 노동력, 기계 및 제경비 등을 사용할 수 있는 권한이 부여됨과 동시에 책임이 따른다. 이와 같이 제조지시서는 제조원가 파악의 중심이 될 뿐만 아니라 전반적인 제조활동을 관리하기 위해서 중요한 역할을 하고 있는 것이다. 제조지시서의 서식은 기업별로 차이가 있으나 일반적인 제조지시서의 양식을 표시하면 〈표 9-2〉와 같다.

〈표 9-2〉

제 조 지 시 서 NO. ________

년 월 일

주 문 자 ____________ 제조착수일 ____________

주문서번호 ____________ 납품 장소 ____________

주문 일자 ____________ 제조완성일 ____________

제 품 명	수 량	비 고

생산부장 귀하 발행자 : ____________ 인

2. 제조지시서의 종류

제조지시서는 그 사용목적과 제조기업의 업종에 따라 여러 가지로 분류할 수 있는데 그 내용은 다음과 같다.

(1) 특정제조지시서와 계속제조지시서

특정제조지시서(special job order)는 특정제품을 제조하기 위하여 개별적으로 발행되는 제조지시서로서 특정제품의 생산이 완료되면 자동적으로 지시서의 명령이 완료된 것으로 하고 계속되지 않는다. 특정제조지시서는 개별원가계산의 형태에서 적용된다.

계속제조지시서(standing job order)는 지시서가 한 번 발행되면 특별한 다른 지시가 없는 한 일정기간 동안 그 효력이 지속되는 제조지시서를 말한다. 계속지시서는 단일 종류의 제품을 반복적으로 대량생산하는 기업에서 이용되는 것으로 주로 종합원가계산의 형태에서 적용된다.

(2) 주제조지시서와 부제조지시서

대규모 경영에 있어서 전체작업을 몇 개의 구분 작업으로 나누어 생산할 경우 전체 생산에 대한 제조지시서를 주제조지시서(main production order)라 하고, 부분적으로 추가 발행되는 제조지시서를 부제조지시서(sub-production order)라 한다.

3. 원가계산표

원가계산표(cost sheet)란 각 제품의 원가를 산정하기 위하여 재료비, 노무비, 경비 등의 원가요소를 집계한 표를 말한다.

(1) 개별원가계산표

개별원가계산표(job cost sheet)는 특정제조지시서별로 제품의 원가를 집계한 표로서 원가요소를 직접재료비, 직접노무비와 제조간접비로 나누어 집계한다. 여기에서 직접비는 각 제조지시서별로 발생하는 원가이므로 각 지시서별로 파악하여 집계·기재하고, 공통적으로 발생한 제조간접비는 적절한 배부기준에 따라 각 제조지시서별 원가계산표에 배부하여 기재한다.

개별원가계산표는 각 제조지시서별로 작성되기 때문에 지시서별 원가계산표라고 한다. 그리고 개별원가계산표는 각 특정제품마다 1매씩 작성되어 거기에 각각 원가가 기록되므로 그것을 모아 철한 것은 총계정원장에 있어서의 재공품 계정의 명세를 나타내는 장부가 되는데 이것을 제조원장(work on process ledger) 또는 원가원장(cost ledger)이라고 한다. 따라서 제조원장은 재공품계정을 통제계정으로 하는 보조원장이다.

개별원가계산표는 〈표 9-3〉과 같은 양식으로 작성된다.

(2) 종합원가계산표

종합원가계산표(process cost system sheet)는 계속제조지시서가 발행된 경우에 원가계산 기간의 원가를 집계한 표로서, 계속제조지시서에 의하여 당기재료소비액·당기노무비소비액 및 당기경비소비액을 집계하여 기재하고, 당기제조비용을 합산하여 기재한다. 그리고 기초재공품을 합산하여 당기 총제조비용을 산출하고, 당기 총제조비용에서 기말재공품평가액을 차감하여 당기 제품완성원가를 산정하는 형식으로 기재한다.

종합원가계산표는 〈표 9-4〉와 같은 금액으로 작성된다.

〈표 9-3〉 개별원가계산표

제조지시서 NO.:________ 제조지시서 수량: ________ 제조착수일:________

품 명 :________ 제품 완성 수량: ________ 제조완성일:________

직접재료비							
일 자	출고전표	품 목	수 량	단 가	금 액	원가항목	금 액
						직접재료비	
						직접노무비	
직 접 노 무 비						제조간접비	
일 자	부 문	작업종류	시 간	임 률	금 액	제 조 원 가	
						판매비와 관리비	
제 조 간 접 비						총 원 가	
일 자	부 문	배부기준	예정배부율	금 액		이 익	
						판 매 가 액	

〈표 9-4〉 종합원가계산표

원 가 항 목	수 량	단 가	금 액
당기제조비용			
직접재료비			
직접노무비			
제조간접비			
소 계	××	××	×××
기초 재공품원가(+)			
기말 재공품원가(-)			
당기완성품제조원가	××	××	×××
완 성 품 수 량			
제품 단 위 당 원가			

〈예제 9-1〉 다음 자료로 각 제조지시서의 원가계산표를 작성하고 제품단위당 원가를 산출하여라.

〈자료〉

① 재료소비액

전기이월액 ₩230,000, 당기매입액 ₩1,400,000, 기말재고액 ₩180,000

제조지시서별 재료소비액

제조지시서 #5 ₩450,000

제조지시서 #6 ₩510,000

제조지시서 #7 ₩240,000

② 노무비소비액

전기이월액 ₩120,000, 당기미지급액 ₩90,000, 당기지급액 ₩1,300,000

제조지시서별 노무비 소비액

제조지시서 #5 ₩370,000

제조지시서 #6 ₩380,000

제조지시서 #7 ₩250,000

③ 경비 당기소비액 ₩190,000

④ 완성품 수량

제조지시서 #5 400개

제조지시서 #6 500개

제조지시서 #7 200개

⑤ 제조간접비 : 직접재료비법에 의하여 각 제조지시서에 배부한다.

[해답]

1. 재료비의 소비액

┌ 당기소비액 : ₩230,000 + ₩1,400,000 − ₩180,000 = ₩1,450,000
└ 간접재료비 : ₩1,450,000 − (₩450,000 + ₩510,000 + ₩240,000) = ₩250,000

2. 노무비의 소비액

┌ 당기소비액 : ₩ 90,000 + ₩1,300,000 − ₩120,000 = ₩1,270,000
└ 간접노무비 : ₩1,270,000 − (₩370,000 + ₩380,000 + ₩250,000) = ₩270,000

3. 제조간접비의 소비액

₩250,000 + ₩270,000 + ₩190,000 = ₩710,000

4. 제조지시서별 제조간접비의 배부액

조지시서 #5의 배부액 : ₩450,000×₩710,000÷₩1,200,000 = ₩266,250

제조지시서 #6의 배부액 : ₩510,000×₩710,000÷₩1,200,000＝₩301,750
제조지시서 #7의 배부액 : ₩240,000×₩710,000÷₩1,200,000＝₩142,000

원가계산표

(1) 제조지시서 #5 완성품수량 400개

집 계		직접재료비	직접노무비	제조간접비
원 가 항 목	금 액	₩ 450,000	₩ 370,000	₩ 266,250
직 접 재 료 비	₩ 450,000			
직 접 노 무 비	₩ 370,000		제품단위당원가	
제 조 간 접 비	₩ 266,250		@₩2,715.63	
제 조 원 가	₩1,086,250			

원가계산표

(2) 제조지시서 #6 완성품수량 500개

집 계		직접재료비	직접노무비	제조간접비
원 가 항 목	금 액	₩ 510,000	₩ 380,000	₩ 301,750
직 접 재 료 비	₩ 510,000			
직 접 노 무 비	₩ 380,000		제품단위당원가	
제 조 간 접 비	₩ 301,750		@₩2,383.50	
제 조 원 가	₩1,191,750			

원가계산표

(3) 제조지시서 #7 완성품수량 200개

집 계		직접재료비	직접노무비	제조간접비
원 가 항 목	금 액	₩ 240,000	₩ 250,000	₩ 142,000
직 접 재 료 비	₩ 240,000			
직 접 노 무 비	₩ 250,000		제품단위당원가	
제 조 간 접 비	₩ 142,000		@₩3,160	
제 조 원 가	₩ 632,000			

제 3 절 개별원가계산의 절차

개별원가계산은 부문별 계산의 과정을 거치는가의 여부에 따라 단순개별원가계산과 부문별 개별원가계산으로 구분된다.

1. 단순개별원가계산

단순개별원가계산은 부문별 계산을 하지 않고 제조지시서별로 직접원가를 분류·집계하는 방법이다. 즉, 부문별 계산을 행하지 않고 요소별 원가계산과 제품별 원가계산의 2단계의 계산절차에 의하여 제품의 원가를 산정한다. 이 방법에 의하면 원가요소별로 발생한 원가를 제조직접비와 제조간접비로 구분하여 제조직접비는 각 제조지시서에 따라 직접 부과하고, 제조간접비는 적절한 배부기준에 따라 각 제조지시서에 배부한다. 단순개별원가계산은 공장전체를 한 개의 부문으로 보고 원가계산을 하는 경우로서 단순개별원가계산에 의한 원가흐름을 나타내는 계정흐름도를 보면 〈표 9-5〉와 같다.

〈표 9-5〉 단순개별원가계산의 원가흐름

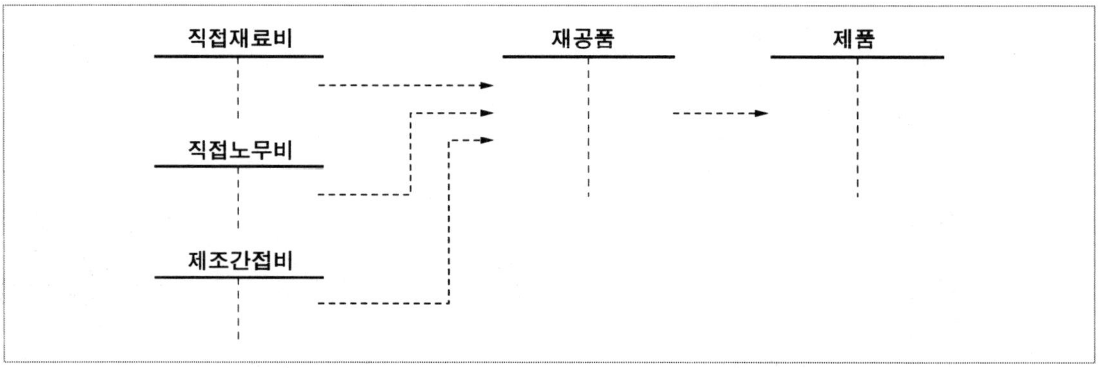

2. 부문별 개별원가계산

부문별 개별원가계산은 요소별 원가계산, 부문별 원가계산, 제품별 원가계산이라는 3단계 과정을 거쳐서 이루어지는 원가계산을 부문별 개별원가계산이라고 한다. 즉 이 방법은 공장전체를 몇 개의 부문 또는 공정으로 구분하여 부문비계산을 하면서 개별원가계산을 하는 경우로써 부문별 개별원가계산에 의한 원가흐름을 나타내는 계정흐름도를 보면 〈표 9-6〉과 같다.

〈표 9-6〉 부문별 개별원가계산의 원가흐름

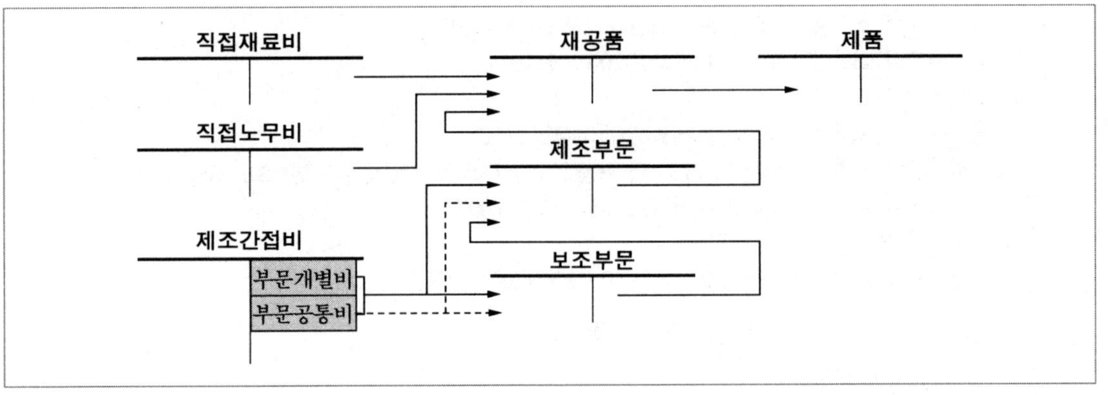

〈예제 9-2〉 개별원가계산을 하고 있는 (주)동원상사의 당월 원가자료는 다음과 같다. 물음에 답하여라.

〈자료〉

① 기초재고자산 (재료 ₩35,000, 기초재공품 ₩50,000, 제품 ₩80,000)

② 당 월 재 료 매 입 액 ₩150,000
  당월 노무비 지 급 액 ₩180,000
  당월 제경비 발 생 액 ₩ 90,000
  당월 미지급 노 무 비 ₩ 80,000

③ 기말재고자산 (재료 ₩30,000, 기말재공품 ₩40,000, 제품 ₩95,000)

④ 제조간접비 발생액은 ? 이며, 직접작업시간법에 따라 각 제조지시서에 배부한다.

제조지시서 NO. / 원가내역	#3	#8	#9
재 료 소비액	₩44,000	₩51,000	₩55,000
직접작업시간	50시간	70시간	80시간
임률 @₩ 730 당기매출액 ₩560,000			

⑤ 제조지시서 #3, #8은 완성되고, #9는 미완성이다.

〈물음〉

1. 제조지시서 (#3, #8, #9)별 원가계산표를 작성하여라.
2. 해당계정을 마감하여라.
3. 당기 제품제조원가, 당기순이익을 산출하여라.

[해답] 1) 재료비 계산

총 재 료 소 비 액 : ₩35,000 + ₩150,000 − ₩30,000 = ₩155,000

직접재료비 소비액 : ₩44,000 + ₩51,000 + ₩55,000 = ₩150,000

간접재료비 소비액 : ₩155,000 − ₩150,000 = ₩5,000

2) 노무비 계산

총 노무비 소비액 : ₩180,000 + ₩80,000 = ₩260,000

직접노무비 소비액 : ₩36,500(730×50) + ₩51,100(730×70) + ₩58,400(730×80) = ₩146,000

간접노무비 소비액 : ₩260,000 − ₩146,000 = ₩114,000

3) 제조지시서별 제조간접비 배부액 계산

총제조간접비 발생액 : ₩5,000 + ₩114,000 + ₩90,000 = ₩209,000

제조 간접비 배부율 : $\frac{₩209,000}{200시간}$ = ₩1,045

제조지시서별 배부액

제조지시서 #3 ₩1,045×50 = ₩52,250

제조지시서 #8 ₩1,045×70 = ₩73,150

제조지시서 #9 ₩1,045×80 = ₩83,600

4) 제조원가 계산

₩50,000(기초재공품) + ₩505,000(당기제조비용) − ₩40,000(기말재공품) = ₩515,000

※ 당기제조비용: ₩150,000 + ₩146,000 + ₩209,000 = ₩505,000

5) 매출원가 계산

₩80,000 + ₩515,000 − ₩95,000 = ₩500,000

6) 순손익 계산

₩560,000 − ₩500,000 = ₩60,000

7) 〈분 개〉

	차변	금액	대변	금액
①	(차) 재 공 품	150,000	(대) 재 료	155,000
	제조간접비	5,000		
②	(차) 재 공 품	146,000	(대) 노 무 비	260,000
	제조간접비	114,000		
③	(차) 재 공 품	209,000	(대) 제조간접비	209,000
④	(차) 제 품	515,000	(대) 재 공 품	515,000
⑤	(차) 매 출 원 가	500,000	(대) 제 품	500,000
⑥	(차) 손 익	500,000	(대) 매 출 원 가	500,000
⑦	(차) 매 출	560,000	(대) 손 익	560,000

8) 〈전 기〉

재 공 품

차변	금액	대변	금액
전기이월	50,000	제 품	515,000
재 료 비	150,000	차기이월	40,000
노 무 비	146,000		
제조간접비	209,000		
	555,000		555,000

제 품

차변	금액	대변	금액
전기이월	80,000	매출원가	500,000
재 공 품	515,000	차기이월	95,000
	595,000		595,000

제조간접비

차변	금액	대변	금액
재 료 비	5,000	재 공 품	209,000
노 무 비	114,000		
제조간접비	90,000		
	209,000		209,000

매출원가

차변	금액	대변	금액
제 품	500,000	손 익	500,000

손 익

차변	금액	대변	금액
매출원가	₩500,000	매 출	₩560,000

<u>원가계산표</u>

재조지시서NO. / 원가항목	# 3	# 8	# 9	합 계
기초재공품	₩ 25,000	₩ 25,000	-	₩ 50,000
직접재료비	44,000	51,000	₩ 55,000	150,000
직접노무비	36,500	51,100	58,400	146,000
제조간접비	52,250	73,150	83,600	209,000
합 계	₩157,750	₩200,250	₩197,000	₩555,000

제 4 절 공손품과 작업폐물의 회계처리

1. 공손품의 회계처리

1) 공손품의 의의 및 분류

공손(defective work or spoiled work)이란 설계상의 결함, 재료 및 기계설비의 결함, 작업자의 부주의나 미숙 등으로 인하여 표준적인 규격이나 표준품질 등에 미달하는 불합격품이 발생한 경우를 말한다. 공손에 의한 불합격품을 공손품(spoilage)이라 하고, 공손품의 보수나 대용품을 제작하는데 소요된 원가를 공손비라고 한다.

공손품은 공손의 정도에 따라 원가 계산상 다음과 같이 두 가지로 구분한다.

(1) 보수가능공손품(defective unit)

이는 공손의 정도가 작아 추가적인 보수작업에 의하여 정상적인 제품이나 2급품으로 회복할 수 있는 공손품을 말한다.

(2) 보수불능공손품(spoiled unit)

이는 공손의 정도가 심하여 보수하더라도 완전한 제품이 될 수 없는 공손품을 말한다.

2) 공손의 분류

공손은 그 발생원인에 따라 정상공손과 비정상공손으로 나누어진다.

(1) 정상공손

정상공손(normal spoilage)은 현재의 작업조건하에서 불가피하게 발생한 공손으로 단기적으로는 통제불가능한 것이다. 정상공손은 사전에 계획된 공손으로 생산담당자는 일정한 허용 공손율을 설정하고 생산관리를 해야 한다.

정상적 공손에 따른 공손비는 제품원가의 일부를 구성하는 것으로 처리하여야 한다. 즉 정상적 공손비는 당해 제품의 제조원가에 부담시키거나 원가 발생부문의 간접비용으로 처리하면 된다. 만일 정상공손원가가 제조지시서별로 추적 가능한 경우에는 해당 제조지시서의 제품에 부과하고, 추적이 불가능한 경우에는 제조간접비로 처리하면 된다.

(2) 비정상공손

비정상공손(abnormal spoilage)은 최상의 작업조건하에서는 발생되지 않아야 되는 공손으로 정상공손율에 의한 허용수준을 초과하여 발생한 공손이다. 비정상공손은 일반적으로 생산담당자가 능률적으로 대처하거나 충분한 주의를 기울이면 통제가 가능한 것인데도 불구하고 부주의에서 오는 공손과 천재지변으로 발생되는 공손이 있다.

비정상공손비는 제조원가에 포함되어서는 안 되고 영업외비용으로 처리함이 일반적이다.

〈예제 9-3〉 공손비에 대한 거래를 분개하여라.

1. 제조지시서 #7의 제품이 공손되어 보수지시서를 발행하여 보수하였다. 보수비용을 집계한 바 재료비 ₩78,000, 노무비 ₩320,000, 제조간접비 ₩85,000이 소비되었다.

(차)	공 손 비	483,000	(대) 재 료 비	78,000
			노 무 비	320,000
			제조간접비	85,000

2. 위의 공손비를 제조지시서 #7에 부과하였다.

(차)	재 공 품	483,000	(대) 공 손 비	483,000

3. 제조지시서 #88의 제품 300개중 9개가 불량품이 되었다. 이 불량품은 보수하여도 정상적 제품이 될 수 없기 때문에 제조지시서 #15를 발행하여 대체품을 생산하였다. 이 대체품의 제조비용을 집계한 바 재료비 ₩130,000, 노무비 ₩360,000이 소비되었다. 단 공손품의 매각가치는 ₩250,000이었다.

(차)	공 손 품	250,000	(대)	재 료 비	130,000
	공 손 비	240,000		노 무 비	360,000

〈공손비의 계산 및 평가(원가계산 준칙)〉

1. 공손비의 계산
   ① 공손이 보수에 의하여 회복될 경우 공손비는 그 보수비용으로 한다.
   ② 공손이 보수로서 회복되지 않고 그 일부를 다시 생산할 경우 공손비는 기발생된 공손품 재조원가에서 공손품의 평가액을 차감한 가액으로 한다.
   ③ 공손이 보수로서 완전 회복되지 않고 그 일부를 다시 생산한 경우 공손비는 추가적으로 발생하는 제조원가에서 공손품의 평가액을 차감한 가액으로 한다.
2. 공손품의 평가
   ① 공손품을 그대로 매각할 수 있는 경우에는 추정 매각 가격에서 판매비와관리비 및 정상이윤을 공제한 가액
   ② 공손품을 추가가공후 매각하는 경우에는 가공제품의 추정매각가액에서 추가가공비, 판매비와관리비 및 정상이윤을 공제한 가액
   ③ 공손품을 자가소비한 경우에는 그 추정매입가격
   ④ 공손품을 추가가공후 자가소비한 경우에는 그 추정매입가격에서 추가가공비 발생액을 공제한 가액
      ※ 공손품의 추가매각가격 또는 추정매입가격은 최근의 거래가격 또는 권위있는 물가조사기관의 물가조사표에 의한 시가를 적용한다.
      ※ 판매비와 관리비 및 정상이윤은 유사제품의 최근 평균 매출원가율을 적용하여 계산한다.

〈예제 9-4〉 공손비에 대한 거래를 공손이 보수로서 회복된 경우의 분개와 공손이 보수로서 회복되지 않아 다시 생산한 경우의 분개를 하여라. 단, 공손비는 모두 제조원가에 부담한 것으로 처리하였다.

(주) 월하산업은 A제품을 생산하는 과정에서 공손품이 발생하였다. 당사는 공손품을 보수하는 경우에는 보수비용으로 재료비 ₩300,000, 노무비 ₩890,000이 소요된다고 하였다. 만약에 공손을 보수하지 않고 전부 다시 생산할 경우에는 생산비용으로 재료비 ₩420,000, 노무비 ₩1,200,000이 소요된다. 위의 공손품의 평가

액은 ₩450,000이다.

〈공손이 보수로서 회복된 경우의 분개〉

(차)	공 손 비	1,190,000	(대)	재 료 비	300,000
				노 무 비	890,000
(차)	재 공 품	1,190,000	(대)	공 손 비	1,190,000

〈공손이 보수로서 회복이 불가능하여 재생산한 경우의 분개〉

(차)	공 손 품	450,000	(대)	재 료 비	420,000
	공 손 비	1,170,000		노 무 비	1,200,000
(차)	재 공 품	1,170,000	(대)	공 손 비	1,170,000

2. 작업폐물의 회계처리

1) 작업폐물의 의의

작업폐물(scraps)이란 원재료를 가공하는 과정에서 발생하는 폐물로서 매각가치 또는 이용가치를 갖고 있는 것을 말한다. 여기에는 제재업에서의 톱밥·목편, 기계제조작업에서의 철재의 절삭폐물 등이다.

2) 작업폐물의 회계처리

작업폐물은 주요재료에서 발생하고 있으며 개별원가계산의 경우에는 각 제조지시서별로 그 제조원가에서 작업폐물의 매각가치 또는 이용가치를 차감해야 한다. 작업폐물이 다량 또는 가액이 클 경우 일반적으로 제조원가에서 차감하면 된다. 그리고 작업폐물가액의 평가는 외부에 매각할 경우는 예상판매액에서 직접판매비를 차감한 금액으로 하고, 자가소비할 때는 예상구입가액으로 그 금액을 정한다. 또 작업폐물의 발생액을 특정제조지시서별로 계산이 가능한 경우에는 해당 제조지시서별로 차감처리하면 된다. 그러나 특정제조지시별로 계산이 불가능한 경우에는 제조간접비 또는 부문공통비에서 차감한다. 작업폐물이 소량 또는 가액이 적은 경우에는 원가와는 관계없이 잡수익으로 처리한다.

〈예제 9-5〉 다음 거래를 분개하여라.

1. 제조지시서 #33에서 발생한 작업폐물을 ₩150,000으로 평가하다.

(차)	작 업 폐 물	150,000	(대)	재 공 품	150,000

2. 위의 작업폐물중 1/3은 A부문의 제조용으로 이용하고, 2/3는 ₩120,000에 현금으로 매각하였다.

(차)	제조간접비	50,000	(대)	작 업 폐 물	150,000
	현 금	120,000		작업폐물매각이익	20,000

3. B제조부문에서 발생한 작업폐물을 ₩95,000으로 평가하다.

(차)	작 업 폐 물	95,000	(대)	B 제 조 부 문	95,000

4. 위의 작업폐물을 제조용 연료로 소비하다.

(차)	제조간접비	95,000	(대)	작 업 폐 물	95,000

연 습 문 제

〈객관식〉

1. 다음 중에서 개별원가계산을 적용하는데 알맞은 업종은? (AICPA 기출제문제)
   ① 장난감제조업　　② 조 선 업
   ③ 정 유 업　　④ 과자제조업

【해설】 개별원가계산제도에 적합한 업종 - 조선업 · 인쇄업 · 가구제조업 · 건설업

2. 개별원가계산에 관한 설명으로 적합하지 않은 것은?
   ① 원가요소를 직접비와 간접비로 구분한다.
   ② 종류 및 가격이 다양한 제품과 주문 산업에 적용된다.
   ③ 특정 제조지시서별로 원가를 계산한다.
   ④ 제분, 제지 및 각종 화학공업에 적용된다.

【해설】 정유 · 제분 · 제지 등의 대량생산에 적용되는 것은 종합원가계산제도이다.

3. 정상적 공손과 비정상적 공손은 각각 어떤 비용으로 처리되는가? (AICPA 기출제문제)

	정상적공손	이상적공손
①	기 간 비 용	기 간 비 용
②	제품제조원가	기 간 비 용
③	기 간 비 용	제품제조원가
④	제품제조원가	제품제조원가

【해설】 정상적 공손 : 능률적인 작업조건하에서 발생하는 것으로 단기에 있어서는 통제불가능한 것이므로 일반적으로 제조원가에 포함시킨다.
비정상적 공손 : 능률적인 작업조건하에서는 발생되지 않으리라고 예상되는 공손으로 통제가능하며 손실된 원가로서 제품제조원가에 포함시켜서는 안 된다.

4. 개별원가계산 제도하에서 특정작업을 위해서 공장에서 요구한 직접재료를 다시 창고로 반환할 경우의 분개는 어떻게 하여야 하겠는가? (AICPA 기출제문제)

①	(차) 재 료	×××	(대) 공장 제조간접비	×××
②	(차) 재 료	×××	(대) 재 공 품	×××
③	(차) 매입환출	×××	(대) 재 공 품	×××
④	(차) 재 공 품	×××	(대) 재 료	×××

5. 개별원가계산 방법에서 각 제조지시서의 원가를 집계하기 위한 기본적인 서류는 무엇인가?

(AICPA 기출제문제)

① 송 장　　② 구 매 주 문 서

③ 청구서　　④ 개별원가계산표

【해설】 개별원가계산에서는 각 제조지시서별로 개별원가계산표(cost sheet)를 작성하여 원가를 집계한다.

6. 작업폐물의 발생액이 극히 소액인 경우에는? (세무사 기출제문제)

① 반드시 제조간접비나 발생한 부문에서 차감한다.

② 반드시 재료비에서 차감한다.

③ 제조원가 또는 부문비에서 공제하지 않고 작업폐물의 처분에서 얻은 수익은 잡수익으로 처리한다.

④ 부문비에서 차감한다.

【해설】 작업폐물이 극히 소액의 경우에는 별도의 원가부담을 시키지 아니하고, 매각시에 그 매각금액 전체를 잡이익으로 처리한다.

7. 정상적인 공손은 다음 중에서 어느 것으로 분류되는가?

① 제품원가　　② 기간원가

③ 특별손실　　④ 이연비용

8. 다음 중 원가에 산입해야 할 종목은?

① 기 부 금　　② 미가동의 자산에 대한 감가상각비

③ 우발손실　　④ 정상적인 공손

9. 다음 중 개별원가계산에서 사용할 수 없다고 생각되는 것은? (AICPA 기출제문제)

① 원 가 표 준　　② 직접노무비와 재료비의 평균화

③ 직접원가계산　　④ 직접노동시간을 기준으로 제조간접비 배부

【해설】 기간별 또는 작업별의 원가를 평균화시키려는 것은 개별원가계산의 본래 취지가 아니다.

10. 제조지시서가 각기 다른 제품이 생산될 때 어떤 원가계산 방법을 사용하는 것이 가장 적절한가? (AICPA 기출제문제)

① 개별원가계산　　② 공정별 원가계산

③ 실제원가계산　　④ 표 준 원 가 계산

해답 1. ② 2. ④ 3. ② 4. ② 5. ④ 6. ③ 7. ① 8. ④ 9. ② 10. ①

〈주관식〉

1. 개별원가계산의 특징을 설명하여라.

2. 공손품의 의의와 그 처리방법을 설명하여라.

3. 개별원가계산의 절차를 설명하여라.

4. 개별원가계산과 종합원가계산을 비교 설명하여라.

5. 개별원가계산에 있어서 작업폐물은 어떻게 회계처리되는가?

6. 제조지시서의 의의와 종류를 열거하고 설명하여라.

7. 공손비에 관한 거래를 분개하여라.
   (1) 제조지시서 #99의 제품 35개가 공손이 되어 보수지시서 #9를 발행하여 보수하였다. 보수비용을 집계해 보니 직접재료비 ₩130,000, 직접노무비 ₩390,000, 제조간접비 ₩100,000이었다.
   (2) 상기 보수지시서 #9에 집계된 원가를 원래 제조지시서 #99에 부과하였다.
   (3) 제조지시서 #55의 전부가 공손이 발생하여 신 제조지시서 #88을 발행하여 대용품을 제조하였다. 제조지시서 #88의 제조원가는 ₩260,000이었고, 공손품의 평가액은 ₩90,000이었다. 공손비는 제조간접비로 배부하였다.

8. 작업폐물에 관한 거래를 분개하였다.
   (1) 제조지시서 #18의 제조과정에서 작업폐물 발생하였다. 이의 평가액은 ₩190,000으로서 이를 재공품 계정에서 공제하였다.
   (2) 상기의 작업폐물을 제조에 이용하였다.
   (3) A제조부문에서 발생한 작업폐물을 ₩99,000으로 평가하였다.
   (4) A제조부문에서 발생한 작업폐물 중 2/3은 동력부문에서 연료용으로 이용하고 나머지는 현금 ₩45,000을 받고 매각하였다.
   (5) 제조지시서 #15의 제조과정에서 작업폐물이 발생하였다. 이의 평가액은 ₩85,000이었다. 이를 재공품계정에서 공제하였다.
   (6) 제조지시서 #15의 제조과정에서 발생된 작업폐물을 현금 ₩15,000에 매각하였다. 이 작업폐물은 소액이므로 제조원가에서 공제하지 않았다.

9. 개별원가계산을 하고 있는 (주)동현상사는 A제품과 B제품을 생산하고 있다. 이 회사의 당월 원가자료는 아래와 같다. 물음에 답하여라.

〈자료〉

① 전월 기말재공품 : 제조지시서 # 8 ₩ 260,000
제조지시서 # 9 ₩ 180,000
② 당월 직접재료비 소비액 : 제조지시서 # 8 ₩1,680,000
제조지시서 # 9 ₩1,200,000
③ 당월 직접노무비 소비액 : 제조지시서 # 8 ₩1,060,000
제조지시서 # 9 ₩ 900,000
④ 당월 제조간접비 발생액 : ₩720,000이며, 직접재료비법에 의해 각 제조지시서에 배부한다.
⑤ 당월 완성품 수량 : 제조지시서 # 8 600개
제조지시서 # 9 1,000개

〈물음〉

1. 제조지시서(#8, #9)별 원가계산표를 작성하고 제조단가를 산출하여라.
2. 재공품계정을 마감하여라.

10. 개별원가계산을 하고 있는 (주)나운상사의 당월 원가자료는 다음과 같다. 물음에 답하여라.

〈자료〉

① 기초재고자산 : 재료 ₩ 30,000, 기초재공품 ₩ 40,000, 제품 ₩ 70,000
② 당월 재료 매입액 ₩200,000
당월 노무비지급액 ₩150,000
당월 제경비발생액 ₩100,000
당월 미지급노무비 ₩ 70,000
③ 기말재고자산 : 재료 ₩20,000, 기말재공품 ₩30,000, 제품 ₩90,000
④ 제조간접비 발생액은 ?이며, 직접작업시간법에 의해 각 제조지시서에 배부한다.

제조지시서 NO. / 원가내역 및 작업시간	#12	#13	#14	#15
재료소비액	₩30,000	₩40,000	₩50,000	₩60,000
작 업시 간	10시간	20시간	30시간	40시간

임률 @₩1,800, 당기매출액 ₩550,000

⑤ 제조지시서 #12, #13, #14는 완성하고, #15는 미완성이다.

〈물음〉

1. 제조지시서(#12, #13, #14, #15)별 원가계산표를 작성하고 당월제품 제조원가 및 당기순이익을 산출하여라.
2. 해당계정을 마감하여라.

제 10 장

제조간접비

제 1 절　제조간접비의 의의와 분류
제 2 절　제조간접비의 배부방법

제10장

제조간접비

제 1 절 제조간접비의 의의와 분류

1. 제조간접비의 의의

제조간접비(manufacturing expense)란 여러 제품을 제조하는데 관련하여 공통적으로 발생되는 원가이며, 발생과 동시에 특정제품에 직접 배부할 수 없는 원가요소를 말한다. 즉, 감가상각비, 보험료, 보조재료비, 간접공의 임금, 공장사무원의 급료 등은 제품별로 그 소비액을 집계할 수 없으므로 직접 제품별로 산입시킬 수 없고, 인위적으로 어떠한 기준에 의하여 각 제품에 배부계산을 해야 할 성질의 원가요소인 것이다.

최근에 모든 기업의 생산공정이 기계화, 자동화 그리고 공장규모의 확대에 의하여 직접노무비가 감가상각비, 동력비, 수선비의 확대로 변화되었고, 또한 이 기계장치를 운전하기 위한 보조자재, 보조노력, 나아가서는 보조적 시설이 필요하게 되어 제품원가의 계산에 있어서 제조간접비의 배부계산을 정확하게 행하는 것이 중요한 원가계산의 과제로 되고 있다. 오늘날 원가계산은 간접비의 관리문제에 더욱 주의를 기울이게 되었으며, 변동간접비와 고정간접비로 분류하여 계산하는 경향이 강하게 나타나고 있다. 특히 원가계산기준에서도 직접노무비와 제조간접비를 구별하기가 곤란할 때는 이를 합하여 가공비로 분류할 수 있도록 하여 직접재료비 이외의 모든 원가요소를 총괄하여 가공비로 계산하여 배부하도록 하였다.

제조간접비는 제품 종류별로 총계정원장에 계정을 설정하여 그 발생액을 당해 계정 차변에 기장하게 된다. 그리고 제조간접비는 월말에 원가계산기간에 발생한 전체 발생액을 집계하고, 그것을 일정한 배부기준에 의하여 각 제품에 배분 · 계산한다.

2. 제조간접비의 분류

제조간접비는 전제품 또는 여러 종류의 제품에 대하여 공통적으로 발생하여 제품별 개별적으로 산출할 수 없는 원가요소로서 발생형태에 따라 분류하면 간접재료비, 간접노무비, 간접경비로 구분할 수 있다.

(1) 간접재료비

간접재료비는 제품의 생산에 있어서 간접적으로 소비되어 제품의 실체를 구성하지 않는 원가요소를 말한다.

◦보 조 재 료 비	연료 · 도료 · 약품 · 유지
◦소모공구 · 기구 · 비품비	내용연수가 1년 미만 또는 단가가 적은 것
◦공 장 소 모 품 비	연마재료, 공장용문구 및 장부류
◦재 료 부 비	매입수수료, 구입사무비, 검수비, 보관비

(2) 간접노무비

간접노무비는 제품에 대하여 공통적으로 발생하여 특정제품에 직접 부과할 수 없는 원가요소를 말한다.

◦간접 작업 임금	간접공임금(수선, 검사, 기중기, 공구연마계의 공구) 직접공의 간접작업임금(직접공을 수리작업에 충당할 경우)
◦대기시간의 임금	재료부족, 정전, 기계의 고장, 검사지연 등에 해당하는 임금부문으로서 정상적인 한도액을 초과하지 않는 한 간접비로 처리한다.
◦급 료	공장장, 부과장, 계장, 감독기사, 사무원 등의 공장관계직원에게 지급한 것
◦잡 금	임시고용자(사외인부 · 임시공)에게 간접(보조적)작업에 사용하여 그 대가를 지급한 것
◦종업원 상여수당	비경상적 작업시간으로 측정될 수 없는 것

(3) 간접경비

간접경비는 제품전반 또는 다수의 제품에 대하여 공통적으로 발생한 경비로서 생산물의 제조작업에 대한 관계가 불명료하며 그 귀속을 직접 판명할 수 없는 원가요소로서 경비의 대부분은 간접경비다. 원가항목으로는 다음과 같은 것이 있다. 감가상각비, 임차료, 보험료, 전력비, 가스수도비, 운임, 수선비, 소모품비, 세금과공과, 복리후생비, 여비교통비, 통신비, 재고감모비, 보관비, 시작비, 시험연구비, 동력비 등이 있다.

제 2 절 제조간접비의 배부방법

제조간접비는 다수 제품의 제조에 공통적으로 발생했기 때문에 특정제품에 집계할 수 없다. 이와 같은 원가요소에 대하여는 일정한 기간을 정하여 발생한 것을 집계한다. 이러한 원가요소를 제조간접비라 하고, 이 제조간접비를 각 제품에 일정한 기준에 의하여 분배해야 하는데 이러한 계산 수단을 제조간접비의 배부라고 한다.

제조간접비의 배부는 실제배부법과 예정배부법으로 구분된다.

1. 제조간접비의 실제배부법

제조간접비의 실제배부법은 일정기간 동안의 실제 발생한 제조간접비와 배부기준의 실제총수를 이용하여 실제배부율을 구하고 실제 발생한 제조간접비를 각 제조지시서별로 배부하는 것이다. 제조간접비는 직접 제품에 배부하지 않고 일단 부문별로 집계하여 부문계산을 한 다음에 각 제품에 배부하기 때문에 간접비의 배부율은 객관적이고 합리적이어야 한다. 실제배부율을 결정하는 데 이용되는 배부기준은 제품의 종류 · 제조규모 · 제조방법 등에 따라 상이하나 일반적으로 다음과 같은 것이 있다.

- 배부기준
  - 가액법
    - 직접재료비법
    - 직접노무비법
    - 직접 원가법
  - 시간법
    - 직접작업시간법
    - 기계작업시간법
      - 단순기계작업시간법
      - 과학적 작업시간법
  - 수량법
    - 개수법,중량법,면적법,용적법

(1) 가액법

원가법이라고도 하며 각종 특정 제품을 생산하기 위하여 소비된 원가의 금액을 배부기준으로 하는 방법이며, 대상이 되는 원가의 차이에 따라 직접재료비법, 직접노무비법, 직접원가법의 세 가지 방법으로 나누어진다.

① 직접재료비법(direct material cost method)

직접재료비법이란 특정제품의 제조에 소비된 직접재료비를 배부기준으로 하는 방법이다. 원가계산 기간에 발생한 제조간접비 총액을 같은 기간에 소비한 직접재료비 총액으로 나눈 몫을 배부율로 하고 이것을 제조지시서별로 된 특정제품의 직접재료비에 곱한 값을 그 제품의 제조간접비 배부액으로 한다.

〈산식〉

· 배 부 율 $= \dfrac{\text{1원가계산기간의 제조간접비 총액}}{\text{동 기간의 직접재료비 총액}}$

· 제조간접비 배부액=특정 제품에 소비된 직접재료비 × 제조간접비 배부율

직접재료비법은 제조원가 중에서 직접 재료비가 대부분 차지하는 기업에 적용가능한 방법이다.

〈예제 10-1〉 다음 자료를 이용하여 직접재료비법에 따라 제조지시서별 제조간접비 배부액을 계산하여라.

〈자료〉

1개월간의 제조간접비 총액	₩ 700,000
동 기간의 직접재료비 총액	₩ 1,000,000
제조지시서별 직접재료비	
제조지시서 #1	₩ 370,000
제조지시서 #2	₩ 380,000
제조지시서 #3	₩ 250,000

[해답] $\frac{₩700,000}{₩1,000,000}$ = 70% -------------- 배 부 율

₩ 370,000 × 0.7 = ₩ 259,000 -------------- 제조지시서 #1의 배부액
₩ 380,000 × 0.7 = ₩ 266,000 -------------- 제조지시서 #2의 배부액
₩ 250,000 × 0.7 = ₩ 175,000 -------------- 제조지시서 #3의 배부액

② 직접노무비법(direct labor cost method)

직접노무비법은 당기 중의 제품제조에 소비된 직접노무비를 기준으로 하여 제조간접비를 특정 제품별로 배부하는 방법이다. 이 방법은 총원가 중에서 직접노무비가 차지하는 비율이 상대적으로 큰 수공업 등의 노동집약적인 생산형태의 기업에서 유용하게 이용되는 방법이다.

〈산식〉

· 배 부 율 = $\frac{\text{1원가계산기간의 제조간접비 총액}}{\text{동 기간의 직접노무비 총액}}$

· 제조간접비 배부액=특정 제품에 소비된 직접노무비 × 제조간접비 배부율

〈예제 10-2〉 다음 자료를 이용하여 직접노무비법에 따라 제조지시서별 제조간접비 배부액을 계산하여라.

〈자료〉

1개월간의 제조간접비 총액	₩ 1,500,000
동 기간의 직접노무비총액	₩ 6,000,000
제조지시서별 직접노무비	
제조지시서 #4	₩ 1,800,000
제조지시서 #5	₩ 2,700,000
제조지시서 #6	₩ 1,500,000

[해답] $\frac{₩1,500,000}{₩6,000,000}$ = 25% -------------- 배 부 율

₩ 1,800,000 × 0.25 = ₩ 450,000 -------------- 제조지시서 #4의 배부액
₩ 2,700,000 × 0.25 = ₩ 675,000 -------------- 제조지시서 #5의 배부액
₩ 1,500,000 × 0.25 = ₩ 375,000 -------------- 제조지시서 #6의 배부액

③ **직접원가법(direct cost method)**

직접원가법은 직접재료비, 직접노무비 및 직접경비의 합계액, 즉 직접원가를 제조간접비의 배부기준으로 하는 방법이다.

〈산식〉

· 배 부 율 = $\frac{\text{1원가계산기간의 제조간접비 총액}}{\text{동 기간의 직접원가 총액}}$

· 제조간접비 배부액=각 특정제품에 직접원가 × 배부율

직접원가법은 직접재료비법과 직접노무비법을 절충한 것으로 소규모 경영의 중소기업에서 적용가능한 방법이다.

〈예제 10-3〉 다음 자료를 이용하여 직접원가법에 따라 지시서별 제조간접비 배부액을 계산하여라.

〈자료〉

1개월간의 제조간접비 총액	₩ 200,000	
동 기간의 직접원가액 총액	₩ 800,000	(직접재료비 ₩460,000 직접노무비 ₩340,000 직접경비는 없는 것으로 한다)
제조 지시서별 직접원가		
제조지시서 #3	₩ 260,000	
제조지시서 #4	₩ 310,000	
제조지시서 #5	₩ 230,000	

[해답] $\dfrac{₩200,000}{(₩460,000+₩340,000)}=25\%$ -------------- 배 부 율

₩ 260,000 × 0.25 = ₩ 65,000 -------------- 제조지시서 #3의 배부액
₩ 310,000 × 0.25 = ₩ 77,500 -------------- 제조지시서 #4의 배부액
₩ 230,000 × 0.25 = ₩ 57,500 -------------- 제조지시서 #6의 배부액

(2) 시간법(hour basis method)

시간법은 제품을 제조하기 위하여 소비된 작업시간을 제조간접비의 배부기준으로 하는 방법이다. 감가상각비, 임차료, 보험료, 세금과공과, 급료 등의 제조간접비는 대부분이 시간 또는 기간을 기초로 하여 발생하므로, 시간법은 가액법보다 더욱 합리적이라고 말할 수 있다. 시간법은 시간의 기준을 어떠한 것으로 하느냐에 따라 직접작업시간법과 기계작업시간법으로 구분한다.

① 직접작업시간법(direct labor hour method)

직접작업시간법은 제조작업에 종사하는 종업원의 작업시간을 배부기준으로 하는 방법이다.

〈산식〉

① 배부율(시간당 배부액) = $\dfrac{\text{1원가계산기간의 제조간접비 총액}}{\text{동 기간의 직접작업시간}}$

② 제조간접비 배부액=제조지시서별 직접작업시간 × 배부율

이 방법은 각 제품제조에 많은 노동력을 필요로 할 경우 인적노동을 중심으로 하는 수공업이나 중소규모의 경영에 적합한 방법이다.

〈예제 10-4〉 다음 자료를 이용하여 직접작업시간법에 따라 지시서별 제조간접비 배부액을 계산하여라.

〈자료〉

1개월간의 제조간접비 총액	₩ 200,000
동 기간의 직접작업시간 총수	20,000시간
제조지시서별 직접작업시간	
제조지시서 #4	11,000시간
제조지시서 #5	6,000시간
제조지시서 #6	3,000시간

[해답] $\frac{₩200,000}{20,000시간}$ = ₩10 -------------- 배부율(시간당 배부액)

11,000시간 × ₩10 = ₩ 110,000 -------------- 제조지시서 #4의 배부액
6,000시간 × ₩10 = ₩ 60,000 -------------- 제조지시서 #5의 배부액
3,000시간 × ₩10 = ₩ 30,000 -------------- 제조지시서 #6의 배부액

② 기계작업시간법(machine labor hour method)

기계작업시간법은 제조에 소요된 기계의 운전시간을 제조간접비의 배부기준으로 하는 방법으로 일명 기계운전시간법이라고도 한다. 이 방법은 기계작업을 주로 하는 대규모 기업에 적합한 방법이라 할 수 있으나 사용하는 기계가 종류・성능・대소・가격 등에 현저한 차이가 있을 경우에는 불합리한 방법인 것이다. 기계작업시간법은 운전시간을 산출하는 방법에 따라 단순기계작업시간법과 과학적 기계시간법으로 구분한다.

가. 단순기계작업시간법(simple machine labor hour method)

단순기계작업시간법은 기계의 종류나 특성을 구분하지 않고 기계전체의 운전시간을 제조간접비의 배부기준으로 하는 방법이다.

〈산식〉

① 배 부 율 = $\frac{1원가계산기간의\ 제조간접비\ 총액}{동\ 기간의\ 직접\ 기계작업시간}$

② 제조간접비 배부액 = 제조지시서별 직접기계작업시간 × 배부율

〈예제 10-5〉 다음 자료를 이용하여 단순기계작업시간법에 따라 지시서별 제조간접비 배부액을 계산하여라.

〈자료〉

1개월간의 제조간접비 총액	₩ 400,000
동 기간의 기계작업시간 총수	10,000시간
제조지시서별 기계작업시간	
제조지시서 #1	4,300시간
제조지시서 #2	2,600시간
제조지시서 #3	3,100시간

[해답] $\frac{₩400,000}{10,000시간}$ = ₩40 -------------- 배부율(시간당 배부액)

4,300시간 × ₩40 = ₩ 172,000 -------------- 제조지시서 #1의 배부액
2,600시간 × ₩40 = ₩ 104,000 -------------- 제조지시서 #2의 배부액
3,100시간 × ₩40 = ₩ 124,000 -------------- 제조지시서 #3의 배부액

나. 과학적 기계시간법(scientific machine hour method)

과학적 기계시간법은 기계의 종류·성능 등을 달리하는 기계마다 계산 단위를 결정하는데 이것을 생산중심점(production center)이라 하고, 생산중심점별로 기계비 계산월보에 의하여 파악된 제조간접비를 집계한다. 즉 기계의 종류·동력·공원수가 다를 경우에 각 기계에다 단 하나의 배부율을 적용한다는 것은 매우 불합리하므로 생산중심점별로 배부율을 결정한다는 것이다.

생산중심점별로 발생한 기계개별비는 해당 기계에 직접 부과하고 공통적으로 발생한 기계공통비는 적당한 배부기준에 의하여 각 기계별로 배부하여야 하는데, 이때의 배부기준은 각 원가항목에 따라 달라지는데 주요한 배부기준은 다음과 같다.

〈기계공통비의 배부기준〉

공장용 건물의 감가상각비·임차료·보험료·세금과공과·수선 및 유지비 등 건물비	: 기계가 차지하는 건물의 면적
기계의 운전을 위한 동력의 비용	: 각 기계에 비치된 계량기에 의한 실제의 소비량
(계량기가 없는 경우)	: 각기계의 마력×운전시간수
기계의 감가상각비·보험료 간접공의	: 기계의 가액
임금	: 각 기계에 배치된 종업원 수

〈산식〉

· 배부율(생산중심점 · 시간당) $= \dfrac{\text{각 기계단위별 제조간접비}}{\text{각 기계단위별 작업시간 수}}$

· 제조간접비 배부액 = 제조지시서별 생산중심점별 기계작업시간 × 배부율

가계비 계산월보

원 가 항 목	배부기준	합 계	생 산 중 심 점		
			A기계	B기계	C기계
기계 개별비					
감가상각비					
운전공임금					
기계수선비					
기 계 공통비					
건 물 비	면 적				
동 력 비	마력수×운전시간				
기계보험료	가 액				
간접 공 임	공 원 수				
제조간접비합계					
운 전 시 간 수					
기 계 율					

〈예제 10-6〉 다음 자료를 이용하여 기계비 계산월보를 작성하고, 과학적 기계시간법에 따라 지시서별 제조간접비 배부액을 계산하여라.

〈자료〉

① 기계개별비

원 가 항목	발생액 합계	K 기계	B 기계	S 기계
감가상각비	₩ 400,000	₩100,000	₩180,000	₩120,000
운전공임금	2,600,000	760,000	980,000	860,000
기계수선비	1,400,000	300,000	600,000	500,000

② 기계공통비

건물비 ₩400,000 동력비 ₩600,000 기계보험료 ₩200,000 간접공임 ₩100,000

③ 제조간접비 배부기준

기계별	가 격	면 적	마력수	운전시간	공원수
K기계	₩500,000	20㎡	5마력	400시간	4명
B기계	800,000	50 〃	10 〃	500 〃	10 〃
S기계	700,000	30 〃	6 〃	500 〃	6 〃

④ 갑제품의 기계작업시간

K 기계 ──── 200시간

B 기계 ──── 500시간

S 기계 ──── 300시간

[해답] 1. 기계공통비를 각 배부기준에 배부한다.

(1) 건물비 (점유면적 기준)

$$₩\ 400{,}000 \times \frac{20}{20 + 50 + 30} = ₩\ 80{,}000$$ ──── K기계의 배부액

$$₩\ 400{,}000 \times \frac{50}{20 + 50 + 30} = ₩\ 200{,}000$$ ──── B기계의 배부액

$$₩\ 400{,}000 \times \frac{30}{20 + 50 + 30} = ₩\ 120{,}000$$ ──── S기계의 배부액

(2) 동력비 (마력수와 운전시간 기준)

$$₩\ 600{,}000 \times \frac{2{,}000}{2{,}000 + 5{,}000 + 3{,}000} = ₩\ 120{,}000$$ ── K기계의 배부액

$$₩\ 600{,}000 \times \frac{5{,}000}{2{,}000 + 5{,}000 + 3{,}000} = ₩\ 300{,}000$$ ── B기계의 배부액

$$₩\ 600{,}000 \times \frac{3{,}000}{2{,}000 + 5{,}000 + 3{,}000} = ₩\ 180{,}000$$ ── S기계의 배부액

(3) 기계보험료 (가액기준)

$$₩200,000 \times \frac{500,000}{500,000 + 800,000 + 700,000} = ₩\ 50,000$$ – K 기계의 배부액

$$₩200,000 \times \frac{800,000}{500,000 + 800,000 + 700,000} = ₩\ 80,000$$ – B 기계의 배부액

$$₩200,000 \times \frac{700,000}{500,000 + 800,000 + 700,000} = ₩\ 70,000$$ – S 기계의 배부액

(4) 간접공임 (공원수기준)

$$₩100,000 \times \frac{4}{4 + 10 + 6} = ₩\ 20,000$$ ——— K기계의 배부액

$$₩100,000 \times \frac{10}{4 + 10 + 6} = ₩\ 50,000$$ ——— B기계의 배부액

$$₩100,000 \times \frac{6}{4 + 10 + 6} = ₩\ 30,000$$ ——— S기계의 배부액

2. 각 기계의 기계율을 산출한다.

(₩100,000+₩760,000+₩300,000+₩80,000+₩120,000+₩50,000+₩20,000)
÷400시간 = 3,575 ——— K기계의 기계율

(₩180,000+₩980,000+₩600,000+₩200,000+₩300,000+₩80,000+₩50,000)
÷500시간 = 4,780 ——— B기계의 기계율

(₩120,000+₩860,000+₩500,000+₩120,000+₩180,000+₩70,000+₩30,000)
÷500시간 = 3,760 ——— S기계의 기계율

3. 갑제품 배부되는 제조간접비를 산출한다.

3,575 × 200시간 = ₩ 715,000 ——— K기계의 간접비 배부액
4,780 × 500시간 = ₩ 2,390,000 ——— B기계의 간접비 배부액
3,760 × 300시간 = ₩ 1,128,000 ——— S기계의 간접비 배부액
₩ 4,233,000 ——— 갑제품의 간접비 배부액

기계비 계산월보

원 가 항 목	배 부 기 준	합 계	생 산 중 심 점		
			K기계	B기계	S기계
기 계 개 별 비					
감 가 상 각 비		400,000	100,000	180,000	120,000
운 전 공 임 금		2,600,000	760,000	980,000	860,000
기 계 수 선 비		1,400,000	300,000	600,000	500,000
기 계 공 통 비					
건 물 비	면 적	400,000	80,000	200,000	120,000
동 력 비	마력×운전시간	600,000	120,000	300,000	180,000
기 계 보 험 료	가 액	200,000	50,000	80,000	70,000
간 접 공 임	공 원 수	100,000	20,000	50,000	30,000
제조간접비합계		5,700,000	1,430,000	2,390,000	1,880,000
운 전 시 간 수			400	500	500
기 계 율			@₩3,575	@₩4,780	@₩3,760

3) 수량법(unit of production method)

수량법은 제품의 개수·중량·면적·용적·길이 등의 물리적 수량을 배부기준으로 하여 제조간접비를 배부하는 방법이다. 특별한 경우를 제외하고는 실제적으로 거의 사용하지 않고 있다.

〈산식〉

$$\cdot \text{배부율} = \frac{\text{1원가계산기간의 제조간접비 총액}}{\text{동 기간의 제품 수량(중량)}}$$

· 제조간접비 배부액 = 제조지시서별 수량(중량) ×배부율

〈예제 10-7〉 다음 자료를 이용하여 수량법에 따라 지시서별 제조간접비 배부액을 계산하여라.

〈자료〉

1개월간의 제조간접비 총액	₩ 2,400,000
동 기간중에 제조된 총수량	10,000개
제조지시서별 제조수량	
제조지시서 # 5	3,000개
제조지시서 # 6	4,000개
제조지시서 # 7	3,000개

[해답] $\frac{\text{₩}2,400,000}{10,000\text{개}} = 240$ ———— (배부율)

3,000개 × 240 = ₩ 720,000 ———— 제조지시서 #5의 배부액

4,000개 × 240 = ₩ 960,000 ———————— 제조지시서 #6의 배부액
3,000개 × 240 = ₩ 720,000 ———————— 제조지시서 #7의 배부액

2. 제조간접비의 예정배부

(1) 예정배부의 필요성

제조간접비의 실제배부에 의하면 제조간접비는 원가계산기말에 그 실제액을 파악한 다음, 적절한 배부기준을 적용하여 각 제품에 제조지시서별로 배부하는 것을 원칙으로 하나, 이와 같이 실제액을 배부하게 되면 원가계산기말 이전에는 원가계산이 불가능하고, 조업도가 변동함에 따라 제조간접비의 배부액이 달라지는 문제점이 발생된다. 이러한 현상들을 기업경영의 원가관리나 가격정책의 관점에서 볼 때 결코 바람직한 것이 못되고 있다. 사실상 제조간접비에 속하는 원가항목은 대부분이 고정비적 성격을 갖고 있으므로 일반적으로 일정기간의 제조간접비 총액은 조업도의 변동에 따라 크게 달라지지 않는 것이 보통이나, 실제 배부율을 적용하게 되면 조업도가 변동함에 따라 제품 단위당 제조간접비 부담액이 달라지는 결함이 생기게 된다.

위와 같이 제조간접비의 배부는 예정배부율에 의하여 사전에 제조간접비를 제품별로 배부함으로써 실제배부법이 지니고 있는 문제점을 제거하여 신속한 원가계산, 일정기간의 간접비 균등배부, 간접비의 효율적인 통제와 합리적 경영관리에 도움이 되기 때문에 예정배부법이 나타나게 된 이유인 것이다.

우리나라 원가계산기준 제22조 3항에서도 제조간접비는 원칙적으로 예정배부율에 의하여 제품에 배부하도록 규정하고 있다.

(2) 제조간접비 예정배부율 및 예정배부액 계산

제조간접비를 예정배부하기 위해서는 제조간접비 예정배부율을 일정한 기준에 따라 산정한다. 그리고 이 예정배부율을 특정의 제조지시서별 배부기준에 곱하여 그 기간중의 제조간접비 예정배부액을 산정한다.

〈산식〉

· 제조간접비 예정배부율 $= \dfrac{\text{일정기간의 제조간접비 예정액}}{\text{동 기간의 배부기준 총수}}$

· 제조간접비 예정배부액 = 지시서별 배부기준 × 예정배부율

위의 산식에서 일정기간은 일반적으로 회계기간(1년 또는 6개월)으로 하며, 제조간접비 예정액

과 배부기준은 정상조업도를 기준으로 하는 것이 보통이다. 여기에서 정상조업도(normal capacity)란 1년 이상 수년에 결쳐 고객의 수요를 충족시킬 수 있는 조업도로서 통상적인 계절적 · 경기적 변동이 평준화되어 있고, 장기간에 결쳐 유지되어온 평균조업도로서 제조간접비와 일정한 관계를 갖고 있는 직접노동시간, 기계작업시간, 직접노무비 등을 기초로 하는 것이 보통이다.

〈예제 10-8〉 다음 자료에 의하여 제조지시서별 제조간접비 예정배부액을 구하여라.

〈자료〉

일정 기간의 제조간접비 예 정 액	₩ 5,500,000
동 기간중의 예정직접작업시간 총수	10,000시간
제조지시서별 직 접 작 업 시 간	
제조지시서 #6	3,000시간
제조지시서 #7	5,000시간
제조지시서 #8	2,000시간

[해답] $\frac{₩5,500,000}{10,000\text{시간}}$ = ₩550 ———— 예정배부율

3,000시간 × ₩550 = ₩ 1,650,000 ———— 제조지시서 #6의 배부액

5,000시간 × ₩550 = ₩ 2,750,000 ———— 제조지시서 #7의 배부액

2,000시간 × ₩550 = ₩ 1,100,000 ———— 제조지시서 #8의 배부액

〈예제 10-9〉 다음 자료에 의하여 지시서별 제조간접비 예정배부액을 계산하여라.

〈자료〉

① 각 원가부문의 제조간접비 예정배부액

제조부문 ┌A제조부문 ₩ 320,000
　　　　 └B제조부문 ₩ 150,000

보조부문 ┌동력부문 ₩ 90,000
　　　　 └수선부문 ₩ 60,000

② 부문별 예정직접작업시간

A제조부문 1,000시간　　B제조부문 750시간

③ 제조지시서별 실제작업시간

제조부문 / 제조지시서	A제조부문	B제조부문
#5	180시간	120시간
#6	110시간	90시간

④ 보조부문비는 각각 A제조에 30%, B제조에 70%가 해당된다.

[해답] 1. 보조부문비의 제조부문에의 배부

동력부문비 ┌A제조부문 : ₩ 90,000 × 30% = ₩ 27,000
　　　　　 └B제조부문 : ₩ 90,000 × 70% = ₩ 63,000

수선부문비 ┌A제조부문 : ₩ 60,000 × 30% = ₩ 18,000
　　　　　 └B제조부문 : ₩ 60,000 × 70% = ₩ 42,000

2. 제조간접비 예정배부율 계산

A제조부문 : (₩320,000 + ₩27,000 + ₩18,000) ÷ 1,000시간 = ₩365
B제조부문 : (₩150,000 + ₩63,000 + ₩42,000) ÷ 750시간 = ₩340

3. 제조지시서별 제조간접비 부담액

(180시간 × 365) + (120시간 × 340) = ₩ 106,500 —— 제조지시서 #5의 배부액
(110시간 × 365) + (90시간 × 340) = ₩ 70,750 —— 제조지시서 #6의 배부액

3) 제조간접비 배부차이의 회계처리

제조간접비를 예정배부율에 의하여 배부하게 되면 예정배부액과 실제배부액과의 사이에는 차액이 발생하는데 이 차이를 제조간접비배부차이라고 한다.

예정배부액이 실제배부액보다 과소하게 배부되었을 때 배부부족액 또는 과소배부액이 발생하며, 그 반대로 예정배부액이 실제배부액보다 초과되어 배부되었을 때 배부초과액 또는 과대배부

액이 발생된다.

제조간접비의 배부부족 또는 배부초과의 경우에는 제조간접비배부차이계정을 설정하여 과대배부액은 동계정의 대변에, 과소배부액은 차변에 대체한다.

〈표 10-1〉 제조간접비배부차이의 계정흐름도

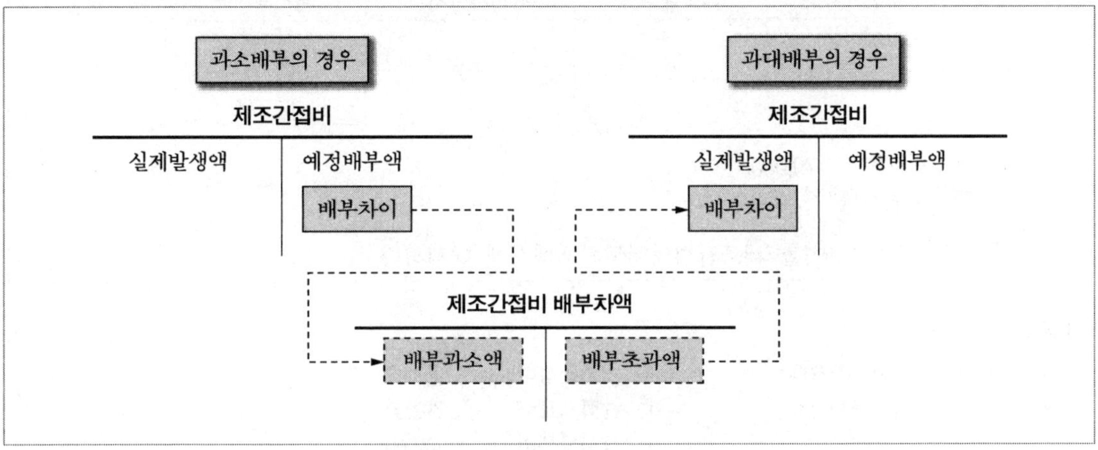

〈예제 10-10〉 1개월간의 제조간접비 실제발생액이 ₩ 85,000이고 예정배부율에 의한 제조간접비 배부액이 ₩ 90,000인 경우 그 차이를 분개하고 해당계정에 기입하여라.

① 예정배부율에 의하여 특정제품에 예정배부하였을 때

(차) 재 공 품 90,000 (대) 제 조 간 접 비 90,000

② 제조간접비 실제발생액을 제조간접비계정에 대체한 때

(차) 제조간접비 85,000 (대) 제원가 요소 계정 85,000

③ 배부차액을 제조간접비차액계정에 대체한 때

(차) 제조간접비 5,000 (대) 제조간접비배부차액 5,000

④ 분개를 원장에 전기하면 다음과 같다.

제원가요소

	② 85,000

제조간접비

② 85,000	① 90,000
③ 5,000	

재 공 품

① 90,000	

재조간접비 배부차액

	③ 5,000

〈예제 10-11〉 아래의 자료에 의하여 거래를 분개하고 해당계정에 전기하여라.

〈자료〉

◦ 제조간접비 예정배부표

제조간접비 예정배부표

월	일	제조지시서	예정배부율	직접작업시간	예정배부액	비 고
4	5	# 3	800	70	56,000	
		# 4	800	90	72,000	
					128,000	

◦ 간접재료비 ₩ 79,000
  간접노무비 ₩ 37,000

◦ 제조간접비배부차이를 제조간접비배부차액계정에 대체하다.

[해답] 〈분 개〉

	차변	금액	대변	금액
1.	(차) 재 공 품	128,000	(대) 제조간접비	128,000
2.	(차) 제조간접비	116,000	(대) 간접재료비	79,000
			간접노무비	37,000
3.	(차) 제조간접비	12,000	(대) 제조간접비배부차액	12,000

〈전 기〉

제조간접비

차변	금액	대변	금액
제 좌	116,000	재 공 품	128,000
제조간접비배부차액	12,000		
	128,000		128,000

재공품

차변	금액	대변	금액
제조간접비	128,000		

제조간접비배부차액

차변	금액	대변	금액
		제조간접비	12,000

3. 결산시 제조간접비배부차이에 관한 회계처리

제조간접비배부차이는 연도말 결산시점에서 그 차이에 대한 원인을 분석하고 조정을 해야 한다. 이는 외부보고목적의 재무제표에서 제품원가는 반드시 실제원가로 보고되어야 하므로 예정원가에 의한 매출원가와 기말재고자산원가는 회계연도 말에 실제원가로 수정되어야 한다. 제조간접비배부차이에 관한 회계처리는 일반적으로 정상적인 것으로 인정되는 것은 원가성이 있는 것으로 하여 매출원가에 가산하고, 비정상적인 것으로 인정되는 것은 원가성이 없는 것으로 하여 영업외비용으로 처리하면 된다. 제조간접비배부차이를 결산시 조정하는 방법에는 ① 매출원가가감법 ② 보충률법 ③ 영업외손익법이 있다.

(1) 매출원가 가감법

제조간접비배부차이를 매출원가에 가산(+)하거나, 차감(-)처리하는 방법이다. 즉 배부초과액은 당기의 매출원가에서 차감하고, 배부부족액은 매출원가에 가산하는 방법으로서, 그 배부차이가 소액이거나 재고자산이 근소한 경우에 적용되는 간편한 방법이다.

〈예제 10-12〉 다음 거래를 분개하여라.

1. 제조간접비 과대배부차액 ₩ 3,000을 매출원가계정에 대체하였다.
   (차) 제조간접비차액 3,000 (대) 매 출 원 가 3,000
2. 제조간접비 과소배부차액 ₩ 3,000을 매출원가계정에 대체하였다.
   (차) 매 출 원 가 3,000 (대) 제조간접비차액 3,000

(2) 보충률법

일명 비례배분법이라고도 하며 배부차액을 기간원가가 아닌 제조원가로 보아 원가성을 인정하고, 그 보충률에 의하여 기말재공품, 기말제품, 매출원가에 상대적인 비율에 따라 추가배부하여 실제원가를 반영하는 방법이다.

이 방법 이용시 각 계정의 배분율은 무엇을 기준으로 할 것인가에 따라 다음 세 가지 방법으로 나누어진다.

(1) 제 조 원 가 비례법	: 배부차액 ÷ 당기 총제조원가	= 보충률
(2) 총 배부기준 비례법	: 배부차액 ÷ 당기 배부기준합계	= 보충률
(3) 간접비배부액 비례법	: 배부차액 ÷ 당기 배부간접비액	= 보충률

위 세 가지 방법 중 간접비배부액비례법이 많이 이용되는 합리적인 방법이다. 보충률법 이용시 배부차이의 조정분개는 다음과 같다.

〈보충률법의 조정분개〉

◦ 배부초과시

(차) 제조간접비배부차액 ××× (대) ┌ 재 공 품 ×××
│ 제 품 ×××
└ 매출원가 ×××

◦ 배부부족시

(차) ┌ 재 공 품 ××× (대) 제조간접비배부차액 ×××
│ 제 품 ×××
└ 매 출 원 가 ×××

〈예제 10-13〉 아래의 자료를 기초로 하여 재공품, 제품, 매출원가의 추가배부액을 계산하고 필요한 분개를 하여라. 보충률은 기계작업시간의 비율에 따라 배분한다.

〈자료〉

① ┌ A제조부문 : ₩ 90,000 × 30% = ₩ 27,000
└ B제조부문 : ₩ 90,000 × 70% = ₩ 63,000

②

원가항목 / 작업시간	재공품	제 품	매출원가	합 계
기계작업시간	500	300	200	1,000

[해답] 1. 제조간접비 배부차액

₩ 2,500,000 - ₩ 1,500,000 = ₩ 1,000,000(과소배부)

2. 보충률

₩ 1,000,000 ÷ ₩ 1,000시간 = 1,000 / 시간

3. 배부차액의 할당

원 가 항 목	보 충 률	배 부 액
재 공 품	500시간 × 1,000	₩ 500,000
제 품	300시간 × 1,000	300,000
매 출 원 가	200시간 × 1,000	200,000

〈분 개〉

(차) 제조간접비배부차액 1,000,000 (대) 제 조 간 접 비 1,000,000

(차) ┌ 재 공 품 500,000 (대) 제조간접비배부차액 1,000,000
│ 제 품 300,000
└ 매 출 원 가 200,000

3) 영업외 손익법

영업외손익법은 배부차액을 기간원가로 하여 영업외손익으로 처리하는 방법이다. 즉 간접비의 배부차이는 원가성이 없으며, 예정배부액을 진실한 원가로 보는 것이다. 따라서 제조간접비의 배부차이가 비경상적인 경우에 부족액은 영업외비용으로 배부초과액은 영업외손익으로 처리하는 방법이다.

〈영업외손익법의 조정분개〉

◦ 배부초과시

(차) 제조간접비배부차액 ××× (대) 손 익 ×××

◦ 배부부족시

(차) 손 익 ××× (대) 제조간접비배부차액 ×××

〈예제 10-14〉 다음 거래를 분개하여라.

1. 제조간접비 과소배부차액 ₩130,000을 영업외비용으로 처리한다.
2. 제조간접비 과대배부차액 ₩130,000을 영업외수익으로 처리하라.

[해답]

1. (차) 손 익(영업외비용) 130,000 (대) 제조간접비배부차액 130,000
2. (차) 제조간접비배부차액 130,000 (대) 손익 (영업외수익) 130,000

연 습 문 제

〈객관식〉

1. 제조간접비를 배분하는 올바른 순서는? (Finney의 기출제문제)
   ① 제품에 배분, 그 다음에는 원가중심점(cost center)에 배분
   ② 제조부문에 배분, 그 다음에는 보조부문에 배분
   ③ 원가중심점에 배부, 보조부문에서 제조부문으로 배분, 그 다음에 제품에 배분
   ④ 제품에 배분, 그 다음에 필요하다면 보조부문에 배분

【해설】 원가계산은 3단계를 거친다.

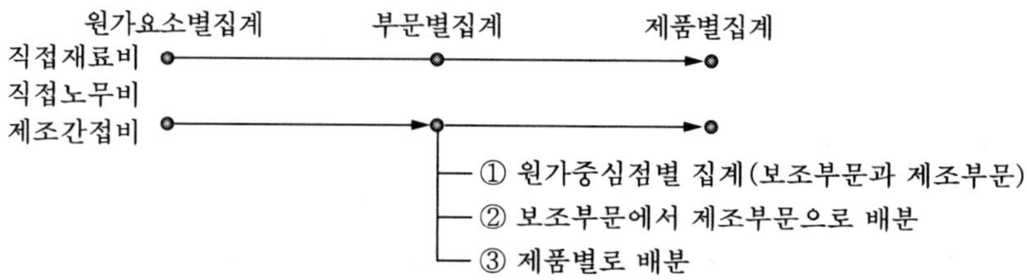

2. 다음 자료로 제조간접비배부액을 시간법(직접작업시간법)으로 산출하면 얼마이겠는가?

〈자료〉

1원가계산기간의 제조간접비 총액	₩ 2,000,000
동 기 간 의 직 접 작업시간수	4,000시간
제조지시서별 직 접 작 업 시 간	
제조지시서 #7	1,000시간

① ₩ 500,000　　② ₩ 1,000,000
③ ₩ 900,000　　④ ₩ 600,000

【해설】 ₩2,000,000 ÷ 4,000시간 = ₩500 ……………………………………배부율(시간당)
₩500×1,000시간 = ₩500,000 ……………………………………………제조지시서 #7의 배부액

3. 다음 중 제조간접비의 예정배부에 있어 배부차액이 발생하는 경우에 그 처리법으로서 적당하지 않은 것은?
   ① 매출원가 가감법　　② 직접 원가법
   ③ 보 충 률 법　　④ 영업외손익법

4. 개별원가계산제도 아래에서 제조간접비를 예정배부하는 경우에 그 배부차액을 처리하는 여러 방법 중 동차액이 차기의 손익에 직접적으로 영향을 미칠 수 있는 것은? **(세무사 기출제문제)**
① 매출원가에 가감하는 방법
② 영업외손익에 계상하는 방법
③ 매출원가 · 제품 · 재공품에 안분하는 방법
④ 충당금계정에 계상하는 방법

【해설】 제조간접비 배부액을 처리하는 방법 중 배부차액을 차기로 이연시켜 차기의 손익에 직접적으로 영향을 미치는 방법은 충당금을 계상하는 방법이다.

5. 다음은 (주)나운산업의 2008년 부문별 제조원가계산이다.

원 가 항 목	A 부 문	B 부 문	합 계
직접재료비	₩ 700,000	₩ 800,000	₩ 1,500,000
직접노무비	200,000	400,000	600,000
제조간접비	400,000	100,000	500,000
합 계	₩ 1,300,000	₩ 1,300,000	₩ 2,600,000

(주)나운산업은 각 부문별로 직접노무비에 기준한 예정제조간접비배부율을 정하여 제조간접비를 배부하는 개별원가계산제도를 채택하고 있으며, 배부차액은 매출원가에서 수정하고 있다.

2008년도 말 공정 중에 있는 주문품K의 개별원가계산에 집계될 원가가 다음과 같을 때, 기말대차대조표에 계상될 주문품의 평가액은 얼마이겠는가? **(KICPA 기출제문제 수정)**

원 가 항 목	A 부문	B 부문	합 계
직접재료비	₩ 12,000	₩ 15,000	₩ 27,000
직접노무비	20,000	4,000	24,000
합 계	₩ 32,000	₩ 19,000	₩ 51,000

① ₩ 51,000
② ₩ 10,000
③ ₩ 71,000
④ ₩ 31,000
⑤ ₩ 92,000

【해설】

$$\text{A부문 제조간접비예정배부율} = \frac{\text{제조간접비}}{\text{직접노무비}} = \frac{400,000}{200,000} = 200\%$$

$$\text{B부문 제조간접비예정배부율} = \frac{\text{제조간접비}}{\text{직접노무비}} = \frac{100,000}{400,000} = 25\%$$

A부문 제조간접비배부율 = ₩20,000 × 200% = ₩40,000
B부문 제조간접비배부액 = ₩4,000 × 25% = ₩1,000
₩41,000
※ 주문품 K의 평가액 ₩51,000 + ₩41,000 = ₩92,000

6. B회사는 개별원가시스템을 채택하고 있으며, 직접노무비를 기준으로 제조간접비를 배부한다. 2008년도의 제조간접비율은 A부문에 대해서는 200%, B부문에 대해서는 50%이다. 제조지시서 #123은 2008년 중에 시작되어 완성되었으며, 다음과 같이 원가가 발생되었다.

원 가 항목	부 문	
	A	B
직접재료비	$25,000	$5,000
직접노무비	?	30,000
제조간접비	40,000	?

제조지시서 #123에 관련된 총 제조원가는 얼마이겠는가? (AICPA 기출제문제)

① $135,000 ② $180,000

③ $195,000 ④ $240,000

【해설】 부문 A의 직접노무비 : $40,000×1/2 = $20,000
부문 B의 제조간접비 : $30,000×50% = $15,000

※ 총제조원가
$25,000 + $20,000 + $40,000 + $5,000 + $30,000 + $15,000 = $135,000

7.

〈자료〉

당기 제조간접비 총 액	₩	1,600,000
당기 직접재료비 총 액	₩	8,000,000
당기 직 접 임금 총 액	₩	10,000,000
당기 직 접 작업 총시간		10,000시간
제조지시서 #1		
직접 재료비	₩	200,000
직 접 임 금	₩	260,000
직접노동시간		520시간

위 자료를 기초로 직접노동시간법에 의해 제조간접비배부액을 계산하면 얼마이겠는가? (공인감정사 기출제문제)

① ₩ 100,000 ② ₩ 41,600

③ ₩ 83,200 ④ ₩ 80,000

【해설】

직접작업시간당 제조간접비 $= \frac{₩1,600,000}{10,000시간} = 160$

제조지시서 #1의 제조간접비 = 520시간×160 = ₩83,200

8. 다음의 자료에 의하면 갑제품이 부담할 제조간접비는 얼마인가?

〈자료〉

1개월간의 제조간접비 총액	₩ 8,700,000
동 기간의 기계 작업 시간 총수	1,000시간
각종 특정제품의 기계작업시간수	
갑 제 품	430시간
을 제 품	250시간
병 제 품	320시간

① ₩ 200,000　② ₩ 3,741,000
③ ₩ 3,500,000　④ ₩ 3,965,000

【해설】

$$₩8,700,000 \times \frac{430}{1,000} = ₩3,741,000$$

9. 다음 자료를 가지고 개별원가계산제도 아래에서의 제조간접비배부차액을 보충률법에 의하여 배부한다면 그 보충률은? **(세무사 기출제문제)**

〈자료〉

제조간접비 예정배부액	₩ 10,000
제조간접비 실제발생액	₩ 8,000
총 작업시간	1,000시간

① ₩ 2　② ₩ 8
③ ₩ 10　④ ₩ 18

【해설】 (₩10,000 - ₩8,000) ÷ 1,000시간 = ₩2

10. C회사는 직접노동시간 100,000시간의 정상조업도를 기준으로 2008년의 제조간접비를 $510,000로 추정하였다. 동년에 표준직접노동시간은 105,000시간이었으며, 제조간접비통제계정의 기말 잔액은 $540,000이었다. 2003년의 제조간접비 배부부족액은 얼마이겠는가? **(AICPA 기출제문제수정)**

① $0　② $4,500
③ $27,000　④ $30,000

【해설】

제조간접비배부액 : $105,000 \times \frac{\$510,000}{100,000} = \$535,500$

제조간접비배부부족액 : $540,000 - $535,500 = $4,500

해답 1. ③ 2. ① 3. ② 4. ③ 5. ⑤ 6. ① 7. ③ 8. ② 9. ① 10. ②

〈주관식〉

1. 제조간접비 배부의 필요성을 설명하여라.

2. 제조간접비의 실제배부와 예정배부를 비교·설명하여라.

3. 제조간접비배부차이의 회계처리에 대하여 설명하여라.

4. 아래 자료로 직접재료비법, 직접노무비법, 직접원가법을 이용하여 제조간접비를 지시서별로 배부하고, 지시서 #3의 제조원가를 산정하여라.

〈자료〉

1원가계산기간의 제조간접비 총액	₩ 500,000
직접재료비총액	₩ 2,000,000
직접노무비총액	₩ 1,500,000
직접 경비 총액	₩ 500,000
제조지시서 #3의 직접재료비	₩ 130,000
#3의 직접노무비	₩ 150,000

5. 다음 거래를 분개하여라.
   (1) 예정배부율에 의하여 특정제품에 ₩ 860,000을 예정배부하였다.
   (2) 원가계산기말에 제조간접비실제발생액은 다음과 같다.
   간접재료비 ₩ 410,000 간접노무비 ₩ 350,000 간접경비 ₩ 60,000
   (3) 제조간접비차이를 제조간접비차액계정에 대체하다.

6. 아래의 자료에 의하여 거래를 분개하고 해당계정에 전기하여라.

〈자료〉

◦ 제조간접비 예정배부표

제조간접비 예정배부표

월일	제조지시서	예정배부율	직접작업시간	예정배부액	비 고
	# 18	1,900	89	168,000	
	# 26	2,600	56	126,000	
				294,000	

◦ 제조간접비 실제발생액
- 간접재료비 ₩ 150,000
- 간접노무비 ₩ 140,000
- 간접 경비 ₩ 40,000

◦ 제조간접비배부차이를 제조간접비배부차액계정에 대체하다.

7. 다음 자료에 의하여 제조지시서별 제조간접비 예정배부액을 구하여라.

〈자료〉

일정기간의 제조간접비 예정액	₩ 4,000,000
동 기간중의예정직접작업시간 총수	20,000시간
제조 지시서별 직접 작업시간	
제조지시서 # 1	3,000시간
제조지시서 # 2	8,000시간
제조지시서 # 3	9,000시간

8. 다음 자료에 의하여 지시서별 제조간접비 예정배부액을 계산하여라.

〈자료〉

① 각 원가부문의 제조간접비 예정배부액

제조부문 ┌ 갑제조부문 ₩ 789,000
　　　　 └ 을제조부문 ₩ 660,000

보조부문 ┌ 동력부문 ₩ 88,000
　　　　 └ 수선부문 ₩ 54,000

② 부문별 예정직접작업시간

갑제조부문 2,000시간 을제조부문 1,000시간

③ 제조지시서별 실제작업시간

제조부문 / 제조지시서	갑제조부문	을제조부문
# 9	190시간	85시간
# 14	130시간	67시간

④ 보조부문비는 각각 갑제조에 40%, 을제조에 60%가 해당된다.

9. (주)동현상사의 200×년말 제조간접비의 실제발생액은 ₩180,000이었다. 또한 기말 시점에서의 각 계정의 자료는 다음과 같다. 제조간접비배부액을 계산하고, 제조간접비배부차이를 매출원가법, 보충률법, 영업외손익법을 이용하여 분개하여라.

〈자료〉

원가항목	직접재료비	직접노무비	제조간접비배부액	합　계
재 공 품	₩ 80,000	₩ 40,000	₩ 30,000	₩ 150,000
제　품	220,000	190,000	40,000	450,000
매출원가	700,000	570,000	130,000	1,400,000
합　계	₩ 1,000,000	₩ 800,000	₩ 200,000	₩ 2,000,000

10. 아래의 자료를 기초로 하여 보충률법에 의한 재공품, 제품, 매출원가의 추가배부액을 계산하고 필요한 분개를 하여라. 보충률은 기계작업시간의 비율에 따라 배분한다.

〈자료〉

① ┌ 제조간접비 예정배부액 : ₩ 2,400,000
  └ 제조간접비 실제발생액 : ₩ 2,200,000

②

원가항목 / 작업시간	재공품	제 품	매출원가	합 계
직접작업시간	400	300	1,300	2,000

제 11 장

종합원가계산(Ⅰ)

제 11 장

종합원가계산(Ⅰ)

제 1 절 종합원가계산의 기초개념

1. 종합원가계산의 의의

종합원가계산(process cost accounting)은 1원가계산기간에 있어서 동종의 제품을 계속적으로 대량생산하는 기업에 적합한 원가계산방법이다. 종합원가계산은 기업 전체에 대한 원가를 종합적으로 집계하여 완성한 제품의 총수량으로 나누어 단위당 제품의 원가를 산출하는 원가계산시스템(cost accounting system)을 말한다. 때문에 동일 기간에 제조한 제품의 단위원가는 모두 균등한 것이므로 종합원가계산을 일명 평균원가계산(average cost accounting)이라고도 한다.

이것은 특정 기간의 총원가를 그 기간의 제조수량으로 분할하여 계산된다고 하여 독일에서는 분할원가계산이라고도 하며 이를 미국에서는 공정별원가계산(process cost accounting)이라 하고, 일본에서는 총합원가계산이라 한다.

종합원가계산은 화학공업, 제지업, 섬유공업, 제분업, 비료공업, 식품업 등과 같이 규격화된 동종의 제품을 연속적으로 대량생산할 경우에 이 방법을 적용하면 편리하다.

개별원가계산에서는 제조지시서별로 집계된 직접비에 제조간접비 배부액을 가산함으로써 제품별 원가를 산정하는 다품종 주문생산형태의 기업에서 적용하는 방법이나, 종합원가계산에서는 직접비와 간접비를 구분할 것 없이 1원가계산 동안에 발생한 총원가를 동기간 동안에 발생한 완성품수량으로 나누어 제품별 원가를 산정하는 방법이므로 개별원가계산을 대상별 원가계산시스템이라고 한다면, 종합원가계산은 기간별 원가계산시스템이라고 말할 수 있다.

종합원가계산에서는 개별원가계산의 경우와 같이 원가요소를 제품별로 집계하지 않기 때문에 직접비와 간접비로 구분할 필요가 없고 계속지시서에 의하여 종합원가계산표를 작성하고 제조원가를 산출한다.

개별원가계산에서는 원가계산 기말에 미완성품의 원가계산표를 집계하면 당월 재공품원가가 산정되나, 종합원가계산에서는 당기제조비용(재료비+노무비+경비)에 완성품원가와 기말재공품의 원가가 포함되어 있다. 때문에 1원가계산 기간에 발생한 당기제조비용에 기초재공품재고액을 가산하고 기말재공품재고액과 부산물, 작업폐물, 공산품 등의 원가를 차감하여 완성품 제조원가를 산정한 다음, 동기간의 완성품 수량으로 나누어 제품의 단위원가를 산출한다.

종합원가계산표

원 가 항 목	전 월			당 월			당월까지의 누계		
	수량	단가	금액	수량	단가	금액	수량	단가	금액
재 료 비									
주요재료비									
보조재료비									
×××									
노 무 비									
임 금									
급 료									
×××									
경 비									
감가상각비									
보 험 료									
×××									
당기 제조 비용									
기초 재공품(+)									
기말 재공품(-)									
완성품제조원가									
판 매 관 리 비									
총 원 가									
완 성 품 수 량									
단 위 원 가									

종합원가계산에서는 기초재공품원가와 당기제조비용은 일상의 회계기록에 의하여 파악할 수 있으나 기말재공품원가는 명확히 파악할 수 없고 인위적인 방법에 의하여 그 금액을 산정해야 한다. 기말에 기말재공품을 정확하게 평가하지 못하면 제품의 총제조원가를 정확하게 산출할 수 없

기 때문에 기말재공품 평가가 종합원가계산에 있어서 매우 중요시되고 있다.

<산식>

· 당기제조원가= (당기제조비용+기초재공품원가)-기말재공품원가

· $\text{제품단위원가} = \dfrac{\text{1원가계산의 제조원가}}{\text{동기간의 완성품 수량}}$

〈종합원가계산의 특징〉

종합원가계산은 그 목적과 방법 및 절차상 다음과 같은 특징을 지니고 있다.

① 제품 단위당 제조원가를 평균원가(average unit costs)에 의해 계산한다.

② 종합원가계산은 계획적인 시장 생산형태에 알맞은 원가계산 방법이다.

③ 종합원가계산은 원칙적으로 기간단위로 하는 시스템이다.

④ 종합원가계산은 원칙적으로 직접비와 간접비를 구분하지 않는다.

⑤ 기말재공품의 정확한 평가가 중요한 역할을 한다.

2. 종합원가계산의 분류

종합원가계산은 동일 공장에서 생산하는 제품의 종류, 공정별 계산의 여부, 공정의 수와 공정에 집계되는 원가요소의 범위에 따라 〈표 11-1〉과 같이 분류된다.

〈표 11-1〉 종합원가계산의 분류

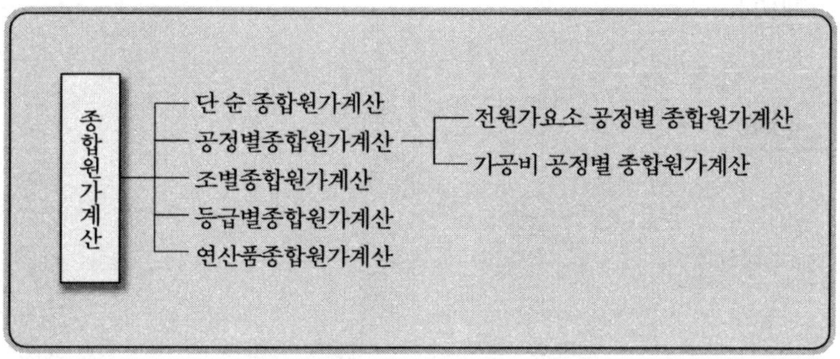

3. 종합원가계산의 원가흐름

종합원가계산에서의 원가의 집계과정은 개별원가계산 시스템보다 일반적으로 단순하다. 그 이유는 종합원가계산시스템에서의 원가는 개별적인 작업별로 원가를 식별하는 것이 아니고 공정별(제조부문)로 원가를 식별하면 되므로 수많은 제품별로 원가를 추적하는 대신에 몇 개의 공정에서 원가를 추적하면 된다.

〈표 11-2〉 원가흐름 : 단일의 공정

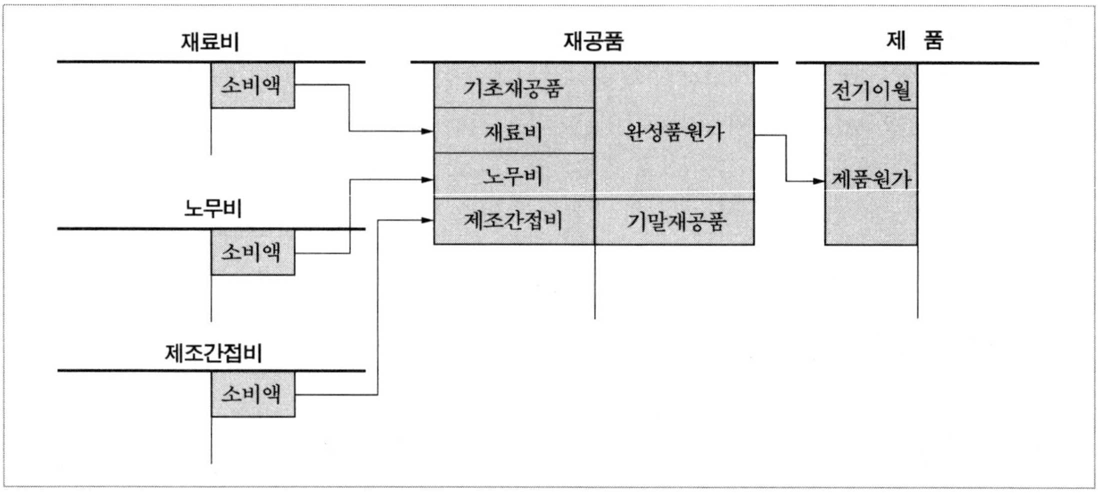

〈표 11-3〉 원가흐름 : 두 개의 연속공정

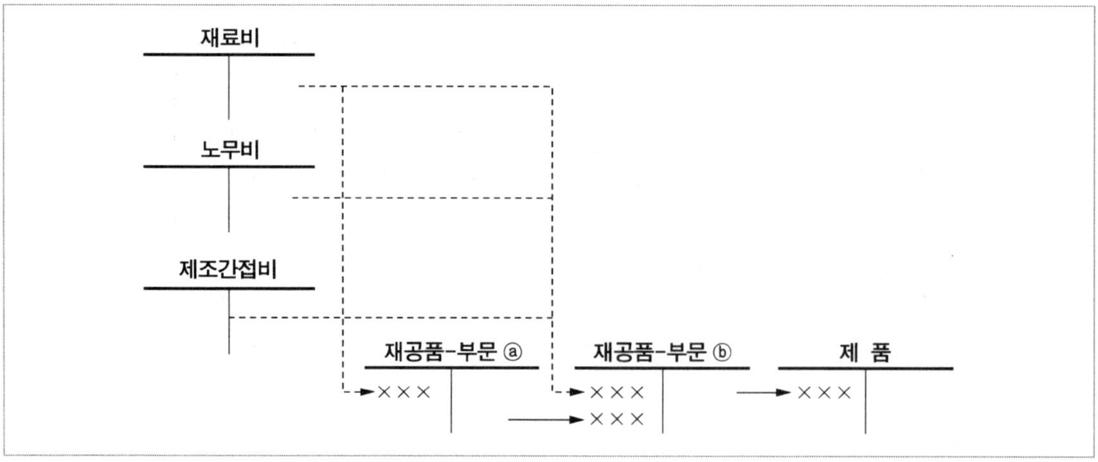

〈표 11-2〉는 가장 단순한 형태의 종합원가계산시스템으로 단일의 재공품계정을 설정하고 제조에 소요된 모든 원가요소를 이 계정의 차변에 대체한다. 그리고 기초재공품과 합산하고 기말재공품을 평가하여 이를 차감함으로써 제품제조원가를 구하여 이를 제품계정의 차변에 대체한다.

〈표 11-3〉은 두 개 이상의 연속공정 형태의 종합원가계산시스템으로 재공품계정이 각 공정(부문)마다 설정되어 제1공정(부문)의 완성품(재공품)은 제2공정(부문)의 재공품계정에 이전되어 추가 가공된다. 그리고 각 원가요소(재료비, 노무비, 제조간접비)는 제1공정에만 투입되는 것이 아니고 모든 공정에 투입될 수 있다는 점을 알 수 있다. 또한 추가 가공 후에 완성된 완성품은 제품계정에 대체된다.

제2공정의 원가는 이 공정에서 직접 사용된 원가요소(재료비, 노무비, 제조간접비)와 제1공정으로부터 대체된 재공품의 원가(전공정원가 : transferred-in cost)를 합계한 것이다.

〈종합원가계산의 5단계〉

종합원가계산에서는 아래의 5단계법을 적용하면 총원가합계와 배부된 원가합계가 일치하는가를 비교할 수 있어 계산상 오류를 극소화할 수 있다.

〈제 1단계〉 제조과정의 물량흐름(physical flow)을 추적한다. 즉 각 공정을 통과하는 물량단위(physical units)의 흐름을 파악한다.

〈제 2단계〉 기말재공품 완성품 환산량을 계산한다.
기말재공품은 미완성품이기 때문에 일단 미완성품에 대한 원가배분을 위하여 완성품으로 환산되는 수량을 계산하여야 한다. 이러한 완성품 환산량은 원가요소별로차이가 날 수 있으므로 전공정원가, 직접재료원가, 가공원가 등 원가요소별로 구분하여 계산한다.

〈제 3단계〉 당기 총원가를 집계한다.
기초재공품원가와 당기제조비용(재료비・노무비・제조간접비)의 합계를 계산한다.

〈제 4단계〉 완성품 환산량의 단위당 원가를 계산한다.
각 원가요소별로 집계된 총원가를 계산된 완성품 환산량으로 나누어서 완성품 환산량 단위당 원가를 계산한다.

〈제 5단계〉 완성품 환산량의 단위원가를 이용하여 총원가를 완성품과 기말재공품에 배분한다.

완성품과 기말재공품에 대한 각 원가요소별 완성품 환산량에 완성품 환산량 단위당 원가를 곱하여 완성품과 기말재공품의 원가를 계산한다. 이를 산식으로 표시하면 다음과 같다.

<산 식>

기초재공품원가 + 당기제조비용 = 당기완성품원가 + 기말재공품원가

〈예제 11-1〉 아래 자료를 이용하여 5단계법에 의한 기말재공품원가와 완성품원가를 평균법·선입선출법에 의하여 계산하여라.

〈자료〉

◦기초 재 공 품	수 량	400개
	재료비	₩ 250,000 (완성도 50%)
	가공비	₩ 600,000 (완성도 40%)
◦당기 제조비용	재료비	₩1,800,000
	가공비	₩2,400,000
◦당기완성품 수량 :		1,800개
◦기말 재 공 품	수 량	200개
	재료비	완성도 50%
	가공비	완성도 40%

[해답]

1. 평균법

(1) 1단계(물량의 흐름)

재 공 품

기초재공품 수량	400개	당기완성품 수량	1,800개
당 기 투 입 량	1,600개	기말재공품 수량	200개
	2,000개		2,000개

(2) 2단계 (완성품 환산량의 계산)

① 재료비 완성품 환산량

1,800개+200×0.5=1,900개

② 가공비 완성품 환산량

1,800개+200×0.4=1,880개

(3) 3단계(총원가의 집계)

원 가 항 목	직접재료비	가 공 비	합 계
기 초 재공품	₩ 250,000	₩ 600,000	₩ 850,000
당기제조비용	1,800,000	2,400,000	4,200,000
총 원 가	₩2,050,000	₩3,000,000	₩5,050,000

(4) 4단계 (완성품 환산량의 단위당 계산)

재료비 (₩250,000+₩1,800,000)÷1,900개=₩1,078.9473684

가공비 (₩600,000+₩2,400,000)÷1,880개=₩1,595.7446808

@₩2,674.6920492

(5) 5단계 (총원가를 완성품과 기말재공품에 배분)

① 완성품원가

@₩2,674.6920492×1,800개=₩4,814,446

② 기말재공품원가

재료비 @₩1,078.9473684×100개 (200×0.5)=₩107,894

가공비 @₩1,595.7446808× 80개 (200×0.4)=₩127,660

₩235,554

2. 선입선출법

(1) 1단계(물량의 흐름)

재 공 품

차변		대변	
기초재공품 수량	400개	기초재공품완성분	400개
당 기 투 입 량	1,600개	당기투입량완성분	1,400개
		기말 재공품 수량	200개
	2,000개		2,000개

(2) 2단계(완성품 환산량의 계산)

① 재료비 완성품 환산량

400×0.5+1,400+200×0.5=1,700개

② 가공비 완성품 환산량

400×0.6+1,400+200×0.4=1,720개

(3) 3단계(총원가의 집계)

항 목	직접재료비	가 공 비	합 계
기초 재공품	₩ 250,000	₩ 600,000	₩ 850,000
당기제조비용	1,800,000	2,400,000	4,200,000
총 원 가	₩2,050,000	₩3,000,000	₩5,050,000

(4) 4단계(완성품 환산량의 단위당 계산)

재료비 ₩1,800,000÷1,700개=₩1,058.8235294

가공비 ₩2,400,000÷1,720개=₩1,395.3488372

@₩2,454.1723666

(5) 5단계 (총원가를 완성품과 기말재공품에 배분)

① 완성품원가

㉠ 기초재공품완성분

기초재공품 원가 ₩850,000

재료비 당기추가분 @₩1,058.8235294×(400×0.5)=₩211,765

가공비 당기추가분 @₩1,395.3488372×(400×0.6)=₩334,884

₩1,396,649

㉡ 당기투입량완성분

1,400개×@₩2,454.1723666= ₩3,435,841

㉢ 완 성 품 원 가

₩850,000+(₩211,765+₩334,884)+₩3,435,841=₩4,832,490

② 기말재공품원가
재료비@₩1,058.8235294×100개(200×0.5) =₩105,882
가공비@₩1,395.3488372× 80개(200×0.4) =₩111,628
₩217,510

제 2 절 기말재공품의 평가방법

종합원가계산에서는 재공품의 평가 여하에 따라서 당기순이익에 중대한 영향을 미치므로 기말재공품의 원가를 계산하는데 있어서는 되도록 타당한 방법에 의하여 적절히 수행되어야 한다. 종합원가계산에서의 재공품의 평가는 장부의 기록만으로는 기말재공품의 원가를 알 수 없으므로 원가계산 기말에 인위적인 방법에 의하여 평가하여야 한다. 기말재공품에 대한 평가방법에는 완성도평가법(전부평가법), 주원가평가법(부분평가법), 평가생략법(무평가법)등이 있으나 완성도 평가법이 비교적 정확한 평가방법으로 실무에서 가장 널리 활용되고 있다.

1. 완성도평가법

완성도평가법은 기말재공품이 완성품과 비교하여 어느 정도 완성(진척)이 되었는가를 추정(estimate degree of completion)하고 이 진척도를 이용하여 1원가계산기간의 총제조비용을 기말재공품과 완성품에 균등하게 배분하는 것이다. 따라서 완성도평가법을 완성품환산법이라고도 한다. 완성도평가법에는 평균법, 선입선출법, 후입선출법이 있다.

1) 평균법

평균법(average method)은 1회계기간의 총제조비용을 완성품수량과 기말재공품환산량과의 비례에 따라 완성품과 기말재고자산에 안분하여 완성품원가 및 기말재공품원가를 계산하는 방법이다. 평균법에 의하면 기초재공품과 당기에 투입된 제조비용과 구별하지 않고 혼합하여 생산 또는 가공한다는 전제하에 기말재공품을 평가한다는 것으로 원가관리의 관점에서 보면 기간업적의 명확한 구분이 용이치 못한 단점이 있으나 계산과정이 간단하므로 실무에서 널리 사용되고 있다.

기말재공품원가의 계산은 직접재료비와 가공비로 분류하여 계산하는 것이 일반적이다. 여기에서 가공비란 제조비용에서 직접재료비를 차감한 간접재료비, 노무비, 경비 등 직접재료비 이외의 모든 비용을 말한다. 가공비는 그 성질상 제조작업의 진행에 따라 원가가 비례적으로 발생하지만,

직접재료비는 제품 제조에 착수하였을 때 재료가 전부 소비되느냐 혹은 제조진행에 따라 재료가 조금씩 소비되어 가느냐에 의해서 산출방법이 달라진다.

평균법에 의한 기말재공품 평가의 관계를 표시하면 〈표 11-4〉와 같다.

〈표 11-4〉 평균법의 계산원리

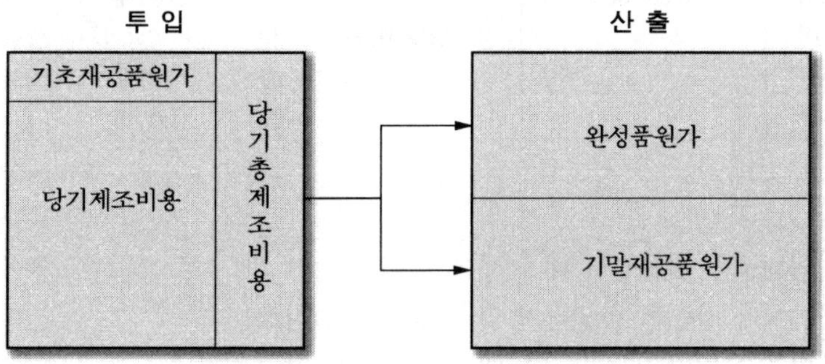

<재료가 제조개시 때 전부 소비되는 경우의 산식>

① 직접재료비의 계산

$$(\text{기초재공품 직접재료비}+\text{당기직접재료비})\times\frac{\text{기말재공품수량}}{\text{완성품수량}+\text{기말재공품수량}}$$

$$=\text{기말재공품 직접재료비}$$

② 가공비의 계산

$$(\text{기초재공품 가공비}+\text{당기가공비})\times\frac{\text{기말재공품환산량}}{\text{완성품수량}+\text{기말재공품환산량}}$$

$$=\text{기말재공품 가공비}$$

③ 기말재공품의 계산

기말재공품 직접재료비+기말재공품 가공비=기말재공품원가

④ 완성품원가의 계산

(기초재공품원가+당기제조비용)−기말재공품원가=당기완성품원가

⑤ 완성품 단위원가의 계산

당기완성품원가÷당기완성품수량=당기완성품 단위원가

〈예제 11-2〉 다음 자료에 의하여 기말재공품원가, 완성품원가 및 당기완성품 단위원가를 평균법에 의하여 계산하여라.

원 가 항 목	직접재료비	가 공 비	수 량	완 성 도
기초재공품 원가	₩ 82,000	₩ 46,000	230개	40%
당기 제조 비용				
직 접 재료비	₩650,000		3,200개	
가 공 비		₩380,000		
기말재공품 수량			430개	50%
완 성 품 수 량			3,000개	

<계산조건>

- 직접재료는 제조개시 때 전부 소비된 것으로 한다.
- 공손이나 감손은 발생하지 않는 것으로 한다.
- 계산은 원미만 반올림, 단위원가는 전미만 반올림한다.

〈물량흐름〉

재 공 품

기초재공품수량	230개	당기완성품 수량	3,000개
당 기 투 입 량	3,200개	기말재공품 수량	430개
	3,430개		3,430개

[해답]

① 재료비 기말재공품의 계산

$$(₩82,000 + ₩650,000) \times \frac{430개}{3,000개 + 430개} = ₩91,767$$

② 가공비 기말재공품의 계산

$$(₩46,000 + ₩380,000) \times \frac{430개 \times 0.5}{3,000개 + (430개 \times 0.5)} = ₩28,488$$

③ 기말재공품 원가의 계산

₩91,767 + ₩28,488 = ₩120,255

④ 완성품원가의 계산

₩128,000 + ₩1,030,000 − ₩120,255 = ₩1,037,745

⑤ 완성품 단위원가의 계산

₩1,037,745 ÷ 3,000개 = ₩345.92

검 산

기초재공품 원가	128,000	당기완성품 원가	1,037,745
당기 제조 비용	1,030,000	기말재공품 원가	120,255
	1,158,000		1,158,000

<재료가 제조진행에 따라 소비되는 경우의 산식>

① 직접재료비의 계산

$$(\text{기초재공품 직접재료비}+\text{당기직접재료비})\times\frac{\text{기말재공품환산량}}{\text{완성품수량}+\text{기말재공품환산량}}$$

= 기말재공품 직접재료비

② 가공비의계산

$$(\text{기초재공품 가공비}+\text{당기가공비})\times\frac{\text{기말재공품환산량}}{\text{완성품수량}+\text{기말재공품환산량}}$$

= 기말재공품 가공비

③ 기말재공품원가의 계산
기말재공품 직접재료비+기말재공품 가공비=기말재공품원가

④ 완성품원가의 계산
(기초재공품원가+당기제조비용)-기말재공품 원가=당기완성품원가

⑤ 완성품 단위원가의 계산
당기완성품원가÷당기완성품수량=당기완성품 단위원가

2) 선입선출법

선입선출법(first-in first-out method)은 기초재공품원가의 전부를 당기완성품원가로 산입하고 당기제조비용을 당기완성품과 기말재공품에 안분하는 방법이다.

선입선출법에 의하면 기초재공품이 우선적으로 가공되어 완성품으로 된다는 전제하에 기초재공품원가가 기말재공품원가에는 영향을 미치지 않도록 하는 방법으로 물량흐름과 원가흐름이 일치하므로 이론적으로는 적합한 방법이다.

선입선출법에 의한 기말재공품 평가의 관계를 표시하면 〈표 11-5〉와 같다.

〈표 11-5〉 선입선출법의 계산원리

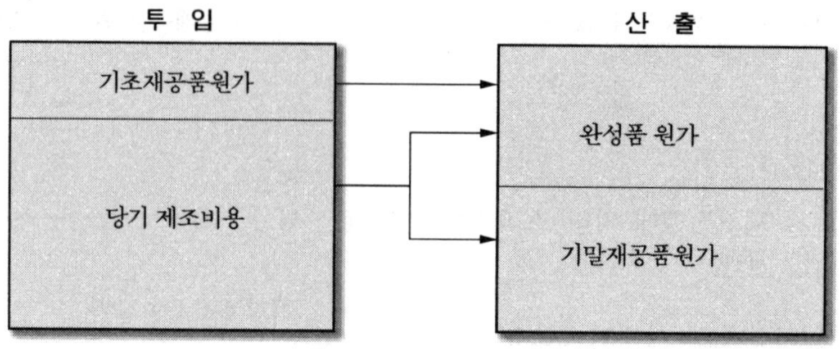

<재료가 제조개시 때 전부 소비되는 경우의 산식>

① 직접재료비의 계산

$$\text{당기직접재료비} \times \frac{\text{기말재공품수량}}{(\text{완성품수량} - \text{기초재공품수량}) + \text{기말재공품수량}}$$

$$= \text{기말재공품 직접재료비}$$

$$\text{또는 당기직접재료비} \times \frac{\text{기말재공품수량}}{\text{당기투입량}} = \text{기말재공품 직접재료비}$$

② 가공비의계산

$$\text{당기가공비} \times \frac{\text{기말재공품환산량}}{(\text{완성품수량} - \text{기초재공품환산량}) + \text{기말재공품환산량}}$$

$$= \text{기말재공품 가공비}$$

③ 기말재공품 원가

기말재공품 직접재료비 + 기말재공품 가공비 = 기말재공품원가

④ 완성품원가의 계산

(기초재공품원가 + 당기제조비용) - 기말재공품원가 = 당기완성품원가

⑤ 완성품 단위원가의 계산

당기완성품원가 ÷ 당기완성품수량 = 당기완성품 단위원가

〈예제 11-3〉 〈예제 11-2〉를 이용하여 기말재공품원가, 완성품원가 및 당기완성품 단위원가를 선입선출법에 의하여 계산하여라.

[해답]

① 재료비 기말재공품의 계산

$$₩650,000 \times \frac{430개}{3,200개} = ₩87,344$$

② 가공비 기말재공품의 계산

$$₩380,000 \times \frac{430개 \times 0.5}{3,000개 - (230개 \times 0.4) + (430개 \times 0.5)} = ₩26,161$$

③ 기말재공품의 원가

₩87,344 + 26,161 = ₩113,505

④ 당기완성품의 계산

₩128,000 + 1,030,000 − ₩113,505 = ₩1,044,495

⑤ 완성품 단위원가의 계산

₩1,044,495 ÷ 3,000개 = @₩348.17

검　산

기초재공품 원가	128,000	당기완성품 원가	1,044,495
당 기 제조비용	1,030,000	기말재공품 원가	113,505
	1,158,000		1,158,000

<재료가 제조진행에 따라 소비되는 경우의 산식>

① 직접재료비의 계산

$$당기직접재료비 \times \frac{기말재공품환산량}{완성품수량-기초재공품환산량+기말재공품환산량} = 기말재공품\ 직접재료비$$

② 가공비의계산

$$당기\ 가공비 \times \frac{기말재공품환산량}{완성품수량-기초재공품환산량+기말재공품환산량} = 기말재공품\ 가공비$$

③ 기말재공품 원가
기말재공품 직접재료비+기말재공품 가공비=기말재공품원가

④ 완성품원가의 계산
(기초재공품원가+당기제조비용)－기말재공품원가=당기완성품원가

⑤ 완성품 단위원가의 계산
당기완성품원가÷당기완성품수량=당기완성품 단위원가

3) 후입선출법

후입선출법(last-in first-out method)은 선입선출법과는 반대로 제조과정에 늦게 투입된 것이 먼저 완성된다는 전제하에 기말재공품을 평가하는 방법이다. 만약에 기초재공품 환산량과 기말재공품 환산량이 동일하면 기초재공품원가가 기말재공품원가로 된다. 또 기초재공품의 환산량이 기말재공품의 환산량보다 많으면 기말재공품의 원가 모두 재공품원가로 구성되어 있는 것으로 가정한다. 이와 반대로 기말재공품의 환산량이 기초재공품의 환산량보다 많으면 기말재공품의 원가는 기초재공품의 원가 전부와 당기투입분의 원가의 일부로서 구성되는 것으로 가정하는 것이다.

후입선출법은 계산이 복잡하고, 물량흐름과 원가흐름이 일치하지 않기 때문에 실무에서는 거의 이용되지 않고 있으나, 최종매입의 원가가 매출원가를 구성하므로 물가 변동시에 가장 현실적인 이익이 계상된다는 점에서 그 유용성이 인정되고는 있다.

후입선출법은 기초재공품의 완성품 환산량과 기말재공품의 완성품 환산량을 비교하여 기말재공품 평가의 관계를 〈표 11-6〉으로 표시할 수 있다.

〈표 11-6〉 후입선출법의 계산원리

① 기초재공품 환산량 = 기말재공품 환산량

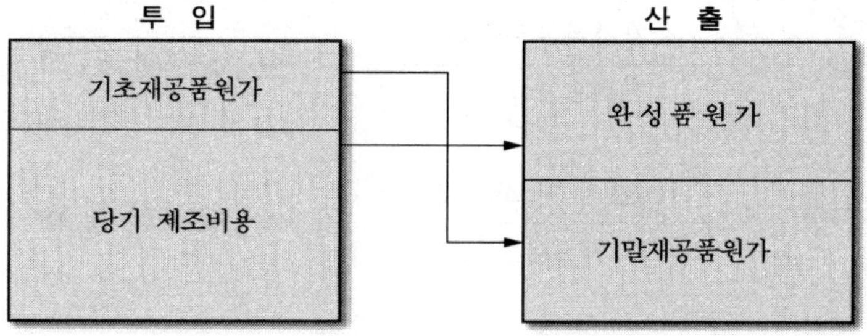

② 기초재공품 환산량 > 기말재공품 환산량

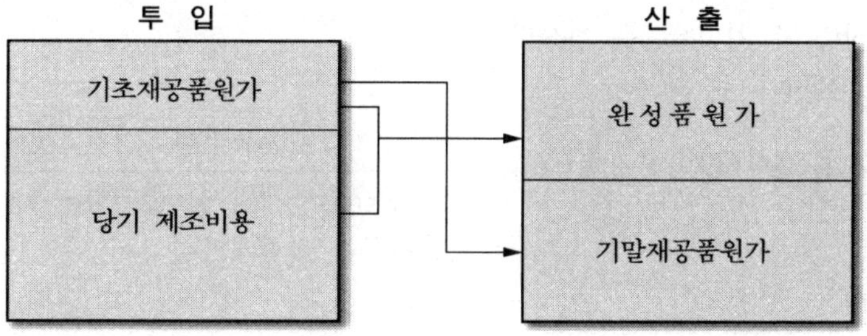

③ 기초재공품 환산량 < 기말재공품 환산량

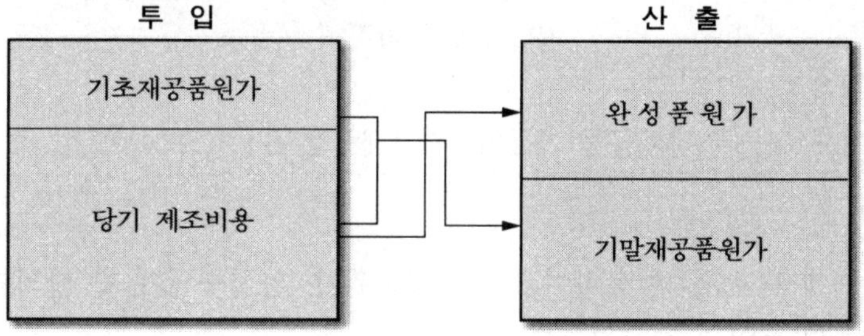

<재료가 제조개시 때 전부 소비되는 경우의 산식>

기초재공품 환산량 〉 기말재공품 환산량

① 직접재료비의 계산

$$\text{기초재공품 직접재료비} \times \frac{\text{기말재공품수량}}{\text{기초재공품수량}} = \text{기말재공품 직접재료비}$$

② 가공비의 계산

$$\text{기초재공품 가공비} \times \frac{\text{기말재공품환산량}}{\text{기초재공품환산량}} = \text{기말재공품 가공비}$$

③ 기말재공품원가

기말재공품 직접재료비+기말재공품 가공비=기말재공품원가

기초재공품 환산량 〈 기말재공품 환산량

① 직접재료비의 계산

$$\text{기초재공품 직접재료비} + \text{당기직접재료비} \times \frac{\text{기말재공품수량} - \text{기초재공품수량}}{\text{완성품수량} + \text{기말재공품수량} - \text{기초재공품수량}} = \text{기말재공품 직접재료비}$$

② 가공비의 계산

$$\text{기초재공품 가공비} + \text{당기가공비} \times \frac{\text{기말재공품환산량} - \text{기초재공품환산량}}{\text{완성품수량} + \text{기말재공품환산량} - \text{기초재공품환산량}} = \text{기말재공품 가공비}$$

③ 기말재공품 원가

기말재공품 직접재료비+기말재공품 가공비=기말재공품원가

〈예제 11-4〉 〈예제 11-2〉를 이용하여 기말재공품원가, 완성품원가 및 당기완성품 단위원가를 후입선출법에 의하여 계산하여라.

[해답]

기초재공품 환산량과 기말재공품 환산량을 비교하면

230개 × 0.4　　　　　430개 × 0.5

기초재공품 환산량 92개 〈 기말재공품 환산량 215개이므로

① 재료비 기말재공품의 계산

$$₩82{,}000 + ₩650{,}000 \times \frac{430\text{개} - 230\text{개}}{3{,}000\text{개} + 430\text{개} - 230\text{개}} = ₩122{,}625$$

② 가공비 기말재공품의 계산

$$₩46{,}000 + ₩\ 380{,}000 \times \frac{215\text{개} - 92\text{개}}{3{,}000\text{개} + 215\text{개} - 92\text{개}} = ₩60{,}966$$

③ 기말재공품원가의 계산
₩122,625 + ₩60,966 = ₩183,591

④ 완성품원가의 계산
₩128,000 + ₩1,030,000 − ₩183,591 = ₩974,409

⑤ 완성품 단위원가의 계산
₩974,409÷3,000개 = ₩324.80

검 산

기초재공품 원가	128,000	당기완성품 원가	974,409
당 기 제조비용	1,030,000	기말재공품 원가	183,591
	1,158,000		1,158,000

<재료가 제조진행에 따라 소비되는 경우의 산식>

기초재공품 환산량 〉 기말재공품 환산량

① 직접재료비의 계산

$$\text{기초재공품 직접재료비} \times \frac{\text{기말재공품환산량}}{\text{기초재공품환산량}} = \text{기말재공품 직접재료비}$$

② 가공비의 계산

$$\text{기초재공품 가공비} \times \frac{\text{기말재공품환산량}}{\text{기초재공품환산량}} = \text{기말재공품 가공비}$$

③ 기말재공품 원가

기말재공품 직접재료비 + 기말재공품 가공비 = 기말재공품원가

기초재공품 환산량 〈 기말재공품 환산량

① 직접재료비의 계산

$$\text{기초재공품 직접재료비} + \text{당기직접재료비} \times \frac{\text{기말재공품환산량} - \text{기초재공품환산량}}{\text{완성품수량} + \text{기말재공품환산량} - \text{기초재공품환산량}} = \text{기말재공품 직접재료비}$$

② 가공비의 계산

$$\text{기초재공품 가공비} + \text{당기가공비} \times \frac{\text{기말재공품환산량} - \text{기초재공품환산량}}{\text{완성품수량} + \text{기말재공품환산량} - \text{기초재공품환산량}} = \text{기말재공품 가공비}$$

③ 기말재공품 원가

기말재공품 직접재료비 + 기말재공품 가공비 = 기말재공품원가

2. 주원가평가법

주원가평가법을 부분평가법이라고도 하며, 기말재공품에 포함되어 있는 원가요소 중에 그 주요 부분을 차지하는 주요재료나 노무비 중 어느 것을 가지고 기말재공품의 평가액으로 하는가 하는 방법이다. 이 방법을 채택하게 되면 재공품원가의 대부분이 주요원가로 구성되어 있는 경우에는 적합하나, 주요원가 이외의 원가요소는 무시되어 재공품에 대하여 과소평가를 함에 따라 당해 기

간에 완성한 제품의 제조원가가 그만큼 높아지게 되는 결과가 된다. 주원가평가법에는 재료비평가법, 노무비평가법, 직접비평가법, 가공비평가법 등 4가지가 있다.

재료비평가법은 1원가계산기간의 재료비를 완성품수량과 기말재공품의 완성품 환산량과의 합계액으로 나누어 제품 1단위당 재료비를 계산하고 이것을 기말재공품의 완성품 환산량에 곱하여 기말액으로 나누어 제품 1단위당 재료비를 계산하고 이것을 기말재공품의 완성품 환산량에 곱하여 기말재공품의 평가액을 산정하는 방법이다.

노무비평가법은 재공품원가를 노무비만으로 평가하는 계산방법이다. 이 방법은 완성품의 대부분이 노무비로 구성될 경우에 사용되며, 대부분의 가공이 수작업으로 이루어질 경우에 합리적으로 사용할 수 있다.

직접평가법은 기말재공품의 원가를 제조직접비만으로 평가하는 방법이다.

가공비평가법은 직접비 이외의 모든 원가요소, 즉 가공비로써 재공품을 평가하는 방법이다.

주원가평가법은 완성도 평가법에 비하여 계산은 간단하지만 기말재공품의 평가대상이 되지 않는 타제조비용은 모두 완성품의 원가에 산입하게 되어 기말재공품은 과소평가되는 결과를 초래할 수 있다. 이 방법은 평가의 정확성을 기대하기 어렵기 때문에 실무에서는 거의 사용하지 않고 있다.

3. 무평가법

기말재공품원가가 소액이거나 매기 기말재공품의 수량이 거의 비슷할 때 기말재공품의 평가를 생략하는 방법이다. 때문에 그 기간의 총제조비용이 그대로 완성품원가가 된다.

제 3 절　감손 · 공손품의 회계처리

1. 감손 · 공손품의 의의

감손(減損, waste)이란 생산에 투입한 재료가 가공중에 증발 · 분산 · 가스화 · 연화 등의 원인에 의하여 소실되거나, 또는 제품화되지 않은 무가치의 작업폐물이 생긴 것을 말한다. 즉 직접재료의 감소에 의하여 발생한 부분을 감손이라 하며, 이에 대한 원가를 감손비라 한다.

감손과 작업폐물은 제품을 생산하는 과정에서 발생된 원재료 부분이나, 감손은 형체가 없고 형체가 있다 하더라도 매각가치가 없어야 하고, 작업폐물은 형체가 있고 매각가치가 있다는 점에서 다르다.

공손(工損, spoilage)이란 제품을 생산하는 과정에서 재료의 불량이나 기계설비 등의 불비, 종업원의 부주의 및 과실 또는 기술부족 등에 의하여 제조공정의 작업을 완전히 수행하지 못했다는 것을 의미한다. 공손에 의하여 완전한 제품이 되지 못한 검사불합격품을 공손품(spoiled work)이라 하고, 공손품에 소요된 원가에서 공손품의 평가액(처분가액)을 차감한 잔액이 공손비(spoiled work expense)가 된다.

그런데 감손 및 공손에는 제품의 제조과정에 있어서 통상 피할 수 없는 정상적인 것과 이상적・비정상적 원인(예를 들면 공원의 과실, 재료의 불량, 천재 등)에 의하여 발생하는 것이 있다. 이 경우 정상적 감손・공손은 합격품(acceptable goods)의 원가가 되지만 이상적 감손・공손은 합격품의 생산과 관계가 없으므로 원가외손실로서 처리된다.

2. 감손과 공손의 회계처리

종합원가계산에서 감손과 공손의 회계처리방법은 그 발생원인이 정상적이냐 이상적이냐에 따라 다음과 같이 달라진다.

(1) 정상적인 감손 및 공손

① 당기완성품과 기말재공품에 공동으로 부담시키는 방법
② 당기완성품에만 부담시키는 방법
③ 감손비, 공손비 항목을 별도로 설정하고 이를 원가외비용으로 처리하는 방법

(2) 이상적인 감손 및 공손

정상적 감손이나 공손은 제조과정에서 자연발생하였으므로 이러한 원가는 제품이나 재공품에 흡수되어야 한다. 정상적인 감손 및 공손의 경우 어느 방법을 적용하느냐 하는 것은 감손 및 공손의 발생시점 또는 상황에 따라 결정되어야 할 문제이다. 따라서 감손 또는 공손이 공정의 시점 또는 중도에서 발생한 경우에는 ①의 방법을 채택하고, 공정의 종점에서 발생한 것은 ②의 방법을 채택하는 것이 적합하다고 할 수 있다. ③의 이상적인 감손 및 공손은 원가외비용으로 하여 비원가로 처리되어야 할 것이다.

① 완성품과 기말재공품에 부담시키는 방법

이것은 감손비나 공손비를 그 발생시점을 감안하여 기말재공품원가와 당기완성품원가에 공통적

으로 부담시키는 경우로 기말재공품 원가계산방법인 평균법, 선입선출법, 후입선출법과 동일하다.

② 완성품에만 부담시키는 방법

정상적 감손·공손이 주로 제조공정의 종점에서 발생하는 것으로 산식은 다음과 같다.

<산 식>

① 평균법

㉠ 기말재공품원가=(기초재공품원가 + 당기제조비용)

$$\times \frac{\text{기말재공품환산량}}{\text{완성품수량}+(\text{공손품환산량}+\text{감손환산량})+\text{기말재공품환산량}}$$

㉡ 완 성 품 원 가=(기초재공품원가+당기제조비용) − 기말재공품원가

② 선입선출법

㉠ 기말재공품원가=당기제조비용

$$\times \frac{\text{기말재공품환산량}}{\text{완성품수량}-\text{기초재공품환산량}+(\text{공손품환산량}+\text{감손환산량})+\text{기말재공품환산량}}$$

㉡ 완 성 품 원 가=(기초재공품원가+당기제조비용)−기말재공품원가

③ 후입선출법

기말재공품 환산량 〉 기초재공품 환산량의 경우

㉠ 기말재공품원가 =기초재공품원가 + 당기제조비용

$$\times \frac{\text{기말재공품환산량}-\text{기초재공품환산량}}{\text{완성품수량}+(\text{공손품환산량}+\text{감손환산량})+\text{기말재공품환산량}-\text{기초재공품환산량}}$$

기말재공품 환산량 〈 기초재공품 환산량의 경우

㉠ 기말재공품 원가=기초재공품원가 $\times \dfrac{\text{기말재공품환산량}}{\text{기초재공품환산량}}$

㉡ 완 성 품 원 가 =(기초재공품원가+당기제조비용)−기말재공품원가

〈예제 11-5〉 다음 자료로 ① 공손비를 재공품과 완성품에 부담시킬 경우와 ② 공손비를 완성품에 부담시킬 경우를 평균법, 선입선출법, 후입선출법에 의하여 평가하여라(원미만 반올림).

<자 료>

◦기 초 재공품
- 수 량 : 4,000개
- 원 가 : 재료비 ₩300,000 , 가공비 ₩200,000
- 진 척 도 : 재료비 100% , 가공비 50%

◦당기제조비용
- 재 료 비 : ₩4,800,000
- 가 공 비 : ₩2,100,000
- 완성품량 : 60,000개

◦기 말 재공품
- 수 량 : 5,000개
- 진 척 도 : 재료비 100% , 가공비 50%

◦공 손 품
- 수 량 : 600개
- 진 척 도 : 재료비 100% , 가공비 50%

[해답]

1. 평균법

① 공손비를 재공품과 완성품에 부담시킬 경우

㉠ 재료비 기말재공품

$$(₩300,000+₩4,800,000) \times \frac{5,000개}{60,000개+5,000개} = ₩392,308$$

㉡ 가공비 기말재공품

$$(₩200,000+₩2,100,000) \times \frac{5,000개\times0.5}{60,000개+5,000개\times0.5} = ₩\ 92,000$$

㉢ 기말재공품 원가 : ㉠+㉡=₩392,308+₩92,000=₩484,308

② 공손비를 완성품에만 부담시킬 경우

㉠ 재료비 기말재공품

$$(₩300,000+₩4,800,000) \times \frac{5,000개}{60,000개+5,000개+600개} = ₩388,720$$

㉡ 가공비 기말재공품

$$(₩200,000+₩2,100,000) \times \frac{5,000개\times0.5}{60,000개+5,000개\times0.5+600개\times0.5} = ₩91,561$$

㉢ 기말재공품 원가 : ₩388,720 + ₩91,561 = ₩480,281

2. 선입선출법

① 공손비를 재공품과 완성품에 부담시킬 경우

㉠ 재료비 기말재공품

$$₩4{,}800{,}000 \times \frac{5{,}000개}{60{,}000개 - 4{,}000개 + 5{,}000개} = ₩393{,}443$$

㉡ 가공비 기말재공품

$$₩2{,}100{,}000 \times \frac{5{,}000개 \times 0.5}{60{,}000개 - 4{,}000개 \times 0.5 + 5{,}000개 \times 0.5} = ₩86{,}777$$

㉢ 기말재공품 원가 : ₩393,443 + 86,777 = ₩480,220

② 공손비를 완성품에만 부담시킬 경우

㉠ 재료비 기말재공품

$$₩4{,}800{,}000 \times \frac{5{,}000개}{60{,}000개 - 4{,}000개 + 600개 + 5{,}000개} = ₩389{,}610$$

㉡ 가공비 기말재공품

$$₩2{,}100{,}000 \times \frac{5{,}000개 \times 0.5}{60{,}000개 - 4{,}000개 \times 0.5 + 600개 \times 0.5 + 5{,}000개 \times 0.5} = ₩86{,}349$$

㉢ 기말재공품 원가 : ₩389,610 + ₩86,349 = ₩475,959

3. 후입선출법

┌ 재료비 : 기초재공품 환산량 〈 기말재공품 환산량
│ 4,000 〈 5,000
└ 가공비 : 4,000×0.5 〈 5,000×0.5

① 공손비를 재공품과 완성품에 부담시키는 경우

㉠ 재료비 기말재공품

$$₩300{,}000 + ₩4{,}800{,}000 \times \frac{5{,}000개 - 4{,}000개}{60{,}000개 + 5{,}000개 - 4{,}000개} = ₩378{,}689$$

㉡ 가공비 기말재공품

$$₩200{,}000 + ₩2{,}100{,}000 \times \frac{5{,}000개 \times 0.5 - 4{,}000개 \times 0.5}{60{,}000개 + 5{,}000개 \times 0.5 - 4{,}000 \times 0.5} = ₩217{,}355$$

㉢ 기말재공품 원가 : ₩378,689 + 217,355 = ₩596,044

② 공손비를 완성품에만 부담시키는 경우

㉠ 재료비 기말재공품

$$₩300{,}000 + ₩4{,}800{,}000 \times \frac{5{,}000개 - 4{,}000개}{60{,}000개 + 600개 + 5{,}000개 - 4{,}000개} = ₩377{,}922$$

㉡ 가공비 기말재공품

$$₩200,000 + ₩2,100,000 \times \frac{5,000개 \times 0.5 - 4,000개 \times 0.5}{60,000개 + 600개 \times 0.5 + 5,000개 \times 0.5 - 4,000 \times 0.5} = ₩217,270$$

㉢ 기말재공품 원가 : ₩377,922 + 217,270 = ₩595,192

(3) 공손품의 원가를 원가외손실(영업외비용)로 처리하는 방법

감손 및 공손품이 이상적으로 발생하였을 때에는 공손품 등의 원가를 따로 계산하여 제조원가에서 차감하고 원가외의 비용으로 처리하는 것으로 산식은 다음과 같다.

<산 식>

① 평균법

㉠ 기말재공품원가 = (기초재공품원가 + 당기제조비용)

$$\times \frac{기말재공품환산량}{완성품수량 + 기말재공품환산량 + 감손및공손품환산량}$$

㉡ 감손및공손품원가 = (기초재공품원가 + 당기제조비용)

$$\times \frac{감손및공손품환산량}{완성품수량 + 감손및공손품환산량 + 기말재공품환산량}$$

㉢ 완 성 품 원 가 = 기초재공품원가 + 당기제조비용 − 기말재공품원가 − 감손및공손품원가

② 선입선출법

㉠ 기말재공품원가 = 당기제조비용

$$\times \frac{기말재공품환산량}{완성품수량 - 기초재공품환산량 + 감손및공손품환산량 + 기말재공품\ 환산량}$$

㉡ 감손및공손품원가 = 당기제조비용

$$\times \frac{감손및공손품환산량}{완성품수량 - 기초재공품환산량 + 감손및공손품환산량 + 기말재공품환산량}$$

㉢ 완 성 품 원 가 = 기초재공품원가 + 당기제조비용 − 기말재공품원가 − 감손및공손품원가

〈예제 11-6〉 〈예제 11-5〉의 자료를 이용하여 공손품이 비정상적인 사유에 의해 발생된 것으로 가정할 경우에 완성품의 원가를 평균법, 선입선출법에 의하여 평가하여라. 또한 재료는 공정의 시점에서 투입되었다.

[해답] 1. 평균법

① 기말재공품 원가

㉠ 재료비 : $(₩300,000+₩4,800,000)\times\frac{5,000개}{60,000개+5,000개+600개}$ =₩388,720

㉡ 가공비 : $(₩200,000+₩2,100,000)\times\frac{5,000개\times0.5}{60,000개+5,000개\times0.5+600개\times0.5}$ = ₩91,561

㉢ 기말재공품 원가 : ₩388,720+₩91,561=₩480,281

② 공손품 원가

㉠ 재료비 : $(₩300,000+₩4,800,000)\times\frac{600개}{60,000개+600개+5,000개}$ =₩46,646

㉡ 가공비 : $(₩200,000+₩2,100,000)\times\frac{600개\times0.5}{60,000개+600개\times0.5+5,000개\times0.5}$ =₩10,987

㉢ 공손품 원가 : ₩ 46,646+₩10,987=₩ 57,633

③ 완성품 원가

(₩300,000+₩200,000)+(₩4,800,000+₩2,100,000)−₩480,281−₩57,633 =₩6,862,086

2. 선입선출법

① 기말재공품 원가

㉠ 재료비: ₩4,800,000 × $\frac{5,000개}{60,000개-4,000개+600개+5,000개}$ =₩389,610

㉡ 가공비: ₩2,100,000 × $\frac{5,000개\times0.5}{60,000개-4,000개\times0.5+600개\times0.5+5,000개\times0.5}$ = ₩86,349

㉢ 기말재공품 원가: ₩389,610+₩86,349= ₩475,959

② 공손품 원가

㉠ 재료비: ₩4,800,000 × $\frac{600개}{60,000개-4,000개+600개+5,000개}$ = ₩46,753

ⓛ 가공비: $₩2,100,000 \times \frac{600개 \times 0.5}{60,000개 - 4,000개 \times 0.5 + 600개 \times 0.5 + 5,000개 \times 0.5} = ₩10,362$

ⓒ 공손품 원가: ₩46,753 + ₩10,362 = ₩57,115

③ 완성품 원가
(₩300,000 + ₩200,000) + (₩4,800,000 + ₩2,100,000) − ₩475,959 − ₩57,115 = ₩6,866,926

제 4 절 부산물과 작업폐물의 회계처리

1. 부산물의 회계처리

(1) 부산물의 의의

부산물(by-products)이란 경영활동을 목적으로 하는 제품의 제조과정에서 필연적으로 파생되는 경제적 중요도가 낮은 제품을 말한다. 즉 동일제조 공정에서 동일한 원재료를 사용하여 제품이 생산될 때에 경제적 중요도가 높은 것을 주산물(main-products)이라 하고 중요도가 낮은 것을 부산물이라 한다. 예를 들면 주조공장에서 술은 주산물이고 술찌꺼기는 부산물이며, 비누공장에서는 비누가 주산물이고 글리세린은 부산물이다. 부산물은 작업폐물과는 부차적이라는 점에서 보면 유사하지만 작업폐물은 투입된 원재료와 동질적인 파생물인데 반하여, 부산물은 이질적인 파생물이라는 점이 다르다.

(2) 부산물의 회계처리

종합원가계산에 있어서 부산물이 발생할 때에는 그 가액을 평가하여 주산물의 완성품원가에서 차감하여야 한다. 일반적으로 이용되는 부산물의 평가방법은 외부에 판매하는 경우, 자가소비하는 경우로 나누어 평가할 수 있다.

<산 식>

① 외부에 판매하는 경우

㉠ 부산물을 가공없이 그대로 판매하는 경우

추정판매금액 - (추정판매비와 관리비 + 정상이익)

㉡ 부산물을 가공하여 판매하는 경우

추정판매금액 - (추정가공비 + 추정판매비와 관리비 + 정상이익)

② 자가소비하는 경우

㉠ 부산물을 그대로 자가소비하는 경우

부산물가액 = 추정구입가액

㉡ 부산물을 가공하여 자가소비하는 경우

부산물가액 = 추정구입가액 - 가공비 발생액

〈예제 11-7〉 다음 자료에 의하여 주산물 및 부산물의 원가를 계산하여라.

<자 료>

◦당 기 총 제 조 비 용		₩8,900,000
◦당 기 완 성 품 수 량	주산물	20,000개
	부산물	3,500개
◦부 산 물 의 추 정 단 가		@₩200
◦부산물의 판매비와 관리비		@₩12
	정상이익	@₩24

[해답] 1) 부산물의 평가

〔@₩200 - (@₩12 + @₩24)〕×3,500개 = ₩574,000

2) 주산물의 평가

₩8,900,000 - ₩574,000 = ₩8,326,000

2. 작업폐물의 회계처리

1) 작업폐물의 의의

작업폐물(scrap)은 산출물의 일부가 아니고 상대적으로 경제적 가치가 낮은 투입물이며, 생산에 사용된 원재료로부터 남아 있는 찌꺼기(폐물)를 말한다. 또한 투하원재료의 찌꺼기 중에는 투하원재료와 동질의 것도 있다. 만약 이질(異質)의 것이라면 그것은 부산물이 된다.

2) 작업폐물의 회계처리

작업폐물의 평가 및 회계처리방법은 부산물의 평가에 준하고, 그 평가액을 제조원가에서 차감하여야 한다. 그러나 작업폐물 중 처분가치나 이용가치가 없는 것은 종합원가계산에서 감손으로서 처리된다.

〈예제 11-8〉 다음 거래를 분개하시오.

1. 주요재료의 가공 중 작업폐물이 발생하여 이를 ₩260,000으로 평가하다.
2. 위의 작업폐물을 ₩300,000에 매각하고 현금으로 받다.

[해답]		차변	금액		대변	금액
	1)	차) 작업폐물	260,000		대) 재 공 품	260,000
	2)	차) 현 금	300,000		대) 작 업 폐 물	260,000
					작업폐물매각이익	40,000

연 습 문 제

〈객관식〉

1. 회계기간 중에 재공품계정 기말재고액이 증가하였다면? **(공인감정사 기출제문제)**
   ① 매출원가가 제품제조원가보다 더 클 것이다.
   ② 당기제조비용이 제품제조원가보다 더 클 것이다.
   ③ 당기제조비용이 제품제조원가보다 더 적을 것이다.
   ④ 제품제조원가가 매출원가보다 더 클 것이다.
   ⑤ 정답이 없다.

2. 정상적인 파손품의 원가는 다음 중 어떤 항목으로 분류되는가?
   ① 기간원가　　② 제조원가
   ③ 특별손실　　④ 이연비용

3. 다음 자료에 의해 선입선출법을 적용하여 기말재공품원가를 산출하면? **(세무사 기출제문제)**

<자료>

◦ 기초재공품 수량		300개 (완성도 80%)
◦ 기초재공품 원가	₩ 1,280,000	
◦ 당기 제조원가	₩10,600,000	
◦ 당기완성품 수량		1,200개
◦ 기말재공품 수량		200개 (완성도 50%)

   ① ₩1,000,000　　② ₩879,246
   ③ ₩ 716,924　　④ ₩533,334

【해설】 $₩10,600,000 \times \dfrac{200 \times 0.5}{1,200 + (200 \times 0.5) - (300 \times 0.8)} = ₩1,000,000$

4. 다음과 같은 자료의 경우 후입선출법에 의한 기말재공품원가는 얼마인가? **(세무사 기출제문제)**

<자료>

◦ 기초재공품 : 수 량	100개	◦ 당기제조원가 :	₩500,000
원 가	₩120,000		
완 성 도	80%		
◦ 기말재공품 : 수 량	150개	◦ 완성품 수량 :	520개
완 성 도	40%		

① ₩90,000 ② ₩100,000

③ ₩60,000 ④ ₩140,000

【해설】 $₩120,000 \times \frac{60}{80} = ₩90,000$

5. 제조공정에서 발생되는 공손품은 정상적인 것과 비정상적인 것으로 구별할 수 있는데, 이에 대한 적절한 회계처리방법은 어느 것인가? **(AICPA 기출제문제)**

	정상공손품	비정상공손품
①	제품원가	기간비용
②	제품원가	제품원가
③	기간비용	제품원가
④	기간비용	기간비용

6. 다음의 자료에 의해 선입선출법을 적용하여 기말재공품원가를 계산하면 얼마인가?

(공인감정사 기출제문제)

<자료>

◦ 기초재공품 ┌ 수 량 150개 ├ 완성도 80% └ 원 가 ₩640,000		◦ 당기제조원가 :	₩5,300,000
◦ 당기완성품수량 :	600개	◦ 기말 재공품 ┌ 수 량 100개 └ 완성도 50%	

① ₩500,000 ② ₩266,697

③ ₩358,462 ④ ₩439,623

⑤ ₩420,000

【해설】 $₩5,300,000 \times \frac{100 \times 0.5}{600 - 150 \times 0.8 + 100 \times 0.5} = ₩500,000$

7. 감손원가를 완성품에만 부담시키는 경우 기초재공품원가는 ₩3,000이고 당기제조비용은 ₩5,400이며, 기초재공품량 400개(완성도 50%), 기말재공품량 200개(완성도 50%), 감손량 40개(완성도

50%), 완성품량 300개인 경우 평균법에 의하여 기말재공품을 평가한다면 그 평가액은?

(세무사 기출제문제)

① ₩1,355 ② ₩1,400

③ ₩2,000 ④ ₩2,100

【해설】

$$(₩3,000 + ₩5,400) \times \frac{200 \times 0.5}{300 + 40 \times 0.5 + 200 \times 0.5} = ₩2,000$$

8. 다음은 어느 회사의 기말재공품에 관련된 자료이다. 모든 원가요소는 제조공정을 통하여 평균적으로 발생되며, 공손품이나 감손품은 발생되지 않았다고 할 경우에 기말재공품 원가를 평균법에 의하여 평가하면 얼마가 되겠는가? **(공인감정사 기출제문제)**

<자료>

- 기 초 재 공 품 ┌수 량 200개 / ├원 가 ₩15,000 / └완성도 40%
- 당기제조비용 : ₩360,000
- 당기완성품수량 : 450개
- 기말 재공품 ┌수 량 100개 / └완성도 50%

① ₩83,333 ② ₩72,000

③ ₩75,000 ④ ₩80,000

⑤ ₩37,500

【해설】

$$(₩15,000 + ₩360,000) \times \frac{100 \times 0.5}{450 + 100 \times 0.5} = ₩37,500$$

9. D공업사의 5월 중의 제조관련 자료는 다음과 같다.

<자료>

- 월 초 재 공 품 ┌수량 1,000개 (진척도 60%) / └원가 ₩ 1,200,000 (재료비: ₩ 800,000 가공비: ₩ 400,000)
- 당월 제 조 비용 : ₩13,100,000 (재료비: ₩9,000,000 가공비: ₩4,100,000)
- 당월완성품 수량 : 8,000개
- 월말재공품수량 및 진척도 : 2,000개 (진척도 40%)
- 재료는 제조개시 때 전부 투입됨

위의 자료에 의하여 월말재공품을 선입선출법에 의하여 평가하면 얼마나 되겠는가?

(KICPA 기출제문제)

① ₩1,800,000 ② ₩2,000,000

③ ₩2,300,000 ④ ₩2,369,091

⑤ ₩2,400,000

【해설】 기말재공품평가

① 재료비 : $₩9,000,000 \times \frac{2,000}{8,000 - 1,000 + 2,000} = ₩2,000,000$

② 가공비 : $₩4,100,000 \times \frac{200 \times 0.4}{8,000 - 1,000 \times 0.6 + 2,000 \times 0.4} = ₩400,000$

③ 기말재공품원가 : ₩2,000,000 + ₩400,000 = ₩2,400,000

10. S회사의 A부문 2008년 5월 제품제조활동의 자료는 다음과 같다.

항 목	물 량 (개)	재 료 비	가 공 비
기초재공품 (완성도 30%)	100	₩ 4,000	₩ 580
당 기 투 입	400	₩20,000	₩15,400
소 계	500	₩24,000	₩15,980
당 기 완 성 품 수 량	450		
기말재공품 (완성도 40%)	50		
합 계	500		

재료는 공정초에 전량 투입되었으며 가공비는 전 공정에 걸쳐 골고루 발생하였다. S회사는 가중평균법에 의한 계산을 실시하고 있다.

2008년 5월 31일 재공품을 평가하기 위한 완성품환산량 1개당 재료비와 가공비는 각각 얼마인가? **(KICPA 기출제문제 수정)**

	재료비	가공비
①	₩50	₩39
②	₩48	₩35
③	₩48	₩32
④	₩48	₩34
⑤	₩50	₩35

【해설】

1) 완성품환산량 계산
- 재료비 : 450 + 50 = 500
- 가공비 : 450 + (50×0.4) = 470

2) 완성품환산량 단위당원가
- 재료비 : ₩24,000 ÷ 500 = ₩48
- 가공비 : ₩15,980 ÷ 470 = ₩34

해답 1. ③ 2. ② 3. ① 4. ① 5. ① 6. ① 7. ③ 8. ⑤ 9. ⑤ 10. ④

〈주관식〉

1. 종합원가계산에서 재공품의 평가방법을 설명하여라.

2. 종합원가계산에 있어서 공손품, 감손, 작업폐물의 회계처리 방법을 약술하라.

3. 다음 자료를 토대로 기말재공품원가와 완성품원가를 평균법에 의하여 계산하여라.

<자료>

- 기초재공품
  - 수 량 680kg
  - 원 가 ₩ 3,000,000
  - 완성도 40%
- 당기제조비용 : ₩ 62,000,000
- 완성품 수량 : 7,800kg
- 공 손 품 : 450kg (완성도 50%)
- 기말 재공품 : 710kg (완성도 60%)
- 공손품은 전부 정상적인 공손으로서 잔존가치는 없다.
- 공손품은 기말재공품과 완성품에 부담시킨다.

4. 다음 자료에 의하여 기말재공품원가와 완성품원가를 평균법에 의하여 계산하고 원가계산표를 작성하라. (KICPA 기출제문제)

<자료>

- 기초재공품 재고액
  - 직접재료비 ₩200,000
  - 가 공 비 ₩150,000
  - 계 ₩350,000
- 당기발생원가
  - 직접재료비 ₩3,500,000
  - 가 공 비 ₩2,000,000
  - 계 ₩5,500,000
- 당기완성품 수량 : 95,000개
- 기말재공품 수량 : 10,000개
- 기말재공품의 완성도 : 직접재료비 및 가공비 모두 50%
- 원미만 셋째 자리에서 반올림한다.

5. (주)옥구산업의 금년도 3월의 원가자료는 다음과 같다. 완성품의 제조원가를 평균법에 의하여 계산하여라.

<자료>

- 기 초 재 공 품 : 800kg (완성도 40%)
  ₩3,199,440
- 당 기 투 입 량 : 4,500kg
- 당 기 투입원가 : ₩15,000,000
- 완 성 품 수 량 : 4,300kg
- 공 손 품 : 300kg
- 기말재공품 수량 : 700kg (완성도 60%)
- 공손품은 정상적인 것으로서 완성도 50%인 시점에서 구별된다.
- 공손품은 기말재공품과 완성품에 부담시킨다.

6. 아래 자료로 기말재공품원가를 평균법, 선입선출법, 후입선출법 등에 의하여 산출하여라.

<자료>

- 기 초 재 공 품 : 400개 (완성도 50%)
  ₩ 6,600,000
- 당기 제조비용 : ₩18,000,000
- 당기완성품 수량 : 4,800개
- 기 말 재 공 품 : 600개 (완성도 20%)

7. (주)풍남건설의 금년도 5월의 원가자료는 아래와 같다. 평균법 및 선입선출법에 의하여 기말재공품을 평가하고 완성품원가를 계산하여라.

<자료>

- 기 초 재 공 품
  - 재료비 ₩200,000
  - 가공비 ₩500,000

  (진척도 50%, 50,000kg)
- 당기 제조비용
  - 재료비 ₩3,600,000
  - 가공비 ₩8,500,000
- 완 성 품 수량 : 540,000kg
- 공 손 품 : 40,000kg
- 기말재공품 (진척도 40%) 50,000kg
- 공손품은 공정의 마지막에서 발생되며 모두 정상공손이다.

8. (주)월명산업의 금년도 6월의 원가자료는 아래와 같다. 5단계법을 이용하여 기말재공품원가와 완성품원가를 평균법에 의하여 계산하여라.

<자료>

◦ 기초 재공품	
수 량	800kg
재 료 비	₩360,000 (완성도 60%)
가 공 비	₩600,000 (완성도 50%)
◦ 당기제조비용	
재 료 비	
가 공 비	₩ 8,800,000
◦ 완성품 수량	₩24,000,000
◦ 기말 재공품	5,500kg
수 량	
재 료 비	500kg
가 공 비	완성도 60%
	완성도 50%

9. 다음 자료에 의하여 평균법, 선입선출법, 후입선출법에 의하여 기말재공품을 평가하고, 완성품원가를 산출하여라.

<자료>

◦ 기초 재공품	수 량	30,000개 (가공비 완성도 50%)
	재 료 비	₩800,000
	가 공 비	₩600,000
◦ 당기투입량	수 량	120,000개
	재 료 비	₩4,800,000
	가 공 비	1,200,000

◦ 기말 재공품 : 40,000개 (가공비 완성도 40%)

◦ 재료는 공정의 시점에 전량 투입되었다.

◦ 완 성 품 량 : 110,000개

10. S화학공업사의 제조공정 및 원가계산자료는 다음과 같다. 아래 자료에 의하여 후입선출법으로 기말재공품가를 계산하고 직접재료비, 가공비 및 당기완성품에 대한 회계처리를 분개하여라.

(KICPA 기출제문제)

항 목	기 초	기 말
1. 재 공 품		
실 사 량	1,800개	2,160개
감손(재료에 대하여)	10%	10%
가 공 비 완 성 도	50%	50%
직 접 재 료 비	₩600,000	
가 공 비	₩500,000	
2. 당 기 직접재료비	6,000개 @₩340	₩2,040,000
3. 당 기 가 공 비		₩2,839,680
노 무 비	₩1,500,000	
제 경 비	₩1,339,680	
4. 완성품 생산수량	4,480개	
(수율 80%)		

단, 직접재료는 제조시 초에 전량이 소비되고, 가공비는 제조 진척에 따라 소비된다.

제 12 장

종합원가계산(Ⅱ)

제12장 종합원가계산(Ⅱ)

제 1 절 단순종합원가계산

1. 단순종합원가계산의 의의

단순종합원가계산(single process cost accounting)이란 단일공정에서 단일제품을 반복해서 연속적으로 생산하는 경우에 적합한 종합원가계산방법이다. 여기에서 단일공정이란 원가계산 및 원가관리면에서 책임중심점이 하나인 것을 의미하며, 여기에 적용되는 업종은 제빙업 · 석유채취업 · 채광업 · 채탄업 · 제분업 · 제철업 등이 있다.

단순종합원가계산은 1원가계산기간에 발생한 총제조비용을 총생산량으로 나누어 제조원가를 계산하게 됨으로 계산이 용이하여 종합원가계산 중에서 가장 간단한 방법이라 할 수 있다.

2. 단순종합원가계산의 계산방법

단순종합원가계산은 1원가계산기간에 발생한 모든 원가요소를 집계하여 당기제조비용을 구한 다음 이것에다 기초재공품원가를 가산하고, 기말 현재의 기말재공품원가 및 부산물, 감손, 공손품, 작업폐물 등의 가액을 차감하여 당기완성품원가를 구한다. 그리고 당기완성품원가를 완성품 수량으로 나누어 제품의 단위원가를 산출한다. 이를 산식으로 표시하면 다음과 같다.

〈산식〉

- 당기완성품원가 = 기초재공품원가+당기제조비용-기말재공품원가
- 단위당제품원가 = 당기완성품원가÷당기완성품수량

3. 단순종합원가계산의 기장방법

단순종합원가계산에서는 제품의 종류가 동일하기 때문에 제조원가를 산출하기 위해서 원가요소를 제조직접비와 제조간접비로 구분할 필요가 없으므로 기장은 단순하다. 그러므로 단순종합원가계산에서는 단일의 재공품계정을 설정하고 원가요소별로 파악된 재료비, 노무비, 경비를 재공품계정의 차변에 대체하여 기초재공품과 합산하고, 기말재공품을 평가하여 이를 차감함으로써 완성품원가를 산출하여 이를 제품계정의 차변에 대체한다.

단순종합원가계산에 의한 원가의 흐름을 요약하면 〈표 12-1〉과 같다.

〈표 12-1〉 단순종합원가계산의 계정흐름도

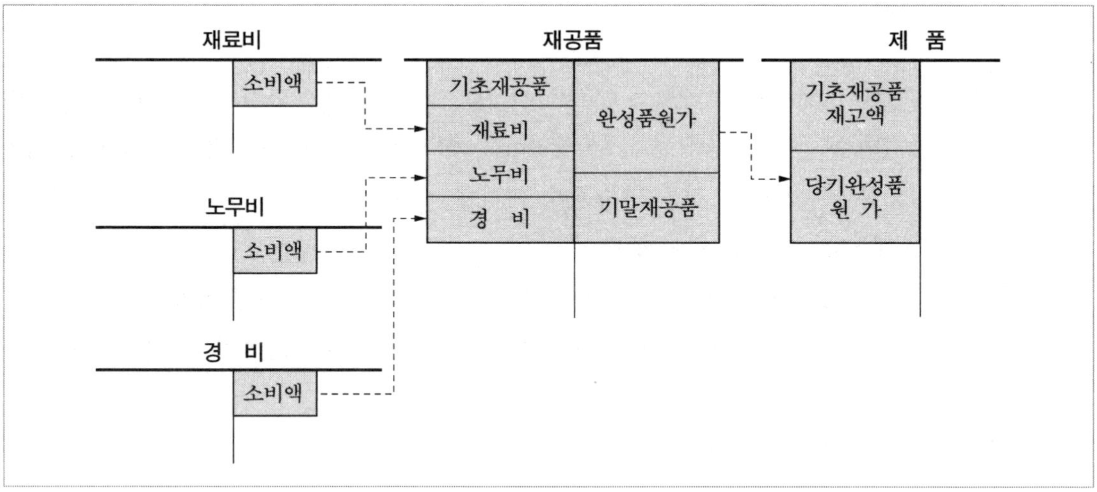

〈예제 12-1〉 (주)서울공업의 2008년 5월 중에 있어 원가자료는 다음과 같다. 아래의 자료에 의하여 단순종합원가계산표를 작성하여라. 단, 직접재료비는 공정의 시점에 전량 투입되었으며 기말재공품의 평가는 평균법에 의한다.

<자료>

- 기초 재공품 원가 ┌ 재료비 ₩ 480,000
  └ 가공비 ₩ 195,000
- 기초재공품 수량 : 100개 (가공비 완성도 50%)
- 당기 제조비용 ┌ 재료비 ₩2,300,000
  ├ 노무비 ₩ 960,000
  └ 경　비 ₩ 475,000
- 당 기 투 입 량 : 800개
- 기말재공품 수량 : 200개 (가공비 완성도 25%)
- 당 기 완 성 량 : 700개

[해답] 1. 산식에 의한 방법

1) 기말재공품원가

㉠ 기말재공품 재료비

$$(₩480{,}000 + ₩2{,}300{,}000) \times \frac{200}{700+200} = ₩617{,}778$$

㉡ 기말재공품 가공비

$$(₩195{,}000 + ₩1{,}435{,}000) \times \frac{200 \times 0.25}{700 + (200 \times 0.25)} = ₩108{,}667$$

㉢ 기말재공품 원가

₩617,778 + ₩108,667 = ₩726,445

2) 완성품원가

₩3,735,000 + ₩675,000 − ₩726,445 = ₩3,683,555

2. 5단계법

1) 1단계 (물량의 흐름)

재 공 품

기초재공품 100개(완성도 50%)	당기완성량 700개
당기투입량 800개	기말재공품 200개 (완성도 25%)
900개	900개

2) 2단계 (완성품 환산량의 계산)

㉠ 재료비 : 700개 + 200개 = 900개

㉡ 가공비 : 700개 + 200개 × 0.25 = 750개

3) 3단계 (총원가의 집계)

항 목	직접재료비	가 공 비	합 계
기초 재공품	₩ 480,000	₩ 195,000	₩ 675,000
당기제조비용	2,300,000	1,435,000	3,735,000
총 원 가	₩2,780,000	₩1,630,000	₩4,410,000

4) 4단계 (완성품 환산량의 단위당 계산)

㉠ 재료비(₩480,000+₩2,300,000)÷900개=₩3,088.8888889

㉡ 가공비(₩195,000+₩1,435,000)÷750개=₩2,173.3333333

@₩5,262.2222222

5) 5단계 (총원가를 완성품과 기말재공품에 배분)

㉠완성품원가

@₩5,262.2222222×700개=₩3,683,555

㉡기말재공품원가

재료비: @₩3,088.8888889×200개 = ₩617,778

가공비: @₩2,173.3333333 × 50개= ₩108,667

₩726,445

검 산

차변		대변	
기초재료비	480,000	완 성 품 원 가	3,683,555
기초가공비	195,000	기말재공품원가	726,445
당기재료비	2,300,000		
노 무 비	960,000		
경 비	475,000		
	4,410,000		4,410,000

단순종합원가계산표

원 가 항 목	재 료 비	가 공 비	합 계
당 기 제 조 비 용			
재 료 비	2,300,000		2,300,000
노 무 비		960,000	960,000
경 비		475,000	475,000
소 계	2,300,000	1,435,000	3,735,000
기초재공품 원가(+)	480,000	195,000	675,000
소 계	2,780,000	1,630,000	4,410,000
기말재공품 원가(−)	617,778	108,667	726,445
당기완성품 원가	2,162,222	1,521,333	3,683,555
완 성 품 수 량	700개	700개	700개
단위당 제품 원가	₩3,088.89	₩2,173.33	₩5,262.22

제 2 절 연산품 종합원가계산

1. 연산품 종합원가계산의 의의

연산품(joint products)이란 동일한 투입 원재료를 사용하여 종류가 다른 두 가지 이상의 제품이 생산되는 경우 이들 제품 상호간에 있어서 주·부(主·副)의 구별을 명확히 할 수 없을 때 이들 제품을 연산품이라 한다. 연산품은 서로 상대적으로 중요한 판매가치를 가지며, 분리점(split-off point)까지는 별개의 제품으로서 식별할 수 없는 제품을 말한다. 이러한 연산품의 예는 정유업의 휘발유·석유·경유·등유, 제련업의 금·은·동·니켈, 석탄화학공업에서의 콜타르·가스·코크스 등이 있다. 연산품은 다른 연산품을 수반하지 않고는 생산되지 않으며, 인위적으로 제품성분의 조작이 불가능하고, 분리점에 도달하기 전에는 서로 구별되지 않는다는 점에서 등급품 및 부산물과도 구별된다. 여기에서 분리점이란 결합원가가 개별연산품으로 분리되어지는 점이며, 이 분리점 이전의 원가는 합리적인 배부기준에 의하여 각 제품에 배분하고, 이 분리점 이후의 추가가공원가는 제품별로 인지하여 각 연산품별 원가를 산정한다. 연산품은 최종공정에서 분리되는 것도 있으며, 중간공정에서 분리되어 추가가공하거나 반제품의 형태로 매각되는 것도 있다.

2. 연산품의 원가계산 방법

연산품 생산을 위한 원가는 결합원가(joint costs)로 나타남으로 이를 제품별로 분리해야 한다. 여기에서 결합원가란 연산품이 분리점에 도달할 때까지 각 제품으로 식별되지 않고 재료비·노무비 등에 공통적으로 발생하는 것을 말한다. 분리점까지의 결합원가는 각 제품별로 개별원가를 파악할 수 없으므로 이 결합원가를 각 연산품에 배분하기 위해서는 일정한 기준에 의하여 각 연산품별로 배분해야 하는데 이때 적용되는 기준으로는 정상시가법, 물량기준법 등이 있다.

(1) 정상시가법

이 방법은 시가기준법이라고도 하며, 기본적으로 결합원가의 배분에 각 연산품의 정상시가를 기준으로 하는 것이다. 이에는 분리점 이후에 연산품에 대한 추가가공의 여부에 따라 ① 분리점의 정상시가를 기준으로 하는 경우와 ② 「정상시가-분리점후의 개별가공비」를 기준으로 하는 경우가 있다. 전자는 분리점에서 제품별 상대적 판매가치(relative sales value)를 기준으로 등가계수를 산정하고 적수로서 결합원가를 배분하며, 수익과 비용이 적절히 대응될 수 있는 방법이다. 후자는 연산품이 분리섬에서 분리되어 개별제품으로서 판매할 수 있는 경우에는 판매가치를 쉽게 알 수 있으나, 분리점 이후에 추가가공하는 경우에는 추정순실현가치를 이용하여야 한다. 추정순실현가치(estimated net realigable value)는 제품의 최종판매가액에서 추정추가가공비와 가공비를 차감한 금액을 말한다.

① 분리점의 정상시가를 기준으로 하는 경우

예를들면, 결합원가 ₩5,000,000 (1,000개)은 분리점에서 연산품 A(200개), 연산품 B(300개), 연산품 C(500개)로 분리되고, (A의 시가→₩700, B의 시가→₩800, C의 시가→₩600)일 경우 분리원가는 다음과 같다.

결합원가 ₩5,000,000 (1,000개) ⟶ 연산품 A 200개 ⟶ 분리원가 ₩1,029,412
연산품 B 300개 ⟶ 분리원가 ₩1,764,706
연산품 C 500개 ⟶ 분리원가 ₩2,205,882

㉠ 연산품 A의 분리원가

$$₩5{,}000{,}000 \times \frac{7}{34} = ₩1{,}029{,}412$$

㉡ 연산품 B의 분리원가

$$₩5,000,000 \times \frac{12}{34} = ₩1,764,706$$

㉢ 연산품 C의 분리원가

$$₩5,000,000 \times \frac{15}{34} = ₩2,205,882$$

※ 연산품 A, B, C의 상대적 판매가치는 (200×700) : (300×800) : (500×600) = 7 : 12 : 15

② 「정상시가-분리점후의 개별가공비」를 기준으로 하는 경우

예를 들면, 결합원가 ₩5,000,000(1,000개)은 분리점에서 연산품 A(200개), 연산품 B(300개), C(500개)로 분리되고, 연산품 C는 ₩100,000을 들여 추가가공하면 (A의 시가→₩700, B의 ₩800, C의 시가→₩1,000)일 경우 분리원가는 다음과 같다.

결합원가 ₩5,000,000 (1,000개)	→	연산품	→	분리원가
		연산품 A 200개	→	분리원가 ₩ 897,436
		연산품 B 300개	→	분리원가 ₩1,538,462
		연산품 C 500개	→	분리원가 ₩2,564,103

㉠ 연산품 A의 분리원가

$$₩5,000,000 \times \frac{7}{39} = ₩897,436$$

㉡ 연산품 B의 분리원가

$$₩5,000,000 \times \frac{12}{39} = ₩1,538,462$$

㉢ 연산품 C의 분리원가

$$₩5,000,000 \times \frac{20}{39} = ₩2,564,103$$

※ 연산품 A, B, C의 순실현가치는 (200×700) : (300×800) : (500×1,000 − 100,000) = 7 : 12 : 20

(2) 물량기준법

물량기준법이란 분리점에서 개별제품의 수량·중량·부피·면적 등의 비율을 기준으로 결합원가를 각 연산품에 배부하는 방법이다. 이 방법은 물량기준과 판매가격 사이에 밀접한 관계가 존재하지 않거나 결합품 단일의 물리적 속성을 갖지 못할 경우에는 물량기준의 적용이 곤란하다.

〈예제 12-2〉 (주)호원상사의 2008년 3월의 원가자료를 가지고 분리점에서의 판매가치법 및 물량기준법으로 결합원가를 배분하고 각 연산품의 단위당 원가를 계산하시오. 3월중 발생한 결합원가는 ₩8,000,000이다.

연 산 품	생 산 량	분리점에서 판매가치
A	600개	₩ 3,000
B	900	8,000
C	500	9,000
계	2,000개	₩20,000

[해답]

결합제품 2,000개 : ┌ 연산품A 600개
(₩8,000,000) │ 연산품B 900개
└ 연산품C 500개

(1) 분리점에서 판매가치법

제 품	생산량	판매가치	등가계수	적수	배분원가	단위원가
A	600	3,000	3	1,800	1,066,667	@₩1,778
B	900	8,000	8	7,200	4,266,667	@₩4,741
C	500	9,000	9	4,500	2,666,667	@₩5,333
계	2,000	20,000	20	13,500	8,000,000	

※ A제품 배부계산 ₩8,000,000 × $\frac{1,800}{13,500}$ =₩1,066,667

B제품 배부계산 ₩8,000,000 × $\frac{7,200}{13,500}$ =₩4,266,667

C제품 배부계산 ₩8,000,000 × $\frac{4,500}{13,500}$ =₩2,666,667

(2) 물량기준법

제 품	생 산 량	배 분 원 가	단 위 원 가
A	600	₩2,400,000	@₩4,000
B	900	₩3,600,000	@₩4,000
C	500	₩2,000,000	@₩4,000
계	2,000	₩8,000,000	

※ A제품 배부계산 ₩8,000,000 × $\frac{600}{2,000}$ =₩2,400,000

$$\text{B제품 배부계산 ₩8,000,000} \times \frac{900}{2,000} = \text{₩3,600,000}$$

$$\text{C제품 배부계산 ₩8,000,000} \times \frac{500}{2,000} = \text{₩2,000,000}$$

제 3 절 등급별 종합원가계산

1. 등급별 종합원가계산의 의의

등급별 종합원가계산(class cost system)이란 동일재료, 동일공정에 의하여 계속적으로 생산되는 제품의 종류는 같으나, 품질·형태·면적·크기·중량 등에 의해 등급이 서로 다른 제품을 제조하는데 적용되는 원가계산방법이다. 예를 들면 양조업에서 생산되는 순도가 다른 주류, 제화업에서 생산되는 문수·형상이 다른 신발류, 합판제조업에서 두께가 다른 합판, 제분업에서 품질이 각각 다른 소맥분 등이 있는데 이런 제품의 경우에는 등급품 전체에 대한 제조원가를 계산하고, 이것을 각 등급품에 배분하여 완성품의 종합원가 및 단가를 산정한다.

조별 원가계산과 등급별 원가계산의 차이점은 조별 원가계산이 서로 다른 이종(異種)제품을 대상으로 하는 것인데 반하여, 등급별 원가계산은 동종(同種)제품을 그 대상으로 한다는 점에 차이가 있다.

2. 등가계수의 설정기준

등급별 원가계산은 등급제품의 원가부담이 균등하도록 하는 기준인 등가계수(equivalent-coefficient)에 의하여 각 등급별 제품의 원가가 계산되므로 적정한 등가계수를 선정하는 것이 정확한 원가계산의 관건이 된다. 등가계수는 각 등급품의 원가부담능력에 관한 상대적 비중을 나타내므로, 등급품의 생산량을 공통의 원가계산 단위로 환산하는 계수이다. 일반적으로 등가계수를 결정하는 기준은 다음의 3가지가 있다.

<등가계수를 결정하는 기준>

① 수량기준 : 각 등급품의 중량, 면적, 길이, 두께, 순도, 주요재료의 소비량, 작업시간을 기준으로 해서 등가계수를 결정하는 방법이다.

② 원가기준 : 각 등급품에 대하여 시험적으로 일정기간 동안 원가계산을 실행하고 각각의 제품단가로서 등가계수를 삼는다. 즉, 정상적인 생산활동을 전제로 하고 사전에 계산된 원가수치를 기준으로 하여 등가계수를 결정한다.

③ 시가기준 : 시가기준은 수량기준 및 원가기준에 의하여 등가계수를 결정할 수 없을 때 각 제품의 정상시가에 의하여 결정한다. 등가계수의 결정에 시가를 이용하려면 일정기간의 판매가치(시가)의 평균을 이용하고, 공인 물가조사 기관의 물가변동 예측치를 고려하여 결정하면 더욱 좋다.

3. 등급별 종합원가계산의 방법

각 등급품에 대한 등가계수가 설정되면 그 등가계수를 각 제품의 생산량에 곱하여 등급품마다 적수(積數)를 산출하고, 그 기간의 종합원가를 적수로 안분하여 각 등급품의 제조원가를 결정한다. 등급별 종합원가계산의 절차는 다음과 같다.

<등급별 종합원가계산의 절차>

① 각 등급품의 등가계수를 미리 결정해 둔다.

② 각 등급품의 「등가계수 × 생산량」에 의하여 적수 또는 필요에 따라 등가비율을 구한다.

등급품별 적수 = 등급품별 등가계수 × 등급품별 수량

③ 완성품 제조원가를 적수의 비율에 따라 각 등급품에 배부하여 각 등급품의 제조원가를 계산한다.

$$\text{등급품별 제조원가} = \text{총제조원가} \times \frac{\text{등급품별 적수}}{\text{적수합계}}$$

④ 각 등급품의 제조원가를 생산량으로 나누어 단위원가를 구한다.

$$\text{각 등급품별 단위원가} = \frac{\text{등급품별 제조원가}}{\text{등급품별 수량}}$$

이상의 등급별 종합원가계산의 계산 과정을 도표 〈표 12-2〉로 나타내면 다음과 같다.

〈표 12-2〉 등급별 종합원가계산의 계정흐름도

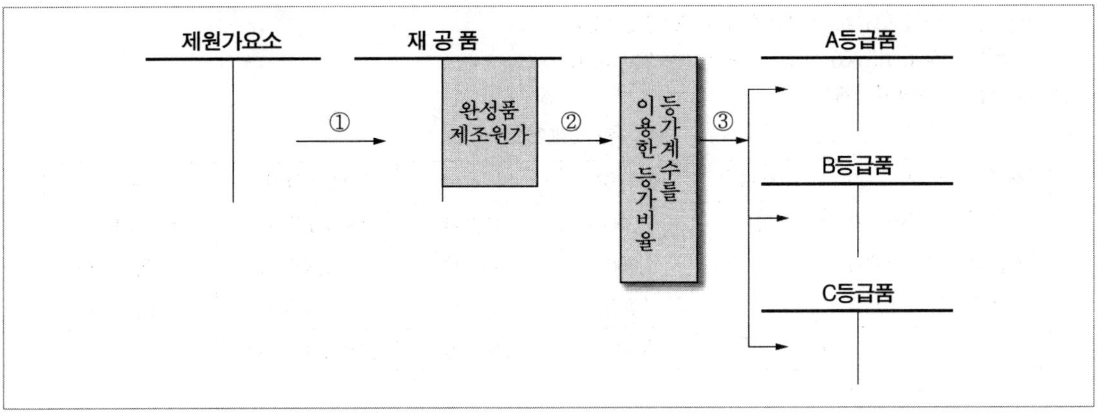

〈예제 12-3〉 (주)호원산업에서는 A, B, C의 등급품을 생산하고 있다. 다음 자료에 의하여 등급품별 원가계산표를 작성하여라(단위원가 전미만 반올림).

제 품 명	생 산 량	단위당시가	총제조원가
A 급 품	1,500개	₩4,000	
B 급 품	1,800개	₩7,000	₩64,970,000
C 급 품	1,700개	₩9,000	

등급품별 등가계수는 단위당 시가를 기준으로 계산한다.

[해답]

(1) 등가계수와 적수의 산정

등 급 품	단위당시가	등가계수 × 생산량 = 적수
A 급 품	₩4,000	4 × 1,500개 = 16,000
B 급 품	₩7,000	7 × 1,800개 = 49,000
C 급 품	₩9,000	9 × 1,700개 = 81,000
총 적 수		146,000

(2) 적수비율에 의한 당월 총제조원가의 등급품별 배부계산

A급품 : $₩64,970,000 \times \frac{16,000}{146,000} = ₩7,120,000$

B급품 : $₩64,970,000 \times \frac{49,000}{146,000} = ₩21,805,000$

C급품 : $₩64,970,000 \times \frac{81,000}{146,000} = ₩36,045,000$

(3) 각 등급품별 단위원가 계산

A급품 : ₩ 7,120,000 ÷ 1,500개 = ₩ 4,746.67

B급품 : ₩21,805,000 ÷ 1,800개 = ₩ 12,113.89

C급품 : ₩36,045,000 ÷ 1,700개 = ₩ 21,202.94

(4) 등급품별 종합원가계산

원가계산표

제품명	시 가	등가계수	생산량	적 수	배분원가	단위원가
A급품	₩4,000	4	1,500개	16,000	₩ 7,120,000	₩ 4,746.67
B급품	7,000	7	1,800 〃	49,000	21,805,000	12,113.89
C급품	9,000	9	1,700 〃	81,000	36,045,000	21,202.94
계	-	-	5,000개	146,000	₩64,970,000	——

제 4 절 조별 종합원가계산

1. 조별 종합원가계산의 의의

조별 종합원가계산(lot cost system)은 여러 종류의 다른 제품을 대량생산하는 경영형태에서 서로 다른 제품의 종류별로 조(組)를 설정하여 각 조별로 원가를 집계하는 방식을 채택하는 종합원가계산이다.

이는 동일 종류의 제품을 연속적으로 대량생산 한다는 점에서는 공정별 종합원가계산과 유사하나, 단일 제품이 아닌 서로 다른 여러 제품을, 각 조별로 원가가 계산된다는 점에서는 개별원가계산의 형태라고도 말할 수 있다. 때문에 조별 종합원가계산은 개별원가계산과 종합원가계산의 혼합형이라고 볼 수 있다.

조별 종합원가계산은 개별생산으로부터 연속 대량생산으로 옮겨가는 과도기적인 제조형태에서 적용되는 계산방법으로 채택하는 업종은 자동차공업, 식품제조업, 공구제조업, 제지업, 전기제품제조업이 있다. 조별 종합원가계산은 ① 공정별 계산의 여부 ② 공정원가의 집계범위에 따라 그 형태를 다음과 같이 분류한다.

- 조별 종합원가계산
  - 단순 조별 종합원가계산
  - 공정별 조별 종합원가계산
    - 전원가요소 공정별 조별 종합원가계산
    - 가공비 공정별 조별 종합원가계산
    - 간접비 공정별 조별 종합원가계산

2. 단순조별 종합원가계산

단순조별 종합원가계산은 단일공정조별 종합원가계산이라고도 하는데 공정을 여러 개로 구분하지 않고 단일공정으로 하여 조별로 원가계산을 하는 것이다. 이 방법은 원가요소를 조직접비와 조간접비로 구분하여 조직접비는 각 조에 직접 배부하고, 조간접비는 적당한 배부기준에 따라 각 조에 배부한다. 이렇게 조별로 파악한 제조비용은 종합원가계산방법에 의하여 완성품과 기말재공품에 안분 계산하게 된다.

단순조별 종합원가계산에 의한 원가의 흐름을 요약하면 〈표 12-3〉과 같다.

〈표 12-3〉 단순조별 종합원가계산시 원가의 흐름

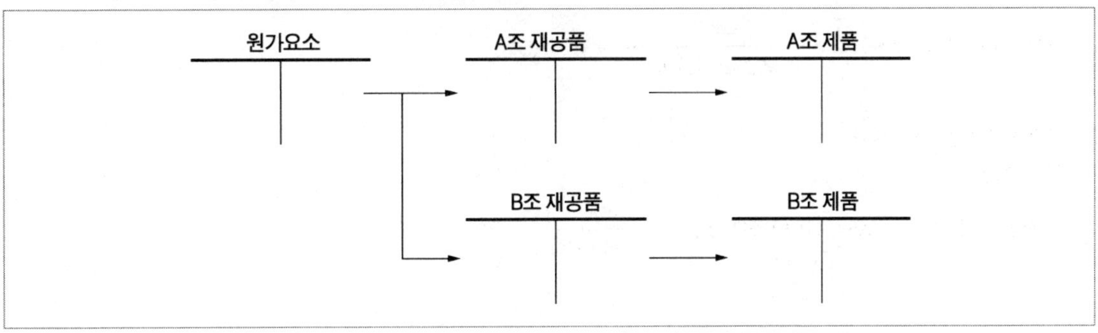

〈예제 12-4〉 (주)옥구산업은 A, B의 2종제품을 조별로 생산하고 있다. 다음 자료에 의하여 단순조별 종합원가계산표를 작성하여라.

1) 기초재공품

품 종	수 량	직접재료비	가 공 비	합 계
A제품	60kg	₩84,000	₩116,000	₩200,000
B제품	40kg	₩68,000	₩ 82,000	₩150,000

2) 작업상황

품 종	완성품	기말 재공품		직접노동시간	조직접비		조간접비
		수 량	완성도		직접재료비	가공비	
A제품	680kg	30kg	60%	3,200시간	₩860,000	₩750,000	₩960,000
B제품	320kg	40kg	50%	1,800시간	₩630,000	₩490,000	

3) 조간접비는 직접노동시간을 기준으로 배부한다.

4) 직접재료비는 생산초기에 전량 투입된다.

5) 기말재공품의 평가는 평균법에 의한다.

[해답]

1. 조간접비의 배부액 계산

A제품 배부액 : $₩960,000 \times \dfrac{3,200}{3,200+1,800} = ₩614,400$

B제품 배부액 : $₩960,000 \times \dfrac{1,800}{3,200+1,800} = ₩345,600$

2. 기말재공품원가의 계산

1) A제품

직접 재료비 : $(₩84,000+₩860,000) \times \dfrac{30}{680+30} = ₩39,887$

가 공 비 : $(₩116,000+₩750,000+₩614,400) \times \dfrac{30\times0.6}{680+30\times0.6} = ₩38,177$

기말재공품원가 : ₩39,887 + ₩38,177 = ₩78,064

2) B제품

직 접 재료비 : $(₩68,000+₩630,000) \times \dfrac{40}{320+40} = ₩77,556$

가 공 비 : $(₩82,000+₩490,000+₩345,600) \times \frac{40 \times 0.5}{320+40 \times 0.5} = ₩53,976$

기말재공품원가 : ₩77,556+₩53,976 =₩131,532

<u>조별 종합원가계산표</u>

항 목	A 제 품	B 제 품	합 계
기초재공품 원 가			
직 접 재 료 비	₩ 84,000	₩ 68,000	₩ 152,000
가 공 비	116,000	82,000	198,000
조 직 접 비			
직 접 재 료 비	860,000	630,000	1,490,000
가 공 비	750,000	490,000	1,240,000
조간접비 배부액	614,400	345,600	960,000
합 계	₩2,424,400	₩1,615,600	₩4,040,000
기말재공품 원가(-)	78,064	131,532	209,596
조 별 제품원가	₩2,346,336	₩1,484,068	₩3,830,404
완 성 품 수 량	680kg	320kg	
단위당 제조원가	@₩3,450.49	@₩4,637.71	

제 5 절 공정별 종합원가계산

1. 공정별 종합원가계산의 의의

공정별 종합원가계산(process cost system)이란 두 개 이상의 제조공정을 거쳐서 같은 종류의 제품을 연속적으로 대량 생산하는 경영에 적합한 펄프제조업 · 화학공업 · 제당업 · 시멘트공업 등에서 주로 이용되는 원가계산 형태이다. 이 방법에 의한 원가계산은 각 제조공정마다 행해지며, 이때 각 공정에서 완성한 제품을 반제품이라 하고, 이 반제품은 경우에 따라서는 판매가 가능한 중간제품이 되기도 하고 저장이 가능한 제품이 되기도 한다. 반제품으로서의 원가가 각 공정별로 집계되고, 반제품이 다음 공정으로 대체됨에 따라 원가도 누적적으로 대체됨으로써 결국은 마지막 공정에서 최종 집계된 원가가 완성품의 원가가 되는 것이다. 공정별로 원가를 집계하는 것은 제품의 정확한 원가를 산출하고, 또한 공정별로 원가의 발생상태를 파악하여 원가의 관리통제에 유익한 자료를 제공해 준다.

공정별 종합원가계산은 각 공정에 집계되는 원가요소의 범위에 따라 전원가요소공정별 종합원가계산과 가공비공정별 종합원가계산으로 나누어진다. 전원가요소공정별 종합원가계산은 재료비,

노무비, 경비의 전원가요소를 각 공정별로 계산하는 방법이다. 그리고 가공비공정별 종합원가계산은 대부분의 재료가 제1공정의 시점에서 투입되고, 그 이후의 공정에서는 가공만 하므로 가공비만을 공정별로 계산하는 방법이다. 전자는 각 공정별로 주요재료가 투입되는 생산형태에서 많이 사용되며, 후자는 주요재료가 제조과정의 시발점에서 전부 투입되고, 그 이후 공정에서는 가공비만 발생하는 생산형태에 적합한 원가계산 방법이다.

2. 공정별 종합원가계산 방법

공정별 종합원가를 산정하는 방법에는 2가지 방법이 있는데, 그 하나는 前공정의 완성품원가를 순차적으로 다음 공정에 대체하는 누가법이 있고 다른 하나는 각각의 공정에서 개별적으로 원가를 계산하는 비누가법이 있다.

1) 누가법

누가법(cumulative method)이란 각 공정별로 완성된 중간제품 원가를 다음 공정에 차례로 대체하여 최종공정에서 제품원가를 계산하는 방법이다.

즉, 제1공정의 기초재공품 원가에 당기 공정비를 가산하고 기말재공품 원가, 부산물의 원가 등을 차감하여 제1공정 완성품원가를 계산하다. 이를 차공정에 대체하여 제2공정 이후의 각 공정에서는 자공정비와 전공정비를 가산하고 제2공정 이후의 각 공정 기말재공품 원가를 차감하여 제2공정 이후의 각 공정완성품 원가를 각각 산정하고 최종 공정에서는 같은 방법으로 완성품원가를 계산한다.

누가법에 의한 계정의 흐름도를 보면 〈표 12-4〉와 같다.

〈표 12-4〉 누가법에 의한 공정별 종합원가계산의 계정 흐름도

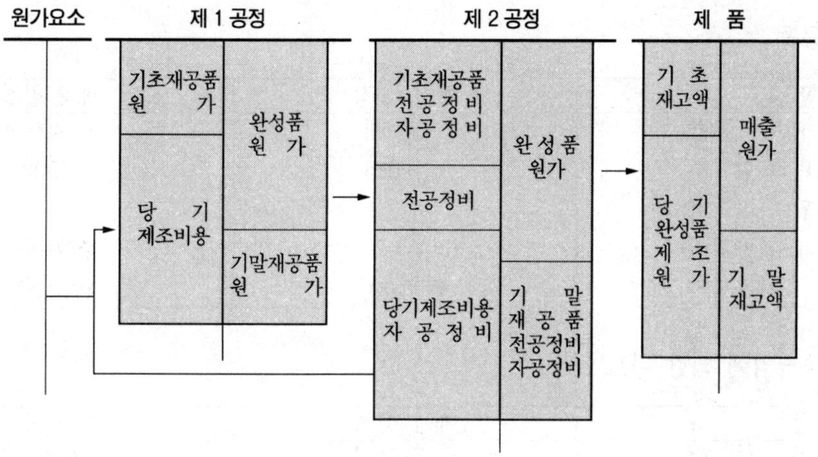

누가법에 의한 제1공정의 기말재공품 원가 계산방법은 단순 종합원가계산의 경우와 같으나 제2공정부터는 기말재공품 원가계산을 자공정비와 전공정비를 구분하여 계산하여야 한다. 왜냐하면 자공정비와 전공정비의 제조단가가 서로 다르기 때문이다. 기말재공품에 부담시킬 前공정비는 다음 산식에 의하여 계산한다.

〈산식〉

① 평균법

$$\text{기말재공품 전공정비} = (\text{기초재공품 전공정비} + \text{당기전공정비}) \times \frac{\text{기말재공품 수량}}{\text{기초재공품 수량} + \text{전공정대체품량}}$$

② 선입선출법

$$\text{기말재공품 전공정비} = \text{당기전공정비} \times \frac{\text{기말재공품 수량}}{\text{당기전공정 대체품량}}$$

③ 후입선출법

㉠ 기초재공품 수량 〉 기말재공품 수량일 경우

$$\text{기말재공품 전공정비} = \text{기초재공품 전공정비} \times \frac{\text{기말재공품 수량}}{\text{기초재공품 수량}}$$

㉡ 기초재공품 수량 〈 기말재공품 수량일 경우

$$\text{기말재공품 전공정비} = (\text{기초재공품 전공정비} + \text{당기전공정비}) \times \frac{\text{기말재공품 수량} - \text{기초재공품수량}}{\text{당기전공정 대체품량}}$$

〈예제 12-5〉 (주)나운산업의 원가자료를 가지고 누가법에 의한 공정별 원가계산표를 작성하라.

1. 기초재공품

항 목	제 1 공정	제 2 공정
수 량	300개	400개
완 성 도	60%	50%
원 가		
전공정비	-	₩80,000
자공정비	₩90,000	₩70,000

2. 당기제조작업에 의한 자료

항 목	제 1 공정	제 2 공정
완 성 량	7,000개	6,990개
기말 재공품		
수 량	300개	280개
완 성 도	50%	40%
감 손 량	200개	130개
당기제조비용	₩860,000	₩650,000

3. 기말재공품 평가는 선입선출법으로 하고, 감손은 정상적이며 공정의 완료시점에서 발생하고 완성품에만 부담시킨다.

[해답] (제1공정)

1) 기말재공품 원 가 : $₩860,000 \times \dfrac{300 \times 0.5}{7,000 - 300 \times 0.6 + 200 + 300 \times 0.5} = ₩17,992$

2) 완 성 품 원 가 : ₩90,000 + ₩860,000 − ₩17,992 = ₩932,008

(제2공정)

1) 기말재공품 평가

① 전 공 정 비 : $₩932,008 \times \dfrac{280}{7,000} = ₩37,280$

② 자 공 정 비 : $₩650,000 \times \dfrac{280 \times 0.4}{6,990 - 400 \times 0.5 + 130 + 280 \times 0.4} = ₩10,353$

③ 기말재공품 원가 : ₩37,280 + ₩10,353 = ₩47,633

2) 완성품원가 : ₩150,000 + (₩650,000 + ₩932,008) − ₩47,633 = ₩1,684,375

공정별 종합원가계산표

(누가법)

원 가 항 목	제 1 공정	제 2 공정	합 계
기초재공품원가	₩ 90,000	₩ 150,000	₩ 240,000
당기 제조비용	860,000	650,000	1,510,000
전 공 정 비	-	→ 932,008	-
소 계	₩950,000	1,732,008	₩1,750,000
기말재공품원가	17,992	47,633	65,625
완 성 품 원 가	₩932,008	₩1,684,375	₩1,684,375
완 성 량	7,000개	6,990개	
단 위 원 가	@₩133.14	@₩240.96	

2) 비누가법

비누가법(non-cumulative method)은 누가법과 같이 각 공정의 완성품원가를 다음의 공정에 차례로 대체하지 않고 각 공정마다 공정제품의 단가를 산출하고, 그 합계로써 최종제품의 단가를 g 산정하는 방법이다. 따라서 비누가법은 자공정비만으로 계산이 되므로 전공정비를 계산할 필요가 없다. 그러나 비누가법은 자공정의 기말재공품 뿐만 아니라 차공정 이후의 기말재공품에 포함된 자공정 부담액을 도출해야 하는 번거로움이 있다. 이 방법은 각 공정의 작업능률을 측정하는데 적합하나, 기말재공품을 산정하는데 복잡하므로 실무에서는 거의 적용되지 않고 있다.

비누가법에 의한 공정별 종합원가계산의 계정 흐름도를 보면 〈표 12-5〉와 같다.

〈표 12-5〉 비누가법에 의한 공정별 종합원가계산의 계정흐름

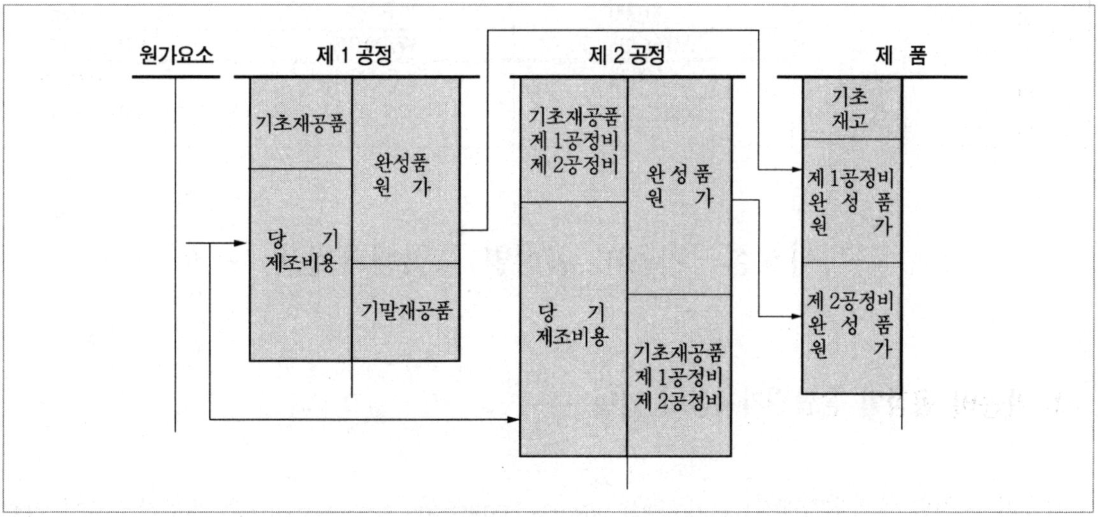

〈예제 12-6〉 〈예제 12-5〉의 자료를 이용하여 비누가법에 의한 공정별 원가계산표를 작성하여라.

[해답]

1. 제1공정

1) 기말재공품 평가 :

$$₩860,000 \times \frac{300\times0.5}{7,000-300\times0.6+200+300\times0.5} = ₩17,992$$

2) 제1공정 완성량 종합원가계산

₩90,000＋₩860,000－₩17,992＝₩932,008

₩932,008÷7,000개＝@₩133.14

3) 제2공정 기말재공품 중의 제1공정비 부담분

@₩133.14×280개＝₩37,280

2. 제2공정

1) 기말재공품 평가 :

$$₩650,000 \times \frac{280\times0.4}{6,990-400\times0.5+130+280\times0.4} = ₩10,353$$

공정별 종합계산표

(비누가법)

원 가 항 목	제 1 공정	제 2 공정	합 계
기초재공품 원가	₩ 90,000	₩150,000	₩ 240,000
(전 공 정 비)		(80,000)	(80,000)
당 기 제 조 비 용	860,000	650,000	1,510,000
소 계	₩950,000	₩720,000	₩1,670,000
기말재공품 원 가	(17,992)	(10,353)	(28,345)
소 계	₩932,008	₩709,647	₩1,641,655
제2공정 기말재공품 부 담 분	(37,280)		(37,280)
제2공정 기초재공품 환 입 분	80,000		80,000
완 성 품 원 가	₩974,728	₩709,647	₩1,684,375
완 성 량	6,990개	6,990개	6,990개
단 위 원 가	@₩139.44	@₩101.52	@₩240.96

제 6 절 가공비 공정별 종합원가계산

1. 가공비 공정별 종합원가계산의 의의

가공비 공정별 종합원가계산(continuous process conversion cost system)은 제조착수시에 직접

재료비가 전량 투입되고, 다음 공정 이후에는 단순히 가공비만이 발생할 뿐이므로 가공비를 공정별로 계산하고, 최종공정의 가공비에 직접재료비를 가산하여 완성품의 원가를 계산하는 방법이다.

즉 제조비용 중 가공비만을 공정별로 집계하여 각 공정의 가공비를 계산하고 집계하여, 주요재료비는 공정별 계산을 하지 않고 단일 공정으로 보고 계산하는 방법이다. 이 방법은 주요재료비가 최초공정의 시발점에 투입되고 그 이후의 공정에서는 가공만 하는데 불과한 생산형태인 제분업, 방적공업, 전선제조업 등에서 적용된다.

〈예제 11-7〉 (주)소룡산업의 다음 자료에 의하여 누가법에 의한 가공비 공정별 종합원가계산표를 작성하여라.

1) 기초재공품

항 목	제1공정	제2공정
직접재료비	₩88,000	
가 공 비	₩70,000	₩90,000
수 량	30kg	25kg
완 성 도	50%	40%

2) 당기제조작업에 대한 자료

항 목	제 1 공정	제 2 공정
직접 재료비	₩750,000	
가 공 비	₩650,000	₩580,000
완 성 품 량	860kg	780kg
기말 재공품	30kg	85kg
완 성 도	50%	60%
감 손 량	40kg	20kg

3) 감손은 정상적이며 감손비는 완성품에만 부담시킨다.

4) 기말재공품 평가는 평균법에 의한다.

5) 제2공정 기초재공품 원가 중에는 전공정비 ₩30,000이 포함되어 있다.

[해답]

1. 직접재료비에 대한 기말재공품 평가

① 기말재공품 원가 : $(₩88,000+₩750,000) \times \dfrac{115}{780+115+60} = ₩100,911$

② 완 성 품 원 가 : ₩88,000+₩750,000−₩100,911=₩737,089

2. 가공비에 대한 기말재공품 평가

① 제1공정 기말재공품 평가

㉠ 기말재공품 원가 : $(₩70,000+₩650,000) \times \frac{30\times0.5}{860+30\times0.5+40}$ =₩11,803

㉡ 완 성 품 원 가 : ₩70,000+₩650,000−₩11,803=₩708,197

② 제2공정 기말재공품 평가

㉠ 전 공 정 비 : $(₩30,000+₩708,197) \times \frac{85}{780+85+20}$ =₩70,900

㉡ 자 공 정 비 : $(₩60,000+₩580,000) \times \frac{85\times0.6}{780+85\times0.6+20}$ =₩38,355

㉢ 제2공정기말재공품원가 : ₩70,900+₩38,355=₩109,255

가공비 공정별 종합원가계산표

항 목	제 1 공정	제 2 공정	직접재료비	합 계
기초재공품원가				
전 공 정 비	-	30,000	-	30,000
자 공 정 비	70,000	60,000	88,000	218,000
당기 제조비용				
전 공 정 비	-	708,197	-	708,197
자 공 정 비	650,000	58,000	750,000	1,458,000
소 계	720,000	856,197	838,000	2,414,197
기 말 재 공 품				
전 공 정 비	-	70,900	-	70,900
자 공 정 비	11,803	38,355	100,911	151,069
당기 완성품 원가	708,197	746,942	737,089	2,192,228
완 성 량	860kg	780kg	780kg	
단 위 원 가	@₩823.48	@₩957.62	@₩944.99	

연 습 문 제

〈객관식〉

1. 공정별 원가계산제도 사용시 선입선출법과 평균법은 어떻게 다른가? **(AICPA 기출제문제)**

① 선입선출법은 등가생산량을 계산하는 데에서 기초재공품 재고의 완성도를 고려하나, 평균법은 그렇지 않다.

② 선입선출법은 등가생산량을 계산하는데 기초재공품 재고의 완성도를 고려하지 않으나, 평균법은 고려한다.

③ 선입선출법은 재고자산을 평가하는 회사에만 적용 가능하나, 평균법은 재고자산의 평가방법과는 관계없이 적용 가능하다.

④ 선입선출법은 전체 물량단위에 의해 원가를 배분하나, 평균법은 완성품 환산량에 의해 원가를 배분한다.

【해설】 선입선출법 : 완성량 + 기말재공품환산량 - 기초재공품환산량
평 균 법 : 완성량 + 기말재공품환산량

2. 결합원가(joint costs)를 배분하는 기준이 아닌 것은? **(AICPA 기출제문제)**

① 상대적 판매가치 ② 상대적 수익성

③ 상대적 무게, 부피 또는 길이 ④ 평균 단위원가

【해설】 결합원가를 배분하는 방법에는 다음의 2가지가 있다.

1) 정상시가법(상대적 판매가치법)
   ① 분리점에서의 정상시가 기준 : 개별 추가가공비가 없는 경우
   ② (정상시가-분리점후의개별가공비)기준 : 개별 추가가공비가 있는 경우
2) 물량기준법
   ① 생산량기준
   ② 무게, 크기 등의 기준

3. 두 가지 제품이 동일한 공정에서 생산되는 경우 이 제품들이 연산품인지 혹은 주산물, 부산물인지 구별하는 요소는 무엇인가? **(AICPA 기출제문제)**

① 각 제품의 잠재적 시장성 ② 각 제품 생산에 소비된 노동량

③ 상대적 총판매가치 ④ 경영자의 정책

【해설】 상대적인 총판매가치가 적은 때에 부산물로 구분된다.

4. 조별 종합원가계산을 실시하려는 甲회사의 제1기 중의 A조 직접비는 ₩600이고, B조 직접비는 ₩400이며 조간접비 총액은 ₩500이다. 그리고, A조의 기말재공품액은 ₩100이며 B조의 기말재공품액도 ₩100이고 A조의 완성품량은 10이며 B조의 완성품량도 10이다.

이 경우 간접비 배부를 직접원가법에 의한다면 A조의 단위원가는? **(세무사 기출제문제)**

① ₩80 ② ₩60

③ ₩50 ④ ₩40

【해설】 조간접비 중 A조 배부액

$$₩500 \times \frac{600}{600 + 400} = ₩300$$

A조 완성품 단위원가 (₩600 + ₩300 - ₩100) ÷ 10 = ₩80

5. 등급별 종합원가계산을 하는 K기업체의 제품제조 총원가(안분원가)는 ₩3,600이고, A품의 생산량은 30개, 그 등가계수는 2이며, B품의 생산량은 20개 그 등가계수는 3이다.
 이 경우 B품의 단위원가는? **(세무사 기출제문제)**

① ₩60 ② ₩ 72

③ ₩90 ④ ₩120

【해설】

B품의 안분원가 : $₩3,600, \times \frac{20 \times 3}{30 \times 2 + 20 \times 3} = ₩1,000,000$

B품의 단위당원가 : $₩1,800 \times \frac{1}{20} = ₩90$

※ 다음은 문제 6번과 7번에 관련된 자료이다. 물음에 답하여라.

K사는 결합공정에 의해 연산품 A, B와 부산물 C를 생산한다. 결합원가는 상대적 판매가치에 의해 배분되고, 부산물의 분리점에서의 판매가치는 결합원가를 감소시키도록 처리된다.

기초재공품은 전혀 없었고, 기말재공품 2,000kg은 50% 완성단계에 있다.

당기 중 원재료 10,000kg이 공정에 투입되어 공손없이 다음과 같이 생산이 이루어졌다.

	기초재고	생 산 량	기말재고	분리점에서의 판매가치
A	2,000개	10,000개	1,000개	₩20
B	1,000개	10,000개	2,000개	₩40
C	500개	4,000개	500개	₩ 1

당기 중 발생한 재료비는 ₩20,000이었고, 가공비는 ₩27,000이었다. 재료는 공정초에 전량 투입된다.

(KICPA 기출제문제)

6. 기말재공품의 원가는 얼마인가?

① ₩ 5,000 ② ₩ 9,400

③ ₩10,000 ④ ₩11,750

⑤ ₩ 7,000

【해설】 기말재공품평가

재 료 비 : $₩20,000 \times \frac{2,000}{10,000} = ₩4,000$

가　공　비 : $₩27,000 \times \frac{1,000}{8,000 + 1,000} = ₩3,000$

기말재공품원가 : ₩4,000 + ₩3,000 = ₩7,000

7. A품에 배분된 결합원가는 얼마인가?

① ₩18,000　　② ₩13,333.33

③ ₩12,000　　④ ₩16,666.67

⑤ ₩13,166.67

【해설】

부산물 원가 : 4,000개 × ₩1 = ₩4,000

결 합 원 가 : (₩20,000 + ₩27,000) - ₩7,000 - ₩4,000 = ₩36,000

분리점에서의 판매가치
- A : 10,000 × ₩20 = ₩200,000
- B : 10,000 × ₩40 = ₩400,000

A제품에 배분된 결합원가 : $₩36,000 \times \frac{₩200,000}{₩200,000 + ₩400,000} = ₩12,000$

8. 공정별 종합원가계산에서 사용되는 전공정 대체원가는 무엇인가? **(AICPA 기출제문제)**

① 외부로 부터 임시노동자를 고용하는 대신에 같은 공장내의 다른 부문으로 부터 이동된 노동력

② 연속적인 내부공정에서 계속적으로 사용되기 전 내부공정의 생산원가

③ 제조간접비 부문으로부터 제조원가 부문으로 대체된 감독급료

④ 연속적인 공정에서 사용되어지는 전공정의 기말재공품

【해설】 연속공정에서 전공정으로부터 대체받은 원가를 말하는데 전공경비는 당해공정의 시발점에서 투입된 재료비로 간주하는 것이 일반적이다.

9. A회사는 원재료 X를 제조공정에 투입하여 두 개의 제품 갑제품과 을제품을 생산하기로 하였다. X가 100,000단위 투입되었는데, 총비용 ₩18,000,0000으로 완제품인 갑제품 60,000단위와 미완성 제품인 을제품 40,000단위가 생산되었다. 을제품은 그 후 추가공정을 거쳐 완제품이 되었는데 추가 생산비는 ₩2,000,000발생하였다. 단위당 판매가격은 갑제품 ₩200, 을제품₩350이라고 가정한다. 결합원가를 상대적 순실현가치를 기준으로 배부할 경우에 을제품의 단위당 원가는?

(KICPA 기출제문제)

① ₩150　　② ₩175

③ ₩225　　④ ₩275

⑤ ₩150

【해설】

1) 분리점에서의 판매가치

갑제품 : 60,000 × @₩200	=	₩12,000,000
을제품 : 40,000 × @₩350 - ₩2,000,000	=	₩12,000,000
		₩24,000,000

2) 결합원가 중 을제품에의 배분

$$₩18,000,000 \times \frac{12,000,000}{24,000,000} = ₩9,000,000$$

3) 을제품의 제조원가

₩9,000,000 + ₩2,000,000 = ₩11,000,000

4) 을제품의 단위당원가

₩11,000,000 ÷ 40,000 = ₩275

10. 동일한 제품을 계속적으로 대량생산하는 기업에서 가장 적합한 원가계산은?

① 제 품 별 원가계산 ② 등급별 종합원가계산

③ 반별 종합원가계산 ④ 단 순 종합원가계산

해답 1. ① 2. ② 3. ③ 4. ① 5 .③ 6. ⑤ 7. ③ 8. ② 9. ④ 10. ④

〈주관식〉

1. 등가계수의 의의와 등가계수를 산출하는 기준을 나열하여라.

2. 등급별 종합원가계산과 연산품 종합원가계산의 차이점을 설명하여라.

3. 결합원가란 무엇이며 결합원가의 배부기준을 설명하여라.

4. 공정별 종합원가계산에 있어서 누가법과 비누가법 차이를 설명하여라.

5. 종합원가계산의 방법을 나열하고 특징을 설명하여라.

6. (주)동현상사에서는 A, B의 제품을 단일 공정에서 생산하고 있으며, 200×년 5월의 원가자료는 아래와 같다. 기말재공품은 평균법에 의하여 평가하고 단순조별 종합원가계산표를 작성하라.

   1) 기초재공품

구 분	수 량	직접재료비	가 공 비	진척도
A제품	60개	₩7,500,000	₩12,500,000	50%
B제품	40개	6,200,000	8,800,000	40%

   2) 기말재공품
      A제품 (80개, 완성도, 50%)
      B제품 (70개, 완성도, 50%)

   3) 당기완성품 수량
      A제품 (800개), B제품(600개)

   4) 조직접비 및 조간접비

구 분	조 직접비	조 간접비	직접노동시간
A 제품	₩26,000,000	₩18,000,000	2,200 시간
B 제품	28,000,000		1,800 시간

   5) 조간비는 직접노동시간으로 배부하며, 조직접비 중
      A제품(직접재료비 ₩10,000,000 , 가공비 ₩16,000,000)
      B제품(직접재료비 ₩13,000,000 , 가공비 ₩15,000,000)

   6) 직접재료비는 제조공정의 초에 전량 투입된다.

7. (주)홍남산업의 다음 자료에 의하여 누가법에 의한 공정별 원가계산표를 작성하여라.

1) 기초재공품

항 목	제 1 공정	제 2 공정
수 량	60개	40개
완 성 도	40%	50%
원 가		
전 공 정 비	0	₩140,000
자 공 정 비	₩180,000	₩160,000

2) 당기제조작업에 대한 자료

항 목	제 1 공정	제 2 공정
완 성 량	800개	760개
기말 재공품		
수 량	60개	50개
완 성 도	70%	60%
감 손 량	20개	30개
당기제조비용	₩880,000	₩660,000

3) 감손은 정상적이며 공정의 완료시점에서 발생한다. 따라서 감손비는 완성품에만 부담시킨다.

4) 기말재공품평가는 제1공정은 평균법으로 제2공정은 선입선출법으로 한다.

8. (주)월명산업의 다음 자료에 의하여 누가법에 의한 가공비 공정별 종합원가계산표를 작성하여라.

1) 기초재공품

항 목	제 1 공정	제 2 공정
직접재료비	₩1,700,000	
수 량	20,000개	36,000개
완 성 도	60%	50%
가 공 비	₩ 220,000	₩340,000

2) 당기제조작업에 대한 자료

항 목	제 1 공정	제 2 공정
직접재료비	₩6,000,000	
당기가공비	₩550,000	₩400,000
완 성 량	95,000개	120,000개
기말재공품	20,000개	11,000개
완 성 도	50%	40%

3) 제2공정 기초재공품 가공비 중에는 ₩100,000의 전공정비가 포함되었다.

4) 기말재공품 평가는 평균법에 의한다.

9. (주)동원산업에서는 다음과 같이 A, B, C의 세 가지 등급품을 생산하고 있다. 다음 자료에 의하여 등급품별 원가계산표를 작성하여라.(단위원가 전미만 반올림)

제 품 명	생 산 량	단위당 중량	등가계수	총제조원가
A 급 품	2,500개	3ton	1.5	
B 급 품	4,000개	2ton	1	₩79,999,500
C 급 품	3,500개	1ton	0.5	

등급품별 등가계수는 각 제품의 수량기준(단위당 중량)으로 계산한다.

10. (주)임피산업은 연산품 A, B, C를 생산하고 있는데, 5월 중 발생한 결합원가는 ₩1,600,000 개별제품은 분리점에서 판매되며 관련 자료는 다음과 같다. 이 자료로 물량기준법, 상대적 판매가치법에 의하여 결합원가를 배부하고 단위당 제조원가와 매출총이익을 계산하여라.

제 품 명	생 산 량	단위당 매출가격
A	1,600kg	₩800
B	1,000kg	₩700
C	1,400kg	₩600
	4,000kg	

제 13 장

원 가 추 정

제 13 장

원 가 추 정

제 1 절 원가추정의 의의

회계자료로서 역사적 원가정보(historical costs information)는 미래의 의사결정에 관련성이 없다. 그러나 과거 영업활동이 미래 영업활동과 같이 계속된다고 가정하면 과거원가에 의한 미래원가의 추정은 경영 계획·통제 및 제반 특수의사결정에 유용한 정보로서 이용된다.

원가추정(cost estimation)은 과거의 원가관계를 측정하려는 시도이고 과거의 관계를 통해 경영자들에게 미래의 원가를 예측할 수 있도록 한다. 경영자들은 원가추정을 함으로써 원가를 더욱 정확히 예측하여 미래의 경영의사결정의 질을 개선하고자 한다.

경영자들이 행하는 가장 기본적이고 중요한 일은 의사결정(decision making)이라 할 수 있다. 의사결정이란 여러 대체적인 행동방안과 그로부터 예상되는 결과를 고려하여 의사결정의 목적에 가장 적합한 하나를 선택(selection)하는 것이다. 즉 의사결정이란 원가를 예상(prediction)하는 행위이므로 원가의 행태와 원가의 유형을 바르게 이해할 필요가 있다. 마치 달의 움직임에 의하여 지구에 미치는 월식의 작용과 지구에 미치는 제반 영향을 예측할 수 있듯이 변동비, 고정비, 준고정비 등의 원가의 행태와 제 개념을 명확하게 이해함으로써 원가추정에 따른 정확한 예측 및 의사결정을 할 수 있다.

본 장은 과거원가인 회계자료를 통하여 미래원가의 추정방법, 미래원가 예측 그리고 미래원가 통제를 위한 원가추정의 제반 응용 방법을 살펴보고자 한다.

제 2 절 원가추정방법

1. 원가행태

원가행태(cost behavior)란 원가가 조업도(생산량)의 변화에 따라 어떻게 반응을 보이는가를 의미한다. 원가행태를 바르게 이해한다는 것은 합리적인 의사결정의 첩경인 동시에 매우 중요한 열쇠이다. 원가행태를 이해하기 위해서는 변동비(variable costs), 고정비(fixed costs) 그리고 준변동비(semivariable costs) 또는 혼합비(mixed costs)가 조업도의 변화에 따라 어떻게 움직이는가를 정확하게 예측할 수 있어야 한다.

변동비(변동원가)는 조업도의 변화에 따라 그 총원가에 직접적으로 변동하는 원가이다. 예를 들어 직접재료비, 직접노무비 등이 있다.

고정비(고정원가)는 관련범위(relevant range)에서 조업도의 변화에 관계없이 그 총원가가 일정한 원가이다. 예를 들어 임원의 급료, 공장의 건물 및 감가상각비 등이 있다.

준변동비 또는 혼합비(준변동원가 또는 혼합원가)는 변동비와 고정비의 요소가 함께 혼합된 원가이다. 예를 들어 전기료, 난방비, 수선료, 전화료, 설비유지비 등이 있다.

원가추정 방법의 유도는 변동비와 고정비의 원가행태의 개념하에 준변동비 또는 혼합비(이하 준변동비)에 중점을 두고자 한다. 준변동비는 보통 순수한 변동의 패턴을 갖지 않지만 보통 변동비로 분류되기도 하고 변동비 부분과 고정비 부분으로 구분하기도 한다.

원가행태를 〈표 13-1〉로 나타내면 다음과 같다.

〈표 13-1〉 원가행태

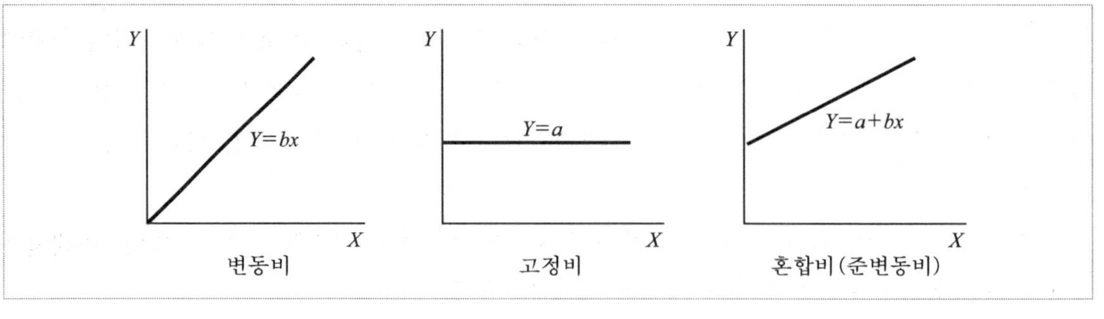

원가행태로서 변동비와 고정비의 움직임은 다음 세 가지 가정하에 기초를 둔다.

① 원가의 대상이 명확하여야 한다.

② 단기적으로는 고정비이나 장기적으로 변동비가 될 수 있으므로 시간의 범위가 명확하여야 한다.

③ 원가요인이 변화는 범위가 관련범위가 명확하여야 한다.

위의 가정하에 미래원가를 예측하기 위한 원가추정 방법에는 여러 가지가 있다. 원가추정 방법에는 계정분류법이나 고저점법과 같은 단순한 방법에서 최소자승법을 이용한 회귀분석과 같은 복잡한 방법까지 다양하다. 원가추정의 방법은 여러 이용방법 중 원가와 효익(costs and benefits)을 고려하여 의사결정의 환경에 적절한 하나의 방법을 선택하여 이용하여야 한다. 즉 원가추정 방법의 선택은 단순한 방법(원가 〈 효익)을 이용한 효익이 복잡한 방법(원가 〉 효익)을 이용할 때 보다 더 효익이 크다면 단순한 방법을 선택하는 것이 보다 합리적인 반면에 단순한 방법(원가〉 효익)을 이용한 효익이 복잡한 방법(원가 〈 효익)을 이용할 때 보다 더 효익이 작다면 복잡한 방법을 선택하는 것이 보다 합리적일 것이다.

2. 원가추정방법

제조간접비에 대한 변동예산을 편성하고 이익계획 및 각 부문 경영능력의 측정 등 원가관리(cost control)를 효과적으로 수행하기 위해서는 원가요소를 고정비와 변동비로 분해할 수 있는 원가추정방법이 필요하다. 원가추정방법(cost estimation method)이란 미래의 기대되는 원가행태를 정확하게 예측하기 위해서 과거의 원가자료를 기초로 하여 원가행태 유형을 분석함으로써 원가함수를 도출하거나 고정비와 변동비를 분해하는 방법을 말한다.

일반적으로 원가추정방법에 대한 분류를 〈표 13-2〉로 나타내면 다음과 같다.

〈표 13-2〉 원가추정방법의 분류

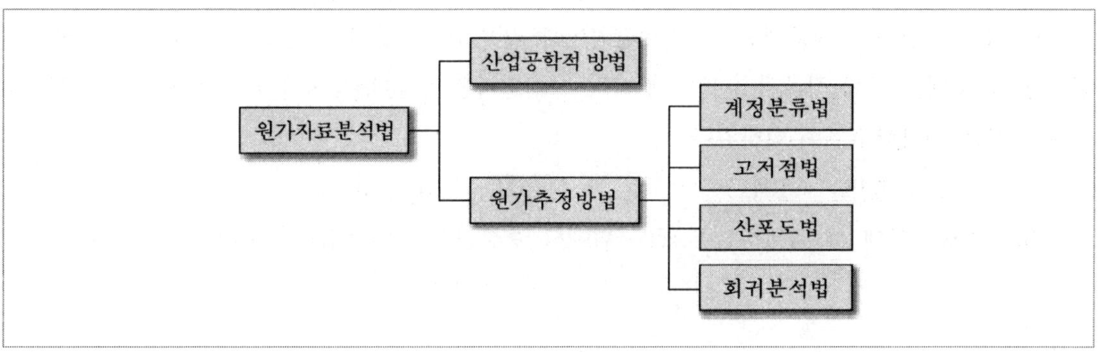

1) 산업공학적 방법

산업공학적 방법(industrial engineering method)은 과거의 원가발생자료가 아니라 생산공정에 대한 투입과 산출의 관측치에 대한 정밀한 작업측정을 이용하여 원가를 추정하는 방법으로 일명 공학적 방법(engineering method) 또는 공학기술법이라고도 한다.

이 방법은 동작연구 · 시간연구 · 작업측정 등의 산업공학적 관찰 및 조사를 통하여 물리적 투입 · 산출(physical input-output)의 상관성(relationship)을 측정하고 이를 바탕으로 원가를 추정하는 방법이다. 산업공학적 방법은 정확성이 크다는 장점이 있으나, 원가추정에 많은 노력과 시간이 소요되며, 투입 · 산출관계가 명확한 직접재료비와 직접노무비에는 적용할 수 있으나 이 관계가 불분명한 제조간접비에는 거의 적용할 수 없다는 단점이 있다.

2) 계정분류법

원가추정을 위한 가장 전통적인 방법은 계정분류법(account classification method)이다. 이 방법은 각 계정에 기록된 원가자료를 회계전문가에 의해 변동비와 고정비로 분석하는 것이다. 원가의 분류나 준변동비를 변동비와 고정비로 구분하는 데 있어서 회계전문가에 의존하기 때문에 주관적인 판단이 개입될 수 있는 원가추정 방법이다.

대부분의 원가행태는 다음과 같은 형태의 원가추정 방정식으로 나타낼 수 있다.

〈산식〉

$$\hat{Y} = a + bX$$

$\hat{Y}$: 추정된 총원가(종속변수) b : 추정된 단위당 변동비
a : 추정된 고정비 X : 조업도(독립변수)

〈예제 13-1〉 아래 자료로 계정분류법을 이용하여 단위당 변동비를 산출하여라.

어느 회사의 한달간 제품생산량은 250단위이다. 원가회계담당자는 한달간의 제조와 원가에 관한 자료를 토대로 하여 전문가적 판단에 따라 실제원가를 모두 변동원가와 고정원가로 분해한 후 다음과 같은 원가함수를 수립하였다.

y = 5,100 + 104x 5,100 + 104 × 31,100

위의 원가함수식에 의하면 생산량 250단위에서 추정원가는 ₩31,100이 된다.

원 가 항 목	실제원가	추정변동원가	추정고정원가
직 접 재 료 비	₩5,000	₩5,000	
직 접 노 무 비	12,500	12,500	
제 조 간 접 비			
간 접 노 무 비	2,750	750	₩2,000
소 모 품 비	1,000	1,000	
수 도 광 열 비	7,500	6,750	750
감 가 상 각 비	2,000		2,000
기 타 잡 비	350		350
합 계	₩31,100	₩26,000	₩5,100

(박찬정, 관리회계, 형설출판사 1996, p.200)

[해답]

실제 생산량 : 250 단위

단위당 변동비 : $\frac{26,000원}{250}$ = ₩104

원가자료를 이용하여 회계전문가에게 준변동비 또는 혼합비를 변동비와 고정비로 분류하여 위의 원가추정방정식을 유도함으로써 조업도에 따른 미래의 원가추정을 하는 방법이다. 단, $\hat{Y}$는 추정치이므로 실제치인 Y와는 일치하지 않을 수도 있다. 실제치와 추정치의 차이는 후에 원가추정 시 피드백하여 예측력을 높일 수 있을 것이다.

계정분류법의 장점은 원가행태를 조금만 이해하면 필요한 자료를 쉽게 이용할 수 있고 전문가의 판단에 공식적으로 의존할 수 있는 반면에 관찰범위의 부족과 객관성의 결여라는 단점을 극복하기 어렵다. 왜냐하면 분석에 이용된 자료가 한 회계기간으로 한정되어 환경의 변화를 반영하지 못한 점과 준변동비의 구분이 분석자에 따라 다르므로 객관성이 결여되는 중요한 결점이 내포되어 있다.

3) 고저점법

원가추정을 위한 고저점법(high-low method)은 둘 이상의 관찰이 가능할 때 이용되는 방법이다. 고저점법은 두 개의 관찰자료로써 최대 조업도와 최저 조업도에 대한 관찰치를 이용하여 변동비와 고정비를 추정하는 방법이다. 최대 조업도와 최저 조업도에서 고정비가 동일하다고 가정하면 총원가의 차이는 전부 총변동비의 차이에 의해서 나타난 것이라고 할 수 있을 것이다. 즉 총원가 차이는 변동비에 영향을 주는 조업도의 차이가 주된 원인이라고 할 수 있다. 그러므로 조업도 차이와 총원가의 관계에서 다음과 같이 식을 유도할 수 있다.

〈산식 1〉

단위당 변동비 = 총원가의 차이 / 총조업도의 차이

총원가인 Y는 변동비와 고정비의 합계, 추정된 단위당 변동비 b는 총원가선의 기울기로 한 단위 조업도 증가에 따른 단위당 원가의 증가이다. 그리고 원가추정방정식에서 절편인 고정비 a는 총원가에서 변동비를 차감한 원가추정 방정식으로 나타낼 수 있다.

〈산식 2〉

$$Y = a + bX \qquad a = Y - bX$$

〈예제 13-2〉 가장 높은 조업도의 설비 수선비가 ₩20,000,000이고 작업시간이 20,000시간, 가장 낮은 조업도의 설비 수선비가 ₩17,000,000이고 작업시간이 15,000시간일 때 변동비와 고정비를 고저점법을 이용하여 계산하여라.

조 업 도	작 업 시 간	원 가
가장 높은 조업도	20,000시간	₩ 20,000,000
가장 낮은 조업도	15,000시간	₩ 17,000,000
조업도의 차이	5,000시간	₩ 3,000,000

위의 표에서 변동비는 시간당 ₩600(₩3,000,000 / 5,000시간)이고, 고정비는 ₩8,000,000 {₩20,000,000 - (20,000시간 × ₩600)}이다. 관련범위(15,000시간~20,000시간)에서 설비 수선비의 총원가는 절편인 고정비(₩8,000,000) 더하기 기울기인 시간당 변동비(₩600)로 나타낼 수 있다.

조업도	변동비와 고정비 계산
가장 높은 조업도	₩20,000,000 = ₩8,000,000 + (₩600 × 20,000시간) ₩8,000,000 = ₩20,000,000 - (₩600 × 20,000시간)
가장 낮은 조업도	₩17,000,000 = ₩8,000,000 + (₩600 × 15,000시간) ₩8,000,000 = ₩17,000,000 - (₩600 × 15,000시간)

앞의 산식 2의 원가추정방정식(Y = ₩8,000,000 + ₩600 × X)을 통하여 작업시간이 15,000시간일 경우 설비수선비 총원가를 계산하면, 고정비 ₩8,000,000에 변동비 ₩9,000,000(15,000시간 × ₩600)을 더한 ₩17,000,000이 된다. 또한 총원가(₩17,000,000)에서 변동비(₩9,000,000)를 차감하면 고정비(₩8,000,000)를 쉽게 계산할 수 있다.

고저점법은 변동비와 고정비의 구분시 주관적인 전문가의 판단에 의존하지 않기 때문에 계정분류법보다는 객관적인 원가추정 방법이라고 할 수 있다. 그러나 고저점법은 관련범위 내에서만 이용가능하다는 한계와 비정상적인 원가자료가 반영됨으로써 원가추정을 오도할 수 있으므로 관찰치의 수정이 수반되지 않으면 객관적인 원가추정이 될 수 없다.

4) 산포도법

고저점법은 준변동비의 변동비가 조업도의 일정비율로 변동할 경우에 적합한 방법이다. 그러나 대부분 준변동비는 변동비가 조업도의 일정비율로 변동하지 않으므로 평균변동비율을 결정하는 방법이 산포도법이다. 산포도법(scatter diagram method)은 관측된 원가자료를 그래프상(Y축은 원가, X축은 조업도)에 표시하여, 이들에 대하여 조업도와 원가 사이의 상관관계를 시각적 판단에 의존하여 가장 적합한 원가추세선을 그려서 원가함수를 추정하는 방법이다. 즉 그래프에 산재된 각 점의 중앙을 지나는 직선(원가추세선)을 긋고, Y축과의 교점을 고정비 그 기울기를 변동비율로 추정한다. 이 방법을 일명 시각적 판단법(visual fit method)이라고도 한다.

좌표평면에 실제 관찰한 원가를 표시하고 그 표시된 점들 사이로 그어진 평균선인 회귀선(regression line)을 표시한다. 이 때 이 선의 기울기를 조업도 단위당 평균변동비를 나타내고 그 회귀선의 종축인 절편은 평균고정비의 총액을 나타낸 표가 다음 도표에 나타나 있다.

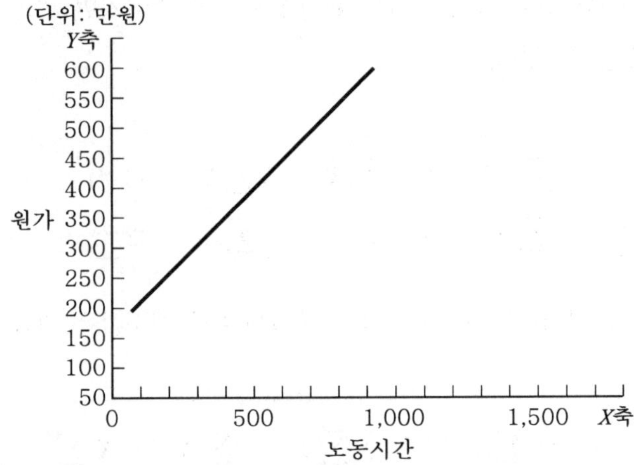

산포도법은 기업의 환경변화와 원가행태의 예상하지 않은 변화시 실제 관찰한 원가를 회귀선상에 산포시킴으로써 원가의 분해를 신속하게 할 수 있는 원가추정 방법으로 실무 경험이 풍부한 사람이 유용하게 사용하는 방법이다. 그러나 시각적 판단에 의존해야 하기 때문에 정확한 선형관계를 추정하기가 어렵다.

5) 회귀분석법

선형회귀분석법(linear regression method)은 보통 최소자승법을 이용하여 변동비와 고정비를 추정할 수 있다. 최소자승법은 일련의 조업도에 따른 원가의 관찰치를 원가추정 선형방정식에 일치시키기 위하여 최소자승이라는 통계적 방법을 적용하여 이용한 원가추정 방법이다. 즉 최소자승법은 실제 관찰한 자료와 추정한 선형방정식의 추정치에 대한 오차를 평균의 개념을 이용하여 최소로 하는 회귀선을 찾는 방법이다. 독립변수가 단 하나일 경우에 이용되는 최소자승법에 의한 회귀분석을 단순선형회귀분석(simple linear regression)이라고 하며, 독립변수가 둘 이상인 경우에 이용되는 최소자승법에 의한 회귀분석을 다중선형회귀분석(multiple linear regression)이라고 한다. 최소자승법에 의한 직선의 단순선형회귀선을 찾는 등식은 다음과 같다.

〈산식 1〉

$$\hat{Y} = a + bX$$

위의 등식에서 $\hat{Y}$는 변동비와 고정비의 합계인 추정 총원가(준변동비 또는 혼합비), a는 절편으로 고정비 그리고 추정된 단위당 변동비 b는 총원가 회귀선의 기울기로 한 단위 조업도 증가에 따른 단위당 원가의 증가액이다. 실제 원가의 관찰횟수 n만 주어지면 위의 기본등식으로부터 다음과 같은 등식을 유도할 수 있다.

〈산식 2〉

$$\sum XY = a\sum X + b\sum X^2 \quad \text{(1식)}$$
$$\sum T = na + b\sum X \quad \text{(2식)}$$

위의 (1식)과 (2식)을 연립방정식으로 계산하면 a와 b의 계수값은 다음 식으로 계산된다.

〈산식 3〉

$$b = \sum XY - \overline{X}\sum Y \ / \ \sum X^2 - \overline{X}\sum X$$
$$a = \overline{Y} - b\overline{X}$$

위식에서 a는 절편인 고정비, 추정된 단위당 변동비 b는 총원가 회귀선의 기울기로 한 단위 조업도 증가에 따른 단위당 원가의 증가액, Y는 실제 총원가(종속변수의 값), X는 실제 조업도 또는 실제 생산량(독립변수의 값), $\overline{Y}$는 실제 총원가의 평균, $\overline{X}$는 실제 조업도 또는 실제 생산량의 평균이다.

〈예제 13-3〉 실제 조업도 또는 생산량에 따른 실제 총원가 자료를 이용하여 원가추정 방정식을 최소자승법으로 계산하여라.

기 간	총원가(Y)	총생산량(X)	(X)·(Y)	X^2
2008년 1월	2,300	2,200	5,060,000	4,840,000
2008년 2월	1,500	2,300	5,750,000	5,290,000
2008년 3월	2,000	1,900	3,800,000	3,610,000
2008년 4월	2,000	1,200	2,400,000	1,440,000
2008년 5월	2,000	1,200	2,400,000	1,440,000
2008년 6월	1,500	900	1,350,000	810,000
2008년 7월	1,400	700	980,000	490,000
2008년 8월	1,400	1,100	1,540,000	1,210,000
2008년 9월	1,600	1,400	2,240,000	1,960,000
합 계	16,700	12,900	25,520,000	21,090,000

[해답]

$\overline{Y}$: 16,700 / 9 = 1,855.56

$\overline{X}$: 12,900 / 9 = 1,433.33

b : {5,520,000 − (1,433.33 × 16,700)} / {1,090,000 − (1,433.33 × 12,900)}
= 1,583,389 / 2,600,043 = 0.6090 ∴ 0.6090

a : 1,855.56 − (0.6090 × 1,433.33) = 1,855.56 − 872.90 = 982.66 ∴ 982.66

최소자승법에 의한 원가추정 방정식은 $\hat{Y}$ = 982.66 + 0.6090X 이다. 원가추정 방정식을 통해 10월의 생산량을 3,000단위(X)로 증가시킬 경우 총원가(Y) 추정액을 계산하면 다음과 같다.

$$\hat{Y} = 982.66 + (0.6090 \times 3{,}000\text{단위})\text{원}$$
$$= \underline{\underline{₩\ 2{,}809.66}}$$

원가추정 방정식으로 도출된 직선이 실제 원가와 어느 정도 적합한지를 알아보기 위하여 산포도를 그려 살펴볼 수 있다. 만일 적합하지 않다면 실제 원가의 이상치를 제거하여 회귀선을 다시 도출하던지 아니면 종속변수인 총원가에 영향을 주는 요인으로 조업도(생산량) 이외의 다른 중요한 요인이 존재할 경우 독립변수가 둘 이상인 다중선형회귀분석을 이용하여야 한다.

다중선형회귀분석(multiple linear regression)은 단순선형회귀분석을 확장한 것으로 회귀분석방법상 차이는 종속변수에 영향을 주는 독립변수의 수에 따라 결정된다. 단순선형회귀분석은 독립변수가 하나일 때이고, 다중선형회귀분석은 독립변수가 둘 이상일 때 이용된다. 다중선형회귀분석은 두 가지 이상의 제품을 생산하거나 조업도(생산량) 이외의 다른 중요한 요인이 총원가에 영향을 미칠 때 유용한 원가추정 방법이다. 다중선형회귀분석은 계산절차 및 방법에서 기본적으로 단순선형회귀분석과 같으나 수작업 계산이 복잡하기 때문에 보통 컴퓨터 프로그램(Excell, Window-SPSS, Window-SAS 등)을 이용하여 쉽게 계산을 할 수 있다.

회계담당자들은 원가발생 요인들이 원가에 미치는 영향을 추정하기 위하여 다중선형회귀분석을 이용한다. 다른 독립변수가 일정하다고 할 때 하나의 독립변수의 변화가 원가에 미치는 영향을 추정하는 방법으로서 다중선형회귀선을 찾는 등식은 다음과 같다.

〈산식 4〉

$$\hat{Y} = a + b_1X_1 + b_2X_2 + \cdots\cdots\cdots + b_nX_n$$

위의 식에서 $\hat{Y}$는 추정된 변동비와 고정비의 합계인 총원가, a는 절편으로 고정비, b_n은 n번째 독립변수의 계수, X_n은 n번째 독립변수의 실제 관찰치, n은 독립변수의 수이다. 위의 등식을 이용한 다중선형회귀분석은 각종 컴퓨터 프로그램의 기본적 숙지를 통하여 실제 원가자료로 원가추정을 다루어야 한다.

계정분류법, 고저점법 등은 이용하기가 간편하나 과학적이고 합리적이지 못한 원가추정 방법인 반면에 최소자승법은 이용하기가 복잡하나 통계적 기법을 이용하여 과학적이고 합리적인 원가추정 방법이다.

연 습 문 제

〈객관식〉

1. 다음 중 고저점법을 올바르게 설명한 것은?
   ① 가장 높은 원가와 가장 낮은 원가만을 고려하여 선형원가함수를 추정하는 방법이다.
   ② 관찰된 원가자료를 모두 그래프상에 나타내고 이들에 대하여 조업도와 원가 사이의 상관관계를 시각적 판단에 의존하여 가장 잘 나타낸다고 시각적판단에 의존하여 가장 잘 나타낸다고 보여지는 것을 최적선으로 표시하는 방법이다.
   ③ 관련범위 내에서 여러 조업도 수준에 대한 평균총원가를 추정하기 위해 사용되는 통계적 방법이다.
   ④ 회계자료를 사용하여 계정마다 변동비와 고정비로 구분하고 그 성격이 분명하지 않은 계정과목에 대해서는 주관적 추정에 의해서 하는 방법이다.

【해설】 고저점법(high-low method)은 둘 이상의 관찰이 가능할 때 이용되는 방법이다. 고저점법은 두 개의 관찰자료로써 최대조업도와 최저조업도에 대한 관찰치를 이용하여 변동비와 고정비를 추정하는 방법이다.

2. 다음은 원가행태에 따른 원가에 대한 설명이다. 틀린 것은?
   ① 종속변수인 원가와 독립변수인 원가동인과의 상관성에 대한 관계를 말한다.
   ② 생산량·판매량·작업시간 등의 조업도 수준에 따라서 원가와 변화하는 양상을 말한다.
   ③ 고정원가는 관련범위내에서 일정하다.
   ④ 원가행태의 추정방법으로는 고저점범·회귀 분석법·손익분기점분석법등이 이용된다.

【해설】 원가형태란 원가가 조업도(생산량)의 변화에 따라 어떻게 반응을 보이는가를 의미한다.

3. 다음의 회귀분석에 대한 내용 중 옳은 것은 어느 것인가?
   ① 독립변수와 종속변수간의 함수관계를 추정하는 통계적 분석을 말한다.
   ② 독립변수만을 사용한다.
   ③ 원인과 결과의 관계를 규명한다.
   ④ 표본을 사용하는 방법이 아니다.

【해설】 회귀분석은 변수간의 함수관계를 결정하고, 확률오차의 측정치를 산출한다.

4. 산포도법의 유용성이라고 말할 수 없는 것은?
   ① 정교한 방법 이용하기 전에 예비적 방법으로 이용된다.
   ② 원가와 조업도의 관계를 개략적으로 평가할 수 있다.
   ③ 원가함수의 선형성 여부를 확인할 수 있다.
   ④ 이는 과거의 원가자료가 아닌 현재의 생산공정에 대한 분석을 바탕으로 한다.

5. 영동건설은 차기년도의 예산편성을 위하여 예비자료를 수집하고 있다. 지난 6개월 동안의 직접노동시간과 난방비에 대한 자료는 다음과 같다. 물음에 답하여라.

〈자료〉

월	난 방 비	직접노동시간
7	₩ 15,850	3,000시간
8	13,400	2,050
9	16,370	2,900
10	19,800	3,650
11	17,600	2,670
12	18,500	2,650
소계	₩101,520	16,920시간

〈물음〉

영동건설이 고저점법을 사용한다면 직접노동시간과 변동난방비의 추정치는 얼마이겠는가?

① ₩3.85 ② ₩4.00
③ ₩5.42 ④ ₩5.82
⑤ ₩6.00

【해설】

	난방비(Y)		직접노동시간(X)
최 고	₩19,800		3,650시간
최 저	13,400		2,050시간
차 이	₩6,400	÷	1,600시간
	= ₩400		

6. 아래에 최근 5개월간의 북악회사 원가자료가 있다. 고저점법에 의한 원가추정 등식(cost estimating equation)은? **(KICPA 기출제문제)**

〈자료〉

월	생산단위	총제조간접비
8	90,000	₩290,000
9	100,000	340,000
10	20,000	100,000
11	40,000	180,000
12	70,000	280,000

① T = ₩ 40,000 + 3X ② T = ₩ 20,000 + 5X
③ T = ₩100,000 + 3.4X ④ T = ₩240,000 + 5X
⑤ T = ₩640,000 + 3X

7. 회귀분석(regression analysis)에 사용되는 변수의 수를 올바르게 나타낸 것은 다음 중 어느 것인가?

	단순회귀분석		다중회귀분석	
	종속변수	독립변수	종속변수	독립변수
①	1개	0	2개이상	1개
②	1개	1개	1개	2개이상
③	2개	1개	2개	1개
④	1개	2개	2개이상	1개
⑤	0	1개	1개	2개이상

【해설】

단위당 변동원가(6) $\frac{₩340,000 - 100,000}{100,000단위 - 20,000}$ = ₩3.00

월간 고정비 ₩340,000 - (100,000단위 × ₩3) = ₩40,000

※ 100,000 - (20,000 × ₩3) = ₩40,000

단순회귀분석은 종속변수와 독립변수가 각각 1개인 경우이며, 다중회귀분석은 종속변수는 1개이나 독립변수가 2개 이상인 경우이다.

8. 다음의 설명 중 잘못된 것은?

① 회귀분석은 추정치에 대한 오류의 가능성을 측정할 수 있다.

② 두 변수 사이의 상관계수가 0보다 크다면 산포도의 모양은 우하향하는 회귀선 모양을 보인다.

③ 회귀식의 적합정도인 신뢰성을 검증하는 일반적 척도로는 결정계수와 추정의 표준오차가 대표적이다.

④ 결정계수는 값이 클수록 적합도가 낮으며, 절대적 기준이 있으며 절대적 평가에 따른다.

【해설】 결정계수란 추정치로 과거자료의 평균(Y)을 사용하는 것보다 회귀식을 이용하는 것이 얼마나 더 좋은지를 나타내주는 회귀선의 적합도이다.

※ 결정계수는 값이 클수록 적합도는 높으나 절대적 기준은 없으며 상대적 평가에 따른다.

9. 한라회사는 36개월간의 수선 유지비에 대한 원가추정을 한 결과 다음과 같은 원가추정방정식을 구했다.

Y = 3,000,000 + 2.625X (단, X : 기계작업시간, Y : 수선유지비)

결정계수 = 0.8

어느 달의 기계작업시간이 1,500시간일 때 수선유지비의 변동예산액은 얼마인가?

① ₩6,937,500　② ₩5,500,000

③ ₩3,937,500　④ ₩6,337,500

⑤ ₩6,150,000

【해설】 Y(X=1,500) = ₩3,000,000 + ₩2,625 × 1,500시간 = ₩6,937,500

10. 장백회사는 준변동비인 전기료의 고정비 부분을 파악하고자 한다. 올해 처음 3개월간에 대한 자료는 다음과 같다. 물음에 답하여라.

〈자료〉

	직접노동시간	전기료
1월	34,000시간	₩610
2월	31,000시간	585
3월	34,000시간	610

장백회사 전기료의 고정비 부분은 얼마인가?

① ₩283　　② ₩327
③ ₩372　　④ ₩408
⑤ ₩585

(이효익, 회계학객관식, 신영사, 1996, p. 526)

【해설】

$$b = \frac{610-585}{34{,}000-31{,}000} = \frac{25}{3{,}000}\left(\frac{\text{직접노동시간당}}{\text{변동비}}\right)$$

$$a = 610 - \frac{25}{3{,}000} \times 3{,}000 = \frac{\text{₩}585}{(\text{고정비부분})}$$

준변동비의 원가형태 Y = a + bx

해답 1. ① 2. ④ 3. ① 4. ④ 5. ② 6. ① 7. ② 8. ④ 9. ① 10. ②

〈주관식〉

1. 원가의 행태에서 변동비, 고정비, 준변동비(또는 혼합비) 각각의 정의를 설명하여라.

2. 기업의 경영의사결정에 어떠한 원가추정 방법을 이용하여야 하는가 그 기준을 설명하여라.

3. 계정분류법의 원가추정 방법과 고저점법의 원가추정 방법의 장점과 단점을 설명하여라.

4. 원가추정 방법 중 고저점법에 의하여 원가 분해를 할 경우 관련범위 안에서만 적용가능한 이유를 설명하여라.

5. 최소자승법은 통계적인 방법으로 추정 회귀선을 찾는 방법이다. 이때 단순선형회귀분석과 다중선형회귀분석은 어떻게 다른가를 간단하게 설명하여라..

6. 최소자승법에서 추정 회귀선이란 무엇을 의미하고 일반적인 원가추정 방정식은 어떻게 나타내는가? 이때 원가추정 방정식에서 계수 a와 계수 b의 의미를 설명하여라.

7. 아래 자료를 이용하여 고저점법의 원가추정 방정식을 유도하여라.

조 업 도	작업시간	원 가
가장 높은 조업도	2,300	2,500,000
가장 낮은 조업도	700	1,400,000
조업도의 차이	1,600	1,100,000

1) 고저점법에 의하여 원가추정 방정식을 유도하여라.

2) 작업시간이 2,000시간일 경우 원가추정 방정식을 통하여 총원가를 예측하여라.

8. 아래 자료를 이용하여 물음에 답하여라.

기 간	총원가(Y)	총생산량(X)	(X)·(Y)	X^2
200X년 1월	500	300	150,000	90,000
200X년 2월	650	350	227,500	122,500
200X년 3월	950	450	427,500	202,500
200X년 4월	1,100	510	561,000	260,100
200X년 5월	1,400	600	840,000	360,000
200X년 6월	1,600	670	1,072,000	448,900
200X년 7월	1,500	630	945,000	396,900
200X년 8월	1,450	600	870,000	360,000
200X년 9월	1,800	750	1.350,000	562,500
200X년 10월	1,900	780	1,482,000	608,400
200X년 11월	1,650	680	1,122,000	462,400
200x년 12월	1,700	710	1,207,000	504,100
합 계	16,200	7,030	10,254,000	4,378,300

〈물음〉

1) 최소자승법에 의하여 단순선형회귀선의 원가추정 방정식을 유도하여라.

2) 1,000단위를 생산할 경우 원가추정 방정식을 통하여 총원가를 예측하여라.

9. 아래 자료를 이용하여 물음에 답하여라.

기 간	총원가(Y)	총생산량(X)	(X)·(Y)	X^2
200X년 1월	2,000	1,000	2,000,000	1,000,000
200X년 2월	1,600	950	1,520,000	902,500
200X년 3월	1,200	750	900,000	562,500
200X년 4월	800	550	440,000	302,500
200X년 5월	800	550	440,000	302,500
200X년 6월	600	450	270,000	202,500
200X년 7월	500	400	200,000	160,000
200X년 8월	700	530	371,000	280,900
200X년 9월	1,000	650	650,000	422,500
합 계	9,200	5,830	6,791,000	4,135,900

〈물음〉

1) 최소자승법에 의하여 단순선형회귀선의 원가추정 방정식을 유도하여라.

2) 1,500단위를 생산할 경우 원가추정 방정식을 통하여 총원가를 예측하여라.

10. 아래 자료를 이용하여 물음에 답을 하여라.

기 간	총원가(Y)	총생산량(X)	(X)·(Y)	X^2
1	180	15	2,700	225
2	140	12	1,680	144
3	230	20	4,600	400
4	190	17	3,230	289
5	160	12	1,920	144
6	300	25	7,500	625
7	270	22	5,940	484
8	110	9	990	81
9	240	18	4,320	324
10	320	30	9,600	900
합 계	2,140	180	42,480	3,616

〈물음〉

1) 최소자승법을 이용하여 단순선형회귀선의 원가추정 방정식을 구하여라.

2) 40단위를 생산할 경우 원가추정 방정식을 통하여 총원가를 예측하여라.

3) 고저점법을 이용하여 원가추정 방정식을 구하고 40단위를 생산할 경우 원가추정 방정식을 통하여 총원가를 예측하여라.

제 14 장

원가 · 조업도 · 이익분석

제14장

원가 · 조업도 · 이익분석

제 1 절 원가 · 조업도 · 이익분석의 의의

1. 원가 · 조업도 · 이익분석의 의의

원가 · 조업도 · 이익분석(Cost-Volume-Profit analysis, CVP분석)은 CVP관계의 분석(analysis of cost-volume-profit relationship)이라고도 하며, 원가 · 조업도 · 이익의 상호관계를 조사, 분석하는 방법이다.

즉, 원가, 조업도, 이익 중에 어느 하나가 변화할 때 다른 요인이 어떻게 변동되는가를 분석하는 것으로 모든 조직에서 단기이익계획(short term profit planning)을 수립하거나 경영의사결정을 하는데 중요한 분석수단이 되고 있다.

CVP분석은 이익계획, 원가관리뿐만 아니라 각종의 특수의사결정의 문제를 해결하는 데에 이용되고 있다. 예를 들면, 신제품의 도입여부, 부품의 자가제조 · 외부구입여부(make or buy decisions), 특별주문의 수량여부, 가격결정판로의 선택, 목표이익달성을 위한 조업도수준결정, 제품품목의 존속, 폐기여부 등의 모든 문제들은 CVP분석의 한계분석방식에 의해서 분석될 수 있다.

2. 원가 · 조업도 · 이익분석을 위한 기본적 가정

CVP분석은 간결, 명료하여 실무에서 널리 이용되고 있다. 그러나 CVP분석에 관한 자료는 어떤 주어진 조건을 바탕으로 하여 얻어지는 것이므로 이것을 이용할 시는 기본적 가정이 전제되고 있음을 간파하여야 한다. CVP분석의 기본적 가정(basic assumption)은 다음과 같다.

〈CVP분석의 기본적 가정〉

1) 원가 및 수익의 형태는 확실하게 결정되어 있고, 관련범위내에서는 선형(linear)이다.
2) 모든 원가는 변동비와 고정비로 분해된다.
3) 고정비는 관련범위내에서 일정하다.
4) 변동비는 조업도에 따라 비례적으로 변동한다.
5) 판매가격은 불변이다.
6) 제원가요소의 가격은 불변이다.
7) 능률과 생산성은 일정하다.
8) 단일제품이거나 또는 조업도의 변동에 따라 매출배합(sales mix)이 일정하게 유지된다.
9) 수익과 비용은 조업도의 공통측정단위에 의하여 비교되어진다.
10) 조업도만이 원가에 영향을 미치는 유일한 관련요소이다.
11) 기초재고량과 기말재고량의 변동은 거의 없다.

CVP분석은 특별한 활동범위내의 가정에 기초하기 때문에 일정한 한계를 지니고 있는 것이다. 그 한계로는 다음과 같다.

〈CVP분석의 한계〉

1) 비용분해가 어렵다.
2) 비용분해가 가능하다 하더라도 비용이 수시로 변동된다.
   즉, 어느 기간에서 고정비도 그 기간이 지나면 변동비화 될 수 있다.
3) 일정조업도(적합범위)내에서만 유용하다.
   즉, 그 조업도를 벗어나면 손익분기점(BEP)은 달라질 수 있다.
4) 물가가 항상 유동적이기 때문에 판매단가나 단위원가가 변동된다.
5) 다품종기업에서는 제품별 배합비율이 항상 변동되는 것이 보통이다.

〈김동석 · 이구학, 『현대원가회계』, 문경출판사, 1982, p. 444〉

이상과 같이 CVP분석의 한계가 있으므로 정확한 CVP분석은 사실상 어렵다고 볼 수 있는 것이다.

제 2 절 원가 · 조업도 · 이익분석의 방법

CVP분석방법에는 공식법, 도표법의 2가지 방법이 있는데, 이들은 모두 손익분기점(break-even point : BEP)을 산출하는 기법들이다.

1. 공식법

공식법(equation approach)은 매출액, 변동비, 고정비, 그리고 순이익간의 관계를 나타내는 원가 · 조업도(cost-volume) 등식에 입각하기 때문에 다음과 같은 등식이 형성된다.

즉,

매 출 액	=	변 동 비	+	고 정 비	+	순 이 익(목표이익)
S	=	VC	+	FC	+	NI

여기에서 손익분기점에서는 순이익이 0이므로

$$S = VC + FC + 0$$

이 된다.

때문에 손익분기점(BEP)을 산출하는 기본산식은 다음과 같다.

1) 손익분기점을 산출하는 기본산식

〈기본산식〉

$$X = \frac{F}{1 - \frac{V}{S}}$$

X = 손익분기점 매출액 　　 F = 고정비

V = 변동비 　　 S = 일정기간의 실제매출액

V/S = 변동비율 　　 $1 - V/S$ = 한계이익률

〈예제 14-1〉 (주)동원건설의 전년도 수익과 비용에 관한 자료는 아래와 같다. 손익분기점에서의 매출액을 계산하여라.

손익계산서

(주)동원건설 (단위: 만원)

	고정비	변동비	
1. 매 출 액			₩1,200
2. 총 비 용	고정비	변동비	
매출원가		₩600	
판 매 비	₩160		
관 리 비	140		
영업외비용	100		
소 계	₩400	₩600	1,000
3. 당기순이익			₩200

[해답]

$$X = \frac{400}{1 - \frac{600}{1,200}} = 800\text{만원}$$

2) 목표이익(target profit) g를 올리기 위한 매출액 X의 산식

〈산식〉

$$X = \frac{F+g}{1\frac{V}{S}}$$

〈예제 14-2〉 〈예제 14-1〉의 자료를 이용하여 목표이익 300만원을 올리기 위해서는 매출액을 얼마로 해야 하는가?

[해답]

$$X = \frac{400 + 300}{1 - \frac{600}{1,200}} = 1,400\text{만원}$$

3) 일정한 매출액일 때 발생하는 이익액 P를 구하는 산식

〈산식〉

$$P = X(1 - \frac{V}{S}) - F$$

〈예제 14-3〉 〈예제 14-1〉의 자료를 이용하여 매출액을 1,500만원으로 올릴 경우에 예산이익액을 산출하여라.

[해답]

$$P = 1{,}500 \times \left(1 - \frac{600}{1{,}200}\right) - 400 = 350\text{만원}$$

4) 판매가격에 변화가 있을 경우 손익분기점 매출액의 산식

〈산식〉

$$X = \frac{F}{1 - \dfrac{V}{S \times (1 \pm r)}}$$

〈예제 14-4〉 〈예제 14-1〉의 자료를 이용하여 판매가격이 10% 증가했을 경우에 손익분기점 매출액은 얼마이겠는가?

[해답]

$$X = \frac{400}{1 - \dfrac{600}{1{,}200 \times (1.1)}} = 733\text{만원}$$

5) 변동비율에 변화가 있는 경우의 손익분기점 매출액의 산식

〈산식〉

$$X = \frac{F}{1 - \dfrac{V \times (1 \pm r)}{S}}$$

〈예제 14-5〉 〈예제 14-1〉의 자료를 이용하여 변동비율이 20% 감소시 손익분기점 매출액은 얼마이겠는가?

[해답]

$$X = \frac{400}{1 - \dfrac{600 \times (1-0.2)}{1{,}200}} = 667\text{만원}$$

6) 고정비의 증감이 있는 경우의 손익분기점 매출액의 산식

〈산식〉

$$X = \frac{F \pm a}{1 - \frac{V}{S}}$$

〈예제 14-6〉 〈예제 14-1〉의 자료를 이용하여 고정비가 100만원이 증가했을 경우의 손익분기점 매출액은 얼마이겠는가?

[해답]

$$X = \frac{400 + 100}{1 - \frac{600}{1,200}} = 1,000\text{만원}$$

2. 도표법

도표법(graphical approach)은 도표에 의해 손익분기점(BEP), 원가 · 조업도 · 이익의 상호관계를 나타내 주는 것으로서 이를 원가 · 조업도 · 이익도표(cost-volume-profit chart : CVP도표)라고 하며, CVP도표상에 손익분기점이 표시되는 관계로 손익분기도표(break-even chart)라고 하기도 한다.

손익분기점은 수익선과 비용선이 교차점이 되는 것이다. 이 방법에서 수익선은 매출액선이 되고, 비용선은 변동비와 고정비를 합친 것이 된다.

제1법의 손익분기도표 작성 절차는 다음과 같다.

〈제1법의 BEP도표작성 절차〉

1) 실현가능한 매출액(조업도)을 정하여 X축(수평)과 Y축(수직)이 정사각형이 되도록 그린다.
2) 좌표평면 Y축에는 수익과 비용을 금액으로 표시하고, X축에는 매출액(조업도)을 표시한다.
3) 고정비액점을 Y축에서 찾아 X축에 평행선을 그린다. 이것이 고정비선(F)이다.
4) 총수익(TR)을 나타내는 직선을 그린다.
   이 직선은 매출량과 총수익과의 관계를 나타내는 것이므로 원점을 통과한다.
5) 총비용(TC)을 나타내는 직선을 그린다.
   이 직선은 매출량과 관계없이 항상 일정한 값을 갖는 고정비와 매출량이 증가함에 따라 비례적으로 증가하는 변동비를 합한 직선이다. 따라서 Y축과 만나는 점은 총고정비이다.
6) 손익분기점(BEP)은 총수익선과 총비용선의 교차점이 되는 것이다.
   이 BEP에서 수익선은 매출액선이 되고, 비용선은 변동비와 고정비를 합친 것이 된다.

제2법의 손익분기도표 작성절차는 다음과 같다.

〈제2법의 BEP도표작성 절차〉

1) 실현가능한 매출액(조업도)을 정하여 X축(수평)과 Y축(수직)이 정사각형이 되도록 그린다.
2) 좌표평면 Y축에는 수익과 비용을 금액으로 표시하고, X축에는 매출액(조업도)을 표시한다.
3) 총수익(TR)을 나타내는 직선을 그린다.
   이 직선은 매출량과 총수익과의 관계를 나타내는 것이므로 원점을 통과한다.
4) 원점을 지나며 변동비율($\frac{\text{변동비}}{\text{매출액}}$)을 기울기로 하는 변동비선을 그린다.
5) Y축에서 고정비액점을 찾아 이 점을 지나며 위의 변동비선과 평행이 되는 선을 그린다. 이것이 고정비선이 되는 동시에 총비용선이 된다.
6) 손익분기점(BEP)은 총수익선과 총비용선의 교차점이 되는 것이다.

〈표 14-1〉의 제1법의 손익분기도표는 널리 이용되고 있으나 이 그림은 공헌이익이 두 개의 부분으로 나누어지는 결점을 갖고 있다. 즉, 〈표 14-1〉에서 공헌이익을 찾으려면, 고정비부분과 이익부분을 합하거나 또는 고정비부분에서 손실부분을 빼야 한다. 〈표 14-1〉에서는 공헌이익을 파악하기는 곤란하다. 그러나 변동비선을 먼저 표시하고, 그 위에 고정비선을 추가하여 〈표 14-1〉의 제2법의 손익분기도표를 그리면 공헌이익을 한눈에 파악할 수 있게 된다. 그리고 BEP는 공헌이익과 고정비가 일치하는 점이라는 사실도 쉽게 알 수 있기 때문에 미국에서는 〈표 14-1〉의 제1법의 손익분기도표가 널리 이용되고 있다.

〈표 14-1〉 손익분기도표

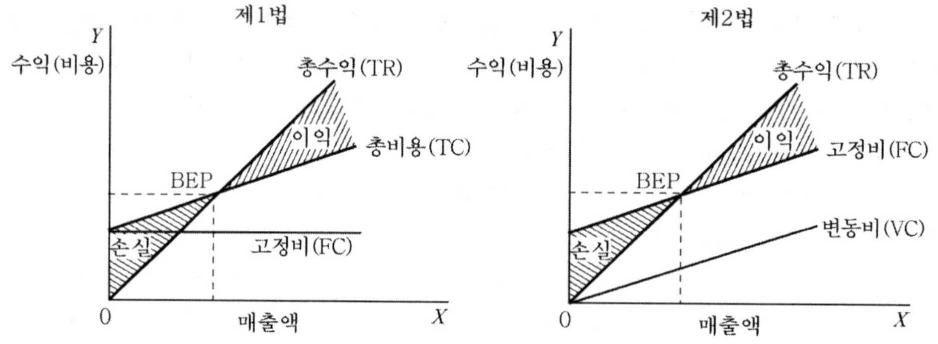

도표법은 CVP관계를 간결하게 표시하는 장점이 있으나, 반면에 계산의 정확성을 기하기 어려운 단점이 있다. 따라서 손익분기도표는 최고경영관리자 등에 대한 보고용으로 작성하고, 손익분기점(BEP)의 계산은 공식법에 의하는 것이 정확하다.

〈예제 14-7〉 아래의 자료로 제1법의 손익분기도표를 작성하여라.

〈자료〉

매 출 액	₩3,500,000
변 동 비	2,100,000
공헌이익	1,400,000
고 정 비	1,400,000
영업이익	0
매 출 량	875개

[해답]

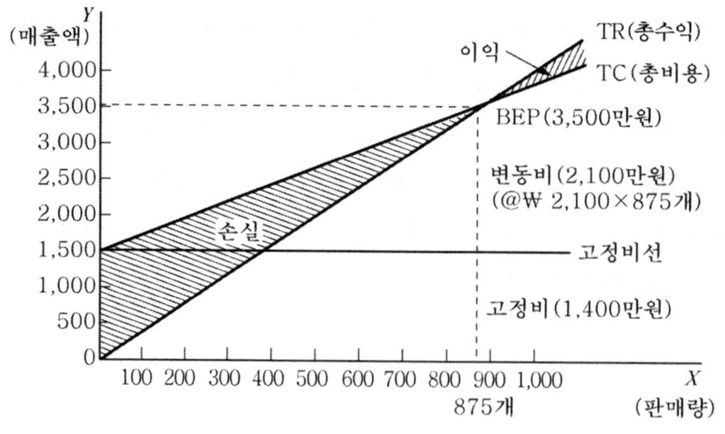

제 3 절 공헌이익의 분석

1. 공헌이익

공헌이익(contribution margin)이란 매출액에서 변동비를 차감한 차액을 말하며, 이는 고정비의 회수와 목표이익에 공헌한다는 의미에서 용어를 사용하는 것인데 일명 한계이익(marginal income)이라고도 한다. 단위당 공헌이익은 제품을 생산하여 판매한 제품 한 단위가 고정비를 회수하고 이익을 창출하는데 얼마만큼 공헌했는지를 나타낸다.

〈공헌이익의 산식〉

단위당 공헌이익(unit CM) = 단위당 판매가격 - 단위당 변동비

C M = P - V

〈예제 14-8〉 다음 자료를 이용하여 제품 단위당 공헌이익과 제품 1단위를 추가적으로 판매할 경우 순이익은 얼마가 되겠는가를 계산하여라.

공헌손익계산서

매 출 액	@₩4,000	1,000개	₩4,000,000
변 동 비			2,400,000
공 헌 이 익			1,600,000
고 정 비			1,400,000
당기순이익			₩200,000

[해답]

1) 제품단위당 매출가격 : ₩4,000,000 ÷ 1,000개 = ₩4,000
2) 제품단위당 변 동 비 : ₩2,400,000 ÷ 1,000개 = ₩2,400
3) 제품단위당 공헌이익 : ₩4,000, - ₩2,400 = ₩1,600
4) 제품 1단위 추가하여 판매시 영업이익

공헌손익계산서

매 출 액	@₩4,000	1,001개	₩4,004,000
변 동 비			2,402,400
공 헌 이 익			1,601,600
고 정 비			1,400,000
영 업 이 익			₩201,600

2. 공헌이익률

공헌이익률(contribution margin ratio)은 매출액에 대한 공헌이익의 비율 즉, 총매출액이 ₩1 증가할 때마다 공헌이익이 얼마만큼 증가하는지를 나타내준다. 이것은 수익에 대한 공헌이익의 비율이며 매출액에서 고정비와 이익에 충당되는 부분의 비율을 말한다. 그러므로 공헌이익률을 한계이익률(marginal income ratio) 또는 PV비율(profit volume ratio)이라고도 한다. 공헌이익률은 매출액을 100이라고 하였을 때 공헌이익은 얼마가 되느냐? 하는 것을 나타냄으로써 공헌이익률이 클수록 매출액의 확대가 이익에 주는 영향은 커진다고 할 수 있다. 그러므로 기업이 취급하는 제품이나 상품에 대하여 품종별로 공헌이익률을 구한 다음에 그 공헌이익률이 상대적으로 큰 품종을 가장 많이 생산하고 판매함으로써 고정비를 조기에 회수하고 이익의 극대화를 가져올 수 있다는 논리가 성립되는 것이다.

〈공헌이익률의 산식〉

$$\text{공헌이익률(CM\%)} = \frac{\text{공헌이익(CM)}}{\text{매출액(S)}}$$

$$= 1 - \frac{\text{변동비}}{\text{매출액}}$$

$$= 1\text{-변동비율}$$

〈예제 14-9〉 〈예제 13-8〉의 자료를 이용하여 공헌이익률을 산출하여라.

$$\text{공헌이익률 (CM\%)} = \frac{1{,}600{,}000}{4{,}000{,}000} = 40\%$$

3. 공헌이익과 CVP분석

CVP분석에서는 손익분기점(BEP)은 물론 목표이익(target income)을 달성할 수 있는 조업도를 산출하는 것이 중요하다. 공헌이익에 의하여 손익분기점을 산출하는 경우에는 다음과 같은 수량(매출량)으로 계산할 수도 있고 금액(매출액)으로도 계산할 수 있다.

1) 목표이익을 달성하기 위한 목표매출액 산정

목표이익을 달성하는 매출액 S를 계산하는 산식은 다음과 같다.

〈산식〉

$$S = \frac{F + NI}{CM\%}$$

$$목표매출액 = \frac{고정비 + 목표이익}{공헌이익률}$$

〈예제 14-10〉 아래 자료를 이용하여 목표이익 ₩60,000을 달성시키려면 목표매출액은 얼마로 하여야 하겠는가?

손익계산서

(주)동원건설 (단위:만원)

	변동비	고정비	합계
1. 매출액 @₩500 × 500개			₩250,000
2. 총비용			
직접재료비	@₩85×500개 = ₩42,500		₩42,500
직접노무비	@₩60×500개 = ₩30,000		30,000
제조간접비	@₩55×500개 = ₩27,500	₩24,000	51,500
판 매 비	@₩50×500개 = ₩25,000	8,000	33,000
관 리 비	——	38,000	38,000
소 계	@₩250×500개 =₩125,000	₩70,000	₩195,000
3. 영업이익			₩55,000

[해답]

$$S = \frac{70,000 + 60,000}{1 - \frac{125,000}{250,000}} = ₩260,000$$

〈검 산〉

매 출 액	₩260,000
변 동 비	130,000
공헌이익	130,000
고 정 비	70,000
	₩60,000

2) 목표이익을 달성하기 위한 목표매출량 산정

목표이익을 달성하는 매출량 X를 계산하는 산식은 다음과 같다.

〈산식〉

$$X = \frac{F + NI}{P - V}$$

$$\text{목표매출량} = \frac{\text{고정비} + \text{목표이익}}{\text{단위당 공헌이익}}$$

〈예제 14-11〉 〈예제 14-10〉의 자료를 이용하여 목표이익 ₩60,000을 달성시키려면 목표매출량은 얼마로 하여야 하겠는가?

[해답]

$$X = \frac{70{,}000 + 60{,}000}{500 - 250} = 520\text{개}$$

3) 납세후 목표이익을 위한 매출액 산정

경영의사결정을 위해서 납세후 목표이익을 산정할 수 있는데 납세후 목표이익을 위한 매출액(S)과 매출량(X)을 산정하기 위해서는 다음과 같은 산식이 유도된다.

〈산식〉

$$\cdot\ \text{목표매출액} = \frac{\text{고정비} + \dfrac{\text{목표이익}}{1 - \text{세율}}}{\text{공헌이익률}}$$

$$\cdot\ \text{목표매출량} = \frac{\text{고정비} + \dfrac{\text{목표이익}}{1 - \text{세율}}}{\text{단위당 공헌이익}}$$

〈예제 14-12〉 〈예제 14-10〉의 자료를 이용하여 납세 후 목표이익액 ₩60,000을 달성시키려면 목표매출액과 목표매출량을 얼마로 설정해야겠는가?(세율은 20%이다)

[해답]

$$\text{① 목표매출액 (S)} = \frac{70{,}000 + \dfrac{60{,}000}{1 - 0.2}}{1 - \dfrac{125{,}000}{250{,}000}} = ₩290{,}000$$

$$\text{② 목표매출량 (X)} = \frac{70{,}000 + \dfrac{60{,}000}{1 - 0.2}}{500 - 250} = 580\text{개}$$

연 습 문 제

〈객관식〉

1. CVP분석은 다음 중 무엇에 의하여 경영자로 하여금 어떤 제품의 상대적인 이익가능성을 결정하는데 도움을 주는가? (AICPA 기출제문제)
   ① 생산과정에서 발생할 가능성이 있는 애로(bottle-necks)를 밝혀 줌으로써
   ② 고정비를 아주 낮은 수준으로 유지시킴으로써
   ③ 서로 다른 조업도에서의 단위당공헌이익과 예상이익을 나타내 줌으로써
   ④ 공헌이익을 극대화할 수 있는 방법으로 제품에 원가를 배분함으로써

2. 다음은 총고정비가 ₩170,000인 B회사의 각 제품 1개당 공헌이익이다.

〈자료〉

	제품 X	제품 Y	제품 Z
매출가격	₩100	₩50	₩80
변 동 비	50	45	50
공헌이익	₩50	₩5	₩30

제품 X, 제품 Y, 제품 Z의 구성비율을 2:2:3으로 제조 판매할 때 B회사의 손익분기점은? (KICPA 기출제문제)

	제품 X	제품 Y	제품 Z
①	2,000개	2,000개	3,000개
②	850개	850개	1,275개
③	1,700개	1,700개	2,550개
④	4,000개	4,000개	6,000개
⑤	정답 없음		

【해설】

1) 총공헌이익계산
- 제품 X : ₩50 × 2 = ₩100
- 제품 Y : ₩5 × 2 = ₩10
- 제품 Z : ₩30 × 3 = ₩90
- ₩200

2) BEP 계산
BEP : ₩170,000 ÷ ₩200 = ₩850
※ 제품별 BEP

- 제품 X : 850 × 2 = 1,700개
- 제품 Y : 850 × 2 = 1,700개
- 제품 Z : 850 × 3 = 2,550개

3. 손익분기점에서 고정비는 항상 어떠한가? (AICPA 기출제문제)

① 공헌이익보다 작다 ② 공헌이익과 같다
③ 공헌이익보다 크다 ④ 변동비보다 크다

【해설】
손익분기점에서의
- 매출액 = 총비용
- 매출액 = 변동비 + 고정비
- 매출액 - 변동비 = 공헌이익 = 고정비

4. S기업은 단일제품의 생산업체이다. 지난 기간에 S기업은 제품 3,000단위를 판매하여 ₩200,000의 이익을 보았는데 손익분기점은 2,500단위이다. 만약 판매가격을 단위당 ₩100씩 절감시키면 새로운 손익분기점은 얼마인가? (KICPA 기출제문제)

① 2,500단위 ② 2,667단위
③ 3,333단위 ④ 3,667단위

【해설】 1) 단위당 공헌이익계산
P를 단위당 가격, V를 단위당 변동비, F를 고정비라고 하면,
(3,000 - 2,500) × (P - V) = ₩200,000
P - V = ₩400
2) 고정비 계산
F ÷ (P - V) = ₩2,500(손익분기매출수량)
F ÷ ₩400 = 2,500
F = ₩1,000,000
3) 새로운 손익분기매출수량 계산
₩1,000,000 ÷ (₩400 - ₩100) = <u>3,333단위</u>

5. 당기매출액이 ₩5,000,000이고, 고정비가 ₩4,000,000, 변동비가 ₩1,000,000인 경우 손익분기의 매출액은 얼마이겠는가?

① ₩5,000,000 ② ₩1,000,000
③ ₩4,000,000 ④ 답이 없음

【해설】

$$\text{BEP X} = \text{고정비} \div \left(1 - \frac{\text{변동비}}{\text{매출액}}\right) \text{ 이므로}$$

$$= ₩4,000,000 \div \left(1 - \frac{₩1,000,000}{₩5,000,000}\right)$$

$$= \underline{\underline{₩5,000,000}}$$

6. 다음은 손익분기점에 영향을 미치는 사항들이다. 영향을 주지 않는 것은 어느 것인가?

(AICPA 기출제문제)

① 판매수량　　② 단위당 변동비

③ 총고정비　　④ 단위당 매가

7. 만약 변동비와 판매가격이 일정할 때 고정비가 조업도의 증가에 따라서 추가 된다면, 공헌이익과 손익분기점에 있어서 어떤 변화가 생기겠는가? **(AICPA 기출제문제)**

	공헌이익	손익분기점
①	증가	감소
②	감소	증가
③	불변	증가
④	불변	불변

8. 일반적으로 CVP분석에서 고려하지 않는 가정은?

① 원가요소의 가격은 일정하며 능률과 생산성은 일정하다.

② 모든 원가는 고정비와 변동비로 나누어질 수 있다.

③ 판매가격은 일정범위내에서는 변동하지 않는다.

④ 수익과 원가행태는 관련범위내에서는 곡선이다.

【해설】 수익과 원가형태는 관련범위 내에서는 직선을 가정한다.

9. 공헌이익이란 무엇인가?

① 고정비를 초과하는 변동비

② 변동비를 초과하는 수익

③ 손익분기점을 초과하는 계획된 수익

④ 고정비를 초과하는 수익

【해설】 공헌이익이란 매출액에서 변동비를 차감한 차액을 말하며, 이는 고정비의 회수와 목표이익에 공헌한다는 의미에서 용어를 사용하는 것인데 일명 한계이익이라고도 한다.

10. 어떤 사람이 학교 근처에서 문방구점을 개업하려고 한다. 그는 볼펜을 개당 ₩500에 구입할 수 있으며, 팔지 못한 볼펜의 반품도 가능하다. 그리고 상점의 임대료는 매년 ₩200,000 선불하는 조건이며, 볼펜의 판매가격은 개당 ₩900을 예산하고 있다. 이 경우 매출액에 대한 20%의 순이익을 얻기 위해서 몇 개의 볼펜을 팔아야 하는가? **(KICPA 기출제문제)**

① 500개　　② 909개

③ 680개　　④ 920개

⑤ 815개

【해설】

$$매출수량 = \frac{고정비 + 목표이익}{단위당\ 공헌이익}이므로$$

$$Q = \frac{F + G}{P - V} = \frac{200,000 + (900Q) \times 0.2}{900\text{-}500} = \frac{200,000 + 180Q}{400}$$

$$400Q - 18Q = 200,000$$

$$Q = \frac{200,000}{220} = 909개$$

해답 1. ③ 2. ③ 3. ② 4. ③ 5. ① 6. ① 7. ③ 8. ④ 9. ② 10. ②

〈주관식〉

1. 원가 · 조업도 · 이익분석의 유용성을 설명하여라.

2. 원가 · 조업도 · 이익분석의 가정 및 한계점을 열거하여라.

3. 공헌이익률(contribution margin ratio)이란 무엇인가?

4. (주)옥구상사에서 연간 매출액을 ₩62,000,000 또는 판매량을 3,100개 밖에 실현할 수 없다고 예상되는 경우, 목표이익 ₩5,400,000을 달성하는데 필요한 비용의 절약액은 얼마이겠는가?

5. (주)나운상사의 연간 영업자료는 다음과 같다. 물음에 답하여라.

〈자료〉

◦ 당기 판매 수량	50,000개
◦ 단위당 판매단가	@₩2,000
◦ 제품 1개당 변동비	@₩800
◦ 연간 고정비합계	₩48,000,000

〈물음〉

1) (주)나운상사의 BEP의 판매수량은 몇 개인가?
2) 판매수량은 일정하고 변동비가 개당 ₩200만큼 인상되었다고 가정하면 연간순이익은 얼마가 되겠는가?

6. 판매가격 @₩5,000, 변동비 @₩3,600 고정비총액 ₩7,999,600일 때 손익분기점이 되는 판매수량 또는 매출액은 얼마인가?

7. 제품단위당의 판매가격은 ₩2,000, 변동비는 ₩800이다. 또 고정비총액을 ₩6,000,000으로 하고 제품을 20,000개 판매한다고 하면 손익은 어느 정도가 되겠는가?

8. 제품단위당의 판매가격을 ₩3,600, 변동비를 ₩1,440으로 하고 목표이익을 ₩7,200,000으로 예상한다면 어느 정도의 매출액 또는 판매량이 필요한가?
(단, 고정비총액을 ₩10,080,000으로 한다)

9. S회사는 제품 Y를 단위당 \$5에 판매한다. 고정비는 \$210,000이며, 총변동비는 매출액의 60%이다. 만약 이 회사가 매출액에 대해서 10%의 이익을 얻고자 한다면 목표매출액은 얼마가 되어야 하는가? **(AICPA 기출제문제)**

10. 다음 그래프를 보고 물음에 답하여라.

1)

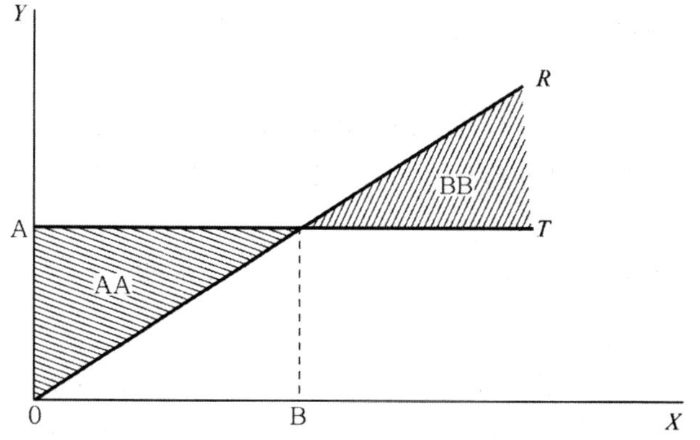

〈물음〉 위 도표의 다음 각 요소를 설명하여라.

① 직선 OX ② 직선 OY
③ 직선 OR ④ 직선 AT
⑤ 점 A ⑥ 점 B
⑦ 영역 AA에서 직선 AT와 직선 OR의 차이
⑧ 영역 BB에서 직선 AT와 직선 OR의 차이
⑨ 직선 OR의 기울기 ⑩ 직선 AT의 기울기

2)

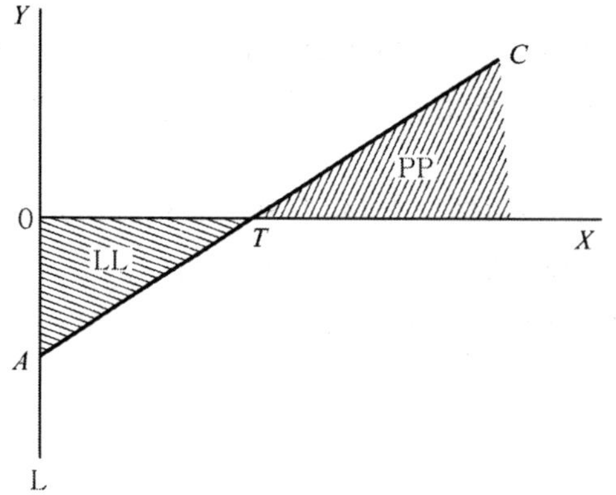

〈물음〉 위 도표의 다음 각 요소를 설명하여라.

① 직선 OX	② 직선 LY
③ 점 T	④ 점 A
⑤ 직선 AC	⑥ 영역 LL
⑦ 영역 PP	⑧ 직선 AC의 기울기

(박호근, 관리회계연습, 법문사, 1995. p. 94)

제 15 장

표준원가계산

제15장
표준원가계산

제 1 절 표준원가계산의 의의와 목적

1. 표준원가계산의 의의

표준원가계산(Standard cost accounting)은 사전에 과학적, 통계적 방법에 근거하여 표준원가를 설정하고, 이것을 실제원가와 비교하고 그 차이를 분석함으로써 원가관리에 도움이 되도록 하는 계산방법으로, 실제원가계산의 결함을 보완하고, 극복하여 실천적 필요성에 의하여 고안된 방법이다.

즉, 표준원가계산은 원가관리를 위하여 제품원가를 구성하는 재료비, 노무비, 경비, 제조간접비 등의 모든 원가요소의 가격 및 소비량을 미리 지침이 될 표준원가를 설정하여 실제 발생 원가와 비교하고, 원가차이(cost variance)를 산정한 후에 요인별로 차이를 분석한다. 그 차이를 해당 각 부문의 책임자에게 보고하고, 필요한 개선방안을 연구하기 위한 원가계산이다.

표준원가계산은 실제원가계산의 원가관리상 결정, 즉 실제원가의 변동성, 원가계산의 지연, 원가능률의 부적합한 측정기준 등을 개선 및 보완하기 위해 생성된 것으로 이것은 테일러(F. W. Taylor)와 그 후계자들이 전개한 과학적 관리법을 회계영역에 도입한 것으로 볼 수 있다. 즉, 과학적 관리법(Scientific management)이 품질관리(quality control)와 산업공학(industrial engineering)으로 발전. 연구되어 실체적, 기술적 합리화(technical rational)의 추구를 가져왔으며, 이들의 과학적 관리기법의 보급과 더불어 원가 구성요소인 물량의 소비와 그 가격에 과학적·통계적으로 산출된 표준원가 개념이 도입된 것이다.

표준원가계산은 제조업을 영위하는 기업에서 제품제조 원가계산을 산출하기 위해 많이 활용되고 있고, 오늘날 일반 기업체에서 중요한 원가정보시스템으로 활용되고 있다. 이 밖에도 표준원가는 재고자산 및 매출원가의 산정, 추정, 재무제표 작성의 기초가 되고 있는 원가계산 방법이다.

표준원가계산이 유효있게 실시되려면 다음과 같은 전제조건을 갖추어야 한다.

첫째, 경제적인 요청이 있어야 한다. 어떠한 회계제도라도 경제적, 실천적 요청이 없이는 생성·발전할 수 없으므로 원가관리(cost control)나 원가절감(cost reduction)과 같은 절실한 필요에 의한 경제적인 요청이 있어야 한다.

둘째, 기술적인 전제조건이 필요하다. 즉, 건전한 실제 원가계산제도가 실시되어야 한다.

셋째, 원가관리에 대한 사명의식을 철저히 가져야 한다. 즉, 경영자와 종업원이 표준원가계산에 의한 원가절감에 따른 생산성 향상 운동에 적극 참여하도록 의식화가 되어야 한다.

넷째, 생산의 전문화, 규격화, 표준화가 이루어져야 한다. 이것은 표준원가계산을 용이하게 실시하기 위하여 제품의 구조와 작업방법이 합리화 되어야 한다.

다섯째, 각 부문별 책임자별로 구성되어야 한다. 합리적인 원가관리를 하기 위해서는 조직이 잘 구성되어야 할 것이다.

2. 표준원가계산의 목적

일반적으로 표준원가계산의 주목적은 원가관리에 있다. 목적에는 여러 가지가 있을 수 있으나, 우리 나라 원가계산기준(제35조)의 경우에는 원가관리 목적, 재무제표작성 목적, 예산편성 목적, 계산의 신속성과 기장의 간이화 목적 등으로 구분하고 있다.

1) 원가관리의 목적

원가관리(cost management)는 달성 목표로서 설정한 원가의 표준에 따라 실제로 원가가 발생하도록 영업활동을 지도하고 규제하는 것을 말한다. 즉, 제조활동을 능률적으로 행하기 위하여 표준원가를 설정하고, 이 표준원가를 사전에 각 부문관리자 및 각 종업원에게 제시하고 실제의 발생액을 계산 기록하여 표준원가와 비교함으로써 그 차이의 원인을 분석하고 이에 관련된 원가자료를 경영관리자에게 보고하여 적절한 배치를 취함으로써 원가관리와 원가절감을 실현시킬 수 있는 것이다. 그리고 표준원가계산에 의한 원가관리 절차를 보면 다음과 같다.

〈원가관리절차〉

원가표준의 설정 → 표준원가의 계산 → 실제원가의 계산 → 표준원가의 실제원가의 비교(원가 차이 산정) → 원가 차이 분석 → 원가보고

이 표준원가를 사전에 부문관리자 및 종업원에게 제공함으로써 동기부여(motivation)가 된다. 이에 의하여 그 표준을 이해하고 노력하면 달성할 수 있고, 무리를 배제한 목표치가 주어지게 되므로 관리의욕과 원가의식(cost consciousness)을 불어 넣어 최대한의 관리효과를 얻을 수 있는 것이다.

2) 재무제표 작성목적

표준원가는 정상적인 원가로서 재공품, 제품 등의 재고자산 평가와 매출원가의 산정에 필요한 기초자료를 제공하는 것이다. 재고자산의 평가와 매출원가의 산정은 기간손익계산 및 재무상태 표시에 중요한 영향을 미치고 있다. 오늘날 재고자산 평가를 하느냐 또는 표준원가로 계산할 것인가에 대해서는 논란이 제기되고 있다. 그러나 공시되는 재무제표상의 재고자산평가는 실제원가에 의하여 표시하는 것이 일반적이다. 재고자산평가를 실제원가로 표시하면 비능률적이고 우연성, 변동성 등의 요인으로 인하여 재무제표는 진실성과 객관성이 결여되어 있다고 볼 수 있다. 이에 대하여 표준원가는 과학적 통계적 방법에 의해 표준원가를 설정함으로써 비원가, 비능률, 낭비 등의 제요인을 제거하기 때문에 진실한 원가라고 할 수 있고 진실한 원가자료를 제공할 수 있는 것이다.

3) 예산편성상의 목적

표준원가는 예산, 특히 추정 손익계산서나 추정 대차대조표의 작성에 필요한 기초적 원가자료를 제공한다.

예산은 일정기간중에 전반적이고 구체적인 계획을 화폐에 의하여 표시한 것이다. 예산편성에 이용되는 원가는 표준원가가 아니라 예정원가이다. 그러나 예산과 표준원가는 모두 목표를 설정하고, 실제와의 차이를 비교하여 통제한다는 점에서는 동일하다. 그러므로 표준원가의 예산에 대한 역할은 예산편성에 있어서 표준원가의 과학성을 도입함으로써 신뢰성을 높일 수 있다.

4) 계산의 신속성과 기장의 간이성 목적

표준원가는 재무회계의 계정 조직을 체계화함으로써 기장을 간이화하고 신속화한다.

즉, 표준원가를 유기적으로 회계를 조직화함으로써 ① 재고자산의 수납을 간이화하고 ② 완성품의 원가를 신속히 산정하며 ③ 원가보고서 작성에 있어서 시간을 절약할 수 있고 ④ 실제원가와 표준원가의 차이분석을 간이화·신속화하게 할 수 있다. ⑤ 예외관리의 원칙을 적용하므로 원가보고의 연구와 해석에 시간이 소요되지 않는다. ⑥ 예산편성 및 가격결정에 표준을 이용하므로 그 시간과 노력이 배제된다.

제 2 절 표준원가의 유형

일반적으로 표준원가는 과학적으로 예정된 원가라고 정의할 수 있는데, 이를 적용하는 목적에 따라서 표준원가의 개념과 내용이 서로 다르게 나타나는데, 그 하나의 개념은 가치와 수량에 관련하여 정해진 척도라는 점에서 이를 기준표준원가(basic standard cost)라 하고, 또 하나는 노력의 목표 내지는 달성해야 할 이상이라는 점에서 이를 당좌표준원가(current standard cost)라 한다. 오늘날 표준원가(standard cost)라고 할 때는 당좌표준원가를 지칭한다. 당좌표준원가는 다시 정상적 표준원가, 이상적 표준원가, 현실적 표준원가로 구분된다.

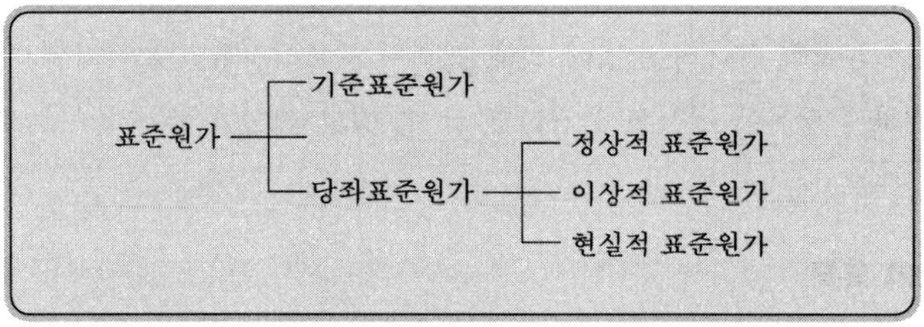

1. 기준표준원가

이것은 측정척도 표준원가, 정태적 표준원가 또는 고정적 표준원가라고도 불리우며 실제원가의 변동 상황을 측정할 목적으로 장기간에 걸친 조업도, 가격, 능률 등을 전제로 하고 비교적 장기에 걸친 고정된 표준원가이다. 가격 및 임금 등의 수준이 변화하더라도 제품의 종류, 생산방법 등의 경영구조의 변화가 없는 한 개정되지 않는 원가이다. 이 기준 표준원가는 재무제표나 회계장부에 기입되지 않는다.

기준표준원가의 설정 목적은 물가지수나 종합주가지수를 산정하는 경우의 기준수치와 같이 불변적 척도를 설정하고, 실제원가를 이 척도와 비교하여 실제원가의 변동 추세를 파악하고자 함에 있다. 때문에 재고자산평가 및 매출원가를 산정하는 재무제표 작성 목적에는 부적합하나 원가와 실제원가와의 비교를 위한 척도로서는 유용하다.

2. 당좌표준원가

이것은 현재의 시점에서 예측할 수 있는 생산 조건하에서 발생되는 표준원가로 비교적 단기간(통상 1년)에 예정조업도, 예정가격을 전제로 하여 예정된 원가이다. 이것은 일정한 생산규모에 있어서 현실적으로 달성 가능한 제조활동을 전제로 하기 때문에 제조활동 표준원가는 실제원가가 달성해야 할 목표의 원가이며, 실제로 조업을 정하는 규범의 원가이다. 그러므로 경영관리자나 종업원이 노력하지 않아도 쉽게 달성할 수 있는 원가나 아무리 노력하여도 현재의 생산조건하에서는 달성할 수 없는 고수준의 원가는 당좌표준원가가 될 수 없으며, 적당한 노력에 의해 달성할 수 있는 원가만이 당좌표준원가가 된다.

표준원가는 단기간의 경영활동 능률을 측정하기 위한 것이므로, 보통 1년마다 갱신되며 보통 표준원가라고 하면 당좌표준원가를 말한다.

당좌표준원가는 단기간에 자주 수정됨에 따라 시간과 경비가 많이 들며, 같은 기간의 실제원가와 비교는 가능하지만 다른 기간의 원가와는 비교할 수 없는 결점이 있다.

표준원가를 설정할 때 규범으로서의 엄격도 즉, 그 수준을 어디에 두느냐에 따라 정상적 표준원가, 이상적 표준원가, 현실적 표준원가로 분류된다.

1) 정상적 표준원가

이것은 정상원가라고도 하며 정상적 조업도의 예정에 의하여 설정된 표준원가를 말한다. 여기에서 말하는 정상적 조업도란 현재 기업의 생산시설을 정상적으로 가동하고 있는 상태를 말하며, 이것을 측정하려면 장기적인 실적치를 평가하고, 이것에다 장래의 예측을 가미하여 정상가격, 정상능률, 정상조업도를 결정한다. 정상적 표준원가는 비교적 안정적인 경제상황에서는 가격정책, 원가관리, 재고자산의 평가, 제품원가의 확정 등을 위하여 효과적으로 이용할 수 있으나, 경제상황이 불안정하고 기술혁신(technical innovation)이 급변하는 경우에는 그 타당성을 잃게 된다.

2) 이상적 표준원가

이것은 이상조업을 기준으로 설정된 표준원가를 말한다. 여기에서 말하는 이상조업 또는 최적조업이란 현재의 생산시설을 이용하여 급부 단위당 원가가 최소가 될 수 있는 이상적 상태를 말한다. 바꾸어 말하면, 이상가격수준, 이상능률수준 및 생산능률수준을 결합함으로써 이상적 표준원가가 설정된다는 것이다. 이러한 상태인 최적조업도 아래 최고 능률을 표시하는 최저원가를 가

리키는 것으로 공원, 감손, 유휴시간 등에 대한 여유율을 전혀 허용하지 않는 가장 엄격한 표준원가로 이를 완전표준원가 또는 이론적 표준원가라고도 한다.

이상적 표준원가를 실제로는 달성 불가능하여 적합치 않으나, 최고경영자로서는 이러한 이상 표준원가를 설정하고, 노력하면 목적을 달성할 수 있다고 예상하여 실제원가와 비교함으로써 경영의 장기계획을 수립함에 중요한 지침이 된다.

이상적 표준원가는 과도한 목표 제시로 현장책임자 및 종업원들에게 근로의욕 상실을 초래하므로 현실적으로 이용도가 낮다.

3) 현실적 표준원가

이것은 예정표준원가 또는 실제기대 표준원가라고도 하며, 실제로 발생할 조업도를 예상하고, 어느 정도 노력하면 실현이 기대되는 표준원가를 말한다. 그리고 현실적 표준원가에서는 불가피한 공원, 감손, 유휴기간 등의 여유율이 포함되어 있는 원가이므로, 달성가능한 표준원가로 현장책임자 및 종업원에게는 이상적인 작업목표가 된다. 만약 그 목표를 달성하지 못할 때는 책임을 추궁할 수도 있다. 이와 같이 현실적 표준원가는 원가관리에 가장 적합할 뿐만 아니라 경영관리, 재고자산가액의 산정, 단기 사업계획에 최적의 표준원가이며, 예산통제에서의 견적 재무제표 작성에 유익한 자료를 제공한다.

제 3 절 표준원가의 설정

표준원가계산 제도의 성패는 표준의 신뢰성 및 정확성의 여부에 달려 있다. 때문에 원가관리는 무엇보다도 원가기준을 적절하게 설정함으로써 기대될 수 있다. 표준원가를 설정하는 방법에는 표준원가 설정의 책임있는 기관으로서 표준위원회를 구성하여 위원회가 담당하는 방법과 대규모 기업에서 행하는 표준원가 설정을 위한 독립된 부(과)를 설치해서 이를 담당하는 방법이 있다.

일반적으로 기업에서는 표준원가 설정에 필요한 자료들을 사전에 관계 부서에서 작성 조정되고 최종적으로 관계부서(제조부, 노무부, 구매부, 원가계산부, 예산부)의 책임자로 구성된 표준설정 위원회에서 결정하는 방법이 많이 채택되고 있다. 표준원가의 설정과 승인에는 다음과 같은 관계 부서장들이 참가해야 한다. 제조부장 및 공장장은 제조활동 실시의 책임자로서 이에 참가한다. 구매부장은 원재료 및 매입 부분품의 구매가격에 따른 제반사항 때문에 이에 참가한다. 원가계산부장은 모든 표준원가를 종합해야 할 것이고, 예산부장은 제조간접비의 예산편성을 해야 하기에 이에 참가한다.

표준원가는 직접원가인 직접재료비, 직접노무비와 제조간접비에 대하여 산정하고, 다시 제품원가에 표준원가의 설정에 있어 원가 요소별로 체계화하면 다음과 같다.

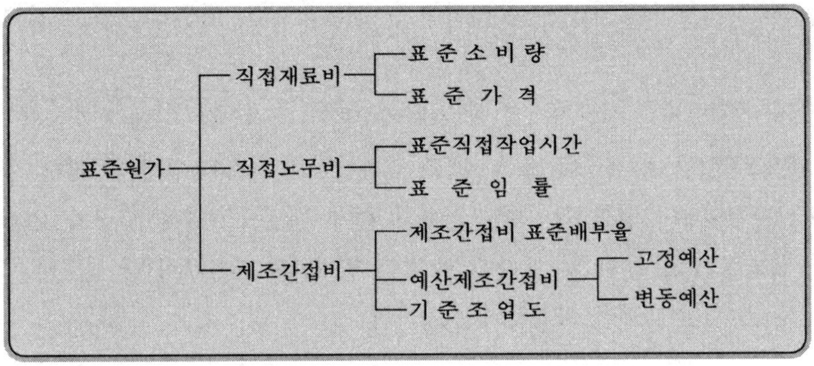

1. 표준 직접재료비의 설정

표준직접재료비는 직접재료의 종류별로 제품 단위당 표준소비량과 표준가격을 곱하여 산출한다.

〈산식〉

표준직접재료비 = 표준소비량 × 표준가격

따라서 표준직접재료비는 표준소비량과 표준가격의 두 가지 면을 관찰하여 결정하여야 한다.

1) 표준소비량의 설정

표준소비량은 제품을 제조하는데 필요한 각종 재료 및 부분품, 품질, 가공 방법 및 가공 순서를 정하고 면밀한 실험 및 기술적 검토와 통계적 방법에 의하여 결정한다. 이러한 표준소비량은 산업공학적 분석과 시작연구 등 과학적·통계적 방법을 반복한 결과로서 결정되는 것이 통례이므로 생산 조건에 큰 변화가 없는 한 수정되는 일은 거의 없다. 설정된 표준소비량에는 정상적으로 인정되는 공원, 감손 및 작업폐물 등의 소비 여유율을 결정하여 반영시켜야 한다. 그러나 작업자의 부주의 및 기술적 결함으로 인한 부당한 재료의 감손과 재료의 조악은 포함시켜서는 아니된다. 왜냐 하면 이러한 감손에 대한 차이를 명확하게 해 둠으로써 경영자는 중대한 감손에 대하여 발생하기 전에 그 원인을 알고 원인을 제거하여 손실을 관리하게 된다. 따라서 표준소비량의 결정에 있어서 예산적인 요소는 관계가 없고, 기술적인 문제가 중요한 것이다.

2) 표준가격의 설정

표준가격의 설정은 표준원가 중에서 설정이 가장 곤란하다. 왜냐하면 재료가격은 경영 자체의 내적인 요인보다는, 경영 외적인 요인에 의하여 큰 영향을 받기 때문에 표준 설정에 어려운 점이 많다.

따라서 표준가격은 현재의 시장가격과 장래에 예측되는 가격동향, 경제적 주문서, 거래 조건 등을 참작하여 결정하면 된다. 재료의 표준가격을 결정하는데 가격이 안정적이거나 불변일 때는 비교적 용이하나, 가격변동이 심한 경우에는 곤란한 점이 많아 수정하지 않을 수 없다.

표준가격은 재료의 구입, 운반 및 보관 등에 따른 부대비용(재료부비)을 가산하고, 구입시에 받은 수량할인, 현금할인의 금액을 차감하여 산정한다.

2. 표준 직접노무비의 설정

표준직접노무비는 제품 단위당 표준직접작업시간에 표준임률을 산정한다.

〈산식〉

표준직접노무비 = 표준비율 × 직접작업시간

직접노무비의 표준을 설정하는 데에도 표준직접작업시간과 표준임률 결정이란 두 가지 측면으로 나누어 관찰할 필요가 있다.

1) 표준 직접작업시간의 설정

표준작업시간은 제품 제조에 필요한 기계공손, 가공방법 및 가공순서, 각 작업에 종사하는 노동의 등급을 정하고 동작연구(motion study), 시간연구(time study), 기타 과학적·통계적 방법을 통하여 제품 단위당의 각 구분된 작업의 표준시간을 결정한다. 또 설정되는 표준작업시간에는 휴식시간, 공원의 책임에 귀속하지 않는 공손, 유휴시간 등의 여유율이 반드시 포함되어야 한다. 그러나 준비시간과 기계의 고장에 따른 대기시간은 표준작업시간에 포함되지 않고 제조간접비에 포함되는 것이 일반적이다.

표준작업시간은 달성할 수 있도록 합리적이어야 하고, 노사 쌍방간에 공평한 것이어야 한다. 또 고려할 사항의 표준은 노동이 대상이므로 작업시간의 표준화와 작업환경이 노무자의 임률에 미치는 영향을 고려하여 노동환경의 표준화를 도모해야 한다.

2) 표준임률의 설정

표준임률은 예산임률 또는 정상임률로서 설정하지만, 이것은 각 직종별로 적당하게 노동의 등급을 분류하고 노동협약에 의하여 정해진 임률을 당해 기간중의 표준으로 산정한다. 실무적으로 표준임률의 설정에 기준이 되는 임률은 ① 직접공의 임률 ② 직종별, 등급별, 직장별 또는 부문별의 평균임률 ③ 직접작업시간 또는 실동시간을 기준으로 하여 산정한 임률 등이 적용된다.

3. 표준제조간접비의 설정

제조간접비는 각 부문에 대하여 공통적으로 발생하는 것이므로 직접원가인 직접재료비나 직접노무비의 경우처럼 제품별로 표준을 설정할 수 없기 때문에 제조간접비의 표준은 부문별로 설정한 다음에 제품별 표준을 설정하게 된다. 그러므로 제조간접비의 표준은 부문별 제조간접비의 산정 방법의 실제 원가계산에 있어서의 부문별 계산절차에 준하여 산정한다.

제조간접비의 표준계정 방법은 고정예산에 의한 방법과 변동예산에 의한 방법으로 구분된다.

1) 고정예산

고정예산(fixed budget)은 정태적 예산(static budget)이라고도 하며 1예산기간에 달성할 수 있다고 예상되는 조업도를 예정하여 정한 제조간접비의 예산을 말한다. 이것은 1예산기간 중에는 변경하지 않는 고정적인 예산이다.

따라서 조업도 1단위당 표준배부율은 고정적이다. 각 부문별 고정예산은 일정한 한도내에서 원가관리에 이바지할 뿐만 아니라 제품에 대하여 표준간접비 배부율의 산정기초가 된다.

고정예산에 의한 방법은 원가계산기간에 있어서 예측되는 고정비 발생액을 같은 기간에 예상되는 조업도로 나누어 단위당 고정비를 산출하고, 이를 제품제조에 소요된 직접작업시간에 곱하여 제조간접비 표준액을 제품에 배부하게 된다. 이때 제조간접비의 표준배부율이 제조간접비에 대한 표준설정이 되는 것이다.

〈산식〉

$$\text{제조간접비 표준배부율(단위당 제조간접비)} = \frac{\text{1원가 계산기간의 제조간접비(고정비)예정액}}{\text{동일 기간의 예정조업도(직접작업시간)}}$$

└─ 제조간접비배부율 = 단위당고정액×제품구조에 소요된 직접작업시간
└─ 제조간접비 표준배부율 = 제조간접비의 표준설정

고정예산에 의한 표준제조간접비는 실제조업도가 예정조업도와 거의 일치할 경우에는 실제간비에 대해서 원가관리와 통제할 수 있는 기초를 이루나 양자가 현저한 차이가 있을 때에는 고정예산에 의한 원가관리는 그 합리성을 상실하여 원가능률을 측정할 수 없다. 때문에 제조간접비의 원가통제를 유효하게 하기 위해서는 변동예산에 의존하는 것이 좋다.

2) 변동예산

변동예산(variable budget)이란 탄력성 예산(flexible budget) 또는 동태성 예산(dynamic budget)이라고도 하며, 예산 기간내에 실현가능한 모든 조업도에 대하여 각각 예산액을 설정하는 방법이다. 환언하면 기대되는 범위내의 여러 조업도(rate of capacity)를 기준으로 하여 임의적으로 제조간접비 예산을 편성하였다가 후에 실제 경영활동과 상응하는 조업도를 선정하여 그 기준조업도에 따라 원가통제(cost control)를 할 수 있도록 마련한 예산이다.

제조간접비의 변동예산은 제조간접비를 보다 효율적으로 관리하기 위하여 설정하는 것이다. 이 변동예산의 산정에는 실사법과 공식법의 두 방식이 있다.

① 실사법

실사법(ivestigation or inspection method)은 개별조사법 또는 다위식법(columnal method)이라고도 하며 예산기간에 발생될 것이라고 예상되는 상관영역(relevant range)에서 기준이 되는 일정의 조업도를 중심으로 하여 조업도를 설정하고 각 조업도에 따라 대응하는 복수의 제조간접비 예산을 산정한다. 이 경우 간접비예산은 간접비의 각 항목에 대하여 각 조업도에 있어서의 금액을 개별적으로 실사하여 산출한다. 이 변동예산에 있어서 기준조업도는 고정예산 산정의 기초가 되는 조업도이다.

〈산식〉

$$\text{제조간접비 표준배부율} = \frac{\text{기존조업도 있어서 제조간접비 예정액}}{\text{기준조업도}}$$

(단위당 제조간접비)

└ 단위당 제조간접비 × 제품 생산에 소요된 직접작업시간 =제조간접비 배부액

└ 제조간접비 표준배부율 = 제조간접비의 표준설정

〈예제 15-1〉 다음 자료로 제조간접비 표준배부율을 산출하라.

조업도 시간 / 직접작업시간	75% 15,000시간	85% 17,000시간	100% 20,000시간	115% 23,000시간	130% 26,000시간
고정비	100,000	100,000	100,000	100,000	100,000
준고정비및준변동비	26,000	29,000	34,000	39,000	44,000
변동비	50,000	56,000	66,000	76,000	86,000
합계	₩176,000	₩185,000	₩200,000	₩215,000	₩230,000

[해답]

$$\text{제조간접비 표준배부율} = \frac{₩200,000}{20,000\text{시간}} = 10$$

② 공식법

공식법(formula method)에 의하는 경우에는 제조간접비 요소를 고정비와 변동비로 구분하고, 고정비는 조업도의 증감에도 불구하고 일정한 것으로 하고, 변동비는 조업도의 증감과 관련시켜 그 변동률을 각 요소별로 측정하여 두고 이것을 그 때마다 관계 조업도에 곱하여 산정하는 방법이다.

〈산식〉

제조간접비 예정액 = 고정비 + (변동비율 × 실제조업시간)

위 산식에서의 변동비율은 조업도를 표현하는 수량 또는 단위당의 금액으로 표시하므로, 공식법에서 변동비는 조업도의 증감에 대하여 정비례적(직선적)으로 변동하는 것으로 가정되어 있다.

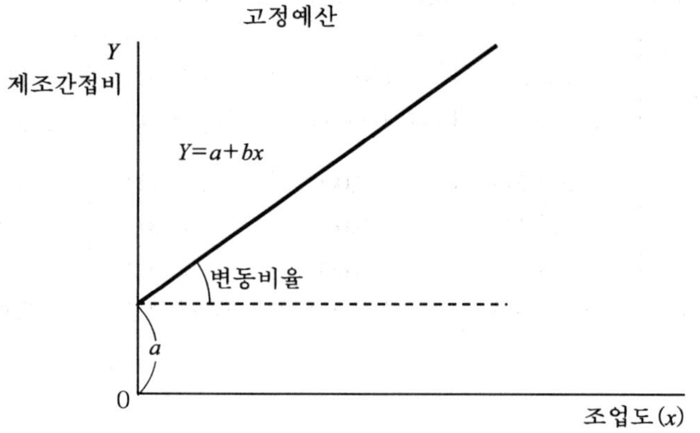

〈Y=a+bx〉

Y............변동예산액(제조간접비 예산)
a............고정비
b............변동비율
x............조업도

〈예제 15-2〉 다음 자료에 의해 제조간접비 예정액을 산출하라.

〈자료〉

기준조업도	6,000시간
고 정 비	₩65,000,000
변동비율	₩3,500

[해답]

① 제조간접비 예정액 (기준조업도 예산액)
₩65,000,000 + (₩3,500 × 6,000시간) = ₩86,000,000

② 기준조업도 제조간접비율
₩86,000,000 / 6,000 = ₩14,333.33

제 4 절 표준원가차이의 계산과 분석

표준원가계산하에서는 표준원가(standard cost)를 설정하여 원가계산을 하게 되면 표준원가와 실제원가와의 차이는 필연적으로 나타나게 된다.

원가차이(cost variances)는 표준원가와 실제원가와의 차이 또는 양자의 비율차를 말한다. 원가차이를 발생 원인별로 분석하여 원인과 책임의 소재를 명백히 하고, 나아가서는 작업능률의 측정 및 증진을 도모하는 것을 그 임무로 한다. 이와 같이 표준원가와 실제원가의 차이를 산출하고 분석하여 분석 결과를 각 계층의 경영자 또는 관리자에게 보고하여 원가관리에 필요한 기초자료를 얻는 절차를 원가차이분석(analysis of cost variances)이라고 한다.

환언하면, 표준원가 차이를 재무회계(financial accounting)의 측면에 적정하게 회계처리 함으로써 제품원가, 재공품원가 등의 재고자산의 산정 또는 매출원가의 산정에 매우 유용하고, 원가차이 분석의 결과로 작업별, 책임별, 원인별로 경영층에 보고됨에 따라 경영의 합리화를 기할 수 있다.

최적의 원가관리를 위해서는 표준원가 차이를 요소별, 부문별로 파악할 필요가 있다. 이를 위하여 원가차이를 직접재료비차이, 직접노무비차이, 제조간접비차이를 구하고 분석해야 한다.

원가차이는 실제원가(actual cost)와 표준원가의 차이를 의미하는 것인데, 일반적으로 실제원가가 표준원가를 초과하여 차이가 나타나는 경우가 대다수 인데 이러한 경우를 불리한차이(unfavorable variance)라고 한다. 이와 반대로 실제원가가 표준원가에 미달하여 차이를 나타내는 경우가 있으나 그다지 많지 않다. 이러한 경우를 유리한차이(favorable variance)라고 한다.

표준원가계산제도에 있어서 주요한 표준원가차이는 다음과 같이 분류하여 산정 및 분석한다.

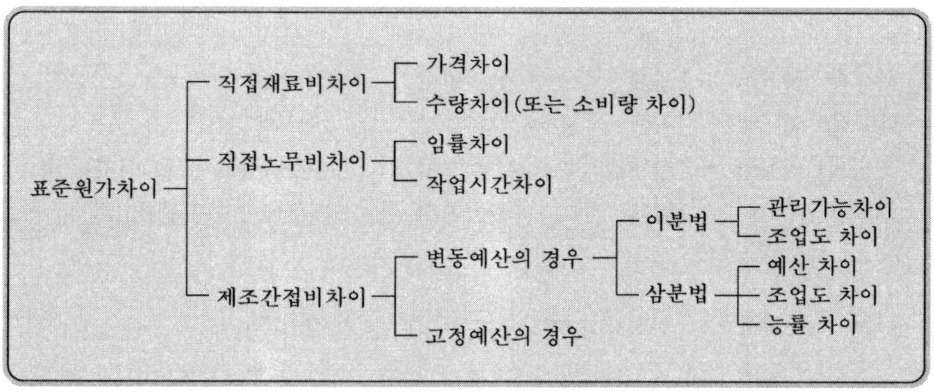

1. 직접재료비의 차이분석

직접재료비차이(direct material variance)는 표준원가에 의한 직접재료비와 직접재료비의 실제 발생액과의 차액을 말하는 것으로서 재료 종류별로 가격차이와 수량차이(또는 소비량차이)로 구분하여 산정된다. 환언하면 직접재료비 소비액은 수량과 가격을 곱하여 산정되므로 직접재료의 소비량의 증감에 따른 수량차이와 직접재료의 시장가격의 변동에 따른 가격 차이로 구분되는 것이다.

차이총액, 가격차이 및 수량차이의 관계를 도해하면 다음과 같다.

〈표 15-1〉 직접재료비 차이분석

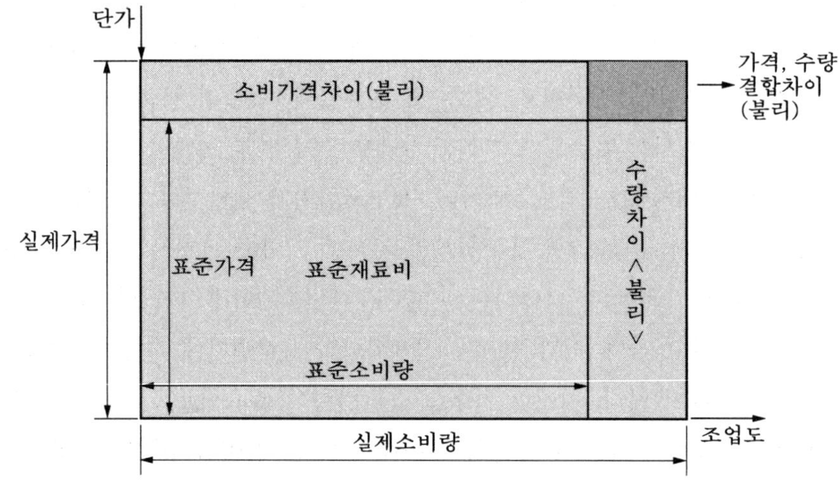

〈산식〉

가 격 차 이 = (실제 가격 - 표준가격) × 실제소비량
수 량 차 이 = (실제 수량 - 표준수량) × 표준가격
직접재료비차이 = (실제소비량 × 실제가격) - (표준소비량 × 표준 가격)
결 합 차 이 = (실제 가격 - 표준가격) × (실제소비량 - 표준소비량)

〈예제 15-3〉 다음 자료로 직접재료비차이를 산정하고 분석하라.

원가＼내역	수 량	단 가	금 액
실 제 원 가	4,200개	₩5,500	₩23,100,000
표 준 원 가	4,000개	₩5,000	₩20,000,000

[해답] 1. 직접재료비차이 계산
(4,200개 × ₩5,500) - (4,000개 × ₩5,000) = ₩3,100,000(불리)

2. 직접재료비차이 분석

① 실제원가
4,200개 × ₩5,500
= ₩23,100,000

② 실제수량에 대한 표준원가
4,200개 × ₩5,000
= ₩21,000,000

③ 허용된 표준원가
4,000개 × ₩5,000
= ₩20,000,000

가격차이
4,200개 × ₩500
= ₩2,100,000(불리)

수량차이
200개 × ₩5,000
= ₩1,000,000(불리)

총차이
₩3,100,000
(불리)

3. 재료비차이 분석

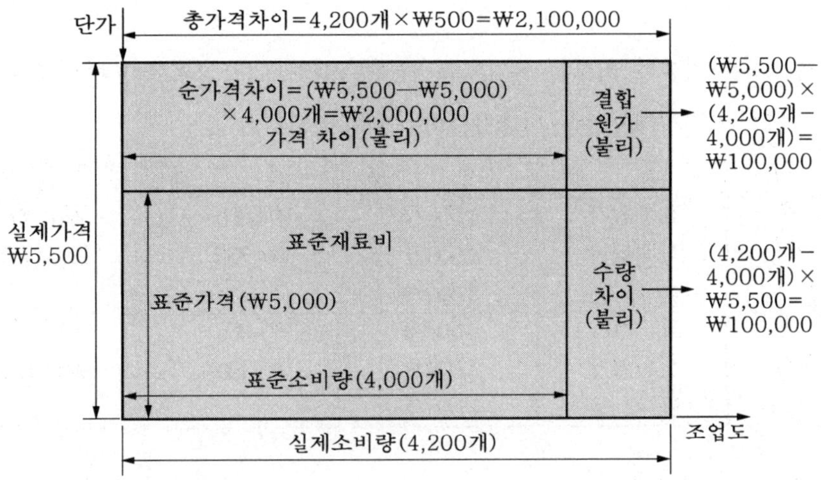

(1) 가격차이

재료가격은 내적인 경영내부의 작업능률로서 관리 대상이 아니라 외적인 외부요인(external factor)에 의하여 변동한다는 점에서 재료소비수량차이와는 성질상 다르다.

표준재료의 가격은 시가, 과거의 가격변동상태, 미래의 가격인상의 예기 등을 고려하여 재료의 가격수준을 정하는 것이 필요하다. 재료의 표준가격과 실제가격과의 차이발생은 제품계획의 전반에 관한 문제이고, 경영계획 전반의 문제이다.

가격차이는 재료의 표준가격과 실제가격과의 차이로서, 실제가격이 표준가격을 초과한 것에 대하여 실제소비량을 곱하여 산출한다.

그러나 재료의 가격차이는 재료의 소비가격의 차이에서 뿐만 아니라, 재료의 구입가격 차이에서도 발생된다. 재료구입가격차이란 재료의 구입가격을 산정함으로써 발생된 원가 차이를 말한다.

〈산식〉

재료소비가격차이 = (실 제 가 격 - 표 준 가 격) × 실제소비량
재료구입가격차이 = (실제구입가격 - 표준구입가격) × 실제소비량

재료의 종류별로 송장, 출고청구서 등을 자료로 재료의 가격차이를 분석하는데 가격차이가 발생하는 원인은 일반적으로 보면 ① 시장가격의 변동 ② 부적당한 예정액 및 표준가격 ③ 유리 또는 불리한 구입처, 구입량, 구입방법 ④ 특수한 운송방법에 의한 운임증대 ⑤ 대체재료의 사용 ⑥ 운송도중 과대한 감손, 공손품발생 등이 있다.

〈예제 15-4〉 다음 자료에 의하여 재료가격 차이를 산정하고, 가격차이 분석표를 작성하라. 단, 가격차이요인은 시장가격변동 때문이었다.

제 품 명	내 역	수 량	단 가	금 액
갑 제 품	표준원가	4,000개	₩4,000	₩16,000,000
제조지시서	실제원가	4,500개	₩4,200	₩18,900,000
#54	완 제 품	3,000개		
을 제 품	표준원가	2,500개	₩5,000	W12,500,000
제조지시서	실제원가	2,800개	₩5,400	₩15,120,000
#55	완 제 품	2,000개		

[해답] (1) 재료가격 차이의 계산

가 격 차 이 = (실제소비가격 - 표준소비가격) × 실제소비량의 산식에 의거
갑제품가격차이 = (₩4,200 - ₩4,000) × 4,500개 = ₩900,000(불리)
을제품가격차이 = (₩5,400 - ₩5,000) × 2,800개 = ₩1,120,000(불리)

(2) 가격 차이 분석표

No	제 품		재 료 의 소비단가	표준원가		실제원가		가격차이	가격차이 이 유
	품명	수 량		수 량	금 액	수 량	금 액		
#54	갑	3,000	4,000	4,500	18,000,000	4,500	18,900,000	900,000	시장가격
#55	을	2,000	5,000	2,800	14,000,000	2,800	15,120,000	1,120,000	변 동

(2) 수량차이

재료수량차이(material usage variance)는 재료의 표준소비량과 실제소비량의 차이를 말한다. 재료수량차이의 분석은 재료의 작업능률에 관한 것이므로 능률차이(efficiency variance)라고도 하며 원가관리상 중요시되고 있다. 실제소비량이 표준소비량을 초과 한 것에 대하여 표준가격을 곱하여 산출한다.

〈산식〉

수량차이 = (실제소비량 - 표준소비량) × 표준단가

재료수량차이의 분석은 여러 가지 형태가 있으나, 재료의 종류별로 재료출고청구서, 작업폐물전표, 검사보고서 등에 의하여 그 차이의 발생 원인을 분석한다. 차이발생의 원인을 보면 ① 제조설계의 불완전 및 변경 ② 작업방법의 변경 ③ 기계·공구의 불비 ④ 규격화 또는 불량 재료의 사용 ⑤ 종업원의 미숙련, 부주의 ⑥ 재료 보관관리의 불량 ⑦ 재료 가공중의 공손, 감손의 발생 ⑧ 작업능률의 저하 등의 원인이 있다.

〈예제 15-5〉 〈예제 15-4〉의 자료에 의하여 재료소비량차이를 산정하고 수량차이분석표를 작성하라. 단, 수량차이의 요인은 기계 공구의 불비와 종업원의 부주의에 의해서이다.

[해답] (1) 재료수량 차이의 계산

수량차이 = (실제소비량 - 표준소비량) × 표준가격의 산식에 의거

갑제품 수량차이 = (4,500개 - 4,000개) × 4,000 = ₩2,000,000(불리)

을제품 수량차이 = (2,800개 - 2,500개) × 5,000 = ₩1,500,000(불리)

(2) 수량차이 분석표

No	제 품		재 료 의	표준원가		실제원가		가격차이	가격차이
	품명	수 량	표준가격	수 량	금 액	수 량	금 액		이 유
#54	갑	3,000	4,000	4,000	16,000,000	4,500	18,900,000	2,000,000	기계공구
#55	을	2,000	5,000	2,500	12,500,000	2,800	15,120,000	1,500,000	의 불비

(3) 결합차이

직접재료비의 차이분석에 있어서 결합차이는 가격수량합병차이(joint price quantity variance)라고도 하며 직접재료비 차이를 가격 차이와 수량 차이로 대별할 때 어느 쪽이든지 포함시킬 수 있으나, 결합차이는 가격차이에 포함시키는 것이 일반적이다. 가격차이로 포함시키는 이유는 가격차이는 기업이 통제할 수 없는 기업외적 요인에 의해 발생하는 경우가 많고, 소비량차이는 기업이 통제할 수 있는 내부요인에 의하여 발생하게 되므로 관리책임 입장에서 결합차이는 가격차이에 포함시켜 처리하는 편이 합리적이다.

〈산식〉

결합차이 =(실제가격 - 표준가격) × (실제수량 - 표준수량

〈예제 15-6〉 앞에서 예시한 〈예제 15-4〉의 자료에 의하여 갑제품과 을제품의 결합차이를 산출하라.

(1) 갑제품의 결합차이 계산

갑제품 결합차이 : (₩4,200 - ₩4,000) × (4,500개 - 4,000개) = ₩100,000

(2) 을제품의 결합차이 계산

을제품 결합차이 : (₩5,400 - ₩5,000) × (2,800개 - 2,500개) = ₩120,000

〈예제 15-7〉 앞에서 예시한 〈예제 15-4〉의 자료에 의하여 가격차이, 수량차이, 결합차이를 제품별로 분석하고 도해 분석하시오.

(1) 갑제품의 직접재료비 차이분석

① 실제원가
4,500개 × ₩4,200
= ₩18,900,000

② 실제수량에 대한 표준원가
4,500개 × ₩4,000
= ₩18,000,000

③ 허용된 표준원가
4,000개 × ₩4,000
= ₩16,000,000

가격차이
4,500개 × ₩200
= ₩900,000(불리)

수량차이
500개 × ₩4,000
= ₩2,000,000(불리)

직접재료비 총차이
₩2,900,000
(불리)

(2) 갑제품 직접재료비차이 도해분석

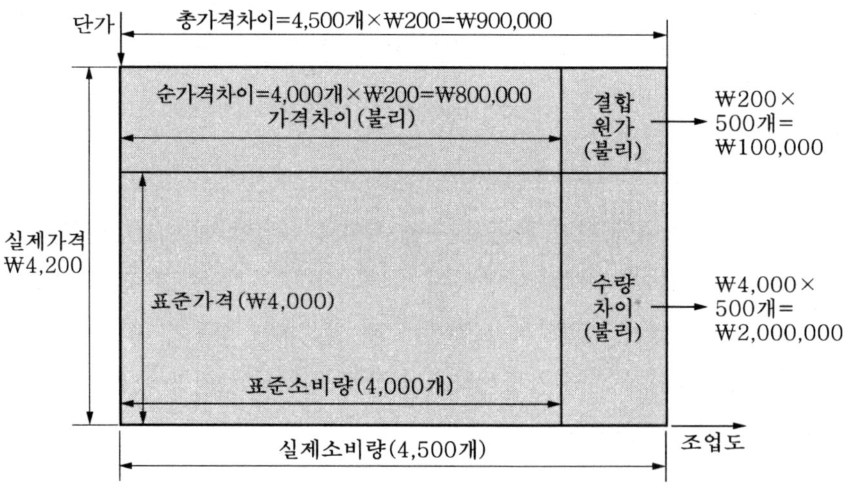

(3) 을제품의 직접재료비 차이분석

① 실제원가
2,800개 × ₩5,400
= ₩15,120,000

② 실제수량에 대한 표준원가
2,800개 × ₩5,000
= ₩14,000,000

③ 허용된 표준원가
2,500개 × ₩5,000
= ₩12,500,000

가격차이
2,800개 × ₩400
= ₩1,120,000(불리)

수량차이
300개 × ₩5,000
= ₩1,500,000(불리)

직접재료비 총차이
₩2,620,000
(불리)

(4) 을제품의 직접재료비차이 도해분석

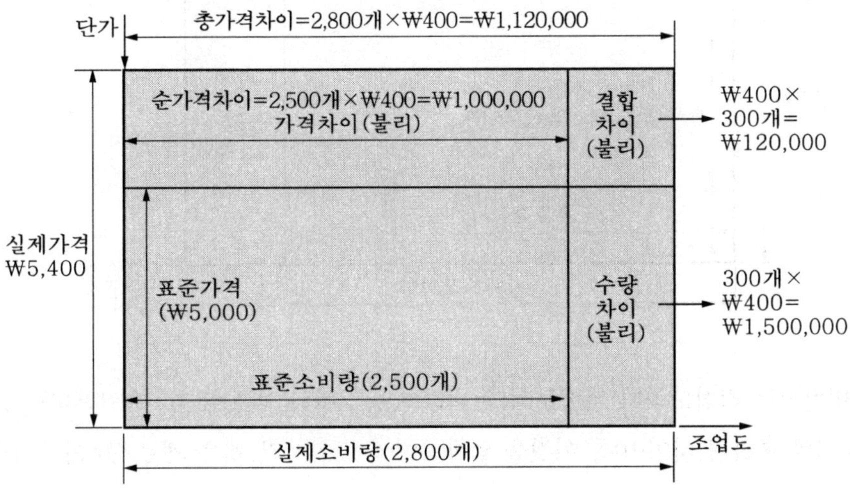

2. 직접노무비의 차이분석

직접노무비차이(direct labor variance)란 표준원가에 의한 직접노무비와 실제발생액과의 차액을 말하는 것으로서, 이를 부문별 또는 작업 종류별로 임률차이와 작업시간차이로 구분하여 산정된다. 임률차이와 작업시간차이의 산식은 다음과 같다.

〈산식〉

임 률 차 이 = 실제작업시간 × (실 제 임 률 - 표 준 임 률

작업시간 차 이 = 표 준 임 률 × (실제작업시간 - 표준작업시간)

직접노무비차이 = (실 제 임 률 × 실제작업시간) - (표준임률 × 표준작업시간)

노무비차이는 직접노무비의 관리가 유효적절하게 되어 있는가를 표시하는 동시에 미래의 노무

비 관리의 방향을 제시하기 때문에 노무비차이 발생의 원인을 규명하여 차이발생을 방지하는 수단을 연구해야 한다.

상기한 직접노무비차이에 대한 차이총액, 임률차이 및 작업시간차이의 관계를 도해하면 다음과 같다.

〈표 15-2〉 직접노무비의차이 분석

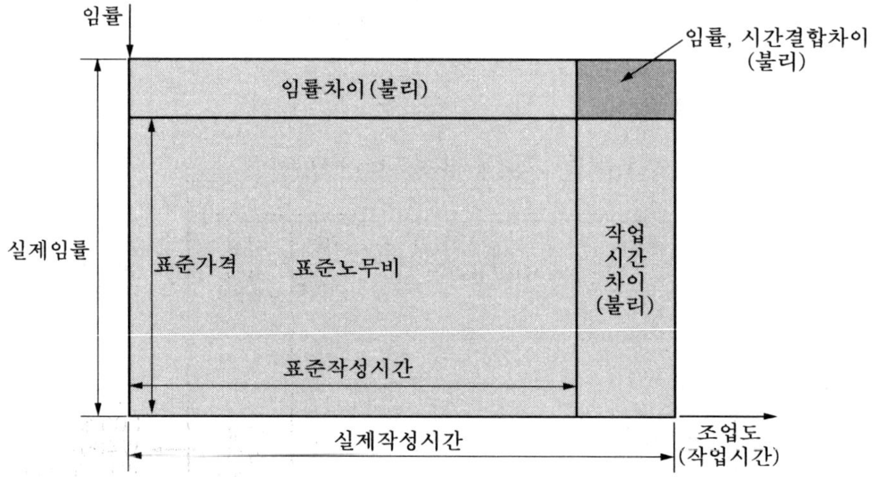

직접노무비차이는 직접노무비 차이분석의 계산과 동일하다. 때문에 위 표의 사선부분은 임률차이와 시간차이의 혼합된 차이이며, 이것을 임률차이에 포함시킨 것은 재료소비가격에 포함시키는 것과 같다.

〈예제 15-8〉 다음 자료에 의하여 직접노무비차이를 계산하고, 이것을 분석 도해하라.

원 가	임 률	직접작업시간	금 액
표 준 원 가	₩6,000	8,000시간	₩48,000,000
실 제 원 가	₩6,500	8,400시간	₩54,600,000

[해답] (1) 직접노무비차이 계산

직접노무비차이 = (실제임률 × 실제작업시간) - (표준임률 × 표준작업시간)의 산식에 의거

(₩6,500 × 8,400시간) - (₩6,000 × 8,000시간) = ₩6,600,000(불리)

※ 표준원가보다 실제원가가 많으므로 불리한차이(unfavorable variance)이다.

(2) 직접노무비차이 분석

① 실제원가(실제임률에 의한 투입량)
실제시간 × 실제임률
8,400시간 × ₩6,500
= ₩54,600,000

② 실제시간에 대한 표준원가
(표준임률에 의한 투입량)
실제시간 × 표준임률
8,400시간 × ₩6,000
= ₩50,400,000

③ 허용된 표준원가
(표준임률에 의한 산출량)
표준시간 × 표준임률
8,000시간 × ₩6,000
= ₩48,000,000

임률차이
8,400시간 × ₩500
= ₩4,200,000
(불리)

작업시간차이
400시간 × ₩6,000
= ₩2,400,000
(불리)

총노무비차이
₩6,600,000
(불리)

(1) 임률차이

임률차이(labor rate variance)는 실제임률과 표준임률과의 차이로서, 실제임률이 표준임률을 초과한 것에 대하여는 실제작업시간(실제작업량)을 곱하여 산정한다.

〈산식〉

(1) 시간임률을 사용하는 경우
임률차이 = (실제임률 - 표준임률) × 실제작업시간

(2) 작업량 임률을 사용하는 경우
임률차이 = (실제임률 - 표준임률) × 실 제 작업량

임률차이를 발생시키는 원인은 복잡 다양하므로 임률차이를 분석하여 장래의 대책을 수립하기 위한 기초를 확립해야 한다.

임률차이는 부문별로 각 종업원 또는 작업조별에 대하여 표준과의 차이를 제품별 또는 부문별, 작업구분별, 임금지급장 제조일보 등을 기초로 하여 그 발생 원인을 분석한다. 차이발생의 원인을 보면 ① 임금수준의 변동과 임금체계의 변동 ② 작업자수 변동 ③ 출근율의 변동 ④ 이동일수의 변동 ⑤ 부적당한 표준임률의 설정 ⑥ 부동시간의 발생, 이동률 저하 ⑦ 잔업, 휴일출근 등 정시외 근무 등의 원인이 있다.

〈표 15-3〉 직접노무비차이 분석

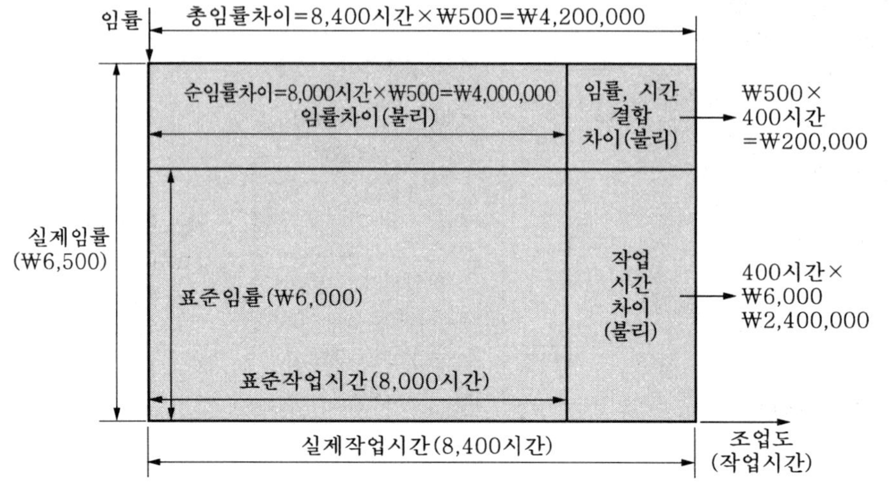

〈예제 15-9〉 다음 자료에 의하여 임률차이를 계산하라.

원 가	임 률	직접작업시간	금 액
표준원가	₩2,800	3,600시간	₩10,080,000
실제원가	₩3,000	4,000시간	₩12,000,000

[해답] 임률차이 계산
임률차이 = (실제임률 - 표준임률) × 실제작업시간의 산식에 의거
(₩3,000 - ₩2,800) × 4,000시간 = ₩800,000

(2) 작업시간차이

작업시간차이(labor time variance)는 표준작업시간과 실제작업시간 차이로서, 실제작업시간이 표준작업시간을 초과한 것에 대하여 표준임률을 곱하여 산정한다.

〈산식〉

작업시간차이 = (실제작업시간 - 표준작업시간) × 표준임률

작업시간차이는 작업결과에 따라서 물량적으로 작업시간에 변동을 발생시키는 것으로 작업능률의 성과측정을 위한 중요한 척도이며, 원가관리상 중요한 정보가치를 가지고 있다. 작업시간차이 발생 원인이 경영관리자, 종업원의 작업활동 뿐만 아니라 제반 작업활동에 관련있는 보조부문(인사관리 · 재고관리 · 설비관리)의 활동 여하에 따라 달라지므로 작업시간차이 분석은 기업내부

의 작업활동이 협조 있게 수행되고 있는가를 측정하는 수단이 된다. 작업시간 차이는 부문별·작업별 시간보고서와 공손보고서에 따라 그 발생원인을 분석한다. 차이발생의 원인을 보면 ① 재질의 변경 ② 작업배치 인원의 부적정 ③ 기계의 고장과 불비 ④ 노동자의 미숙련, 노력부족 ⑤ 감독의 태만 ⑥ 표준과 상이한 작업방법, 작업조건의 변경 ⑦ 부적당한 표준작업 설정 ⑧ 재료 준비의 불충분 ⑨ 설계도의 불비 ⑩ 작업기록, 시간기록의 부정확 등이 있다.

〈예제 15-10〉 앞의 임률차이〈예제 15-9〉에 의하여 작업시간차이와 결과차이를 계산하여라.

[해답] (1) 작업시간차이 계산

작업시간차이 = (실제작업시간 - 표준작업시간) × 표준임률의 산식에 의거

(4,000시간 - 3,600시간) × ₩2,800 = ₩1,120,000

(2) 결합차이 계산

결합차이 = (실제임률 - 표준임률) × (실제작업시간 - 표준작업시간)의 산식에 의거

(₩3,000 - ₩2,800) × (4,000시간 - 3,600시간) = ₩80,000

〈예제 15-11〉 앞의 임률 차이 〈예제 15-9〉에 의하여 직접노무비 차이를 분석하고, 이것을 도해 분석하라.

[해답] (1) 직접노무비의 차이분석

① 실제임률에 의한 투입량 4,000시간 × ₩3,000 = ₩12,000,000		
② 표준임률에 의한 투입량 4,000시간 × ₩2,80 = ₩11,200,000	임률격차이 4,000시간 × 200 = ₩800,000 (불리)	총노무비차이 ₩1,920,000 (불리)
③ 표준임률에 의한 산출량 3,600시간 × ₩2,800 = ₩10,080,000	작업시간차이 400시간 × 2,800 = ₩1,120,000(불리)	

(2) 직접노무비차이 도해분석

직접노무비차이 분석

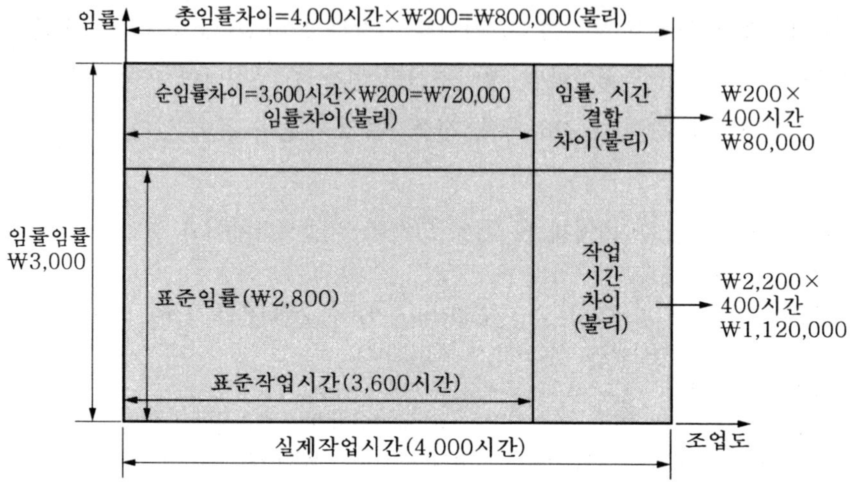

3. 제조간접비의 차이분석

제조간접비차이(manufacturing burden cost variance)란 제조간접비에 대한 표준원가와 실제원가의 차이이고, 이 원가차이를 순간접비차이(net or over all manufacturing expense variance)라고도 한다. 여기에서 말하는 제조간접비의 표준원가란 예정된 표준배부율에 의하여 제품 등의 실제생산량에 배부된 제조간접비를 말한다.

제조간접비의 차이분석은 간접비가 제품과 직접적인 관계가 없어 제품별로 분석하기가 어려움으로 당해 부문별로 파악한다.

직접재료비, 직접노무비의 차이분석은 제품의 물량분석이 가능하기 때문에 비교적 간단하고 알기 쉬우나, 제조간접비 차이분석은 제품의 물량 분석이 불가능하기 때문에 복잡하고 이해하기 어렵다. 즉 제조간접비는 ① 여러 가지 성격을 가지는 많은 원가요소로 구성되어 있으며 ② 고정비적인 성질을 지닌 비목이 많고 ③ 제조간접비는 물량적 표준에 기인하지 않고 표준 금액으로 표시되는 이유 때문에 그 분석이 복잡한 것이다.

제조간접비의 차이분석은 제조간접비의 표준이 고정예산(fixed budget)에 근거하여 설정되는 경우와 변동예산(varible budget)에 근거하여 설정 되었는가에 따라 그 분석방법이 다르다.

제조간접비의 차이분석은 대별하여 2분법(two-variance method)과 3분법(three-variance method)으로 구분할 수 있고, 2분법에는 조업도차이(volume variance or capacity variance)와 관

리가능 차이(controllable variance)로 구분되고, 3분법에는 조업도차이, 예산차이(buget variance), 능률차이(efficiency variance)로 구분되어 분석한다.

1) 변동예산에 의한 차이분석

변동예산이란 각 부문별로 일정한 예산기간내에서 예상되는 조업도의 범위내에서 조업도의 변화에 대응하도록 설정된 제조간접비의 예정액이다. 변동예산을 탄력성예산(flexible budget)이라고도 한다.

변동예산(varible budget)에 의한 차이분석은 실제조업도에 해당하는 예산액(표준제조간접비액)과 실제발생액을 비교하게 되므로 원가관리상 매우 유효하다.

변동예산에 의한 차이분석은 제조간접비를 조업도차이와 관리가능차이로 구분하여 분석하는 2분법과 능률차이, 예산차이, 조업도차이로 구분하여 분석하는 3분법이 있다.

(1) 2분법

2분법(two-variance system)은 제조간접비 차이를 조업도차이와 관리가능차이로 분석하는 방법이다.

조업도차이는 수량차이(volume variance), 불능능력차이(idle capacity variance), 이용차이(utilization variance)라고도 하며, 조업도의 과부족에 의한 제조간접비차이로 발생되는 고정제조간접비의 배부부족(배부초과)으로 된다. 즉 조업도차이는 고정제조간접비의 과소 또는 과다배부로서 단기적으로는 관리불능이므로, 이 부분을 제외하고 변동적 성격의 간접비에 대하여 관리·노력하게 된다.

일반적으로 조업도차이(capacity variance)란 실제조업도가 표준조업도에 도달하지 못하여 생기는 차이로, 그 차이의 원인은 대부분 계절적 유행, 기타의 사유에 의한 수요감퇴 또는 설비능력의 과다 등으로 관리불가능한 것이다.

2분법의 도해에서 조업도차이는 고정비의 과소 또는 과대배부로서 단기적으로는 관리불가능하므로 이 부분을 제외하고 변동적 성질의 간접비에 대하여는 관리노력이 필요하다.

관리가능차이(controllable variance)란 능률차이(efficiency variance)라고도 하며 이 차이는 작업능률의 불량이라든가 예산절약의 노력이 실현되지 못하였기 때문에 나타나는 차이이다. 구체적으로 능률차이의 발생원인을 보면 ① 노동작업의 비능률 ② 기계의 고장과 불비 ③ 지시의 불이행 ④ 자료의 낭비 ⑤ 표준초과 공구발생 ⑥ 예산절약에 대한 노력의 부족 ⑦ 노동자의 대기시간 ⑧ 노동자의 부족 등이 있다.

이러한 차이발생은 각 부문의 관리자가 노력하면 관리가 가능한 것이다.

이 2분법에 의한 제조간접비차이의 분석방법을 산식으로 나타내면 다음과 같다.

〈산식〉

조업도차이 = (표준임률 × 표준시간) - 표준시간에 대한 허용예산액

관리가능차이 = 표준시간에 대한 허용 예산액 - 실제 제조간접비

위 산식에서의 표준시간이란 실제생산량에 대하여 허용된 표준작업시간을 뜻한다. 그리고 (표준임률 × 표준시간)은 배부표준간접비를 말한다.

변동예산의 이분법의 도해

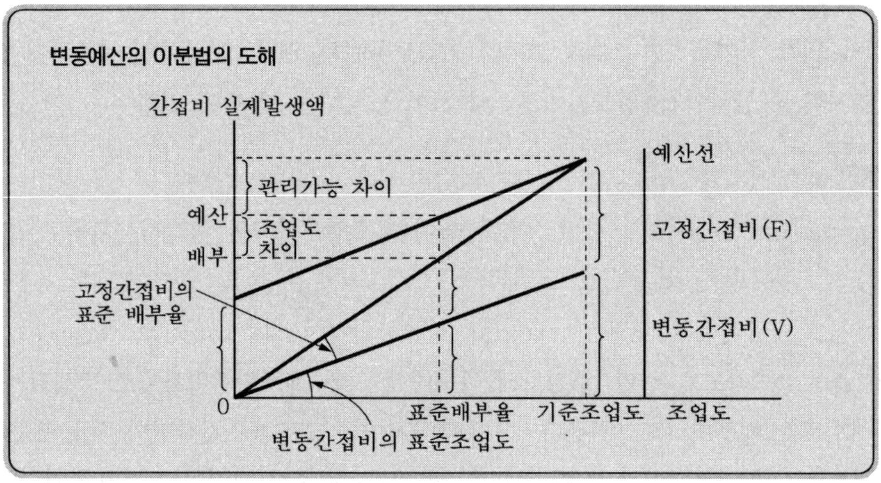

〈예제 15-12〉 다음 자료에 의하여 제조간접비의 조업도차이 및 관리가능차이를 계산하고 분석하라.

직접 작업 시간	3,250시간	3,500시간	4,250시간	5,000시간
조 업 도	(65%)	(70%)	(85%)	(100%)
변동제조간접비	₩2,730,000	₩2,940,000	₩3,570,000	₩4,200,000
고정제조간접비	800,000	800,000	800,000	800,000
계	₩3,530,000	₩3,740,000	₩4,370,000	₩5,000,000

(2) 실제제조간접비 발생액 ₩4,300,000

(3) 표준원가표상에 제품 1단위(개)당 표준작업 소요시간은 5시간이다.

(4) 실제생산량 800개

(5) 실제생산량을 제조하기 위하여 실제로 소요된 실제작업시간 4,050시간

[해답] (1) 시간당 제조간접비 배부율 계산

① 변동간접비 표준배부율 ₩4,200,000 ÷ 5,000시간 = ₩840

② 고정간접비 표준배부율 ₩800,000 ÷ 5,000시간 = ₩160

(2) 고정간접비 표준배부율 800개 × 5시간 = 4,000시간

(3) 조업도차이 계산 (4,000시간 - 5,000시간) × ₩160 = - ₩160,000(불리)

(4) 관리가능차이 계산

(₩800,000 + 4,000시간 × ₩840) - ₩4,300,000 = - ₩140,000(불리)

(5) 제조간접비총차이 ₩160,000 + ₩140,000 = - ₩300,000(불리)

(6) 제조간접비차이의 도해(2분법)

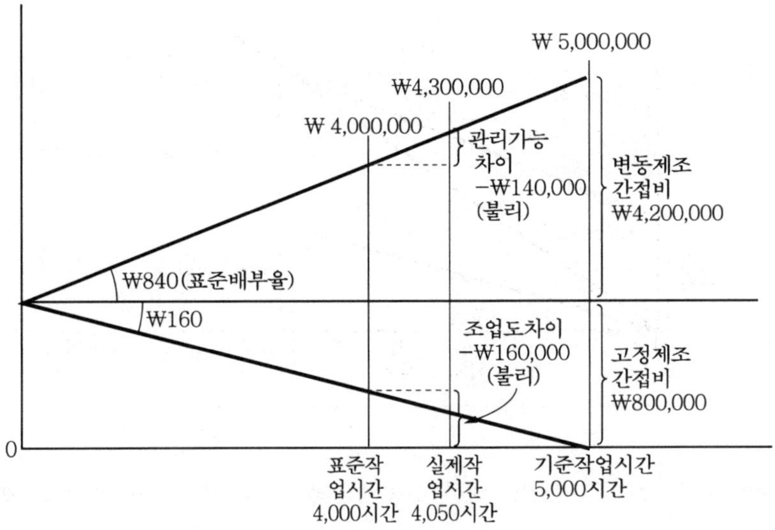

(2) 3분법

3분법(three-variance system)은 조업도차이, 능률차이, 예산차이로 분석하는 것을 말하는데, 이것은 실질적으로 2분법에 의한 관리가능차이(controllable variance)를 능률차이(efficiency variance)와 예산차이(budget variance)로 세분하는데 불과하고 조업도차이는 2분법과 같다.

능률차이란 간접비 예산설정의 기초가 되는 각 부문의 작업능률의 실제시간에 대한 예산액과 표준시간에 대한 예산액과의 차이를 말하여 노무비의 경우 시간차이에 해당하는 것이다.

예산차이란 소비차이(spending variance)라고도 하는데 제조간접비 요소의 가격 및 소비량의 표준과 실제와의 차이를 말한다. 예산차이의 발생 원인을 보면 ① 시장가격 변동 ② 예산관리방법의 불비·결함으로 인한 예산의 낭비 ③ 구입방법의 부적당 ④ 계절적인 소비량의 증감 등이 있다.

3분법의 분석방법에는 제 1법과 제 2법이 있다.

제 1법의 방법은 조업도차이(coapcity variance)를 실제조업도에 도달하지 못했기 때문에 발생

한 생산설비의 부동능력비로 보는 입장이다. 이 방법은 고정예산의 3분법에서 부적당한 조업도차이와 예산차이를 보완한 방법이다. 그러나 고정예산의 3분법에 대한 능률차이는 보완되지 않아 불완전하다.

변동예산에 의한 삼분법의 제 1법

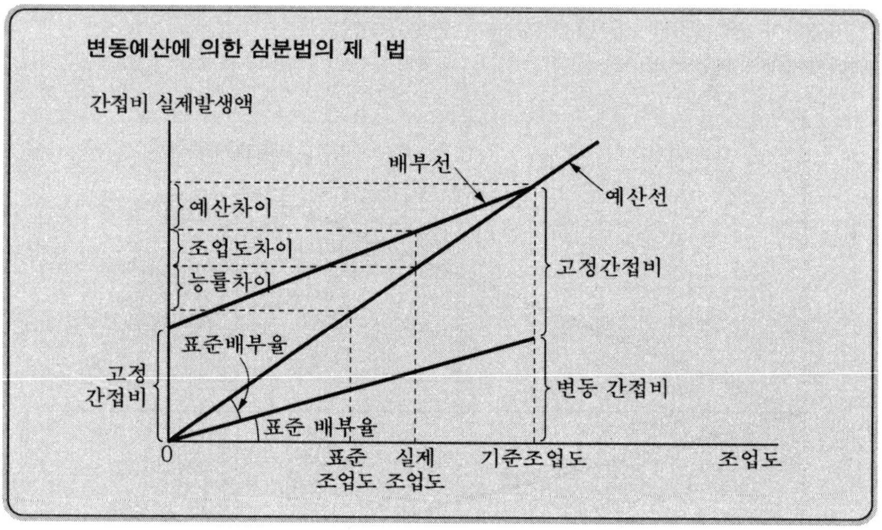

위 표에서 예산차이는 실제조업도에 대한 변동예산과 실제제조간접비 발생의 차액으로 파악되기 때문에 예산절약 노력의 효과를 정확하게 측정할 수 있는 것이다. 그러나 능률차이는 고정비를 포함하는 것이 되어 불합리하다는 것을 알 수 있다.

조업도차이는 실제조업도와 기준조업도 차이에 의한 고정간접비의 배부과부족으로 표시되어 고정예산에 비하면 합리적이다. 그러나 이것도 제품에 배부한 고정간접비는 실제조업도가 아니고, 표준조업도에 의하여 계산되므로 좀더 정확히 하려면 표준조업도에 의하여 분석하여야 한다.

3분법의 제 2법은 제 1법의 능률차이와 조업도차이의 불합리한 점을 시정한 것이다. 즉 조업도차이가 표준조업도에 미달하기 때문에 발생하는 배부과부족으로 보는 입장이다.

변동예산에 의한 삼분법의 제 2법

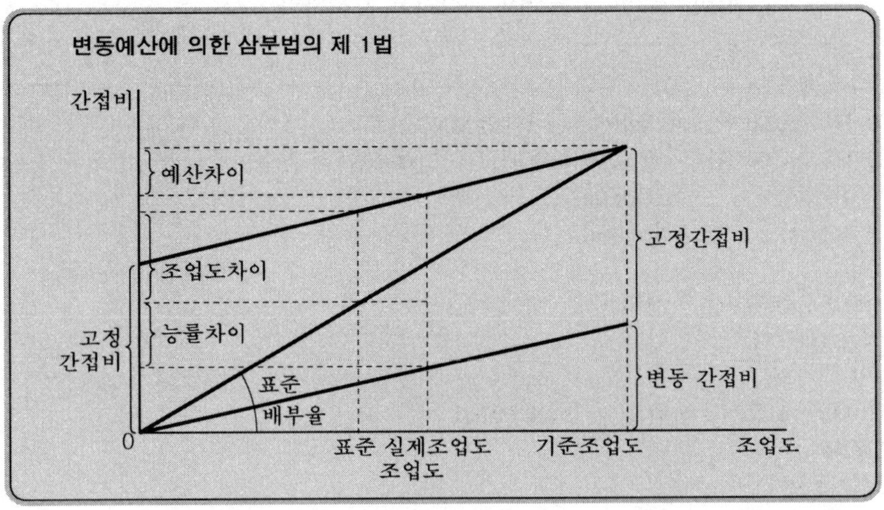

제 2법의 조업도차이는 표준조업도 시간과 표준조업도 시간의 차이에 의한 고정간접비의 배부과부족으로 계산된다. 표준원가계산에서 제품에 배부되는 고정간접비는 표준조업시간에 의해 산출되므로 매우 합리적인 분석방법이 된다. 또한 변동비는 조업도 능률의 양부(良否)에 의하여 발생되며 관리자의 원가책임을 변동비에 국한하기 때문에 능률차이는 표준실제조업도의 차이에 대한 변동간접비로 계산하는 것이 적합하다.

이 3분법에 의한 제조간접비의 분석방법을 제 1법, 제 2법으로 구분하여 산식으로 나타내면 다음과 같다.

1. 제1법의 산식

〈산식〉

조 업 도 차 이 = 표 준 배 부 액 - 표준시간예산액
능 률 차 이 = 표준시간예산액 - 실제시간예산액
예 산 차 이 = 실제시간예산액 - 실 제 간 접

2. 제2법의 산식

〈산식〉

조업도 차이 = (실제 작업 시간 - 기준조업시간) × 고정간접비의 표준배부율
능 률 차 이 = (표준 조업 시간 - 실제조업시간) × 변동간접비의 표준배부율
예 산 차 이 = (고정제조간접비 + 실제조업시간 × 변동간접비의 표준배부율)
- 실제제조간접비 발생액

〈예제 15-13〉 앞의 2분법 〈예제 15-12〉에 의하여 제조간접비의 조업도차이, 능률차이, 예산차이 제1법, 제2법 구분하여 계산하고 도해하라.

제 1 법

(1) 조업도차이 계산

= (4,000시간 - 5,000시간) × ₩160 = - ₩160,000(불리)

= (4,000시간 - 4,050시간) × ₩160 + (4,050시간 - 5,000시간) × ₩160

= - ₩8,000(불리) + (- ₩152,000)

(유효차이) (부동조업도차이)

(2) 능률차이

= (4,000시간 - 4,050시간) × ₩840

= - ₩42,000(불리)

(3) 예산차이

= (₩800,000 + 4,050시간 × ₩840) - ₩4,300,000

= - ₩98,000(불리)

(4) 제조간접비총차이

= (- ₩160,000) + (- ₩42,000) + (- ₩98,000)

= - ₩300,000(불리)

(5) 제조간접비차이 도해분석

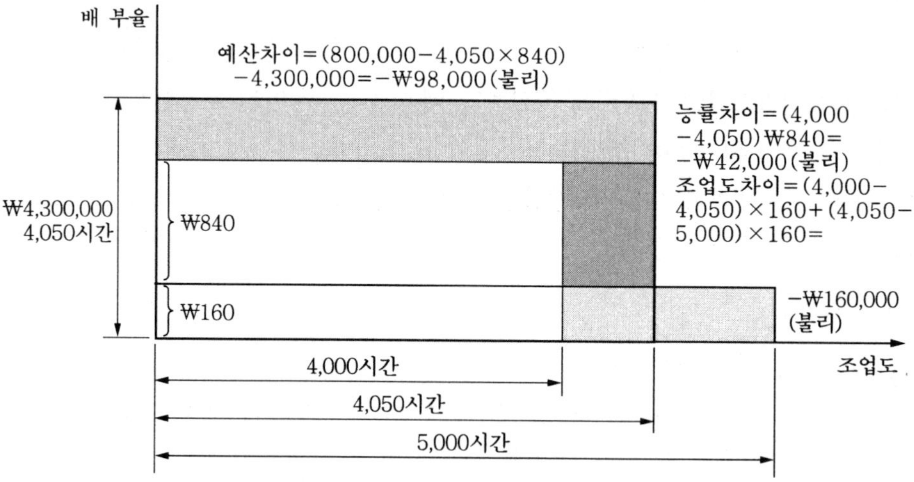

(6) 제조간접비차이의 도해(3분법)

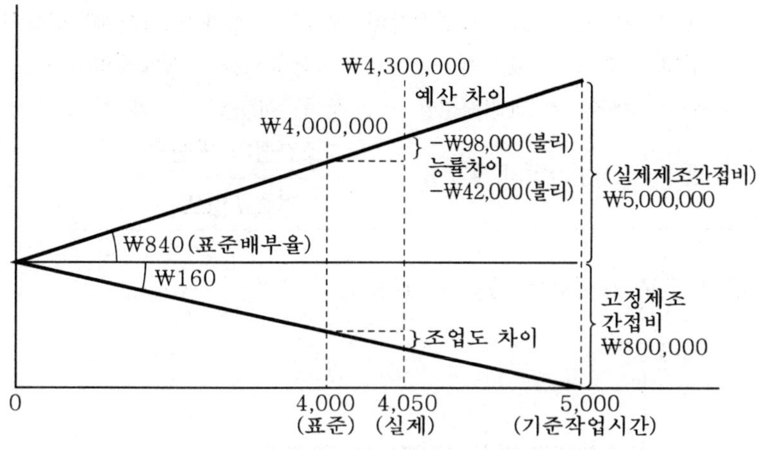

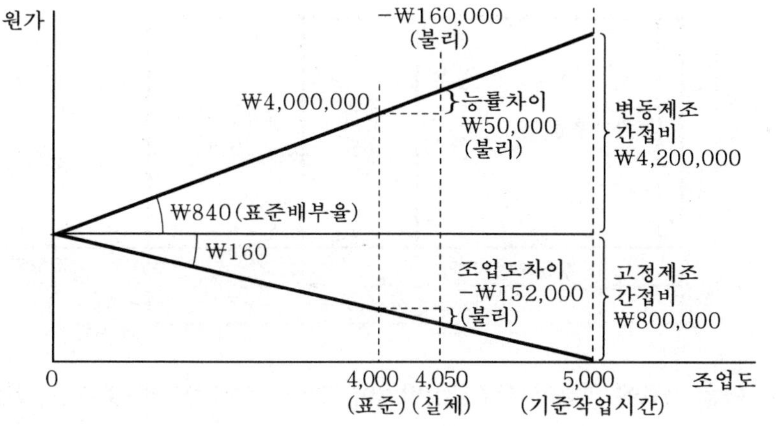

2) 고정예산에 의한 차이분석

고정예산(total fixed costs budgeted)이란 일정한 조업도를 전제로 하여 어느 특정예산기간에 있어서 부문별로 설정된 제조간접비예정액을 말한다.

고정예산에 의하여 제조간접비의 표준설정을 하는 경우에 실제조업도가 기준조업도와 거의 일치하는 때에는 차이분석을 통하여 제조간접비의 차이분석은 원가관리면으로는 활용되지 않으나, 차이분석을 통하여 가격요소 변동에 대한 예측자료로서 활용된다.

고정예산에 의해 제조간접비를 분석하는 경우에는 표준제조간접비와 실제제조간접비를 비교해서 제조간접비 차이를 3가지의 차이, 즉 예산차이(budget variance), 능률차이(efficiency variance) 및 조업도차이(activity variance)로 분석하는 것이 보통인데, 이것을 고정예산의 3분법이라고 한다.

고정예산에 의하는 경우의 제조간접비차이 분석을 산식으로 표시하면 다음과 같다.

〈산식〉

예 산 차 이 = 고정제조간접비 예산액 - 실제제조간접비 발생액
조업도 차이 = 표준배부율 × (표준작업시간 - 실제작업시간)
능 률 차 이 = 표준배부율 × (표 준 시 간 - 실 제 시 간)

$$※\ 표준제조간접비\ 배부율 = \frac{제조간접비\ 예산액}{기준조업도}$$

상기의 산식을 도표로 표시하면 다음과 같다.

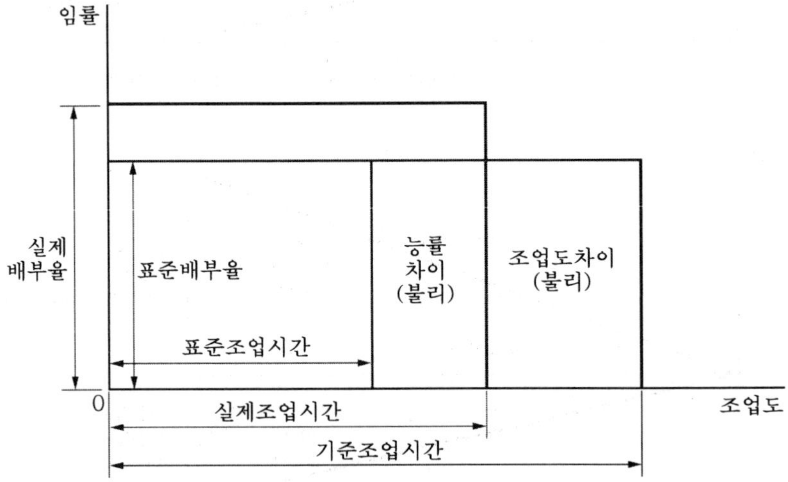

〈예제 15-14〉 다음 자료에 의하여 제조간접비차이 총액을 산출하고 이것을 3분법으로 분석하라.

〈자료〉

· 제조간접비 실제발생액	₩208,250
· 예정조업도에서의 표준시간	8,500시간
· 예정조업도에서의 간접비예산액	₩204,000
· 실제작업시간	8,330시간
· 실제생산량에 대하여 허용된 표준작업시간	7,650시간

[해답]

(1) 표준제조간접비 배부율
₩204,000 / 8,500시간 = ₩24

(2) 배부표준간접비
₩24 × 7,650시간 = ₩183,600

(3) 제조간접비차이 총액

₩183,600 - ₩208,250 = - ₩24,650

(4) 예산차이

₩204,000 - ₩208,250 = - ₩4,250

(5) 조업도차이

₩24 × (8,330시간 - 8,500시간) = - ₩4,080

(6) 능률차이

₩24 × (7,650시간 - 8,330시간) = - ₩16,320

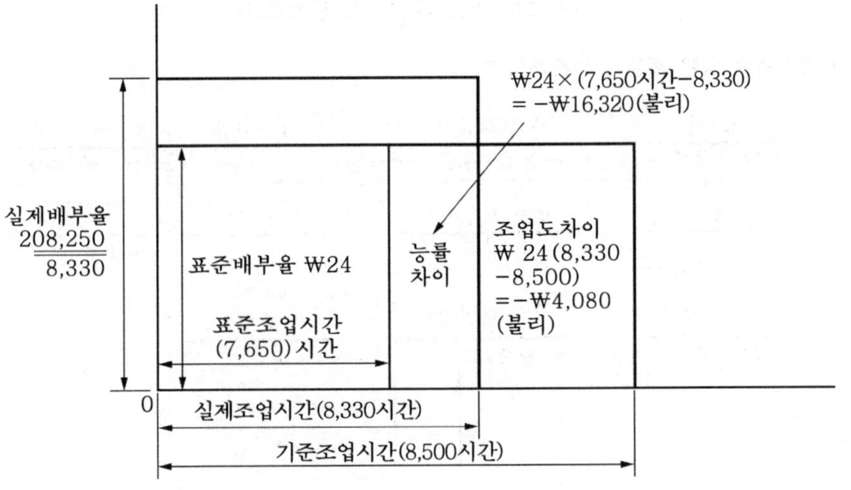

제 5 절 표준원가계산의 기장절차

표준원가계산은 통계적으로 단순히 표준과 실제의 차이를 분석하는 방법과 복식부기 기구내에서 실제원가와 표준원가를 비교하여 표준원가 차이를 분석하는 방법이 있다. 그러나 일반적으로 표준원가계산은 후자의 경우를 적용하고 있다. 이와 같은 제도를 표준원가계산제도라고 한다.

표준원가를 복식부기의 기구에 적용시켜 실시하는 방법에는 단기법(single plan), 분기법(partial plan) 및 병기법(dual plan) 등 3가지 방법이 있다.

1. 단기법

초기 기장법이라고도 하며, 원가요소의 투입 시점에서 표준원가와 실제원가를 동일한 계정으로 기록·계산하고 이를 상호 비교하여 그 차이는 원가차이계정을 설정하여 실제원가를 파악하는 방법이다.

단기법에서는 제조계정 차변과 대변은 모두 표준원가로 기장되며 재료비, 노무비 등의 각 비목계정의 대변에는 표준원가와 원가차이가 기입된다.

즉, 각 원가요소별 계산단계에서 직접재료비, 직접노무비, 제조간접비 계정의 차변에 실제원가를 기장하고 대변에 표준원가를 기장함으로써 원가차이를 파악하는 방법이다.

단기법에 의한 계정기입 관계도(1)

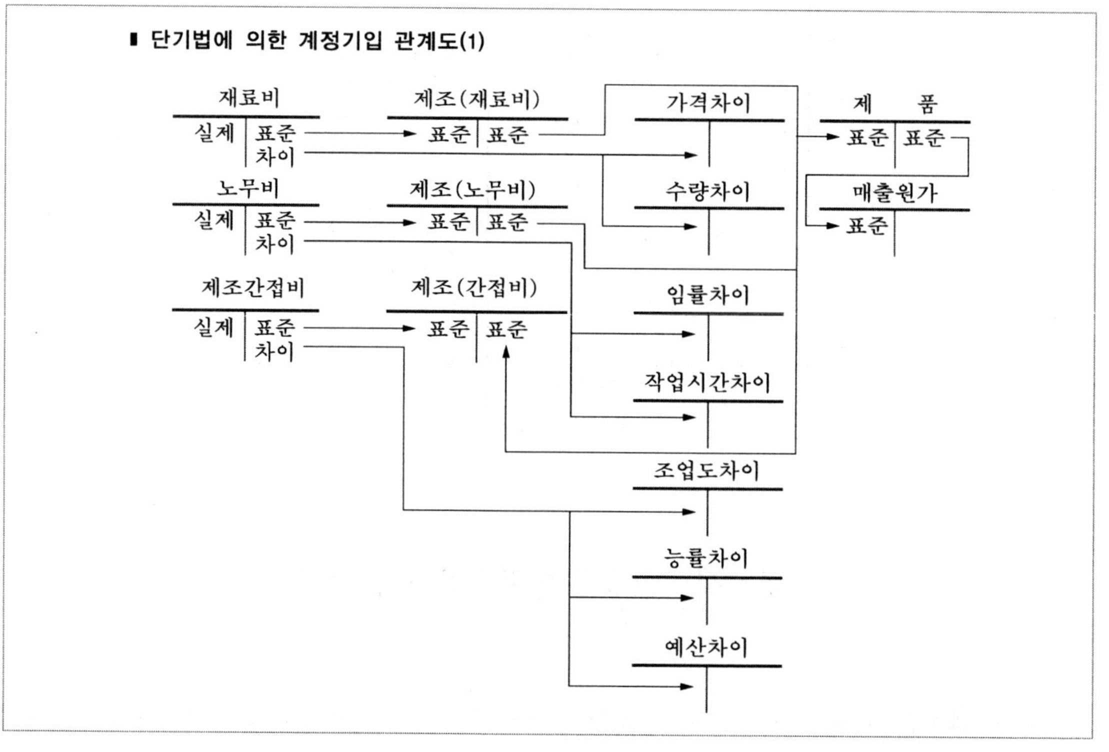

단기법에 의한 계정기입 관계도(2)

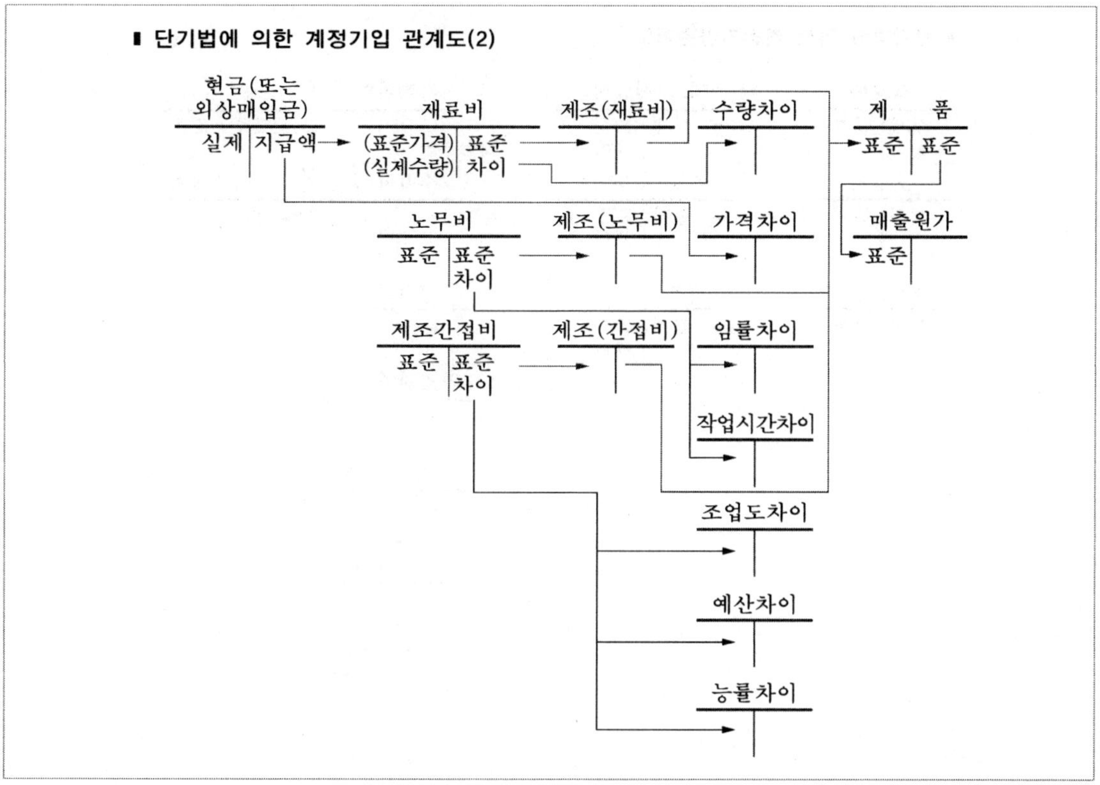

2. 분기법

분기법(Partial plan)은 기말기장법이라고도 하며, 제조계정에서 실제원가와 표준원가를 비교하여 그 차이를 파악하는 방법이다. 즉, 제조계정의 차변에는 재료비, 노무비, 경비 등의 실제원가를 기입하고 제품이 완성되어 제품계정에 대체되었을 경우에는 제조계정의 대변에 표준원가로 기입되므로 원가차이(cost variance)는 바로 제품이 완성되어 대체되는 시점에서 파악된다.

분기법은 간편하고 복잡하지 않은 이점이 있으나, 제조과정이 끝난 시점에서야 원가차이를 산출한다는 결점이 있다. 분기법에 의한 원가흐름도(flow chart)를 표시하면 다음과 같다.

분기법에 의한 계정기입관계도

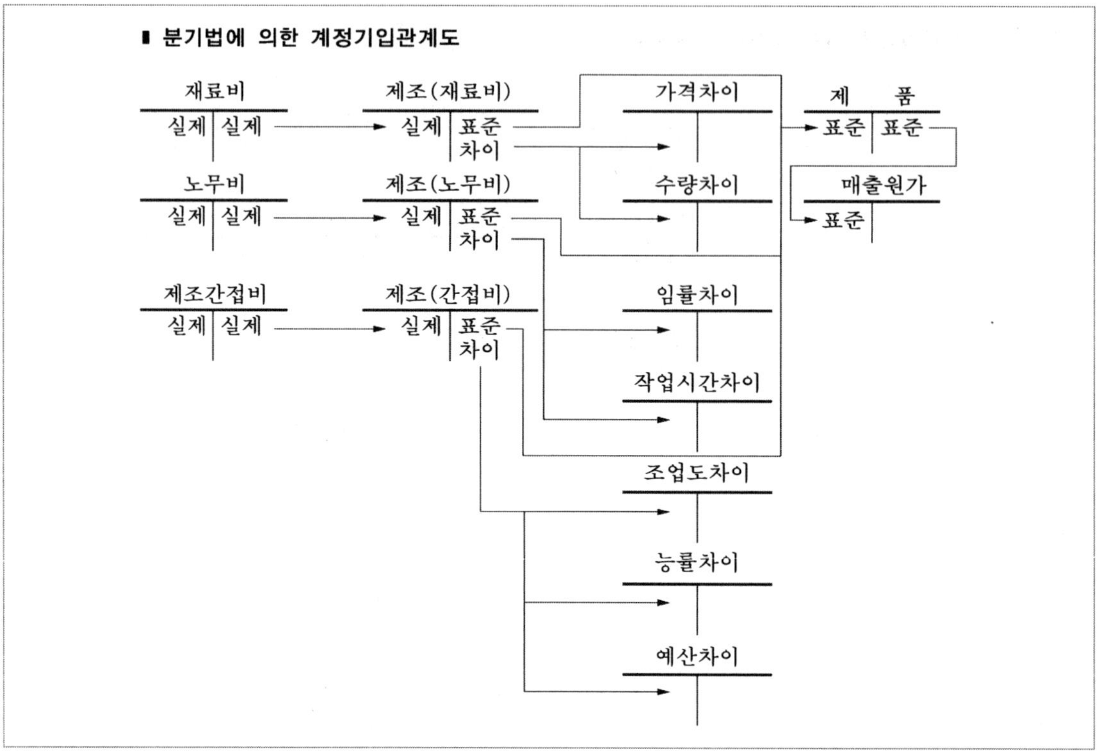

3. 병기법

병기법은 각 해당 원가계정에 표준원가를 주요장부 및 보조장부상 대변의 양변에 각각 설정하여 기장하는 방법이다. 이 방법에 의하면 표준원가의 기장은 원가관리를 위한 비망적인 기록에 불과하고, 진실한 원가는 실제원가이고 이것이 외부 보고용의 재무제표에 계상되어야 한다는 사고방식에 입각한 것이다.

병기법에 의한 원장

제조(가공비) 계정

일 자		적 요	실제원가	표준원가	표준비율	일 자		적 요	실제원가	표준원가	표준비율

제 6 절 원가차이의 회계처리

표준원가계산제도를 채택하게 되면 적합한 표준원가를 설정하여 원가계산을 하게 되므로 실제원가와는 반드시 원가차이(cost variance)가 발생된다. 발생되는 원가차이를 어떻게 취급하는가는 원가관리에 매우 중요한 것이다. 실제원가와 표준원가를 비교하여 발생한 원가 차이는 원가계산 기말에 실제발생액으로 수정 처리하여야 한다. 원가차이의 회계처리방법에는 매출원가에 가감하는 방법, 영업외손익으로 처리하는 방법, 매출원가와 기말재고자산에 배분하는 방법이 있다.

첫째, 매출원가에 가감하는 방법이다. 이 방법은 원가차이의 원가성을 인정하고 원가차이를 기간원가(period cost)로 보는 견해로, 이를 매출원가에 가산 또는 차감하여 조정하는 방법이다.

이 방법은 실제원가가 표준원가를 초과하는 불리한차이의 경우에는 원가차이는 매출원가에 가산하여 조정하고, 반대로 실제원가가 표준원가에 미달하는 유리한차이의 경우에는 매출원가에서 차감하여 조정하면 된다. 이 방법은 미소멸원가(unexpired cost)가 매출원가에 포함되어 있으므로 불합리한 처리방법이라 할 수 있으나, 원가차이는 매출원가에서 조정되므로 회계처리가 매우 간단한 이점이 있다.

일반적으로 제품 생산에 희생된 원가는 매출되기 이전에는 자산으로 계상되었다가 제품이 매출되는 시점에서 매출원가라는 비용으로 계상되는데, 이 방법에 의하면 매출되지 않는 제조원가에 해당되는 원가까지도 매출원가에서 조정하는 결과가 되므로 기간손익을 정확하게 산정할 수 없다.

이 방법은 원가차이가 적은 경우에는 적합한 방법으로 사용되고, 거액의 원가차이가 발생시에는 매출원가와 기말재고자산에 배분하는 것이 타당하다.

둘째, 영업외손익에 계상하는 방법이다. 이 방법은 원가차이의 발생요인이 관리가 불가능한 원가외적 사정, 즉 경기변동이나 계절적요인 등에 의해 발생되므로 이들 원가에 포함시키는 것은 불합리하기 때문에 원가성을 인정할 수 없다는 것이다.

이 방법에서는 실제원가가 표준원가에 미달하는 유리한차이의 경우에는 영업외수익으로 계상하고, 실제원가가 표준원가를 초과하는 불리한차이의 경우에는 영업외비용으로 계상하게 된다.

셋째, 매출원가와 기말재고자산에 배분하는 방법이다. 이 방법은 원가차이의 원가성을 인정하고 있으며 원가차이를 매출된 제품의 원가와 재고자산의 쌍방에 추가배분하는 방법이다. 그러나 원가성을 인정하였더라도 원가차이 중에서 비원가항목이 있으면 이것은 영업외손익으로 처리해야 한다.

원가차이를 원가성으로 인정한 경우에는 원가차이가 통상적인 것보다 다액일 경우에는 제품원가로 하여 매출원가와 재고자산에 배부하면 되고, 원가차이가 통상적 범위내의 금액이면 기간원가로 처리하면 된다.

이 방법은 원가차이를 제품제조원가로 인정하고 원가계산기말에 소멸원가(expired cost)와 미소멸원가(unexpired cost)로 구분하여 소멸원가는 기간원가로서 매출원가에서 조정하고, 미소멸원가는 자산으로 차기에 이월되는 것으로 재고자산에서 조정하는 결과가 되어 기간손익을 정확히 계상할 수 있다.

우리 나라의 원가계산기준은 원가차이의 회계처리에 관하여 다음과 같이 규정하고 있다.

1) 실제원가계산제도에 있어서의 원가차이의 처리(원가계산기준 제49조)

① 원가차이는 재료수입 가격차이를 제외하고는 원칙적으로 당해 연도의 매출원가에 부과한다.

② 재료구입차이는 당해년도의 매출액과 기말재고액에 배부한다.
이 경우 재료의 기말재고액에 대하여는 재료를 적당한 종류별로 분류하여 배부한다.

③ 예정가격이 부적당하기 때문에 비교적 다액의 원가차이가 발생하는 경우 직접재료비, 직접노무비, 직접경비 및 제조간접비에 관한 원가차이의 처리는 다음 방법에 의한다.

i) 개별원가계산의 경우는 당해년도의 매출원가와 기말재고자산에 제조지시서별로 배부하거나 또는 당해년도의 매출원가와 기말재고자산에 과목별로 배부한다.

ii) 종합원가계산의 경우는 당년도의 매출원가와 기말재고자산에 과목별로 배부한다.

2) 표준원가계산제도에 있어서의 원가차이의 처리(원가계산기준 제50조)

① 수량차이, 작업시간차이, 능률차이 등의 원가차이가 이상상태에 기인하여 발생한 경우에는 이것을 비원가항목으로 처리한다.

② 전항의 경우를 제외한 기타 원가차이는 모두 실제원가계산제도에 있어서의 원가차이 처리방법에 준한다.

연 습 문 제

〈객관식〉

1. 표준원가계산의 특징을 가장 잘 설명한 것은? (AICPA 기출제문제)

① 표준원가는 원가통제를 포함하며 원가감소를 의미한다.

② 표준은 책임을 명확하게 하고 종업원의 동기를 유발시킬 수 있다.

③ 표준과 실제의 모든 차이를 분석대상으로 한다.

④ 표준과 실제의 차이분석에 있어 불리한 차이는 분석대상으로 하나 유리한 차이는 분석대상이 되지 않는다.

【해설】 표준이란 작업이 효율적으로 수행될 경우 당연히 달성되어야 할 기준치이므로 그 작업에 대한 종업원의 책임을 명확하게 하고, 표준을 달성하도록 종업원의 동기를 유발시킬 수 있다.

2. 표준원가계산에 관한 설명으로서 거리가 먼 것은? (공인감정사 기출제문제)

① 표준원가를 설정함으로써 원가관리를 효율적으로 할 수 있다.

② 견적재무제표를 작성하는 경우에 신뢰할 수 있는 기초자료가 된다.

③ 표준원가를 계정조직 중에 넣음으로써 기장을 신속하게 할 수 있다.

④ 제품이나 재공품 등의 재고자산과 매출원가계산의 기초가 된다.

⑤ 표준원가는 실제원가에 비하여 정확함으로 참된 원가계산을 할 수 있다.

【해설】 표준원가는 실제원가보다 장부기장 업무를 간소화할 수 있고, 실제원가는 사후적 원가계산이므로 원가계산의 지연으로 효율적 원가관리를 할 수 없는데 비하여 표준원가는 시간적 원가계산이므로 효율적으로 원가관리를 할 수 있다는 점에서 이점을 가지고 있으나, 실제원가에 비하여 정확한 원가계산이라고 할 수 없다

3. 다음 중 재료비 차액이 발생되는 원인은? (공인감정사 기출제문제)

① 재고계산법과 역계산법과의 차액

② 장부재고액과 시가와의 차액

③ 재료의 감모손으로 인한 차액

④ 실제원가소비액과 예정가격에 의한 소비액의 차액

⑤ 장부재고액과 실지재고액과의 차액

【해설】 재료비차액은 실제생산에 사용된 재료비가 미리 설정된 표준원가에 의해 계산된 표준재료비와의 차이에 기인하여 발생한다.

4. 다음 사항 중 가격차이가 발생하는 원인이 되는 것은? **(공인감정사 기출제문제)**

① 재료의 시장가격의 변동

② 작업능률의 저하

③ 재료소비량의 증가

④ 규격외 또는 불량재료의 사용

⑤ 부적당한 재료소비량 표준의 설정

【해설】

·재료가격차이 발생요인

1) 재료구입시장의 상황변동에 따라 발생한다.
2) 시장상황의 변동에 기인하는 차이 이외의 가격차이는 구매담당자의 효율적 재료구입의 불이행으로 발생될 수 있어 구매담당자의 성과를 평가하는 기초가 된다.
3) 품질과 관련해서 발생, 즉 표준설정이 고려한 품질수준보다 더 높은 품질의 재료를 고가로 구입시 불리한 가격차이가 발생할 수 있다. (이 경우 유리한 수량차이 기대)
4) 표준이 설정된 당시보다 불리한 환경조건이 발생할 경우, 모든 재료에 대해 일반물가 수준이 상승했을 경우에 불리한 가격차이가 발생한다.

※ 다음 자료는 문제 5, 6, 7번과 관련되었다. 물음에 답하여라.

K기업은 표준원가제도를 사용한다. K기업의 주제품인 X제품 하나를 제조하는데 필요한 직접노무비와 간접비의 단위당 표준원가는 아래와 같다.

〈단위당 표준원가〉

직접노무비 (3시간 @₩1,000)	₩3,000
제조간접비(직접노무비의 35%)	₩10,500

K기업의 변동예산에 의하면 제조간접비는 기간당 ₩18,000,000의 고정비와 직접노무비 ₩1,000당 ₩1,500의 변동비로 구성되어 있다. 지난 기간에 K기업은 2,500개의 X제품을 생산하는데 소요된 실제비용은 아래와 같다.

〈X제품을 생산하는데 소요된 비용〉

직접노무비 (7,000시간 @₩1,100)	₩7,700,000
제조간접비	₩28,550,000
고정간접비는 예산대로 지출되었다.	

(KICPA 기출제문제)

5. 직접노무비의 능률차이는?

① ₩700,000 불리　　② ₩700,000 유리

③ ₩500,000 유리　　④ ₩200,000 불리

【해설】 {7,000 - (2,500 × 3)} × 1,000 = -500,000(유리)

6. 직접노동에 의한 원가차이의 총액은?

① ₩500,000 유리 ② ₩500,000 불리
③ ₩200,000 불리 ④ ₩300,000 불리

【해설】 변동간접비차이 계산시 조업도가 직접노동시간 대신 직접노무비임에 주의해야 한다.

직접노무비 총차이 : 7,700,000 - 2,500 × 3,000 = 200,000(불리)
(실제발생액) (표준배부액)

변동간접비 능률차이 $7{,}700{,}000 \times \frac{1{,}500}{1{,}000} - 2{,}500 \times 3{,}000 \times \frac{1{,}500}{1{,}000} = 300{,}000$(불리)
(예산액) (표준배부액)

총차이 : 200,000 + 300,000 = 500,000(불리)

7. 변동제조간접비의 예산차이는?

① ₩1,000,000 유리 ② ₩300,000 유리
③ ₩ 300,000 불리 ④ ₩700,000 유리

【해설】

$(28{,}550{,}000 - 18{,}000{,}000) - 7{,}700{,}000 \times \frac{1{,}500}{1{,}000} = 1{,}000{,}000$(유리)
(변동간접비 실제발생액) (예산액)

※ 다음 자료는 문제 8, 9번과 관련되었다. 물음에 답하여라.

〈G회사의 직접노무비에 대한 자료〉

표준직접노동시간	30,000시간
실제직접노동시간	29,000시간
직접노무비능률차이(유리)	$4,000
직접노무비임률차이(유리)	5,800
총 노 무 비	110,200

(AICPA 기출제문제)

8. 직접노무비에 대한 실제임률은?

① $3.60 ② $3.80
③ $4.00 ④ $5.80

【해설】

실제노무비	실제노동시간의 표준노무비	표준노무액
실제노무비율×실제노동시간 (AR) (AH)	표준노무비율×실제노동시간 (SR) (AH)	표준노무비율×표준노동시간 (SR) (SH)

임률차이 능률차이

노무비차이

AR×AH	SR×AH	SR×SH
AR×29,000	SR×29,000	SR×30,000
$110,200	$116,000	$120,000

임률차이 $5,800(유리) 능률차이 $4,000(유리)

실제임률(AR) = $110,000 ÷ 29,000 = $3.80

9. 직접노무비에 대한 표준임률은?

① $3.54 ② $3.80

③ $4.00 ④ $5.80

【해설】 표준임률(SR) = $116,000 ÷ 29,000 = $4.00

10. 다음의 자료에서 재료비 수량차이를 구하면? **(공인감정사 기출제문제)**

〈자료〉

◦ 재료표준수량	5g
◦ 재료표준가격 g당	₩15
◦ 기중구입수량	29,000g
◦ 구 입 가 액	₩356,000
◦ 기초에 재료재고는 없음	
◦ 기말의 재료재고	3,000g
◦ 기중제품생산량	5,250단위

① ₩8,000 (불리) ② ₩ 3,000 (불리)

③ ₩3,000 (유리) ④ ₩ 7,172 (불리)

⑤ ₩3,600 (유리)

【해설】 재료비수량차이 = (AQ-SQ)×SP
= (26,000 - 5,250 × 5) × ₩12 = ₩3,000(유리)

해답 1. ② 2. ⑤ 3. ④ 4. ① 5. ③ 6. ② 7. ① 8. ② 9. ③ 10. ③

〈주관식〉

1. 표준원가계산의 목적을 설명하여라.

2. 표준원가계산의 유형을 들고 이를 간략하게 설명하여라.

3. 갑공장이 고정예산만을 설정하고 있는 경우 아래의 자료로 제조간접비 차이를 3분법에 의해 분석하여라.

〈자료〉

제조간접비 실제액		₩850,000
표준작업시간(정상조업도)	10,000시간에 대한 제조간접비예산	₩900,000
실제작업시간		9,300시간
실제생산량에 대해서 허용된 표준작업시간		9,100시간

4. 다음 자료에 의하여 제조간접비차이를 2분법, 3분법으로 구분하여 분석하여라.
   ① 당월중의 제품에 소요된 표준시간 2,600시간
   ② 당월분 실제작업시간 3,000시간
   ③ 당월분 실제제조간접비 ₩500,000

공장 감독	₩125,000	유 지 비	₩61,460	간접 임금	₩75,720
동 력 비	₩176,080	보조재료비	₩27,360	잡 비	₩10,380
감가상각비	₩ 16,000	보 험 료	₩ 4,000	세 금	₩ 4,000

   ④ 간접비의 변동표준

	고정비	변동비(표준시간당)
공장 감독	₩60,000	₩25
유 지 비	14,000	15
간접 임금	34,000	12
동 력 비	80,000	30
보조재료비	6,000	5
잡 비	2,000	3
감가상각비	16,000	-
세 금	4,000	-
보 험 료	4,000	-
	₩220,000	₩90

⑤ 월간표준시간 4,000시간

⑥ 표준간접임률 ┌ 변동요소 ₩90 (표준시간당)
　　　　　　　└ 고정요소 ₩55 (표준시간당)

5. 갑재료의 표준소비가격은 ₩2,600, 당월의 실제소비가격은 ₩2,800이고, 그 표준소비량은 4,000개, 실제소비량은 4,300개이었다면 이 재료비차이를 산정하여라.
단, 그 차이를 가격 차이와 수량 차이로 구분할 것

6. R회사의 200×년 1월 생산활동에 대한 제조간접비의 자료는 다음과 같다.

〈제조간접비의 자료〉

고정간접비 예산	$75,000
직접노동시간당 표준고정간접비율	3.00
직접노동시간당 표준변동간접비율	6.00
허용표준직접노동시간	24,000
실제간접비발생액	220,000

R회사는 표준전부원가계산과 변동예산제도를 채택하고 있으며 간접비 차이분석을 2분법을 사용하고 있다. 200×년 1월의 조업도 차이를 산출하여라? **(AICPA 기출제문제 수정)**

7. 아래 자료는 표준원가계산제도를 사용하고 있는 M회사의 200×년 4월 동안의 자료이다. 물음에 답하여라.

〈자료〉

실제 총 직접노무비	$43,400
실제 노동시간	14,000
생산에 허용된 표준시간	15,000
임률차이(차변)	1,400
실제 총 제조간접비	32,000
고정간접비예산액	9,000
정상조업시간	12,000
표준직접노동시간에 대한 총간접비 배부율	2.25

〈물 음〉

직접노동시간 차이, 관리가능 차이, 조업도 차이를 구하여라.

※M회사는 간접비 차이 분석시 2분법(관리가능 차이와 조업도 차이)을 사용한다.

(AICPA 기출제문제 수정)

8. 대한공업주식회사는 표준원가제도를 채택하고 있다. 동회사의 다음 자료에 의하여 원가차이(수량차이, 가격차이, 시간차이, 임률차이, 제조간접비차이)를 분석한 뒤, 손익계산서를 작성하라. 단, 원가차이는 모두 영업외손익으로 처리한다. **(KICPA 기출제문제)**

① 제품 1개당 표준원가

표준원가표

원 가 항 목	수 량	단 가	금 액
A 직접재료비	10kg	₩150	₩1,500
B 직접재료비	5kg	200	1,000
간 접 노 무 비	8시간	300	2,400
제 조 간 접 비	8시간	150	1,200
합 계	—	—	6,100

② 기초재고 제 품 1,000개
재공품 없음

③ 당기완성품수량 8,000개

④ 기말재고 제 품 1,100개
재공품 2,000개

⑤ 기말재공품진척도 A직접재료비 100%
B직접재료비 50%
직접노무비 50%
제조간접비 40%

⑥ 당기실제재료소비량
A재료 105,000kg (1kg당 ₩140)
B재료 47,000kg (1kg당 ₩210)

⑦ 당기실제직접노무비 ₩22,010,000(시간당 ₩310)

⑧ 당기실제제조간접비 ₩10,860,000

⑨ 당기실제판매비와 관리비 ₩ 3,720,000

⑩ 제품매출액 ₩61,190,000

9. 표준규격품 X의 생산 롯트별 가공을 행하는 모제조공장에서, 제품 1단위의 표준제조원가는 다음과 같다.

〈표준원가표〉

원 가 항 목	수 량	단 가	금 액
직 접 재 료 비	2kg	₩ 60	₩120
간 접 노 무 비	3시간	24	172
제 조 간 접 비	3시간	20	60
합 계	—	—	252

〈 7월중의 원가자료 및 작업기록〉

원가 자료

① 7월중에 재료 9,000kg을 585,000원에 구입했다.

② 7월중의 직접노무비는 262,600원이다.

③ 7월중의 실제제조간접비는 216,200원, 그 중 129,000원이 고정비, 기타는 변동비이다.

④ 1기간(단, 6개월)의 정당조업도는 63,000직접작업시간(제품생산량 21,000단위)이며, 이것에 따른 당예산기간의 제조간접비예산액은 1,260,000원이다. 그 중 60%가 고정비, 40%가 변동비로 추정되었다.

〈작업기록〉

롯 트	가 공 량	소비재료	작업시간
No. 101	1,000단위	2,100kg	2,950시간
No. 102	1,500	3,250	4,530
No. 103	1,200	2,170	2,620

단, 상기 중 No. 101과 102에 대해서는 7월말일 현재 작업완료가 되었다. No. 103에 대해서는, 7월말일 현재 필요한 재료는 모두 소비되었으나, 가공비에 대해서 80% 완성했다.

또한 7월 1일 현재 재공품은 없다.

〈물 음〉

1) 롯트별 제품의 표준제조원가는 얼마나 되느냐?
2) 재료구입가격차이는 얼마나 되느냐?
3) 재료수량차이는 얼마나 되느냐? 롯트별로 표시하라.
4) 작업시간차이는 얼마나 되느냐? 롯트별로 표시하라.
5) 임률차이는 얼마나 되느냐? 롯트별로 표시하라.

(JICPA 기출제문제)

10. 모제조회사는 원료 H를 사용하여 제품 A를 제조판매하고 있다. 동사는 2008년 하반기부터 외국회사와의 수출계약취소비로 인하여 정당조업도의 50%에 해당하는 20,000단위씩만을 생산 판매하고 있다. 결산일이 12월 말일인 동사의 12월분 원가자료 및 기타회계자료는 다음과 같다.

〈A제품 단위당 표준원가〉

재료비(H재료 20g)	₩300
노무비(작업시간당 임률 ₩50)	100
제조간접비	105
변동판매비와 관리비	100
고정판매비와 관리비	50
합　　계	₩655

〈12월중 실제원가자료〉

재료비, H원료매입량 500kg		₩6,000,000
사용량 420kg		
노무비, 작업시간 41,000시간		₩2,255,000
제조간접비, 감가상각비(고정비)		₩1,000,000
간접노무비(준변동비)		₩1,000,000
기타제조간접비(변동비)	₩1,000,000	₩3,000,000

① 월간 정상조업도는 40,000단위이며 제조간접비중 간접노무비 예산은 ₩1,600,000이다.

② 12월중(20,000단위)의 제조간접비중 감가상각비 및 간접노무비 실제발생액은 예산과 일치하였으나 기타 제조간접비만은 예산이 ₩800,000이 있다.

③ 동사는 2009년도부터는 매월 35,000단위씩 생산 판매하기로 결정하였으며 제품단위당 표준재료사용 및 작업시간은 2008년도 12월과 동일하게 소요될 것으로 예상하고 있다. 단, H원료의 표준가격은 g당 ₩18, 시간당 표준임률은 ₩60으로 추정되며 제조간접비 및 판매비와 관리비의 예산은 동일하다고 가정한다.

④ 재료가격차이는 매입시점에서 인식하는 것으로 한다.

⑤ 준변동비를 고정비와 변동비로 분해함에 있어서는 상이한 두 가지 조업도하에서의 각각의 예산액을 자료로 이용한다.

〈물 음〉

1) 2008년 12월분 원가자료에 의하여 원가차이(재료가격차이, 재료사용량차이, 임률차이, 작업시간차이, 관리가능차이, 조업도차이)를 계산하라.(유리, 불리를 표시할 것)

2) 표준원가를 기초로 한 직접(변동) 원가계산제도하에서의 내부보고목적을 위한 A제품 단위당 제조원가를 계산하라.

3) 2009년부터 35,000단위씩 생산할 경우 제품단위당 표준제조원가계산을 하라

4) 표준원가를 기초로 하여 일정량의 판매단위를 일정판매가격(단위당)으로 판매하였을 경우 영업이익이 ₩3,500,000 산출되었다. 이때 단위당판매가격을 5% 인상하면 영업이익은 ₩4,700,000으로 증가하게 된다. 모든 원가와 판매단위가 불변한다고 가정할 때(2008년 12월분 자료이용) 영업이익이 ₩3,500,000이 되는 판매량과 단위당 판매가격을 구하여라.

(KICPA 기출제문제 수정)

제 16 장

변동원가계산

제16장

변동원가계산

제 1 절 변동원가계산의 의의

1. 변동원가계산의 이익

변동원가계산(variable costing)이란 조업도에 비례하여 발생하는 변동비만을 제품원가(product cost)로 보고, 시간적으로 파악되는 비용인 고정비는 기말에 일괄하여 기간원가(period cost)로 처리하는 방법이다.

변동원가계산에 있어서는 이른바 전부원가계산(absorption costing)의 경우와는 달리 조업도의 증감에 따른 원가형태(cost behavior)에 따라 원가를 고정비와 변동비로 구분한 다음에, 이 중 변동비만을 제품원가로 하고 고정비는 기간원가로 하여 매출액에서 제품원가(변동매출원가)를 차감하여 공헌이익(contribution margin)을 구하고 공헌이익에서 기간원가(고정비)를 차감하여 영업이익을 산출하는 원가계산방식이다.

오늘날 기업회계의 실천적인 목적은 경영관리자의 계획과 통제, 의사결정을 위한 내부보고 목적으로 확대하고, 이를 위한 관리회계가 도입됨에 따라 경영자의 합리적 의사결정에 기초가 되는 유용한 정보를 제공할 수 있는 여러 경영관리수단과 기법이 발전되었다. 이 경영내부목적을 위한 수단의 하나로서 원가관리회계 분야에 도입된 것이 변동원가계산이다. 변동원가계산은 원래 원가회계 고유의 목적인 제품원가계산을 위한 것이었다기보다는 이익관리를 위한 자료를 제공한다든지 하는 특수원가계산을 목적으로 하였다. 즉 원가 · 조업도 · 이익관계(Cost-Volume-Profit relationship)에 의하여 매출액과 변동비에서 공헌이익을 산출하고 이 공헌이익에 대하여 제품의 기간원가를 대응시켜서 제품의 이익발생의 동향을 예측함으로써 미래지향적인 이익관리상의 정확한 자료를 제공하였다. 변동원가계산방법의 적용은 이익관리뿐만 아니라 경영전반에 매우 유효하기 때문에 채택하는 기업이 늘어가고 있는 실정이다.

변동원가계산에 관한 최초의 논문은 1936년 미국원가회계학회(NACA)의 보고서에 게재되었던 해리스(J. N. Harris)교수의 논문이다. 해리스는 그의 논문에서 "지난달 우리는 얼마나 벌어들였나?(what did we earn last month?)"이다. 이 논문에서 대화형식의 예를 들어 매출액과 이익이 비례관계를 가지지 못하는 전통적인 전부원가계산의 모순을 지적하고 변동원가계산의 사용을 주장하였다.

변동원가계산은 최근 원가계산 기술면에서 혁신적인 선풍을 일으키고 있고, 기업경영활동의 성과를 여러 측면에서 심층조사하여 우리가 목표로 하는 기업이익을 정확하게 이해하고, 더욱 건전한 경영활동의 목표를 달성하려면 체계있는 변동원가계산제도를 도입해야 할 것이다.

제 2 절 변동원가계산의 유용성

변동원가계산은 경영내적인 관리목적에의 유용, 즉 이익계획에 필요한 자료를 제공하고 이익측정 및 원가관리를 용이하게 해주며 그리고 제품의 판매가격결정에 도움을 준다.

1. 이익계획

이익계획(profit planning)이란 기업이 이윤을 극대화하기 위하여 이익을 사전에 계획하며 이익의 실험을 위해 목표이익을 설정하여 그것을 달성하기 위한 것이다.

이익계획을 세우려면 먼저 손익분기점(BEP), 즉 수익과 비용이 일치되어 이익도 손실도 발생되지 않는 점을 인식하고, 매출액이 손익분기점 이상이 되는 목표이익을 확보할 수 있도록 노력해야 한다.

변동원가계산은 원가를 고정비와 변동비로 구분하고 손익계산에 있어 매출액에서 변동비를 차감하여 공헌이익을 구하고 공헌이익에서 고정비는 영업이익을 산출하므로 공헌이익(contribution margin ratio)을 이용하여 손익분기매출액이나 목표이익을 달성할 수 있는 매출액을 용이하게 구할 수 있을 뿐 아니라 매출액의 변동시에도 이익의 변화를 쉽게 예측할 수 있다.

변동원가계산에서는 제품 1단위당의 공헌이익률을 구하고, 이것을 판매량에 곱하면 이익액이 쉽게 산출됨으로 이익계획을 수립하는데 매우 효율적이다.

2. 원가관리

원가관리(cost control)란 기업내에서의 원가발생을 절감시켜 가장 경제성이 높도록 낭비와 허비를 배제하는 것이며, 이를 위해서 취해지는 관리과정을 보면 원가표준의 설정과 실제원가와의 원가차이분석을 통하여 그 차이의 원인과 책임의 소재를 명백히 하고 그 개선책을 강구한다. 물론 이러한 과정이 강력한 관리기능을 가지고 발전되어온 것이 표준원가계산인 것임은 주지의 사실이다. 지금까지의 표준원가계산은 전부원가계산과 결부되어 있었기에 전부원가계산이 지니는 결함을 면할 수 없다는 것도 수긍하지 않을 수 없다. 전부원가계산의 결함이란 고정비, 변동비 구분이 이루어지지 않으므로 원가의 변동상황을 탄력적으로 파악할 수 없을 뿐만 아니라 원가의 변동요인에 대한 책임의 소재는 정확히 파악할 수 없는 것이다. 이와 같은 결함은 표준원가계산을 변동원가방식에 결부시킴으로서 크게 시정되어지는 것이다. 즉 전부원가계산에 있어서는 제조간접비안에 변동비와 고정비의 원가요소가 혼합되어 있으므로 부문비의 분석에 있어서도 적절한 차이의 파악이 되지 않았는데 비하여 변동원가방식에 의하면 변동비와 고정비가 처음부터 명확하게 분류되어 있으므로 부문비계산이나 보조부문비의 제조부문에의 배부에 있어서도 이를 구분할 수가 있기 때문에 원가차이(cost variance)의 산출이 정확하게 파악할 수 있어 원가관리를 위한 보다 유리한 자료가 얻어질 수 있는 것이다. 요컨대 변동원가계산은 원가의 관리를 계층별 책임에 대한 원가통제를 가능하게 하는데 공헌할 수 있다고 하겠다.

3. 탄력적인 가격정책

제품의 판매가격을 결정하는 문제는 경영정책상 매우 중요한 문제이다.

시장가격이 외부사정에 의하여 결정되는 경우에도 생산자의 입장에서는 일단 원가에 의한 판매가격의 결정이 필요하게 된다. 그리고 이 경우 가장 문제가 되는 것은 제품의 판매가격결정에 있어서 생산 및 판매량과의 관계이다. 변동원가계산에 따르면 기간비용은 처음부터 별도로 파악되므로 생산량에 따라 고정비의 배부액이 좌우되는 것을 피할 수 있어 판매가격결정을 위해서는 가장 좋은 방법이라 할 수 있다. 즉 판매가격이란 경제불황 때에는 낮추어야 하고 경제호황시에 높여야 하는 것이 원칙인데, 전부원가계산에 의하면 전혀 반대의 계산이 산출되기 때문에 가격정책에 있어서 경직적이고 탄력성이 없다는 결점을 가지고 있다. 변동원가계산에서는 전부원가계산의 모순을 용이하게 시정할 수 있는 것이다. 왜냐하면 원가요소를 변동원가와 기간원가로 구분하여 판매가격과 원가 및 매출수량과의 관계를 비례적으로 밝힐 수 있기 때문이다. 또한 판매가격결정 문제는 불경기인 경우 공헌이익(contribution margin)을 최저한으로 하는 경우에 매우 유용하다. 즉 장기적으로 보면 제품의 판매가격은 전부원가를 회수할 수 있는 가격이라야 한다. 그렇지 않으면 기업의 성장 및 존속이 어렵기 때문이다.

판매가격은 시장의 수요와 공급의 관계에 의하여 객관적으로 결정되므로 기업들은 각자의 제품원가와 시장의 추이에 따라 종합적인 이익계획을 세우고 제품가격도 결정하게 된다. 이 경우 전부원가계산에서는 변동비와 고정비가 구분 계산되지 않음으로 적절한 가격정책을 수립하는데 유용한 자료를 제공할 수 없지만 변동원가계산에서는 변동비(제조원가)를 최저한으로 하는 탄력적인 가격정책을 수립하는데 필요한 자료를 얻을 수 있다.

4. 이익측정

변동원가계산은 전부원가계산에 비하여 이익의 측정을 용이하게 한다.

전부원가계산은 기간이익(period profit)의 측정을 할 때 원가요소를 제품별로 배부하고 또 제품에 판매된 기간의 비용과 대응시켜 이익을 산정하는데 비하여, 변동원가계산은 조업도(capacity of volume, rate of activity)의 변동에 따라서 변동하는 직접비와 제조간접비중 변동비만을 원가요소로 보아 산출하고 고정비는 생산설비의 유지를 위한 기간원가로 간주하여 손익계산에 포함시켜 계산함으로써 기간이익의 측정을 간단히 할 수 있고 제품별, 거래처별로 이익측정을 용이하게 한다.

제 3 절 변동원가계산과 전부원가계산의 비교

변동원가계산이 도입되기 이전의 원가계산은 전부원가계산에 의존하였다. 전부원가계산에서는 원가제요소를 재료비, 노무비, 경비로 구분하고 직접제조는 물론 제조간접비도 공정별로 배부하여 제조원가를 산출하였다.

그러나 변동원가계산은 전부원가계산과는 달리 원가요소를 직접재료비, 직접노무비, 직접경비 및 변동간접비로 구성된 변동비와 생산량의 증가와는 하등의 관계없이 발생하는 고정간접비로 구분하고 제품원가로서는 변동비만을 취급하고 고정간접비는 제품으로부터 제외하여 당해 기간의 비용 즉, 기간비용(period costs)으로 직접 손익계정에 대체하여 수익에 대응시킨다. 따라서 이 방법에 의하면 매출원가나 재고자산 가치는 변동비만을 평가하게 되고 재고자산 중에는 제조, 판매과정을 준비하기 위한 비용인 생산설비의 비용(임차료, 조세공과, 보험료, 유형자산의 감가상각비), 경영조직을 유지하기 위한 비용(공장에 있어서 임원의 급료), 경영자의 의사결정에 따라서 결정되는 비용(광고비, 시험연구비)과 같은 고정간접비는 이에 포함되지 않는다. 변동원가계산과 전부원가계산과의 차이점을 보면 다음과 같다.

1. 원가분류상의 차이

종래의 전부원가계산에서는 원가를 그 기능에 따라 재료비, 노무비, 경비, 판매비와 관리비 등과 같이 분류하였다. 그러나 변동원가계산에서는 원가행태에 따라서 모든 원가를 조업도에 따라 비례하여 변동하는 변동비의 일정 조업도의 범위 내에서는 고정되어 있는 고정비로 분류하고 있다. 즉 전부원가계산과 변동원가계산에서는 고정제조간접비를 제품원가(product cost)에 포함시키는 반면에 변동원가계산에서는 고정제조간접비를 기간원가(period cost)에 배부한다는 것이다.

2. 손익계산상의 대응표시의 차이

변동원가계산에 의한 손익계산서는 매출액에서 변동비만으로 구성된 매출원가를 차감하여 공헌이익을 구하고 이것을 기간원가인 고정원가를 차감하여 영업이익을 계산한다. 변동원가계산에서 공헌이익은 매출액에서 매출원가와 판매비와 관리비를 차감한 잔액으로 이것은 고정비를 회수하고 이익을 창출하는데 공헌하는 금액이다.

전부원가계산과 변동원가계산에 따른 손익계산서의 작성양식은 〈표 16-1〉과 같다.

〈표 16-1〉 손익계산서의 작성원칙

전부원가계산의 경우 I/S		변동원가계산의 경우 I/S	
Ⅰ. 매 출 액	××××	Ⅰ. 매출액	××××
Ⅱ. 매 출 원 가(-)	(×××)	Ⅱ. 변동비	
		1. 변 동 매 출 원 가	(×××)
		2. 변동판매비와관리비	(×××)
Ⅲ. 매 출 총 이 익	×××	Ⅲ. 공헌이익	×××
Ⅳ. 판매비와관리비	(×××)	Ⅳ. 고정비	
		1. 고정 제조간접비	(×××)
		2. 고정판매비와관리비	(×××)
Ⅴ. 영 업 이 익	×××	Ⅴ. 영업이익	×××

3. 재고자산 평가방법의 차이

전부원가계산에서는 재고자산인 재공품 및 제품의 원가에 직접재료비, 직접노무비 및 제조간접비가 포함되나 변동원가계산의 경우에는 제조간접비중 변동제조간접비만 재고자산원가에 집계되고 고정제조간접비는 재고자산원가에서 제외시켜 전액 당해기간의 비용으로 계상한다. 따라서 양 방법은 재고자산의 평가에 있어 고정제조간접비를 포함시키느냐의 여부에 따라 그 만큼 차이가 생기게 된다.

전부원가계산과 변동원가계산의 원가의 흐름도를 보면 〈표 16-2〉와 같다.

〈표 16-2〉 전부원가계산과 변동원가계산의 원가흐름도

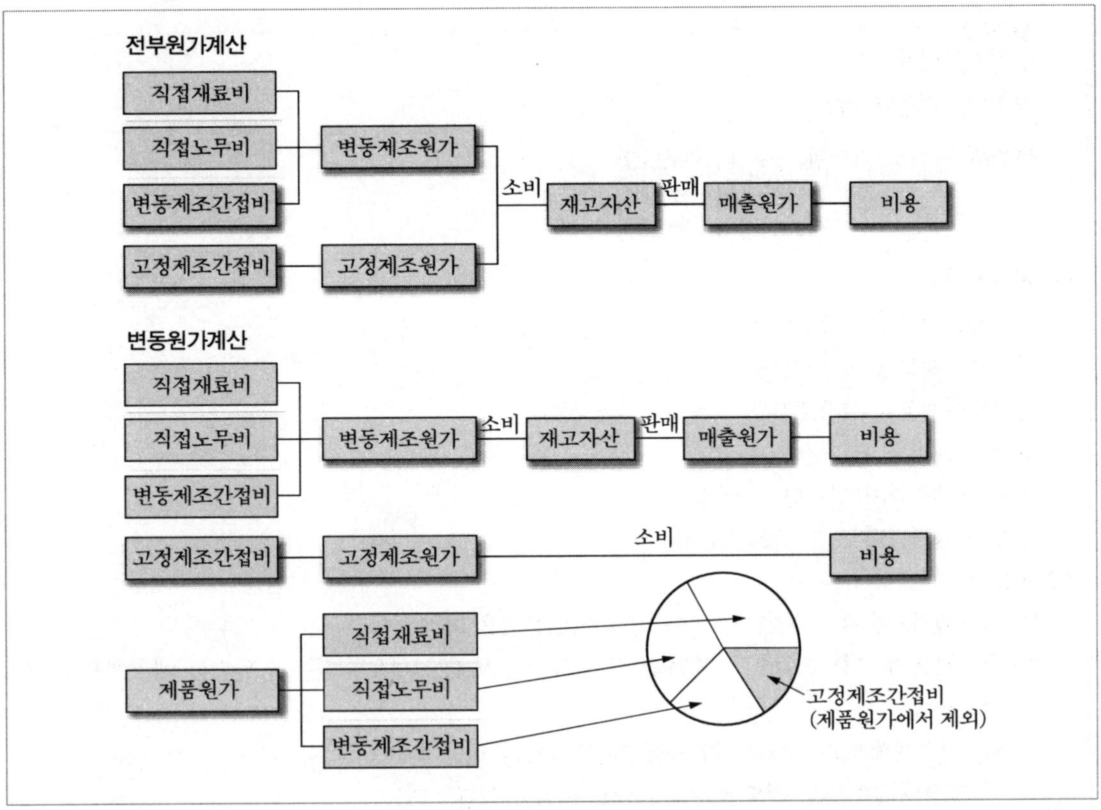

〈예제 16-1〉 다음 자료로 전부원가계산과 변동원가계산에 의한 손익을 비교하여라.

〈자료〉

① 당기제조원가

고정비 ₩6,300,000

변동비(단위당)
- 재 료 비 ₩2,100
- 노 무 비 ₩1,400
- 제조간접비 ₩1,050

② 재고자산

기초제품재고량 : 1,200개

당기제품재고량 : 6,000개

기말제품재고량 : 1,400개

③ 당기 판매비와 관리비

변동 판매관리비(단위당) ₩490

고정 판매관리비 ₩5,698,000

④ 계산조건

㉠ 전부원가계산과 변동원가계산에 의한 영업손익을 계산하여라

㉡ 원가계산에 의한 손익분기점(BEP)과 목표이익 ₩4,200,000을 얻는데 필요한 매출액을 얼마인가?

단, 기초제품재고(1,200개)의 제품단위당원가는 변동비 ₩3,150
고정비 ₩1,750 기중제품판매가격 ₩7,000 이다.

[해답] 1. 변동원가계산

① 기초제품 재고액 계산

1,200개× @₩3,150 = ₩3,780,000

② 변동제품 제조원가 계산

(₩2,100 + ₩1,400 + ₩1,050)×6,000개 = ₩27,300,000

③ 기말제품 재고액 계산

$$₩27{,}300{,}000 \times \frac{1{,}400개}{6{,}000개} = ₩6{,}370{,}000$$

④ 당기 변동비(판매관리비) 계산

₩490×5,800개 = ₩2,842,000

※ 당기판매량 : 1,200개 + 6,000개 - 1,400개 = 5,800개

⑤ 손익분기점(BEP) 계산

㉠ 손익분기점 매출액 = 고정비 ÷ (1 - $\frac{변동비}{매출액}$)의 산식에 의거

₩11,998,000 ÷ (1 - ₩27,552,000 ÷ ₩40,600,000) = ₩37,332,833

※ 변동비(₩27,552,000) = 매출액(₩40,600,000) - 공헌이익(₩13,048,000)

※ 고정비(₩11,998,000) = ₩6,300,000 + ₩3,458,000 + ₩2,240,000

㉡ 손익분기점 매출액 = 고정비 ÷ $\frac{\text{변동비}}{\text{매출액}}$ 의 산식에 의거

₩11,998,000 ÷ (₩13,048,000 ÷ ₩40,600,000) = ₩37,332,933

⑥ 목표이익 ₩4,200,000을 얻는데 필요한 매출액 계산 목표이익에 필요한

매출액 = (고정비 + 목표이익) ÷ $\frac{\text{공헌이익}}{\text{매출액}}$ 의 산식에 의거

(₩11,998,000 + ₩4,200,000) ÷ (₩13,048,000 ÷ ₩40,600,000)
= ₩50,401,502

변동원가계산에 의한 손익계산서

Ⅰ. 매출액		₩40,600,000
Ⅱ. 변동비		
1. 기초 제품 재고액	₩ 3,780,000	
2. 변동제품제조원가	27,300,000	
3. 기말 제품 재고액	6,370,000	
4. 변동 매 출 원 가	24,710,000	
5. 변동 판매 관리비	2,842,000	₩27,552,000
Ⅲ. 공헌이익		₩13,048,000
Ⅳ. 고 정 비		
1. 제 조 원 가	6,300,000	
2. 고정판매관리비	5,698,000	₩11,998,000
Ⅴ. 영업이익		₩ 1,050,000

2. 전부원가계산

1) 기초제품 재고액 계산

(₩3,150 + ₩1,750) × 1,200개 = ₩5,880,000

2) 당기제품 제조원가 계산

(₩2,100 + ₩1,400 + ₩1,050) = ₩4,550(변동비 단위당원가)

(@₩4,550 × 6,000개) + ₩6,300,000 = ₩33,600,000

3) 기말제품 재고액 계산

₩33,600,000× $\frac{1,400\text{개}}{6,000\text{개}}$ = ₩7,840,000

4) 당기 판매관리비 계산

(₩490×5,800개) + ₩3,458,000 = ₩6,300,000

※ 1,200개 + 6,000개 - 1,400개 = 5,800개 (당기판매량)

₩6,300,000 + ₩2,240,000 = ₩8,540,000

전부원가계산에 의한 손익계산서

Ⅰ. 매출액		₩40,600,000
Ⅱ. 매출원가		
1. 기초 제품 재고액	₩5,880,000	
2. 당기제품제조원가	33,600,000	₩39,480,000
3. 기말제품제조원가		₩ 7,840,000
Ⅲ. 매출총이익		₩31,640,000
Ⅳ. 판매비와관리비		8,540,000
Ⅴ. 영업이익		₩ 420,000

〈예제 16-2〉 다음은 (주)삼성제조의 제1손익 상황이다.

아래의 자료를 이용하여 전부원가계산과 변동원가계산에 의한 손익계산을 하여라.

〈자료〉

· 판 매 수 량	100,000개
· 제 조 수 량	150,000개
· 판 매 가 격	@₩ 200
· 단위당변동제조원가	₩75.80
· 제조간접비(고정비)	₩5,910,000
· 단위당의 고 정 비	₩39.40
· 판매비와 관 리 비	₩7,500,000

[해답]

변동원가계산에 의한 손익계산서

Ⅰ. 매출액		₩20,000,000
Ⅱ. 변동비		
1. 기초 제품 비용	₩11,370,000	
2. 기말제품재고액	3,790,000	₩ 7,580,000
Ⅲ. 공헌이익		₩12,420,000
Ⅳ. 고정비		
1. 제조간접비	5,910,000	
2. 판매비와관리비	7,500,000	₩13,410,000
Ⅴ. 당기순이익		△₩990,000

전부원가계산에 의한 손익계산서

Ⅰ. 매 출 액		₩20,000,000
Ⅱ. 매출원가		
1. 기초제품재고액	₩17,280,000	
2. 기말제품재고액	5,760,000	₩11,520,000
Ⅲ. 매출총이익		₩8,480,000
Ⅳ. 판매비와관리비		7,500,000
Ⅴ. 영업이익		₩980,000

※ 계산근거

1. 매 출 액 : @₩200 × 100,000 = ₩20,000,000
2. 당 기 제 조 비 용 : (150,000×75.8) + (150,000×39.4) = ₩17,280,000
3. 기 말 제 품 재고액 : (50,000×75.8) + (50,000×39.4) = ₩5,760,000
4. 당기변동제조원가 : 150,000 × 75.8 = ₩11,370,000
5. 고 정 제조 간접비 : 150,000 × 39.4 = ₩5,910,000

연 습 문 제

〈객관식〉

1. 변동원가계산에 대한 설명으로 옳은 것은?
   ① 직접재료비와 가공원가를 제품원가로 계산한다.
   ② 변동원가만을 제품원가로 계산한다.
   ③ 직접재료비와 직접노무비 등 직접원가를 제품원가로 계산한다.
   ④ 직접제조원가와 고정제조원가를 제품원가로 계산한다.

【해설】 변동원가계산(variable costing)은 변동제조원가만은 제조원가화하고 고정제조원가는 기간비용으로 처리하는 원가계산 방식이다.

2. 변동원가계산의 특징이라고 볼 수 없는 것은? **(세무사 기출제문제)**
   ① 모든 원가를 조업도와의 관계에서 변동비와 고정비로 분류하고 변동비만을 중점적으로 계산하다.
   ② 원가가치를 생산량에 두지 않고 판매량에 둔다.
   ③ 고정비는 기간원가로 하여 손익계산에 이관함으로써 공헌이익을 명확히 한다.
   ④ 단기적 원가계산에는 적합한 계산방법이라 할 수 없으며 장기적으로 볼 때 그 의미가 크다.

【해설】 변동원가계산은 단기적인 의사결정(특별주문 등)에 유용하며, 장기적으로 볼 때 전부원가계산과 별 차이가 없다.

3. 변동원가계산하에서 제품원가로 처리되는 원가는 어느 것인가? **(AICPA 기출제문제)**
   ① 직접원가에 한한다 ② 변동제조원가에 한한다.
   ③ 총 변동원가 ④ 총변동원가와 고정제조원가

【해설】 변동원가계산하에서 제품원가로 처리되는 원가는 직접재료비, 직접노무비 및 변동제조간접비 등 변동원가이다.

4. 변동원가계산과 전부원가계산의 근본적인 차이점은 무엇인가? **(KICPA 기출제문제)**
   ① 변동원가계산에 의한 이익이 항상 적다.
   ② 변동원가계산은 고정비를 기간원가로 간주하고, 전부원가계산은 고정비를 제품원가로 간주한다.
   ③ 변동원가계산은 표준원가를 사용할 수 없으나 전부원가계산에서는 사용할 수 있다.
   ④ 변동원가계산은 제품이 동종인 경우에만 사용할 수 있으나 전부원가계산은 어느 조건에서나 사용 가능하다.

【해설】 변동원가계산에서는 고정비를 기간비용으로 처리하지만 전부원가계산에서는 고정비가 제품원가에 포함된다.

5. 변동원가계산 방법이 사용될 대, 관련범위 내에서 생산수준이 증가하였다면? **(AICPA 기출제문제)**

① 단위당 고정비는 불변 ② 총고정비는 변동

③ 단위당 변동비는 불변 ④ 총변동비는 불변

【해설】 변동원가계산방법하에서는 관련범위 내에서 생산수준이 증가함에 따라 단위당 변동비는 불변이고 단위당 고정비는 감소한다.

6. 2008년 1월에 G회사는 다음과 같은 원가의 제품 F를 10,000개 생산하였다.

직 접 재 료 비	$ 40,000
직 접 노 무 비	22,000
변동제조간접비	13,000
고정제조간접비	10,000
	$ 85,000

변동원가계산방법을 적용하면, 2008년 1월에 생산된 G회사의 F제품 단가는 얼마인가?

(AICPA 기출제문제)

① $ 6.20 ② $ 7.20

③ $ 7.50 ④ $ 8.50

【해설】 변 동 비 : $40,000 + $22,000 + $13,000 = $75,000
제품단가 : $75,000 ÷ 10,000개 = $7.50

7. 변동원가계산에 의하여 손익계산서를 작성한다고 할 때 고정원가 ₩150, 변동원가 ₩300, 당기매출액 ₩400, 완성품량 30단위, 기말제품재고량 10단위이고 기초와 기말의 재공품은 없다고 가정하면 당기순이익은?

① ₩50 ② ₩100

③ ₩250 ④ ₩50

【해설】

$$₩400 - (₩300 \times \frac{20}{30} + ₩150) = \underline{₩50}$$

※ 문제8과 9는 아래의 자료와 관련되어 있다. 물음에 답하여라.

2008년 12월 31일로 마감되는 해에 있어서 P회사의 기록에 관한 자료는 다음과 같다.

〈자료〉

· 순매출액		$ 1,400,000
· 제조원가	변동비	$ 630,000
	고정비	$ 315,000
· 영업비용	변동비	$ 98,000
	고정비	$ 140,000
· 완 성 품 수 량		70,000개
· 매 출 수 량		60,000개
· 기초제품재고액		0

· 2008년 기초와 기말에 재공품은 없다.

(AICPA 기출제문제)

8. 변동원가계산에 의한 P회사의 2008년 12월 31일의 기말재고액은 얼마인가?

① $ 90,000 ② $ 104,000

③ $ 105,000 ④ $ 135,000

【해설】 $630,000(변동제조원가) ÷ $70,000(완성품수량) = $9(단위당 변동제조원가)
$9 × (70,000개 - 60,000개) = $90,000(기말재고액)

9. 전부원가계산에 의한 P회사의 2008년 동안의 영업이익은 얼마인가?

① $ 217,000 ② $ 307,000

③ $ 352,000 ④ $ 374,500

【해설】

Ⅰ. 매 출 액	$1,400,000
Ⅱ. 제조원가	
1. 제조비용(690,000+315,000)	$945,000
2. 기말재고(945,000÷70,000) × 10,000	$135,000
	$810,000
Ⅲ. 매출총이익	$590,000
Ⅳ. 영업비용(98,000+140,000)	$238,000
Ⅴ. 영업이익	$352,000

10. 다른 조건이 모두 같은 경우에 전부원가계산에 의한 영업이익이 변동원가계산에 의한 영업이익보다 큰 경우는?

① 기초재고량이 기말재고량보다 작은 경우
② 기초재고량이 기말재고량보다 큰 경우
③ 기초재고량이 기말재고량과 같은 경우
④ 판매량이 생산량보다 큰 경우
⑤ 전부원가계산의 영업이익은 항상 변동원가계산의 영업이익보다 크다.

【해설】

생산량과 판매량에 따라 기간비용화되는 고정제조간접원가액과 영업이익은 다르게 나타난다.

경　우	재고자산	기간비용화되는 고정제조간접원가	영업이익
생산량=판매량	기초재고량=기말재고량	전부원가계산=변동원가계산	전부원가계산=변동원가계산
생산량〉판매량	기초재고량〈기말재고량	전부원가계산〈변동원가계산	전부원가계산〉변동원가계산
생산량〈판매량	기초재고량〉기말재고량	전부원가계산〉변동원가계산	전부원가계산〈변동원가계산

해답 1. ② 2. ④ 3. ② 4. ② 5. ③ 6. ③ 7. ① 8. ① 9. ③ 10. ①

〈주관식〉

1. 전부원가계산과 변동원가계산의 차이점을 비교, 설명하여라.

2. 고정제조원가에 대한 회계처리에서 변동원가계산방법과 전부원가계산방법의 차이점은 무엇인가?

3. 전부원가계산방법과 변동원가계산방법에 의한 순이익은 어떻게 조정되는가?

4. 만일 변동원가계산과 전부원가계산에 의한 순이익의 차이가 있다면 다음 각 경우에 어떻게 나타나는가?
   1) 생산량 = 판매량
   2) 생산량 〉 판매량
   3) 생산량 〈 판매량

5. 변동원가계산을 찬성하는 이론적 근거와 반대하는 이론적 근거는 무엇인가?

6. 고정제조간접비의 실제발생액과 예산간에 차이가 발생하는 원인은 무엇인가?

7. 다음의 자료를 전부원가계산방식과 변동원가계산방식에 의한 손익계산서를 작성하고 양 방식에 의한 기간손익의 차이를 설명하라. **(KICPA 기출제문제)**

〈자료〉

· 판매수량	100,000개
· 제조수량	150,000개
· 판매가격	@₩ 200
· 단위당변동제조원가	₩75.80
· 제조간접비(고정비)	₩5,910,000
· 단위당의 고정비	₩39.40
· 판매비와 관리비	₩7,500,000

8. 다음은 실제원가계산제도를 이용하고 있는 (주)수원산업의 제품Y와 관련된 개업후 2년간의 영업자료이다.

(1)

원 가 항 목	제 1 기	제 2 기
생 산 수 량	1,400개	1,000개
매 출 수 량	1,000개	1,200개
변동제조원가	₩616,000	₩440,000
고정제조원가	616,000	616,000
변동 판매비	88,000	105,600
고정 판매비	450,000	450,000

(2) 재고자산의 평가는 선입선출법을 이용한다.

(3) 제품 Y의 단위당 판매가격은 ₩1,760이다.

〈물음〉

1. 전부원가계산에 의한 각 기의 손익계산서를 작성하시오
2. 변동원가계산에 의한 각 기의 손익계산서를 작성하시오
3. 두 원가계산방법에 의할 경우의 영업이익의 차이를 설명하시오

(박성배, 홍정화, 유희경, 『원가회계』, 박영사, p. 522, 1994)

9. 다음 자료로 전부원가계산법과 변동원가계산법을 이용하여 제품 단위당 제조원가와 당기순이익을 각각 산정하여라.

〈자료〉

1. 수 량
   - 기초제품재고 0 / 당기제품생산 6,000단위
   - 당기제품판매 5,000단위 / 기말제품재고 1,000단위
2. 변동제조원가(제품단위당)
   - 직접재료비 ₩2 / 직접노무비 ₩4
   - 변동제조간접비 ₩1
3. 고정제조간접비 연간총액 ₩30,000
4. 제품 단위당 판매가격 ₩20
5. 판매비와 관리비
   - 제품단위당 변동비 ₩3
   - 연간고정비총액 ₩10,000

(고덕필, 『원가회계』, 법문사, p. 455, 1995)

10. 배봉회사의 금년도 분기별 영업활동에 관한 자료는 다음과 같다. 변동원가계산방법과 전부원가계산방법을 이용하여 분기별 손익계산서를 작성하여라.

〈자료〉

	제 1 분기	제 2 분기	제 3 분기
· 판매량	6,000	6,000	6,000
· 생산량	6,000	6,800	5,200
· 기초제품재고량	0	0	0
· 기말제품재고량	0	800	0

· 판매가격 : 단위당 ₩4
· 제조원가 : 단위당 변동원가 ₩1, 고정원가 ₩4,000
· 판 매 비 : 단위당 변동원가 ₩0.4, 고정원가 ₩1,000
관 리 비 : 고정원가 ₩1,600

(심재석, 『현대원가회계』, 법문사, 1995, p. 479)

제 17 장

경영의사결정

제 1 절 경영의사결정의 의의
제 2 절 경영의사결정의 내용
제 3 절 경영의사결정의 여러 사례

제17장

경영의사결정

제 1 절 경영자의 경영의사결정

1. 의사결정의 의의

의사결정(decision making)이란 문제를 인식하고 그 문제를 해결할 해결방안을 나열한 후 각각의 대체안(alternatives)을 평가하여 목적(수익→최대, 비용→최소)에 가장 적합한 하나를 선택(choice)하는 일련의 과정이다.

선택에는 시기와 포기가 따른다. 선택은 결정의 시기가 있다. 시기를 놓치면 선택의 결과 목적을 달성하지 못한다. 또한 선택에는 반드시 포기를 동반한다. 하나의 선택은 동시에 백가지(100)의 포기를 의미한다. 인생살이 모든 과정이 선택이자 포기의 연속이다. 선택하는 것은 인간에게 주어진 거부할 수 없는 운명이다. 순간 순간 가벼운 선택에서부터 일생 일대의 중차대한 선택에 이르기까지, 인간은 태어나서 죽을 때까지 선택의 연장선에 놓여 있다. 잘된 선택은 만족을 주지만, 잘못된 선택은 후회를 낳는다. 순간의 선택이 평생을 좌우할 수도 있다고 하지 않는가. 그래서 일상생활의 선택, 기업 경영자의 선택, 어느 분야의 선택 문제는 아무리 강조하여도 지나치지 않다.

기업의 경영과정도 일련의 연속된 의사결정과정(decision making process)이라 볼 수 있다. 기업경영에 있어서 매일 또는 매주 전형적·일상적·반복적·경상적으로 일어나는 의사결정이 있는가 하면, 반면에 비전형적·비일상적·비반복적·비경상적으로 발생하는 문제이지만 기업의 존

폐에 직접관련된 중요한 의사결정이 있는 데, 이것을 경영의사결정(managerial decision making)이라고 한다. 예를 들어 구기계의 유지 또는 교체 의사결정, 특별주문의 거절 또는 수락 의사결정, 부품의 자작 또는 구입 의사결정, 여러 제품계열의 유지 또는 삭제 의사결정, 한정된 자원의 최적 이용 의사결정 등이 있다.

경영의사결정을 하는 최적 안은 궁극적으로 추구하는 목적을 가장 잘 실현하는 안이 되어야 하며, 구체적인 평가기준은 계량적기준(quantitative standards)과 질적기준(qualitative standards)이 있다. 현실적으로 대체안을 평가함에 있어서 계량적 요소(quantitative factors)는 단일화된 화폐가치의 측정치인 사체(surrogate)를 통해 체계적 기법을 이용할 수 있는 반면에 질적 요소(qualitative factors)는 기업의 환경에 따라 달라질 수밖에 없으므로 체계적인 분석기법을 이용할 수 없다. 따라서 본 장에서는 계량적 요소에 국한될 수밖에 없다. 그러나 질적 요소는 기업의 이익에 결정적으로 영향을 미치는 변수가 될 수 있으므로 최종 경영의사결정에서는 반드시 고려하여야 한다.

2. 경영의사결정과 관련원가

경영의사결정이란 원가를 예상(prediction)하는 행위이므로 원가의 움직임(cost behavior)과 그 유형을 바르게 이해하여야 한다. 원가의 유형은 일반적으로 3가지로 크게 구분된다. 첫째, 원가구성 3요소인 재료비, 노무비, 경비 둘째, 직접비, 간접비 셋째, 변동비, 고정비 등이 있다. 의사결정의 목적을 달성하기 위하여 가장 널리 이용되고 유용한 원가의 분류는 마지막 분류인 변동비(variable costs)와 고정비(fixed costs)이다.

변동비는 조업도의 변화에 따라 그 총액이 직접적으로 비례하여 변동(증감)하는 원가이고, 고정비는 조업도의 변화에 따라 관련 범위 내에서 그 총액이 일정(불변)한 원가이다. 원가의 움직임을 세부적으로 분류하면, 변동비는 진정한 변동비(true variable costs)인 직접재료비가 있고, 계단식 변동비(step variable costs)인 수선공의 임금으로 분류한다. 고정비는 확정적 고정비(committed fixed costs)인 공장, 설비기계, 경영자 임금이 있고, 임의적 고정비(discretionary fixed costs)인 광고선전비, 연구개발비, 연수비, 조사비로 분류한다. 마지막으로 준변동비(semi-variable costs)는 전기료, 난방비, 수선료, 전화료 및 유지비 등이 있다.

원가움직임인 변동비와 고정비의 원가자료를 통해 경영의사결정에 영향을 미칠 수 있는 원가를 관련원가(relevant costs)라고 한다. 반면에 의사결정에 전혀 도움이 되지 않는 원가를 비관련원가(irrelevant costs)라고 한다. 관련원가가 되기 위해서는 2가지 조건을 충족을 하여야 한다. 첫째,

미래원가(future costs)이어야 한다. 미래원가란 어떠한 행위가 이루어진다면 미래에 발생할 것으로 예측되는 원가로서 의사결정에 영향을 미치는 관련원가이다. 둘째, 차액원가(differential costs)이어야 한다. 차액원가란 대체안 간에 차액을 가져오는 원가로서 의사결정에 영향을 미치는 관련원가이다.

의사결정은 "상이한 목적을 위한 상이한 원가(different costs for different purposes)"의 개념하에 관련원가를 통한 경영의사결정과정은 다음과 같다.

첫째, 현재 고려 중인 각 대체안과 관련이 있는 모든 원가를 수집한다. 둘째, 의사결정에 도움이 없는 과거원가(매몰원가)를 제외한다. 셋째, 대체안간에 차액을 보이지 않는 미래원가를 제외한다. 넷째, 남은 원가인 미래원가와 차액원가만을 바탕으로 의사결정을 한다.

제 2 절 경영의사결정의 내용

경영자는 수많은 의사결정문제에 접하면서 의사결정을 단순화시키기 위하여 미래원가 이면서 차액원가인 관련원가를 이용한다. 그러나 의사결정과 관련이 없는 비관련원가를 포함함으로써 의사결정을 복잡하게 하거나 또는 왜곡하여 그릇된 의사결정을 하기도 한다. 따라서 경영자는 기본적인 원가 이외에 기록과는 무관한 원가지만 올바른 의사결정을 하기 위하여 흔히 쓰이는 중요한 원가의 이해가 요구된다. 기록과 무관한 원가로는 매몰원가, 기회원가, 통제가능원가와 통제불능원가, 회피가능원가와 회피불능원가, 한계원가(증분원가) 등이 있다.

1. 기회원가

기회원가(opportunity costs)는 실제로 지출되지는 않았지만 의사결정에 매우 중요하게 이용되는 개념이다. 이 원가는 대체적 대안의 한정된 자원에 적용되는 개념으로서, 여러 대체안 중 하나의 대체안을 선택함으로써 포기하게 되는 차선의 최적대체안을 선택하였다면 얻을 수 있는 수익 또는 원가이다. 즉 포기한 수익 또는 원가를 선택된 대체안의 기회원가라고 한다. 예를 들어 강의시간에 데이트를 하였다면, 비용은 데이트 비용 뿐만 아니라 포기한 대가인 F학점에 따른 시간비용 및 경제적 추가비용까지 포함을 하여야 한다. 이때 포기한 대가인 시간비용 및 경제적 추가비용을 화폐가치로 평가한 원가를 기회원가라고 한다.

2. 회피가능원가와 회피불능원가

회피가능원가(avoidable costs)는 경영자가 여러 대체안 중 한 대체안을 선택함으로써 부담하지 않는 원가로서 관련원가이다. 즉 다른 대체안을 선택함으로써 회피할 수 있는 원가를 회피가능원가라고 한다.

회피불능원가(unavoidable costs)는 경영자가 여러 대체안 중 어떠한 대체안을 선택하여도 부담하지 않으면 안될 원가로서 비관련원가이다. 즉 다른 대체안을 선택하여도 회피할 수 없는 원가를 회피불능원가라고 한다.

3. 통제가능원가와 통제불능원가

통제가능원가(controllable costs)는 경영자가 여러 대체안 중 한 대체안을 선택함으로써 부담할 수도 있고 부담하지 않을 수도 있는 통제가능한 원가이다. 통제가능원가는 경영자의 통제능력에 따른 권한이 부여되는 반면에 책임이 수반되는 원가이다.

통제불능원가(uncontrollable costs)는 경영자가 여러 대체안 중 어떠한 대체안을 선택하여도 부담하지 않으면 안될 원가로서 통제불능한 원가이다. 통제불능원가는 경영자의 통제능력과는 무관하게 부담하지 않으면 안될 원가로서 책임이 수반되지 않는 원가이다.

4. 한계원가

경제학 용어인 한계원가(marginal costs)는 한 단위를 추가 생산함으로써 추가되는 원가로서 회계학 용어로 증분원가(incremental costs)라고도 한다. 증분원가는 한 단위를 추가생산함으로써 추가되는 추가 변동비 더하기 추가 고정비이다. 즉 증분원가는 단위당 변동비에 추가 생산단위수를 곱한 것(추가 변동비)에 추가 단위를 생산하기 위하여 추가되어지지 않으면 안 되는 고정비(추가 고정비)를 더한 것과 같다.

5. 매몰원가

매몰원가(sunk costs)는 현재나 미래의 행동에 의해 변경될 수 없고 현금의 지출 또는 부채의 발생이 이미 이루어진 과거원가(past costs)로서 각 대체안간에 차이를 보이지 않아 의사결정과 관련이 없는 비관련원가이다. 예를 들어 시설교체에 따른 구기계감가상각 의사결정에서 부당하게 중시되는 미감가상각 잔액인 장부가액은 과거에 지출이 이미 완료된 원가로서 매몰원가이다. 경영자는 더 나은 대체안으로써 신기계로 교체가 확인되더라도 구기계 자산처분을 기각함으로써 과거의 의사결정을 정당화하려는 경향이 있다. 과거에 지출된 장부가액인 과거원가를 고려한 의사결정은 그릇된 의사결정(incorrect decision making)을 할 수 있으므로 매몰원가는 무시하고 의사결정을 함으로써 올바른 의사결정(correct decision making)을 할 수 있다.

제 3 절 경영의사결정의 여러 사례

1. 구기계의 유지 또는 교체 의사결정

의사결정을 행함에 있어 매몰원가는 의사결정과 아무런 관련이 없는 사실을 명확히 이해하기란 매우 어렵다. 전형적인 사례로서 구기계의 장부가치인 매몰원가가 의사결정에 어떻게 작용하는가를 살펴보고자 한다. 의사결정에 전혀 도움이 되지 않는 비관련원가인 매몰원가를 의사결정에 감안함으로써 그릇된 의사결정에 이르게 한다. 따라서 매몰원가를 의사결정에서 배제함으로써 올바른 의사결정을 할 수 있다.

〈예제 17-1〉 (주)옥구건설은 구기계를 이용하여 주된 영업대상인 제품을 생산한다. 경영자는 생산성이 떨어진 구기계를 신기계로 대체함으로써 생산성 제고에 따른 원가절감을 꾀하고자 한다. 경영자는 우선 회계부서에 원가에 관한 정보를 정확히 분석하여 보고하도록 하여, 다음과 같은 자료를 받았다. 구기계를 계속유지 하여야 하는가? 아니면 신기계로 교체하여야 하는가? 아래 자료를 이용하여 의사결정하여라.

구 분	구 기 계	신 기 계
취 득 원 가	100,000원	80,000원
내 용 연 수	10년	4년
잔 존 연 수	4년	4년
충당금누적액	60,000원	0원
장 부 가 액	40,000원	미계산
연간 운영비	80,000원	50,000원
처 분 가 액	20,000원	미계산
연간 매출액	500,000원	500,000원

구기계를 처분하고 신기계를 구입하면 대부분 경영자는 20,000원의 처분손실(40,000원 – 20,000원)이 발생한다고 생각한다. 신기계가 구기계보다 훨씬 능률적이고 효율적인 것이라 할지라도, 이미 과거에 발생한 구기계 투자액에 연연하여 구기계를 계속 사용할 수밖에 없다고 경영자는 그릇된 의사결정을 하는 경우를 종종 볼 수 있다. 구기계의 투자액은 분명히 매몰원가로서 의사결정에 전혀 도움이 되지 않는 비관련원가이다. 따라서 구기계의 장부가액은 신기계의 구입을 위한 의사결정과는 관련이 없으므로 배제함으로써 올바른 의사결정을 할 수 있다. 4년간의 차액분석 또는 증분분석을 통해 살펴보면 다음과 같다.

4년간 차액분석 또는 증분분석

구 분	구기계 유지	신기계로 대체	차액원가	비 고
매 출 액	2,000,000원	2,000,000원	-	비관련원가
변 동 비	(320,000원)	(200,000원)	120,000원	관련원가
구기계 감가상각비*	(40,000원)	(40,000원)	-	비관련원가
구기계 처분가액	-	20,000원	20,000원	관련원가
신기계 감가상각비	-	(80,000원)	(80,000원)	관련원가
4년간 총이익	1,640,000원	1,700,000원	60,000원	신기계 유리

*구기계 감가상각비 유지 40,000원은 매년 4년동안 각 10,000원씩 분할상각하여 계산되었고, 대체 40,000원은 대체 연도에 일시상각하여 계산된 금액으로 과거에 발생한 원가로서 대체안간에 차액을 보이지 않는 비관련원가로서 매몰원가임을 나타냄.

[구기계의 유지 또는 교체의사결정에 따른 타당성평가]

차액분석의 결과 구기계를 신기계로 교체함으로써 ₩60,000이 유리하였음을 알 수 있다. 차액분석중 구기계 장부가액 ₩40,000은 대체안 간에 아무런 차액을 보이지 않아 비관련원가로서 매몰원가임을 보이고 있다. 여기에서 장부가액은 과거에 이미 지출이 끝난 과거원가로서 매몰원가이므로 구기계를 계속사용하든 매각하든 간에 회사가 그 비용을 부담하지 않으면 안 된다.

감가상각비는 전형적인 매몰원가이다. 그러나 무조건 감가상각비라고 매몰원가는 아니다. 즉 구기계 감가상각비 ₩40,000은 각 대체안간에 차액을 보이지 않는 과거에 이미 지출이 끝난 과거원가로서 매몰원가이지만, 신기계 감가상각비 ₩80,000은 대체안간에 차이를 보이는 원가이고 현재 구기계를 대체한다면 발생할 미래원가로서 관련원가이다.

따라서 관련원가와 비관련원가의 기준은 첫째, 미래원가이어야 한다. 둘째, 대체안간에 차액을 가져다주는 원가이어야 한다. 두 가지를 모두 충족할 경우 관련원가라 하고, 두 가지 중 한 가지라도 충족되지 않으면 비관련원가라 한다. 의사결정을 할 때, 비관련원가를 의사결정에 개입시키면 혼동과 그릇된 의사결정을 할 수 있기 때문에 관련원가만을 가지고 의사결정을 함으로써 올바른 의사결정을 할 수 있다.

관련원가를 통한 차액분석

신기계 변동비 절감액(30,000*×4년간)	₩120,000
신기계 취득원가	(80,000)
구기계 처분가액	20,000
구기계를 신기계로 교체시 순유리액	₩60,000

* 연간 구기계운영비 ₩80,000 - 연간 신기계운영비 ₩50,000 = ₩30,000

2. 특별주문의 기각 또는 수락 의사결정

기업은 흔히 정상 판매가격보다 낮은 가격으로 판매되어지는 특별한 주문의 거절 또는 수락 의사결정을 하여야만 하는 경우가 있다. 이러한 경우에 공헌이익은 분명히 고려되어야 할 매우 중요한 관련요소가 될 것이다. 아무리 적은 금액이라도 어느 정도 공헌이익이 있으면 특별주문을 수락하는 것이 좋으며, 아무런 공헌이익이 없으면 거절하여야 할 것이다.

그러나 특별주문을 수락하기 전에 반드시 고려해야 할 중요한 사항이 몇 가지 있다. 첫째, 기존의 시설능력으로 처리가능한가? 아니면 추가설비가 공헌이익의 한도를 초과하는가? 둘째, 기존 시장의 가격정책에 아무런 영향을 주지 않는가? 셋째, 유휴설비를 이용해서 얻을 수 있는 기회비용과 공헌이익의 크기는 어떠한가? 이러한 몇 가지 사항을 고려한 후 특별주문이 비록 정상가격보다 낮은 가격이지만 신중하게 주문의 수락을 고려할 수 있을 것이다.

〈예제 17-2〉 A회사는 평소에 월 11,000개의 제품을 생산하여 단위당 ₩20에 판매를 하고 있으나, 다음 달은 국내 경기불황으로 예상판매량이 10,000개로 예측되고 있다. 이때 해외시장에서 1,000개를 단위당 ₩13로 구입하겠다는 주문을 받았다. A사는 정상가격보다 낮은 가격의 특별주문에 대해 수락 여부 의사결정을 위해 회계부서에 정확한 원가자료를 요청하여 다음과 같은 두 가지 손익계산서 자료를 받았다.

전통적 손익계산서		공헌이익법 손익계산서	
매출액	₩200,000	매출액	₩200,000
매출원가	150,000	변동비:	
		제조원가	120,000
매출총이익	50,000	공헌이익(이익률)	₩80,000(0.4)
판매비와 관리비	40,000	고정비:	
		제조원가	30,000
		판매비와 관리비	40,000
영 업 이 익	₩10,000	영 업 이 익	₩10,000

전통적 손익계산서에 의하면 단위당 매출원가는 ₩15(150,000÷10,000개)이다. 공헌이익법 손익계산서에 의하면 단위당 변동비는 ₩12(₩120,000÷10,000개)이고, 단위당 판매가격은 ₩20(₩200,000÷10,000개)이다. 이때 해외에서 단위당 ₩13에 주문을 했을 경우 전통적 손익계산서의 단위당 매출원가인 ₩15보다 낮으므로 특별주문을 거절하여 그릇된 의사결정을 하게 된다.

그러나 1,000개를 추가생산할 수 있는 유휴설비가 있으므로 추가고정비가 필요 없고, 해외 시장의 주문으로 기존시장에 영향을 주지 않는다면, 세부적인 원가정보인 공헌이익법 손익계산서 단위당 변동비 ₩12와 주문가격 ₩13과 비교됨으로써 올바른 의사결정을 할 수 있다. 공헌이익법 손익계산서의 원가자료를 통한 대체안간의 차액분석을 하면 다음과 같다.

특별주문의 기각 또는 수락 차액분석

구 분	특별주문 기각	특별주문 수락	차액원가	비 고
매 출 액	₩200,000	₩213,000	₩13,000	관련원가
변 동 비:				
제 조 원 가	120,000	132,000	12,000	관련원가
공 헌 이 익	₩80,000	₩81,000	₩1,000	-
고 정 비:				
제 조 원 가	30,000	30,000	-	비관련원가
판매비와 관리비	40,000	40,000	-	비관련원가
영 업 이 익	₩10,000	₩11,000	₩1,000	주문수락이 유리

차액분석에 의하면 특별주문 가격(₩13)이 비록 정상가격(₩20)보다 낮지만, 특별주문을 수락하면 이익이 ₩1,000만큼 증가한다. 위 차액분석에서 대체안간에 차액이 발생하여 의사결정에 도

움이 되는 관련원가로서 특별주문 매출액, 변동 제조원가는 관련 원가정보이고, 대체안간에 차액이 발생하지 않아 의사결정에 도움이 되지 않는 비관련원가로서 고정비의 제조원가, 판매비와 관리비는 비관련 원가정보이다.

[특별주문의 기각 또는 수락의사결정에 따른 타당성 평가]

10,000개를 생산하고 남는 유휴시설에 대한 다른 더 나은 대체적 사용대안이 없고, 특별주문이 가격차별정책으로 기존시장에 악영향을 주지 않는다면, 이 특별주문은 조심스럽게 수락(accept)하는 것이 유리하다.

만일, 1,000개를 생산할 수 있는 유휴공간에 대체적 사용으로 인한 기회원가가 ₩1,000 이상으로 기대된다면 특별주문을 기각(reject)하고 대체적 사용을 적극 고려해야 할 것이다.

3. 부품의 기업내부의 자가 생산 또는 외부구입 의사결정

가공부품을 기업내부에서 자가생산할 것인가 또는 기업외부의 공급자로부터 구입할 것인가를 결정을 하는 것은 경영자로서 매우 중요한 의사결정이다. 이것을 자가생산 또는 구입 의사결정(make or buy decision making)이라고 한다.

기업이 부품을 자가생산함으로써 이로운 점은 첫째, 부품의 질을 통제할 수 있다. 둘째, 일정 수량이상 수요가 있을 경우 원가를 절감할 수 있다. 또한 기업이 부품을 외부에서 구입함으로써 이로운 점은 첫째, 공급자들과 장기적 신뢰관계가 돈독할 경우 수요량에 탄력을 기할 수 있다. 둘째, 고정설비의 과다투입에 따른 생산기술의 갑작스런 변화에 탄력적으로 대처할 수 있다. 자가생산과 구입에는 서로 장 · 단점이 있기 때문에 더욱 의사결정하기가 어렵다. 따라서 경영자는 자가생산원가와 구입원가를 비교함으로써 보다 확신있는 의사결정을 할 수 있다.

〈예제 17-3〉 A회사는 어떤 제품을 생산 · 판매하는 회사이다. 현재 공장시설의 70%를 가동하고 있고, 앞으로도 당분간 이 공장가동률을 유지할 것으로 예상하여 미사용 유휴시설 30%를 최대한 활용하고자 한다. 현재 외부에서 단위당 원가 10,000단위를 ₩20으로 구입하고 있는 제품을 자가생산하려고 한다. 단, 30% 유휴시설을 최대로 이용하면 10,000단위를 생산할 수 있다. 10,000단위를 생산하는 원가자료는 다음과 같다.

구 분	단위당 원가	10,000단위
직 접 재 료 비	₩5	₩50,000
직 접 노 무 비	7	70,000
변동 제조 원가	3	30,000
고정 제조 원가 :		
회피 가능 원가	2	20,000
회 피 불 능 원 가	5	50,000
단위당 제조원가	₩22	₩220,000

자가생산의 경우 단위당 제조원가가 ₩22이고 구입가격은 ₩20로 구입가격이 자가생산보다 유리하므로 외부에서 구입한다는 그릇된 의사결정을 할 수 있다. 그러나 자가생산의 경우 단위당 제조원가 ₩22에서 자가생산을 하든 구입을 하든 회피불능원가인 비관련원가 ₩5를 배제하면 ₩17이고, 구입가격은 ₩20로 자가생산이 구입가격보다 유리하므로 외부로부터 부품을 구입하는 것보다도 자가생산함으로써 올바른 의사결정이 될 것이다.

직접재료비, 직접노무비, 변동간접비 대체안간에 차이를 보이는 회피가능원가이면서 의사결정에 도움이 되는 관련원가이다. 또한 고정비의 회피가능원가도 대체안간에 차이는 보이는 차액원가이다. 그러나 고정비의 회피불능원가는 대체안간에 차이를 전혀 보이지 않는 원가로서 의사결정에 도움이 전혀 안되는 비관련원가이다. A회사의 차액원가분석은 다음과 같다.

자가생산 또는 외부구입 차액분석

구 분	단위당 원가		10,000단위		비 고
	자가생산	외부구입	자가생산	외부구입	
구 입 가 격	-	₩20	-	₩200,000	관련원가
직 접 재 료 비	₩5	-	₩50,000	-	관련원가
직 접 노 무 비	7	-	70,000	-	관련원가
변 동 간 접 비	3	-	30,000	-	관련원가
회 피 가 능 원 가	2	-	20,000	-	관련원가
회 피 불 능 원 가	5	5	50,000	50,000	비관련원가
단위당 제조원가	₩22	₩25	₩220,000	₩250,000	자가생산이 유리
자가생산시 유리한 차액	₩3		₩30,000		

[부품의 기업내부의 자가생산 또는 외부구입 의사결정에 따른 타당성 평가]

위의 차액분석결과 A회사는 외부구입을 중단하고 유휴설비를 이용하여 부품을 자가생산하는 것이 ₩30,000(₩3×10,000단위) 회사에 유리할 것이다. 또한 각 대체안간에 차이를 전혀 보이지 않는 비관련원가인 회피불능원가는 의사결정에서 배제한 후, 관련원가만 가지고 의사결정을 하여도 그 선택 결과는 변하지 않는다.

특히 A회사는 자가생산을 선택할 경우 생산설비의 유휴문제를 조심스럽게 살펴볼 필요가 있다. 만일 10,000단위를 자가생산할 유휴공간에 대체적 사용용도가 없다면, 위에서 의사결정한 것처럼 구입을 하는 것보다 자가생산을 선택하게 될 것이다. 그러나 자가생산의 유휴공간에 대체적 사용용도가 가능한 경우 A회사 경영자는 외부구입을 보다 조심스럽게 고려할 수 있다.

예를 들어 유휴공간을 이용하여 연간 ₩50,000을 가져다주는 대체용도에 쓰일 수 있다고 가정하여 보자. 즉 A회사는 자가생산을 할 경우 ₩220,000에다 ₩50,000을 더한 ₩270,000과 구입시의 ₩250,000을 비교하여 보면 오히려 부품을 자가생산하는 것보다도 구입할 경우에 ₩20,000만큼 유리한 차액을 보인다. 이때 차선의 대체용도에 이용할 경우 ₩50,0000은 기회원가가 된다. 기회원가는 앞에서 개념을 살펴보았듯이 기록과 무관한 원가로서 실제 금전지출이 발생한 원가가 아니라, 선택 대안이외에 차선의 대체안을 포기한 경제적 효익을 화폐가치로 평가한 측정치이다.

4. 제품계열의 유지 또는 삭제 의사결정

한 기업에서 여러 제품을 생산·판매하는 기업 경영자는 최적의 이익을 얻기 위하여 제품계열의 배합(sales mix)문제에 놓이게 된다. 새로운 제품과 관련된 수익 또는 원가를 통해 주의깊게 차액분석하여 이익이 확실히 보장될 경우 기존 제품계열에 새로운 제품을 추가생산하게 될 것이다. 반면에 기존 제품계열중 소비자 선호가 변하였거나, 기술개발의 낙후로 경쟁력을 잃어 이익을 실현하지 못하는 제품계열은 삭제되어야 할 것이다.

〈예제 17-4〉 제품계열의 유지 또는 삭제의 경우를 보다 쉽게 이해하기 위하여 甲회사의 사례를 들어보자. 甲회사는 A제품, B제품, C제품 등의 세 가지 제품계열을 생산·판매하고 있다. 다음은 세 가지 제품계열의 3년간 甲회사의 제품계열별 공헌이익법 손익계산서이다.

제품계열별 공헌이익법 손익계산서

구 분	합 계	A제품계열	B제품계열	C제품계열
매 출 액	₩2,400	₩1,000	₩900	₩500
변 동 비:				
제조원가	1,730	800	630	300
공 헌 이 익	₩670	₩200	₩270	₩200
고정비:				
회피가능원가	₩340	₩150	₩100	₩90
회피불능원가	280	80	120	80
총 고정비	₩620	₩230	₩220	₩170
영업이익(손실)	₩50	(₩30)	₩50	₩30

위의 제품계열별 3년간 평균 공헌이익법 손익계산서를 살펴보면, 세 가지 제품계열중 3년간 평균 영업손실 ₩30을 나타내는 A제품계열을 삭제하는 것이 전사의 이익을 ₩80로 개선할 수 있다고 판단하여 사장은 회계부장에게 영업손실 A제품계열의 유지 또는 삭제문제를 신중히 검토·보고하도록 하였다.

원가에 대한 검토 결과 변동비인 제조원가는 모두 회피가능하나, 고정비는 일부만 회피가능하였다. 즉 A제품계열에서 회피불능원가인 ₩80은 A제품을 유지하든 삭제하든 감수하지 않으면 안될 비용으로 대체안간에 차액을 보이지 않는 비관련원가로서 의사결정에서 배제되어야 올바른 의사결정을 할 수 있다. 따라서 A제품계열을 유지함으로써 공헌이익 ₩200중 삭제함으로써 회피할 수 있는 ₩150을 차감하여도 회피불능고정비에 대한 단위당 공헌이익을 ₩50씩 기여를 한다는 점을 고려하여 의사결정을 하여야 한다. 이러한 점을 고려한 세부적인 차액분석은 다음과 같다.

공헌이익법 손익계산서 차액분석

구 분	제품 모두 유지	A제품 삭제	차 액	비 고
매출액	₩2,400	₩1,400	₩1,000	관련원가
변동비:				
제조원가	1,730	930	(800)	관련원가
공헌이익	₩670	₩470	₩200	-
고정비:				
회피가능원가	₩340	₩190	(₩150)	관련원가
회피불능원가	280	280	-	비관련원가
총 고정비	₩620	₩470	(₩150)	-
영업이익	₩50	₩0	₩50	유지 유리

[제품계열의 유지 또는 삭제에 따른 타당성 평가]

분석결과 만일 A제품계열을 삭제하면 현재의 전사적 순이익 ₩50은 ₩50만큼 감소하여 ₩0가 된다. 왜냐하면 나머지 B, C제품계열의 공헌이익(₩470)이 당해 부문의 고정비(₩390)는 물론 A제품계열을 삭제하더라도 부담하지 않으면 안될 회피불능고정비(₩80)까지 포함하기 때문에 공헌이익 ₩470에서 총 고정비 ₩470을 차감함으로써 영업이익은 ₩0이다. 따라서 유지를 할 경우 ₩50의 영업이익을 얻고, 삭제를 할 경우 ₩0의 영업이익으로 A제품을 기존대로 유지하는 것이 삭제하는 것보다 더 유리하다고 보고하였다.

한편, 위 의사결정을 보다 치밀하게 다루고자 한다면, A제품계열을 삭제하여 그 공간의 대체적 사용을 고려한 기회원가개념의 적용과 다른 B, C제품계열 확장에 따른 타제품의 매출량에 미치는 영향을 고려하면 의사결정에서 다른 선택결과를 가져올 수도 있다.

〈예제 17-5〉 이번에는 A제품계열을 삭제하여 그 유휴공간에 B제품계열을 확장하고자 한다. 사장은 회계부장에게 영업손실을 나타내는 A제품계열을 삭제한 후 B제품계열 아래와 같은 조건으로 확장하는 문제를 신중히 검토·보고하도록 하였다. 다음은 A제품계열을 삭제하여 B제품계열을 확장하는 데 따른 조건이다.

〈B제품 계열을 확장하는 조건〉

첫째, B제품계열의 매출액을 ₩500만큼 증가시킬 수 있다.
둘째, 회피가능고정비로서 추가고정비가 ₩70 발생한다.
셋째, B제품계열의 확장에 따른 공헌이익률은 30%이다.

3년간 평균 제품계열별 공헌이익법 손익계산서 원가자료와 B제품계열의 확장조건을 바탕으로 차액분석을 하면 다음과 같다.

공헌이익법 손익계산서 차액분석

구 분	유 지	삭 제	B제품확장	C제품	차 액
매 출 액	₩2,400	₩1,900	₩900+₩500=₩1,400	₩500	₩500
변 동 비:					
제조원가	1,730	1,280	630+350=980	300	350
공헌이익	₩670	₩620	₩420	₩200	₩150
고 정 비:					
회피가능원가	₩340	₩260	₩100+₩70=₩170	₩90	₩70
회피불능원가	280	280	80+120=200	80	-
총 고정비	₩620	₩540	₩370	₩170	₩70
영업이익	₩50	₩80	₩50	₩30	₩80

영업손실을 가져오는 A제품계열을 삭제하여 B제품계열을 확장했을 때 차액분석을 보면, A, B, C제품계열 모두 유지할 경우 ₩50의 영업이익을 얻을 수 있으나, A제품계열을 삭제하고 B제품계열을 확장하여 B, C제품계열만 생산할 경우 ₩80의 영업이익을 얻을 수 있다. 따라서 A제품계열을 삭제한 후 B제품계열을 확장하여 B, C제품계열만을 생산하는 것이 A, B, C제품계열 모두를 유지하는 것보다 더 유리하다고 보고하였다.

5. 제약자원의 최적 이용 의사결정

기업은 생산요소를 항상 유한하게 보유하고 있다. 예를 들어 생산요소인 자본, 노동, 토지의 범주에 해당하는 자본, 진열·배치공간, 창고공간, 배달능력, 기계작업시간, 노동시간, 원재료 등 어느 자원 하나도 제한되지 않은 것이 없다. 이른바 제약자원을 어떻게 하면 효율적으로 사용하여 기업의 목적을 효과적으로 달성할 것인가는 경영자가 흔히 접하는 매우 어렵고 까다로운 문제임에 틀림없다.

〈예제 17-6〉 생산요소로서 자원이 한정되었을 경우 자원의 효율적 이용을 위한 의사결정을 보다 쉽게 이해하기 위하여 호원회사의 제약조건과 원가자료를 통한 자원의 최적 이용방안을 살펴보고자 한다. 호원회사는 10,000kg뿐인 원재료를 사용하여 아래 A제품과 B제품을 생산·판매하려 한다. 사장은 어느 제품을 생산·판매하는 것이 기업에 이익을 더욱 많이 가져다줄 수 있는가 회계부장에게 검토·보고하도록 하였다.

구 분	A제품	B제품
매 출 액	₩2,000	₩1,200
변 동 비: 제 조 원 가	₩800	₩400
공 헌 이 익	₩1,200	₩800
제약자원의 원재료소요량	4kg	2kg

제약자원을 고려하지 않으면 모든 면에서 A제품의 공헌이익이 ₩1,200이고, B제품의 공헌이익이 ₩800로 A제품이 유리한 것 같다. 즉 A제품은 B제품에 비하여 높은 매출액과 높은 공헌이익을 갖기 때문에 A제품이 유리하다고 판단할 수도 있을 것이다. 그러나 제약자원으로 원재료가 한정되었다면 어느 제품을 만드는 것이 유리한가를 평가하기란 단순한 문제가 아니다.

A제품을 생산할 경우 4kg의 원재료를 사용하기 때문에 1kg당 ₩300의 공헌이익을 얻을 수 있고, B제품을 생산할 경우 2kg의 원재료를 사용하기 때문에 1kg당 ₩400의 공헌이익을 얻을 수 있다. 제약자원 단위당 공헌이익이 A제품은 ₩300이고, B제품은 ₩400이므로 회계부장은 A제품보다 B제품이 기업에 이익을 더욱 많이 가져다 줄 수 있다고 보고하였다. 따라서 자원이 한정될 경우 경영자는 공헌이익의 크기가 아니라 "제약자원의 단위당 공헌이익의 크기"로 의사결정을 하여야 올바른 의사결정을 할 수 있다.

[제약자원의 최적이용시 의사결정에 따른 타당성 평가]

제약자원 10,000kg을 모두 소요할 때, A제품의 제약자원의 단위당 공헌이익에 제약자원 가용 원재료를 곱하여 계산하면 ₩3,000,000의 공헌이익을 보인다.(₩300×10,000kg=₩3,000,000) B제품의 제약자원의 단위당 공헌이익에 제약자원 가용 원재료를 곱하여 계산하면 ₩4,000,000의 공헌이익을 보인다.(₩400×10,000kg=₩4,000,000) 따라서 A제품보다도 B제품을 생산하여 판매하는 것이 ₩1,000,000가 유리함을 알 수 있다. 그러므로 「희소자원에 따른 제약자원이 있을 경우 경영자는 공헌이익의 크기가 아니라 "제약자원의 단위당 공헌이익의 크기"로 의사결정을 하지 않으면 안 된다.」

위의 〈예제 17-6〉은 제약자원이 하나인 경우의 의사결정문제이다. 그러나 현실적으로 대부분은 두 가지 이상의 제약자원이 동시에 고려되어야 하므로 의사결정문제는 더욱 복잡하게 된다. 이러한 복수의 제약자원 최적 이용 의사결정은 의사결정변수, 목적함수, 제약조건식을 토대로 최적의 해를 구할 수 있는 선형계획법(linear programming)을 이용하면 쉽게 해결할 수 있다.

연습문제

〈객관식〉

1. 구기계를 대치하기 위해서 두 가지 신기계중 어느 하나를 구입할 것인가를 결정함에 있어서 K사의 경영자는 다음 중 어느 것을 목적적합한 원가로 고려해야 할 것인가?

(공인감정사 기출제문제)

① 구기계와 관련된 역사적원가
② 고정비가 아닌 변동비로 분류될 미래원가
③ 두 가지 기계 구입안에서 차이 있게 될 미래 원가
④ 변동비가 아닌 고정비로 분류될 미래원가

2. 양자택일의 의사결정에 있어 그 중 어느 하나를 채택하고 다른 하나를 포기하는 경우, 포기함으로써 잃어버리는 이익의 견적액은?

① 견적원가　　② 기회원가
③ 미래원가　　④ 매몰원가

【해설】 기회원가(opportunity cost)란 제한되어 있는 자원을 특정 목적을 위해 사용함으로써 상실된 최대공헌액을 말한다.

3. 매몰원가(sunk cost)에 관한 설명으로 옳지 않은 것은? (세무사 기출제문제)

① 매몰원가는 현 설비를 새로운 설비로 교체할 때 용도가 폐지되는 현 설비의 미 상각잔액을 말한다.
② 매몰원가는 설비계획을 위한 특수 원가조사에서 주로 이용된다.
③ 다른 조건이 동일한 경우는 매몰원가가 적은 설비교체방안을 선택하여야 한다.
④ 매몰원가는 당해 설비를 사용할 기간이 짧을수록 적다.

4. 과거에 투자한 실제원가를 어떠한 특수사정에 직면하여 회수할 수 없는 과거원가는 무엇이라고 하는가?

① 연기가능원가　　② 매몰원가
③ 현금지출원가　　④ 기회원가

5. 어떤 계획을 실행하는 데 추가로 부담되는 자금을 알아보기 위한 원가조사에 이용되는 원가개념은?

① 현금지출원가　　② 매몰원가
③ 기회원가　　④ 연기가능원가

【해설】 현금지출원가는 가까운 장래에 현금지출을 수반하는 원가를 말한다.

6. A회사의 제품 P를 생산하는데 투입되는 부품X 1개당 제조원가의 자료는 다음과 같다.

〈부품X의 1개당 제조원가 자료〉

직 접 재 료 비	₩100
직 접 노 무 비	150
변동제조간접비	200
고정제조간접비	120
계	₩570

고정제조간접비는 부품X의 생산시설에 대한 감가상각비로서 2008년 예측사용량인 부품X 10,000개(정상조업도)를 기준하여 계산한 것이다. A회사가 부품X를 외부에서 구매하여 사용할 경우 부품X 1개당 구매가격은 ₩750이며 부품X의 생산시설을 연 ₩2,000,000에 임대할 수 있을 것으로 예측되었다. 당해연도에 부품X를 생산하여 사용하는 것이 구매하여 사용하는 것보다 부품X 1개당 얼마나 유리 또는 불리한가? **(KICPA 기출제문제)**

① ₩100 유리 ② ₩100 불리
③ ₩ 20 불리 ④ ₩180 유리
⑤ ₩300 유리

【해설】

1) 외부구매시 1개당 원가계산

구 매 가 격	₩750
생산시설감가상각비	120
생산시설임대료수입	(200)
	₩670

※ 생산시설임대료수입 : ₩2,000,000 ÷ 10,000개 = -₩200

2) 제조원가(₩570)와 구매원가(₩670)의 비교
₩570 - ₩670 = -₩100

∴ 생산하여 사용하는 것이 유리하다.

7. 유전을 개발하기 위하여 개발비를 투자한 지 얼마 되지 않아 유전이 고갈됨으로써 미회수된 개발비는?

① 매몰원가 ② 연기가능원가
③ 차액원가 ④ 회피가능원가

8. G회사는 $50,000의 제조원가로서 재고자산으로 기록되어 있는 진부화된 탁상용 램프 5,000개를 갖고 있다. 만약 이 램프를 $20,000를 투입하여 재가공한다면 그들은 $35,000에 팔 수가 있다. 또는 그 램프를 멀리 떨어진 도시에 있는 상인에게 $8,000에 팔 수 가 있다. 이 두 개의 대안을 분석하는 의사결정모델에 있어서 매몰원가(sunk cost)는 얼마이겠는가?

(AICPA 기출제문제)

① $ 8,000　　② $ 15,000
③ $ 20,000　　④ $ 50,000

【해설】 매몰원가는 의사결정에 영향을 미치는 관련원가가 아니다.

9. 원가절감을 위한 대체안을 비교하는 경우에 감가상각비는?

① 관련원가　　② 차액원가
③ 매몰원가　　④ 기회원가

10. 안락회사는 침대를 제조 판매하는 회사이다. 침대수요의 증가가 예상되어 안락회사는 시설의 60%를 가동하는 대규모 공장을 건설하였다. 어느 한 대학의 기숙사로부터 단위당 ₩450,000씩 100개의 침대를 구입하겠다는 제안을 받았다. 침대와 관련된 자료는 다음과 같으며 위 주문을 수락한다 해도 시설이나 고정비에는 어떠한 영향도 초래하지 않는다.

〈자　료〉

	100개의 침대에 대한 원가
· 직접재료비	₩26,000,000
· 직접노무비	8,000,000
· 제조간접비 (40% 변동비)	16,000,000
· 판매비 (1/3 변동비)	12,000,000
· 관리비 (10% 변동비)	10,000,000
	₩72,000,000

새로운 주문이 변동판매비용의 75%를 감소시킬 수 있다면, 위 제안의 수락여부와 그러한 의사결정을 했을 경우 회사의 이익에 미치는 영향은 어떠한가?

(이효익, 『회계학연습』, 신영사, 1996, p. 695)

① 수락, ₩2,600,000의 이익증가
② 거절, ₩400,000의 손실발생
③ 거절, ₩2,600,000의 손실발생
④ 수락, ₩400,000의 이익증가
⑤ 거절, ₩1,000,000의 손실발생

【해설】

Ⅰ. 증분수익(450,000 × 100)		₩45,000,000
Ⅱ. 증분비용		
1. 직 접 재 료	₩2,600,000	
2. 직 접 노 무 비	8,000,000	
3. 변동제조간접비	6,400,000	
4. 변 동 판 매 비	1,000,000	
5. 변 동 관 리 비	1,000,000	42,400,000
Ⅲ. 증분이익		₩2,600,000

해답 1. ③ 2. ② 3. ④ 4. ② 5. ① 6. ① 7. ① 8. ④ 9. ② 10. ①

〈주관식〉

1. 특수원가의 본질을 설명하여라.

2. 경영의사결정에서 관련원가와 비관련원가에 대하여 설명하여라.

3. 다음의 용어를 간단히 설명하여라.
   ① 차액원가(differential cost)
   ② 기회원가(opportunity cost)
   ③ 미래원가(future cost)
   ④ 현금지출원가(out of pocket cost)
   ⑤ 대체원가(replacement cost)
   ⑥ 회피가능원가(escapable cost)
   ⑦ 연기가능원가(postponable cost)
   ⑧ 매몰원가(sunk cost)
   ⑨ 부가원가(imputed cost)

4. M회사는 제품생산에 필요한 부품 M-1을 매년 10,000단위 생산하고 있으며, 부품 M-1의 원가에 관한 자료는 다음과 같다.

〈부품 M-1(10,000단위)의 원가자료〉

직 접 재 료 비	$ 20,000
직 접 노 무 비	55,000
변동제조간접비	45,000
고정제조간접비	70,000
계	$190,000

V회사가 M회사에 부품M-1 10,000단위를 단위당 $18에 공급하겠다고 제의해 왔다. 만약 M회사가 이 제의를 수락하면 M회사는 M-1부품 제조의 공장시설을 제3자에게 매년 $15,000의 임대료를 받고 빌려둘 수 있다. 추가적으로 M-1 제조에 소요되는 단위당 고정제조간접비 $4가 절감된다. M회사가 V회사의 제안을 수락 및 거부해야 하는가를 평가하여라. (AICPA 기출제문제)

5. G사는 자사제품제조에 사용되는 부품P를 연간 5,000단위 제조해 왔다. 부품P를 5,000단위 생산하는데 드는 단위당 제조원가는 다음과 같다.

〈부품 P의 단위당 원가자료〉

직 접 재 료 비	$ 2
직 접 노 무 비	8
변동제조간접비	4
고정제조간접비	6
계	$20

B회사가 G회사에 부품P 5,000단위를 단위당 $19로 팔겠다고 제안하였다. G회사는 부품P를 제조하는데 사용되는 설비를 제품R을 만드는데 사용하면 $4,000의 영업이익을 낼 수 있을 것으로 추정하고 있다. 다만 고정제조간접비 배부액은 부품P를 B회사로부터 구입한다고 할지라도 2/3가 계속해서 발생할 것이다. G회사가 B회사의 제의를 받아들일 것인지 아닌지를 결정하기 위한 의사결정에서 순관련원가(net relevant cost)는 얼마인가? **(AICPA 기출제문제)**

6. 어느 회사가 부품A 10,000개를 필요로 한다. 이 부품을 자가 생산할 경우에 개당 직접재료비 ₩160, 직접노무비 ₩640, 변동제조간접비 ₩320, 그리고 고정제조간접비 ₩400, 합계 ₩1,520이 소요될 것이다. 만일 이 부품을 외부에서 구입한다면 그 가격은 개당 ₩1,440이고, 동시에 배고정제조간접비의 40%가 발생되지 않게 된다. 이 경우 자가생산 또는 외부구입여부를 결정하는데 관련성 있는 부품A의 자가생산 원가총액은 얼마인가? **(세무사 기출제문제)**

7. 삼동공업사는 각종 정원 손질용 기기를 생산하고 있는 곳으로서 전부원가(판매비와 관리비의 적정한 금액까지 원가에 산입)에다 그것의 15%에 상당하는 이익을 가산하여 판매가격을 산출하고 있다. 당 공업사는 남북기공사로부터 500대의 풀 깎는 기계를 주문받고, 다음과 같은 500대분 판매가격 산출 명세서를 청구서와 함께 남북기공사에 발송하였다.

〈판매가격 산출명세서(500대분)〉

1. 제 조 원 가	
직 접 재 료 비	₩ 5,000
직 접 노 무 비	25,000
제 조 간 접 비	10,000
계	₩40,000
2. 판매비와 관리비	4,000
3. 총 원 가	₩44,000
4. 정 상 이 익	6,600
5. 판 매 가 격	₩50,600

그러나 남북기공사는 이 가격이 너무 비싼 가격이라 하면서 ₩40,000을 적정가격이라고 제의해 왔다.

〈추가정보〉

1) 삼동공업사는 생산능력에 여력을 가지고 있다.
2) 제조간접비는 직접노무비액에 따라 배분하였다.
3) 당년도 예정제조간접비 총액은 ₩200,000이며 그 중 ₩60,000이 고정비이다.
4) 당년도 예정생산(판매)량은 직접노무비 구성이 각기 상이한 제품 20,000대이다.
5) 당년도 고정판매비와 관리비는 ₩80,000이고 판매가격계산에 있어서 이 고정판매비와 관리비는 생산량에 비례하여 배분한다.
6) 변동판매비와 관리비는 생산량의 함수이다.

〈물 음〉

1) 남북기공사의 제의를 수락한다면 이 주문이 순이익에 미치는 영향은 어떠하며 그 금액은 얼마인가? (계산근거는 아울러 명시할 것)
2) 물음1의 분석에서 특정한 비용을 제외하였다면 그 비용의 내용과 이유를 설명하여라.
3) 만약 삼동공업사가 생산능력에 여력이 없었다면 물음1의 분석내용은 어떻게 달라지겠는가? 새로운 분석을 시도하지 말고 두 줄 정도로 그 차이점을 지적할 것 **(KICPA 기출제문제)**

8. 연합화학공장에서 동일한 원료를 사용하여 동일한 공장에서 다음과 같은 연산품을 제조하고 있다.

연 산 품 목	판 매 품 목	제 품 의 구 성
X	파운드당 ₩5,000	40%
Y	파운드당 ₩2,000	60%

그런데 가공조건을 변경하면 X를 60%까지 인상할 수 있다고 한다.

어느 분기점에서 원료와 가공비에 관한 종합원가 ₩150,000이 소요되어 X 40파운드 Y 60파운드가 생산되었다. 이 경우 Y60파운드에 다시 가공비 파운드당 ₩750을 지출하여 X 20파운드와 Y 40파운드로 전환하였다. 이상과 같은 전환을 위한 가공은 재산상 유리한가 불리한가를 검토하여라.

(KICPA 기출제문제)

9. (주)동현건설은 단위당 ₩50으로 5,000단위의 부분품을 구입하였다. 여기에 추가로 인수비, 문비, 검사비 등이 단위당 ₩6이 소요되었다.

(주)동현건설은 기업내의 유휴설비를 재정비하여 이 부분품을 자가제조할 것을 연구, 검토중이다. 만약에 자가제조할 경우 원가추정액은 다음과 같다.

〈자가제조에 필요한 원가추정액〉

	단위당	5,000단위
직 접 재 료 비	₩ 2	₩15,000
직 접 노 무 비	18	90,000
변동제조간접비	7	35,000
고정제조간접비	9	45,000
	₩37	₩185,000

〈물 음〉

유휴설비에 대한 기회원가가 없다고 가정할 때 (주)동현건설은 그 부분품을 계속 외부에서 구입하여야 할 것인가 또는 직접 제조할 것인가에 대한 타당성을 설명하여라.

10. 제품 A, B 및 C를 생산하는 회사가 있다. 이 제품 중 A는 반제품이며 그대로 외부에 판매할 수도 있고 또 공장에서 가공하여 제품 B 및 C로서 판매할 수도 있다. 공장은 현재 70%의 조업을 하고 있다. 이 회사에 제품 A의 재고가 100,000ton이 있는데 이것을 전부 그대로 외부에 판매할 것인가 혹은 제품 B 및 C의 생산에 사용할 것인가를 고려중이다.

제품 A의 원가는 ton당 ₩700이며 판매가격은 ₩950이다. 이것을 제품 B 및 C의 생산에 사용하면, 제품 B를 120,000ton, 제품 C를 40,000ton 생산할 수 있다. 제품 B의 판매가격은 ton당 ₩2,500이며, 제품 C의 판매가격은 ton당 ₩1,800이다. 양 제품의 생산에는 약간의 다른 제품 A를 사용하여 제품 B 및 C를 생산하는데 필요한 견적원가는 다음과 같다.

〈견적원가표(ton당)〉

	제품 B	제품 C
제품 A의 원 가	₩ 700	₩ 700
기 타 원 재 료	500	200
직 접 노 무 비	1,000	450
변 동 간 접 비	200	250
변 동 비 합 계	₩2,400	₩1,600

제품 B 및 C의 생산은 공장의 조업능력 이하에서 행해지고, 또 판매가능성 및 판매비의 변화 등은 고려하지 아니한다.

〈물 음〉

1) 두 개의 대체안 중 어느 안을 채택하는 것이 좋다고 생각하는가? 계산근거를 표시하라.
2) 매몰원가의 의의 및 그 관리적 의의를 설명하여라. 또한 위의 사례에서 매몰원가가 있으면 지적하여라.
3) 위의 사례에서 차액원가를 들고 그 의미 및 관리적 의의를 설명하여라.
4) 제품 A 100,000ton을 외부에 판매하는 경우의 기회원가의 금액을 구하고 또 기회원가의 관리적 의의를 설명하여라.
5) 만일 이 회사가 현재 100%의 조업도를 유지하고 있다고 하면 물음1의 대체안의 비교의 결과는 타당한가? 그 이유는?

(KICPA 기출제문제)

제 18 장

자본예산

제18장

자 본 예 산

제 1 절 자본예산의 의의

자본예산(capital budgeting)이란 장기의 투자계획의사결정(long-term planning decisions for investments)을 행하는 과정을 말한다. 즉, 투자와 이 투자를 위한 자금의 조달과 사용에 대한 장기계획의 의사결정이다. 장기투자는 기업의 자산규모를 어느 정도로 하며, 자산구성 및 조합을 어떻게 선택할 것이냐에 대한 투자의사결정 뿐만 아니라, 자본조달 결정, 배당결정과도 상호 관련성을 가지고 있는 것이다.

자본조달 결정은 기업의 재무구조에 큰 영향을 미치며, 배당결정시 미래의 투자를 위한 자원을 유보할 것인가 그렇지 않으면 사외유출할 것인가를 의사결정하는데 매우 중요하다.

자본예산은 기업 재무정책에 있어서 오늘날 기업이 시설투자에 대한 설비를 확장함에 있어 자가건설을 할 것인가 또는 구입할 것인가의 문제, 현재의 설비를 계속 사용할 것인가 또는 신설비로 대체할 것인가의 문제 등에 대한 의사결정의 기회가 점진적으로 증대되어감에 따라 그 중요성이 매우 강조되고 있다. 자본예산편성 모형을 이용하면 투자안이 현금흐름이나 순이익(net income)에 미치는 영향을 모형(model)에 입각하여 예측할 수 있으므로 그 투자안의 타당성을 객관적으로 평가할 수 있으며, 그 예측치를 각 투자 단계에서의 비용 지출에 대한 통제나 사후 업적평가의 토대로 사용할 수 있는 이점을 가지고 있다.

제 2 절 투자가치의 평가방법

자본예산(capital budgeting)은 투자로 인해 미래에 기대되는 현금흐름을 측정하여 이를 분석하는 과정이라 볼 수 있다.

투자안을 평가하는 방법을 자본예산기법(capital budgeting technigues)이라고 하는데 투자안의 수익성을 평가하는 분석의 도구인 것이다. 자본예산기법에는 전통적인 방법(회수기간법, 회계적 이익률법)과 현금흐름에 의한 방법(순현가법, 내부이익률법, 수익성지수법)으로 구분할 수 있다.

1. 회수기간법

회수기간법(payback period method)은 최초의 투자액(initial investment)을 현금유입액으로써 소요되는 기간의 장단에 의하여 각 투자안에 대한 선택 여부를 결정하는 방법이다.

회수기간법을 투자안 평가기법으로 사용할 경우 가장 짧은 회수기간을 가진 투자안을 채택한다는 것이다. 이 방법이 가지고 있는 합리적 근거는 회수기간(payback period)이 짧으면 짧을수록 투자안이 가지고 있는 위험(risk)이 적게 되며 또한 유동성(liquidity)이 높게 되기 때문에 미래의 투자에 대한 불확실성 및 위험을 감안하여 기업재무의 유동성을 중시하는 방법이다.

회수기간법의 산식은 다음과 같다.

〈산식〉

$$n = \frac{I}{R}$$ (n: 회수기간 I: 최초의 투자액 R: 매 년도의 순현금 유입액)

회수기간법은 계산하기가 단순하고 이해하기가 쉬운 반면에 화폐의 시간적 가치, 회수기간 이후의 현금유입에 대한 영향을 무시하고, 투자 수익성, 미래의 불확실성에 대한 확률분포 등을 고려하지 않고 있다는 문제점을 내포하고 있다.

〈예제 18–1〉 다음 투자안에 대한 자료로 회수기간법에 의하여 계산 평가하여라.

(단위: 만원)

투자안	투자비용	현 금 흐 름				
		1년	2년	3년	4년	5년
A	20,000	3,000	7,000	4,000	2,000	6,000
B	20,000	4,000	5,000	5,000	8,000	5,000
C	20,000	6,000	8,000	3,000	8,000	7,000

[해답]

$$\text{A 안} = \frac{20{,}000}{(3{,}000 + 7{,}000 + 4{,}000 + 2{,}000 + 6{,}000) \div 5}$$

$$= \frac{20{,}000}{4{,}400}$$

$$= \underline{\underline{4.5\text{년}}}$$

$$\text{B 안} = \frac{20{,}000}{(4{,}000 + 5{,}000 + 5{,}000 + 8{,}000 + 5{,}000) \div 5}$$

$$= \frac{20{,}000}{5{,}400}$$

$$= \underline{\underline{3.7\text{년}}}$$

$$\text{C 안} = \frac{20{,}000}{(6{,}000 + 8{,}000 + 3{,}000 + 8{,}000 + 7{,}000) \div 5}$$

$$= \frac{20{,}000}{6{,}400}$$

$$= \underline{\underline{3.1\text{년}}}$$

〈A, B, C 투자안에 대한 타당성 평가〉

회수기간법에 의하면 C안이 가장 유리한 투자방법이라고 생각된다.

2. 회계적 이익률법

회계적 이익률법(Accounting rate of return method ; ARR법)은 각 투자안에 대한 회계적 이

익률의 정도에 따라서 그 가치를 평가하는 방법이다. 이것은 전통적 회계모형(conventional accounting model)에 의한 방법으로, 전통적 회계모형에서 순이익(net income)과 필요 투자액을 계산하는 방식을 그대로 받아들이면서 이익률을 산출하여, 가장 높은 이익률의 투자안을 선택하는 방법이다. 투자안이 실시되는 경우 그 투자에서 얻게 되는 연평균 순이익을 최초투자액이나 평균투자액으로 나누어 구하는데 산식은 다음과 같다.

〈산식〉

$$ARR = \frac{O-D}{I}$$ (O : 연평균 현금유입액, D : 연평균 감가상각비, I : 연평균 투자액)

$$\text{회계이익률} = \frac{\text{연평균 순이익}}{\text{연평균 투자액}}$$

위의 산식에서 순이익의 개념은 연도말의 법인세 차감후 순이익을 의미하며, 이 현금흐름에서 감가상각비를 차감하여 연말의 순이익을 산출해야 한다.

이 방법은 이해하기 쉽고 계산이 간단하며, 투자위험을 효과적으로 처리하고 있다는 장점이 있다. 그러나 현금의 흐름이 아닌 회계장부상의 수치를 근거로 하여 계산하고 있고, 감가상각비의 계산방법에 따라 연평균 순이익이 영향을 받게 되어 그 회계적 이익률이 변동하게 된다는 문제점을 안고 있다. 그러나 실무에서는 이 방법을 많이 사용하고 있는데 그것은 전통적 회계모형에 일치하는 방법이고, 기업의 전체에 대한 성과의 측정치로 사용될 수 있기 때문이다.

〈예제 18-2〉 다음 자료로 투자안에 대한 회계적 이익률을 산출하여라.

연 도 / 내 역	순 현 금 수 입			
	1년	2년	3년	4년
당기 순이익	6,000	9,000	7,000	8,000
년평균투자액	450,000	600,000	500,000	700,000

[해답]

① 연평균 순이익 : (6,000 + 9,000 + 7,000 + 8,000) ÷ 4 = ₩7,500
② 연평균 투자액 : (450,000 + 600,000 + 500,000 + 700,000) ÷ 4 = ₩562,500
③ 회계적 이익률 : 7,500 ÷ 562,500 = 1.33%

3. 순현가법

순현가법(net present value method ;NPV법)이란 투자안의 순현가(net present value) 즉, 현재가치로 할인한 결과 순현가가 正(+)의 값을 가지면 그 사업계획은 바람직한 것으로 그 투자를 수락하고, 否(-)의 값이 나오게 되면 투자할 만한 가치가 부족한 것으로 판단하여 기각하는 방법이다. 여기에서 순 현재가치란 기대수익률이라고 할 수 있는 자본비용(cost of copital)을 사용하여 산출한 투자로부터 반영되는 현금유입액의 현재가치가 최초 투자금액을 초과한 금액을 말한다. 순현가법의 산식은 다음과 같다.

〈산식〉

$$NPV = PV - I \qquad PV = \sum_{t=0}^{n} \frac{Rt}{(1+K)t}$$

(NPV: 순현가　I: 최초의 투자금액　Rt: t기의 현금유입
t: 단위기간　k: 할인율(자본비용))

순현가법은 화폐의 시간적 가치를 고려하고 내부이익률법에 비해 계산이 간편하다는 장점이 있으나, 자본비용의 결정이 어렵다는 단점을 내포하고 있다.

〈예제 18-3〉 다음 자료로 K 투자안에 대한 순현가법으로 순현재가치를 산출하고, 타당성 여부를 결정하여라.

〈자료〉

최초의 투자금액	₩45,000,000
내 용 년 수	12년
현 금 유 입 액	₩ 9,000,000
자 본 비 용	8%

현금유입액의 현재가치: i = 8% , n = 12기의 복리연금 현가율은 7.536이므로

₩9,000,000 × 7.536	=	₩67,824,000
최초의 투자금액		45,000,000
순 현 재 가 치		₩22,824,000

〈K투자안에 대한 타당성 평가〉

K투자안의 순현가가 正(+)값이 산출되어 사업계획은 바람직한 것으로 평가되므로 채택(accept)되어야 할 것이다.

4. 내부이익률법

내부이익률(internal rate of return method ;IRR)법은 어떤 투자사업에서 획득할 수 있을 것으로 예상되는 현금유입의 현가와 사업계획에의 투자비용인 현금유출의 현가를 일치시켜 주는 할인율(discount rate)을 말한다. 즉 투자의 순 현가가 0(zero)이 되도록 하는 할인율이다.

내부이익률이 할인율(자본비용)보다 클 때에 그 투자안를 채택하고 반대로 작을 때에는 그 투자안을 기각(reject)하는 방법이다.

내부이익률의 산식은 다음과 같다.

〈산식〉

$$IRR=\sum_{t=o}^{n}\frac{It}{(1+r)t}=I$$

It : t기간의 현금유입액 I : 최초의 투자금액 t : 기간 r : 내부수익률

현금흐름의 형태가 일정하지 않으면, 각 현금흐름을 일일이 현가로 산출하여 현가총액과 투자비용을 비교해야 한다.

만약 현금흐름의 총 현가가 투자비용보다 낮으면 내부수익률(r)을 낮추고, 반대의 경우에는 내부수익률(r)을 높여 시행착오(trial and error)방법으로 내부이익률을 산출해야 한다. 만약 산출한 율과 꼭 일치하지 않을 경우 이때에는 보간법(interpolation method)을 이용하면 내부이익률을 산출할 수 있는 것이다.

〈예제 18-4〉 다음 자료로 Q투자안에 대한 내부이익률을 산출하고 투자안에 대한 타당성 여부를 결정하여라.

〈자료〉

최초의 투자금액	₩32,000,000
현 금 유 입 액	7,000,000
내 용 년 수	10년
자 본 비 용	12%

[해답] ₩7,000,000 × PV요소 = ₩32,000,000

PV요소 : $\frac{₩32,000,000}{₩\ 7,000,000}$ = 4.5714

복리연금현가표에서 4.5714는 16%와 18%사이에 위치하고 있으므로 이것을 보간법을 이용하여 내부수익률을 산출하면 된다.

	PV요소	
16%	4.833	4.833
1RR	-	4.571
18%	4.494	-
	0.339	0.262

$$
\begin{aligned}
1RR &= 16\% + \frac{0.262}{0.339}(18\% - 16\%) \\
&= 16\% + 0.773\ (2\%) \\
&= 16\% + 1.546 \\
&= \underline{\underline{17.546\%}}
\end{aligned}
$$

〈Q투자안에 대한 타당성 평가〉

내부수익률법의 수락조건인 내부수익률 〉 자본비용이므로 이 투자안을 평가해 보면 내부수익률이 17.546% 〉 자본비용 12%가 되므로 이 투자안은 채택되는 것이 타당하다고 본다.

5. 수익성지수법

수익성지수법(Profitability index method ;PI)은 순 현재가치법을 변형한 것으로, 수익성지수(PI)는 투자안의 상대적 수익성(relative profitability)을 나타내는 지수로서, 현금유출의 현가를 현금유입의 현가로 나눈 비율이다. 수익성 지수법의 산식은 다음과 같다.

〈산식〉

$$PI = \frac{PV}{I} \qquad 수익성지수(PI) = \frac{현금유입액의\ 현재가치(PV)}{최초의\ 투자금액(I)}$$

수익성지수법은 수익성지수(PI)가 1보다 크면 그 투자안은 채택하여도 타당하다고 본다. 또 여러 대체안 중에서 수익성지수가 가장 클수록 양호하게 된다.

〈예제 18-5〉 다음 투자안에 대한 자료로 수익성지수법에 의하여 그 투자가치를 평가하라.

투자안	투자비용	현 금 흐 름			
		1년	2년	3년	4년
A	70,000	24,000	20,000	15,000	30,000
B	80,000	18,000	40,000	30,000	20,000

단, 자본비용은 연 10%이다.

[해답] A 투자안 :

$$24{,}000 \times 0.909 = 21{,}816$$
$$20{,}000 \times 0.826 = 16{,}520$$
$$15{,}000 \times 0.751 = 11{,}265$$
$$30{,}000 \times 0.683 = 20{,}490$$
$$70{,}091$$
$$70{,}091 \div 70{,}000 = 1.0013$$

B 투자안 :

$$18{,}000 \times 0.909 = 16{,}362$$
$$40{,}000 \times 0.826 = 33{,}040$$
$$30{,}000 \times 0.751 = 22{,}530$$
$$20{,}000 \times 0.683 = 13{,}660$$
$$85{,}592$$
$$85{,}592 \div 80{,}000 = 1.0699$$

〈A, B투자안에 대한 타당성 평가〉

수익성지수법에 의하면 B투자안이 A투자안보다 유리하므로 B투자안을 선택하는 것이 좋다.

연 습 문 제

〈객관식〉

1. 다음의 자본예산 기법은 현금흐름(cash flow)을 실제투자이익률에 의하여 재투자되는 것으로 가정하고 있는가? (AICPA 기출제문제)

	내부수익률법	순현재가치법
①	예	예
②	예	아니오
③	아니오	아니오
④	아니오	예

2. 순현가법(net present value)은 다음 중 어떤 경우에 사용되는가? (세무사 기출제문제)

① 감가상각비의 계산 ② 설비투자의 경제성 계산
③ 재 고 품 의 평가 ④ 재 고 자 산 의 평가

3. 어떤 투자에 대해 회수기간(payback period)을 산출하기 위해서는 다음 중 어느 것이 필요하겠는가? (AICPA 기출제문제)

① 내 용 년 수 ② 최저 기대수익률
③ 순 현재가치 ④ 연간 현금흐름

4. H회사는 $22,000의 자금이 소요되는 사업을 계획하고 있다. 법인세 차감후 현금유입액은 7년 동안 매년 $5,000가 될 것이다. 12%로 할인된 $1의 현재가치는 다음과 같다.

기 간	12%에서의 $1의 현재가치
1	0.893
2	0.797
3	0.712
4	0.636
5	0.567
6	0.507
7	0.452

12%의 수익률을 사용할 때 이 사업이 가져다주는 현금흐름의 현재가치는 얼마인가?

(AICPA 기출제문제)

① $22,000 ② $22,820
③ $34,180 ④ $35,000

5. 제안된 어떤 계획의 순현재가치(NPV)는?
① 현금흐름의 현재가치보다 적은 현금흐름을 나타낸다.
② 최초의 투자보다 적은 현금흐름을 나타낸다.
③ 최초의 투자보다 적은 현금흐름의 현재가치에다 최초 투자의 현재가치를 가산한 것을 나타낸다.
④ 최초의 투자보다 적은 현금흐름의 현재가치를 나타낸다.

【해설】 연금의 현재가치가 주어지지 않았기 때문에 1년에서 7년까지의 현재가치를 합계하여야 한다.

$$5,000 \times \sum_{n=1}^{n} \frac{1}{(1+0.12)^n}$$

= $5,000×(0.893+0.797+0.712+0.636+0.567+0.507+0.452) = $5,000 × 4.564
= $22,820

※ 다음은 6과 7에 관련된 자료이다. 물음에 답하여라.

Q회사는 잔존가액 없이 8년에 걸쳐 정액법에 의해 감가상각하게 될 $40,000짜리 기계의 구입을 고려하고 있는 중이다. 그 기계는 매년 $12,000의 법인세 차감전 순현금이익이 기대되고 있다. 법인세율을 50%라고 가정하고 다음 물음에 답하라. (AICPA 기출제문제)

6. 회수기간은 얼마인가?
① 2.4년 ② 2.6년
③ 3.3년 ④ 4.7년

【해설】
감가상각비 : $40,000 ÷ 8 = $5,000
법인세차감전순이익 : $12,000 - $5,00 = $7,000

$$회수기간 : \frac{\$40,000}{(\$7,000 \times 0.5) + \$5,000} = 4.7년$$

7. 최초 투자액에 대한 내부수익률(IRR)은 얼마인가?
① 8.75% ② 17.50%
③ 23.75% ④ 30.00%

【해설】

$$내부수익률 : \frac{\$7,000 \times 0.5}{\$40,000} = 8.75\%$$

※ 다음은 8과 9에 관련된 자료이다. 물음에 답하여라.

H회사는 $6,000에 기계를 매입하여 10년에 걸쳐서 정액법으로 감가상각 할 계획이다. 이 기계는 매년 $1,200의 추가적인 현금수입을 가져올 것으로 예상되며, 앞으로 이 기계에 대하여 감가상각비를 제외한 다른 추가 비용을 전혀 발생하지 않을 것이다. 법인세율은 50%이다. **(AICPA 기출제문제)**

8. 회수기간은 얼마인가?

① 3.3년　　② 4.0년
③ 5.0년　　④ 6.7년

【해설】

$$회수기간 = \frac{투자액}{매년의\ 순현금유입}$$ 인데 감가상각은 현금유출을 수반하지 않은 매년의 순현금유입 비용이므로 매년의 순현금유입액은 추가적 현금수입에서 현금유출을 수반하는 법인세를 차감한 것이다.

$1,200 - $300 = $900

$$회수기간 : \frac{\$6,000}{\$900} = 6.7년$$

9. 최초투자액에 대한 회계적 이익률(accounting rate of return)은?

① 5%　　② 10%
③ 15%　　④ 20%

【해설】

$$회계적\ 이익률 : \frac{연평균순이익(납세후)}{투자액}\ 이므로\ = \frac{\$300}{\$6,000} = 0.05$$

10. P회사는 10년동안 정액법으로 감가상각될 ₩16,000의 신기계를 구입하였다. 취득년도에도 1년분의 감가상각을 한다. 최초의 투자증가분에 대한 회계적 이익률은 12%로 기대되어진다. 일정한 현금의 유입이 예상된다면 영업활동으로부터의 연간 현금유입액은 얼마인가?

(AICPA 기출제문제)

① ₩320　　② ₩1,728
③ ₩1,920　　④ ₩3,520

【해설】 연간 현금유입액을 X라고 하면

(X - 1,600) ÷ 16,000 = 0.12

X = ₩3,520

해답 1. ② 2. ② 3. ④ 4. ④ 5. ② 6. ④ 7. ① 8. ④ 9. ① 10. ④

〈주관식

1. 경영자가 단기회수기간법을 선호하는 이유는 무엇인가?

2. 자본예산의 중요성을 논하라.

3. 순현가법(NPV)과 내부수익률법(IRR)의 평가방법을 비교 설명하여라.

4. 현금흐름할인법(discounted cosh-flow method)과 전통적 회계모형을 비교 설명하여라.

5. 현금흐름할인법(DCF)이란 무엇이며, 대표적인 방법을 예를 들고 설명하여라.

6. 내부이익률법(IRR)의 계산에 있어서 시행착오법과 보간법은 어떤 절차로 이루어지는가?

7. 순현가법(NPV)과 내부이익률법의 의사결정규칙(decision rule)을 설명하여라.

8. 자본비용(cost of capital)이란 무엇인가?

9. 다음 자료에 의하여 각 투자안의 경제성 분석을 하여라.

투자안	최초투자액	순 현 금 유 입 액				
		1 년	2 년	3 년	4 년	5 년
A	40,000	8,000	8,000	20,000	20,000	20,000
B	55,000	18,000	18,000	18,000	18,000	18,000

단, 자본비용(cost of capital)은 10%로 한다.

(최경수, 『원가회계론』, 형설출판사, p. 238)

10. (주)경동의 경영자는 다음과 같은 2가지 대체안의 채택여부를 고려하고 있다.

투자안	투자금액	순 현 금 유 입 액		
		1 년	2 년	3 년
A	800,000	954,000	390,000	120,000
B	1,000,000	350,000	575,000	800,000

이 회사의 기대수익률은 12%이며, 순현금유입은 각 회계기간 말에 발생한다.

〈물음〉 순현재가치법(NPV)에 의해 투자안을 평가하여라.

(심재석, 『현대원가회계연습』, 경문사, p. 586)

제 19 장

원가기획과 목표원가계산

제19장

원가기획과 목표원가계산

제 1 절 원가기획

1. 원가기획의 의의

1) 원가기획의 도입배경

1960년대 이후 공장자동화의 발전에 의해 제철·석유화학 등 장치산업의 급속한 발전과, 이에 따른 수요의 급속한 증가로 인하여 표준적인 제품의 대량생산이 기업의 주요한 생산형태를 점하게 되었다. 이러한 소품종 다량생산체제에서는 생산과정에서의 기획과 설계가 크게 중요시되지 않았다. 따라서 원가관리의 주된 초점(focus)은 생산과정에 집중되어졌고, 생산능률관리에 효과적인 표준원가계산이 주된 관리수단이 되어 왔다.

그러나 이러한 원가계산은 다품종 소량생산과 제품수명주기의 단축으로 인하여 그 적합성을 상실하게 되었으며, 점차 공장자동화(factory automation ; FA)와 적시생산체제와 같은 물량관리 방법에 중점을 두게 되었으나 물량관리 방식은 다음과 같은 몇 가지 한계점을 나타내기 시작했다. 첫째, 숙련공들의 은퇴와 신규 근로자의 모집이 어렵다는 점, 둘째, 번잡한 부품수송으로 인하여 교통혼잡과 공해를 유발한다는 점, 셋째, 생산단계에 있어서의 원가절감 여지가 대폭 감소하고 있다는 점이다. 이러한 사실을 경험한 많은 기업들이 스스로 제조이전단계에서 원가를 검토하는 것이 더욱 효과적이라는 것을 강하게 인식하게 되었으며, 이러한 확인이 원가기획을 더욱 강화시키는 계기가 되었다.

원가기획이라는 개념이 탄생하게 된 직접적인 계기는 미국 국방성의 지침에서 사용하였던 원가목표 달성을 위한 설계(design to cost : DTC)의 개념, 가치공학(value engineering;VE)과 같은 사고방식을 들 수 있다. 이 이전에도 원가관리에서의 접근방법이나 목표관리(management by results)로부터의 접근방법이 있었으며, 설계관리와 프로젝트 관리의 접근방법 등에서도 찾아볼 수 있다.

제품기획 내지 설계단계에 있어서의 원가활동(원가의 유지와 개선)을 원가기획이라 한다면, 원가기획은 원래 일본에서 개발된 기법이다. 이것은 원가개선 활동과 일체가 되어 일본적 관리회계의 기초를 구성하고 있으며, 일본 제조기업의 경쟁우위를 가져오게 한 관리시스템의 중요한 구성요소이다.

국제적인 경쟁력을 가지는 제품을 만들어내기 위해서는 제품개발의 추진방식을 비롯해서 지금까지의 경영을 근본적으로 쇄신할 필요가 있다. 이를 위해서는 원가절감방법만이 아니고 제품개발방법, 조직운영방법, 경영전략의 현상들을 재검토해서 새로운 관점에서 경영전체를 통합하는 구조, 즉 원가기획 시스템이 필요하다.

2) 원가기획의 정의와 목적

원가기획은 목표원가관리(target cost management)라고도 하며, 주로 제1차 석유파동 이후 목표에 대한 개념과 연결되어서 일본의 자동차·전기·기계산업을 중심으로 급속히 보급되어 온 사전관리의 대표적인 관리방법이다.

원가기획에 관해 일반적인 정의를 내리기는 어렵지만 그 본질로 보아 다음과 같이 정의할 수 있다. 「원가기획이란 원가 발생의 원류로 소급해서, VE(가치공학)등의 기법을 활용하여 설계 개발 내지는 상품기획의 단계에서부터 원가를 조성·관리하는 활동」이다. 즉, 개발설계에 착수하기 전에 목표원가를 설정하여 그 범위 내에서 설계하도록 하고, 이 결과를 원가견적을 통해 평가해서 만일 목표원가에 미달되면 원가를 개선시켜 나가는 일련의 활동이 원가기획이다.

원가기획은 생산이 개시되기 이전 단계 즉 설계단계, 개발단계 내지는 제품기획단계에까지 원가의 발생 원천으로 소급해서 원가절감을 도모하는 활동이다. 원가기획은 원래 일본 자동차 메이커의 신차개발에서 전개된 것이며 가공조립형 산업을 중심으로 발전되어 왔다. 그러나 최근의 조사 결과에 의하면, 수송용 기기, 전기, 기계, 정밀기기와 같은 조립산업형에서는 조사회답 기업의 80%이상이 어떤 형태로든지 원가기획 활동을 실시하고 있으며, 지금까지 원가기획에 그다지 비중을 두지 않았던 장치형 산업의 일부에서도 원가기획에 치중하고 있는 것을 알 수 있다. 또한 원가기획활동을 설계단계에서만 실시하고 있는 기업은 회답 기업의 7.3%에 지나지 않았고, 33.9%

의 기업은 상품기획단계에 원가기획을 소급시키고 있다.

원가기획은 적시생산방식(just in time :JIT)과 마찬가지로 일본적인 경영관리기법이다. 그러나 일본에서만 적용될 수 있는 기법은 아니며 광범위하게 활용될 수 있다. 실제로 최근에는 구미의 선진기업에서도 도입 사례가 소개되고 있다. 우리 기업에서도 제품원가의 관리에 있어서 개발설계단계의 원가절감 활동이 중요하다는 것은 인식하고 있으며 이미 일부에서는 실시하고 있다.

한편 원가기획은 그 세련도를 높여감에 따라서 원가의 조성에서 이익의 조성으로 중점이 이동된다. 원가계획은 제조 이전의 단계에서 원가절감을 목적으로 채택되어 왔다는 경위에서도 알 수 있는 것처럼, 원가절감을 위한 기법으로서 기업에 도입되었다. 많은 기업에서는 외부구입부품비에 대한 가치공학(VE) 활동이 원가기획으로 알려지고 있다. 원래 원가절감이라고 하는 활동은 원가의 절감을 통해서 전사적(全社的) 이익에 공헌하는 것을 목표로 하고 있다. 원가절감은 간접적으로 이익 획득에 공헌하는 것으로 볼 수 있다. 원가기획의 적용이 보다 원류를 직접목표로 삼는 활동으로 변모한다. 그러나 그 본질은 어디까지나 원가의 유효한 활용을 지향하는 것이다.

3) 원가기획의 대상과 개념

(1) 원가기획의 대상활동

원가기획의 대상활동은 제조단계에서 점차 원류로 소급되어지는 형태로 진전된다. 즉, 생산준비단계 → 설계단계 → 개발단계 → 상품기획의 단계로 소급된다. 또한 원가기획의 대상활동은 물류나 보수·서비스 등의 제조하부단계로도 확대되어지는데, 이러한 하부단계의 원가를 제품개발단계에서 미리 고려한다면 획기적인 원가 절감이 가능하다. 따라서 원가기획의 대상활동은 제품수명주기의 전체활동을 대상으로 한다.

(2) 원가기획의 대상원가

원가기획의 대상원가는 원가기획 대상활동과 같이 제품수명주기원가를 지향하고 있다. 즉, 부품원가를 포함하는 재료원가에서 직접가공원가 → 간접가공원가 → 시설감가상각비 등으로 확대되고, 시험제작비 → 물류비 → 품질보증비와 더불어 궁극적으로 폐기원가까지도 고려한다.[1] 따라서 원가기획의 대상원가는 제품수명주기원가를 대상으로 한다.

(3) 원가기획의 기능별 원가

원가기획의 기능별 원가를 정확하게 산정하기 위하여 원가에 영향을 미치는 제활동(재료 구매·디자인·준비·검사 등의 다양한 활동)에 기초한 원가계산 방법이 필요하다. 따라서, 활동기

1) 일본 고베대학 관리회계연구회보고서, "원가기획의 실태파악", 일본 기업회계, 1992, p. 31.

준 원가계산(ABC : activity-based costing) 혹은 기능중심 원가계산(FBC : function based costing)을 도입하여 원가표(Cost Table)의 정밀도를 높이고 나아가 부가가치적 활동과 비부가가치적 활동을 식별하여, 원가절감을 할 수 있다.

(4) 총체적 관점에서 원가 파악

원가기획 활동 과정의 각 단계에서는 한정된 범위의 원가가 대상으로 된다고 해도, 원가기획의 프로세스 전체에서는 상류에서 하류에 이르는 원가 발생의 흐름과 제품간 상호관계도 고려한 총체적인 파악이 필수불가결하다. 원가기획의 대상이 되는 원가의 대부분은 제품의 기획·개발의 프로세스에서 발생하는 것이 아니고, 그 후에 실시원가기획에서의 원가는 그 대부분이 추정원가이다.

추정원가 그 자체도 최초의 상품기획단계에서는 정밀도가 떨어지고 개발·설계의 프로세스가 진행됨에 따라 점차 정확한 것으로 되어간다. 또 전단계에 대한 후단계의 배려가 불충분하면, 후단계에서 생각하지 않았던 원가변동이 나타나는 일도 있다. 따라서 프로세스 전체에 걸친 원가를 배려할 필요가 있다. 후술하는 부분에서는 이 점에 대한 한가지 사고방식으로서 원가변동 위험관리라고 하는 개념을 설명하고 있다.

2. 원가기획의 구조와 활동단계

1) 원가기획의 구조

원가기획은 구상설계 → 기본설계 → 상세설계 → 제조준비단계를 거치면서 단계별로 목표원가와 견적원가를 비교한다. 원가기획의 구조를 요약하면 다음과 같다.

(1) 구상설계

1단계 : 제품기획의 결정
2단계 : 원가목표의 설정
3단계 : 상위기능분야의 결정
4단계 : 원가목표의 상위 기능분야별 할당
5단계 : 구상설계의 구체화
6단계 : 개산원가견적
7단계 : 목표원가와 견적원가의 비교[2)]

(2) 기본설계

1단계 : 중위기능분야의 결정

2단계 : 원가목표의 할당 재검토

3단계 : 원가목표의 중위 기능분야별 할당

4단계 : 기본설계 · 구체화

5단계 : 계량적 원가견적

6단계 : 목표원가와 견적원가의 비교

(3) 상세설계

1단계 : 하위기능분야의 결정

2단계 : 원가목표의 할당 재검토

3단계 : 원가목표의 하위 기능분야별 할당

4단계 : 상세설계 · 구체화

5단계 : 상세원가견적

6단계 : 목표원가와 견적원가의 비교

(4) 제조준비

1단계 : 제품여건(제조사양)의 결정

2단계 : 공장설계 등 제조 준비

3단계 : 부분적 제조사양의 변경

4단계 : 상세원가 결정

5단계 : 목표원가와 견적원가의 비교

6단계 : 제조여건의 결정

7단계 : 원가표준의 결정

2) 원가기획의 활동단계

원가기획의 활동단계를 요약하면 다음과 같다.

1단계 : 상품의 기획

2단계 : 목표원가의 설정

---

2) 견적원가가 목표원가를 초과하면 다시 1단계로 소급하여, 공학적 검토를 통한 적절한 추정원가를 산출한 후 다음 단계로 넘어간다.

3단계 : 목표원가의 기능별 전개
4단계 : 목표원가의 부품별 전개
5단계 : 설계도면에 의한 원가절감
6단계 : 양산실시로의 이행준비
7단계 : 원가기획의 사후검토

3. 원가기획을 위한 하부구조

1) 밀접한 협력업체와의 관계

원가기획의 채택률이 높은 산업군에서는 계열로 대표되는 협력업체(supplier)와의 밀접한 관계가 수립되어 있다. 또 제조원가에서 차지하는 외부구입품비의 비중이 대단히 높다. 협력업체와의 2인3각 제품개발 체제가 원가기획 실시를 위한 전제로 된다. 특히 개발 초기 단계부터 메이커와 협력업체가 공동으로 제품개발에 몰두하는 합동개발(design in)이 원가기획에는 필수불가결하다고 말할 수 있다.

개발의 초기 단계부터 메이커와 접촉함으로써 협력업체는 메이커가 원하는 부품이나 커포넌트가 필요한 경우에는 합동개발(design in)을 실시하지 않으면 제품개발과 부품개발을 중복(overlap)시키는 것은 어렵다. 그것은 제품개발이 상당히 진행되지 않으면 실태에 의거한 부품 사양이나 목표원가를 메이커에서 협력업체에 지시할 수 없기 때문이다. 합동개발(design in)을 실시하지 않으면 개발에서는 목표원가 이외는 협력업체에 상당한 자유가 부여된다. 메이커로부터 사양을 제시받고 나서 개발을 시작하는 경우와 비교하면 협력업체에 주어지는 부품개발기간은 길게 된다. 또 부품 사양에 대해서도 메이커의 요구를 충족시키기만 하면 되기 때문에 그 실현 방법에 융통성이 있다. 그러므로 원가만이 아니고 기능, 품질, 신뢰성 등에 관한 복수목표를 동시에 달성할 수 있는 가능성도 높게 된다.

2) 제품의 동시협조개발

원가기획 활동에서 동시협조개발(simultaneous engineering)은 적어도 2개 부문 이상이 중복해서 제품개발의 각 단계에 참가해서 추진된다. 예를 들면 양산준비단계에 관계되는 생산기술부문이 개발이나 상세설계단계에서 영향력을 행사하고 양산단계에서의 원가절감을 기대할 수 있다.

원가기획을 동시협조개발(simultaneous engineering)의 관점에서 보면 원가절감과 개발 리드 타임의 단축효과가 우선 첫째로 부상하게 된다. 그리고 영업부문이 상품기획이나 개발 단계에서 영향력을 갖게 되면 동시협조개발에 의해 고객 욕구에 맞는 상품 개발을 기대할 수 있게 된다. 이때 구매나 생산기술과 같은 하류부문이 상류의 개발・상세설계에 미치는 영향과는 역으로 상류부문에서 하류부문으로의 영향을 고려할 필요가 있다.

원가기획의 효과는 다시 다른 각도에서도 볼 수 있다. 동시협조 개발에 있어서 관리자간의 상호작용(interaction)은 전략의 창안 발전에 중요하다. 원가기획에 관여하는 사람들은 직종과 전문분야가 서로 다른 부문으로 구성되어 있다. 상이한 직종과 전문 분야간의 상호 작용은 전략적으로 중요한 아이디어를 창조할 수 있기 때문이다.

3) 부문간의 상호작용과 부문횡단적 팀

럭비형 제품개발(중복방식 또는 병행개발방식)은 부문간의 상호작용을 유도해 내지만 한편으로 작업의 중복이 갈등을 일으킬 위험성도 있다. 럭비형 개발이 원활히 진행되기 위해서는 부문간의 상호작용을 장려하는 조직 풍토와 함께 직능횡단적(cross functional)인 활동이 조직에 대해 바람직하다고 하는 인식이 공유되어야만 한다. 이를 위해서는 조직횡단적인cross functional team이 편성되고, 이러한 팀에 의해 이루어지는 제품개발 활동을 리드하는 제품 주관자(product manager)의 존재가 필수불가결하게 된다. 또 직능횡단적인 팀을 비롯한 부문간의 상호작용을 촉진시키는 구조가 있어야 비로소 고객 만족의 관점을 망각하지 않고 목표원가의 달성이 가능하게 된다.

제 2 절 목표원가계산

1. 목표원가계산의 의의

1) 목표원가계산의 정의 및 실행단계

목표원가(target cost)는 기업의 적절한 목표이익을 실현하면서 경쟁우위를 유지할 수 있게 하는 장기추정원가이다. 이러한 목표원가개념에 기초한 목표원가계산(target costing)은 품질・신뢰성・고객욕구를 유지하면서, 제품기획・연구개발・생산의 표준화 단계의 원가절감을 위한 모든 아이디어를 검토하여 신제품의 수명주기원가를 절감시키고자 하는 활동이다.[3)]

3) Y. Kato, "Target costing support system : lessons from leading Japanese companies," *Management Accounting Research*, 1993, p. 36.

〈목표원가계산의 실행단계〉

1단계(중장기 이익계획) : 기업의 중장기 이익계획을 설정하고, 각 기간의 전체적 이익을 각 제품별로 할당한다.

2단계(목표이익의 설정) : 제품관리자가 제품기획제안서를 구체화하여 기본제품기획을 수립하면, 원가관리부문은 그 기획의 원가를 추정하고 목표이익 달성여부를 검토한다.

3단계(신제품의 기본계획과 목표원가의 설정) : 제품의 디자인과 구조 등의 원가요인과 목표원가를 결정한다.

4단계(제품설계) : 설정된 목표원가에 따라 작성된 시험적 설계도 초안에 의해 시제품을 생산하여 그 원가를 계산한다. 이 원가와 목표원가를 가치공학분석을 통해 비교하여 시험적 설계도 초안을 수정하고 목표원가에 부합되는 최종 설계도를 작성한다.

5단계(생산이행계획) : 생산시설의 준비상황을 점검하고, 원가관리부문은 최종설계도에 따른 원가를 추정하여, 목표원가달성을 위한 활동을 시작한다.

〈표 19-1〉은 목표원가계산의 실행단계를 요약하고 있다.

〈표 19-1〉 목표원가계산의 실행단계

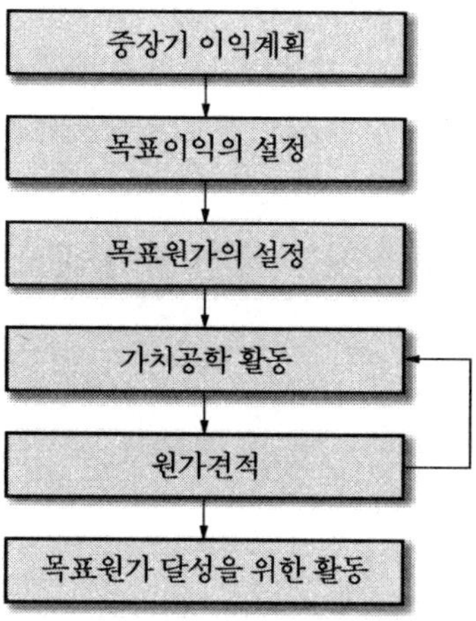

자료 : Y. Monden and K. Hamada, *op. cit*, p. 25.

2) 목표원가계산의 특징

목표원가계산의 특징은 다음과 같다.[4]

---

4) Y. Monden and K. Hamada, "Target Costing and Kaizen Costing in Japanese Automobile Companies", *Japanes Management Accounting Research*, Fall, 1991, p. 81.

첫째, 제품개발 및 설계단계에 적용되기 때문에, 생산단계에 적용되는 표준원가계산과 차이가 있다.

둘째, 전통적인 원가통제를 위한 관리방법이 아니지만, 그 목표는 원가를 절감하는 것이다.

셋째, 제품개발과 설계기법을 관리목적에 포함하고 있기 때문에, 여러 가지 경영과학기법이 이용된다.

넷째, 목표원가계산의 실행에는 많은 부문의 협동이 필요하다.

다섯째, 소품종 다량생산보다 다품종 소량생산에 더 적합하다.

3) 표준원가계산과 목표원가계산의 비교

〈표준원가계산과 목표원가계산의 차이점[5]〉

첫째, 표준원가계산은 제조과정에 적용되지만, 목표원가계산은 제품기획과 설계과정에 적용된다. 따라서, 목표원가계산은 표준원가계산보다 생산공정의 초기단계에서 실시되는 원가관리기법이다.

둘째, 표준원가계산은 원가통제를 개별작업의 능률향상을 목표로 하지만, 목표원가계산은 원가기획・원가절감・품질향상・수익성향상・서비스 개선 등과 같은 기업목적의 효과적 달성을 목표로 한다.

셋째, 표준원가계산은 생산과 기술 측면을 강조하기 때문에 표준설정방법이 시장상황에 의해 영향을 받지 않지만, 목표원가계산은 생산과 기술의 측면뿐만 아니라 시장상황과의 관계를 중요한 요소로 고려한다.

넷째, 표준원가는 기술적 합리성을 우선적으로 고려하지만, 목표원가는 경제적 합리성을 우선적으로 고려하여 종합적인 이익계획의 관점에서 설정되는 예산의 성격을 갖는다.

2. 목표원가의 설정

1) 목표원가의 설정방법

목표원가의 설정방법을 요약하면 다음과 같다.

(1) 가산법

가산법은 현행제품원가(on-going costs)와 새로 추가되는 기능을 실현하는데 필요한 원가를 가

5) 김학범・박희수, "목표원가계산제도에 관한 연구", 산업경영, 제16집, 경남대학교 산업경영연구소, 1993, pp. 17-19.

산하고, 제거되는 기능의 원가와 배제할 수 있는 원가동인에 관한 원가를 차감하여 목표원가를 계산한다.

이 방법은 현행 제품에 대한 원가상승 요인에 따른 원가상승 수준과 특정 원가인하의 방법에 따른 원가인하 수준을 합리적으로 추정함으로써 현행 제품과 신제품의 개발·제조 환경변화가 원가상승과 원가인하에 미치는 영향을 분석한다.

(2) 공제법

공제법은 장기적인 이익목표를 달성할 수 없는 가산법의 약점을 보완하기 위하여 제품의 희망판매가격에서 목표이익을 차감하여 목표원가를 계산한다.

이 방법으로 설정된 목표원가는 시장에서 수용되는 판매가를 기초로, 중장기 이익계획에서 설정된 목표이익을 실현하기 위한 원가의 허용정도를 나타낸다.

(3) 절충법

절충법은 가산법과 공제법을 병용하여 목표원가를 계산한다. 절충법의 목표원가 계산방법은 다음 〈표 19-2〉와 같이 요약된다.

〈표 19-2〉 절충법에 의한 목표원가 계산방법

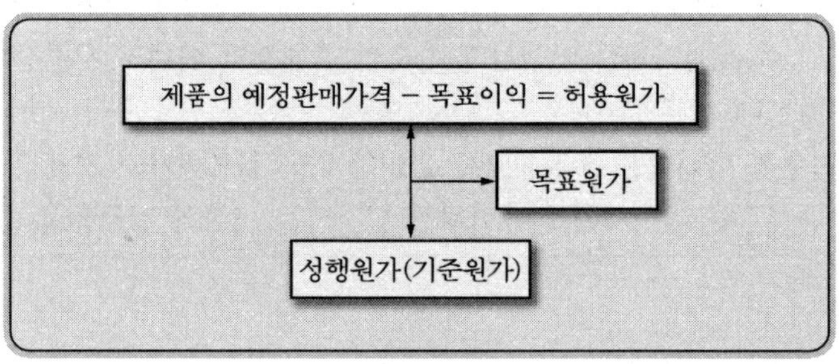

자료 : 김일운 外, 『전략적 원가관리』, 비봉사, 1997, p. 83.

이 방법은 기술 지향과 시장 지향을 조화시킨 관리시스템이다. 따라서, 기술부문은 내부 기술을 전제로 한 성행원가(견적원가)를 기준으로 목표원가를 설정하고, 최고 경영자는 전략에 따른 공제방식으로 산정된 허용원가를 이용하여 목표원가를 관리함으로써 기술부문의 개발설계 과정을 기업의 전략과 절충하고 있다.

2) 목표원가 설정에 관련된 제문제

목표원가 설정에는 다양한 판단이 불가피하기 때문에, 거듭 많은 점에서 검토해야 할 문제가 있다. 예를 들어 목표원가가 단위당 목표원가로서 설정되는 경우, 단위당 고정원가가 계획 총생산량의 크기에 따라서 달라짐을 고려해야 한다. 계획생산량이 수정된다면 전술한 바와 같은 업적평가상에서의 문제가 발생한다. 생산수량에 의존해서 투자액이 결정되며 이 결과 고저원가도 변화되어 손익분기점도 달라진다. 따라서 매가와 판매량의 변화에 따른 고정원가 변동의 위험을 얼마만큼 인정하는가라는 것도 목표원가의 설정의 문제로 된다. 결국 어떠한 제품을 어떠한 매가로 얼마만큼 파는가라는 것에 관한 전략적인 사고방식이 목표원가의 설정에 있어서 반영된다고 하는 것이다.

또 목표원가를 설정해서 곧 바로 원가의 조성활동에 들어가는 것은 아니고, 원가절감의 활동기준이 되는 목표원가를 설정함에 있어서는 전체로서 회수되어야 하는 여러 종류의 원가를 고려하면서, 총체적 관점에서 검토해 나갈 필요가 있다. 전술한 바와 같이 특정 제품의 기능에 직접적으로 결부되지 않는 원가에 대해서는, 종합적인 이익관리를 실시하는 시각에서 목표를 설정할 필요가 있다. 예를 들면 연구개발비, 일반관리비, 판매비, 제조 · 구매 · 물류 등의 활동 전체를 지원하는 원가와 정보관련원가 등의 상당 부분은 제품의 기능에 직접 결부되지 않은 원가이다. 이것들에 대해서도 예산과 개개의 활동 관리에 적합한 방식으로 목표를 설정해 갈 필요가 있다. 또 이 때문에 전체적인 사고방식에 서서 원가요소별 구조 설정이 검토되지 않으면 안된다.

허용원가나 적상원가가 산정된 단계에서, 이것들이 달성불가능 하다든가 목표이익의 달성이 곤란하다고 판단되는 경우에는 목표원가로서 즉시 세분할당하기 전에 제품컨셉과 혁신적인 원가절감의 가능성에 대해서 다시 한번 수정할 필요가 있다. 이 재수정을 통해서 어느 정도 예측이 선 다음에, 목표원가가 설정되지 않으면 실현 가능성이 희박한 목표로 되어 버린다. 허용원가와 적상원가간 차이의 일부를 당면한 원가절감 목표로 하지 않고 장래의 과제로서 평가하는 것이 필요한 경우도 있을 것이다.

또 가산방식 내지 적상방식의 경우와는 달리, 공제방식에서의 예정매가-목표이익=목표원가 라는 공식은 개념적인 산정식이라고 할 수 있으며, 목표원가의 기능적 분해 등을 생각하면 항상 활용할 수 있는 산정방식은 아니라는 것도 지적해 분해 등을 생각하면 항상 활용할 수 있는 산정방식은 아니라는 것도 지적해 두지 않으면 안된다.

기능별로 목표원가를 할당하는 경우, 기능에 결부되지 않은 원가는 제거할 필요가 있다. 예를 들면 어떤 범위의 간접비, 연구개발비, 시작비, 영업비, 일반관리비 등이 기능에 결부되지 않는 원가라고 한다면, 매가에서 목표이익(이것은 매가 × 목표매출이익률로 계산해도 좋다)을 공제할 뿐만 아니라, 이러한 원가도 공제해서 기능별로 할당을 실시하는 경우도 목표원가로 삼는 것을 생각할 수 있다.

3) 목표원가의 세분할당방법

원가목표는 필수목표이면서 개발설계자가 스스로 노력하도록 동기부여한 것이기 때문에, 설계·개발하는 제품이 비교적 단순하고 소규모인 경우와 대략적인 세분화가 확정된 경우를 제외하고는, 용이한 원가목표 달성을 위해 목표원가를 세분화한다. 구체적인 목표원가의 세분할당방법은 다음과 같이 요약된다. 〈표 19-3〉은 세분할당의 대상을 나타내고 있다.

〈표 19-3〉 목표원가 세분할당의 대상

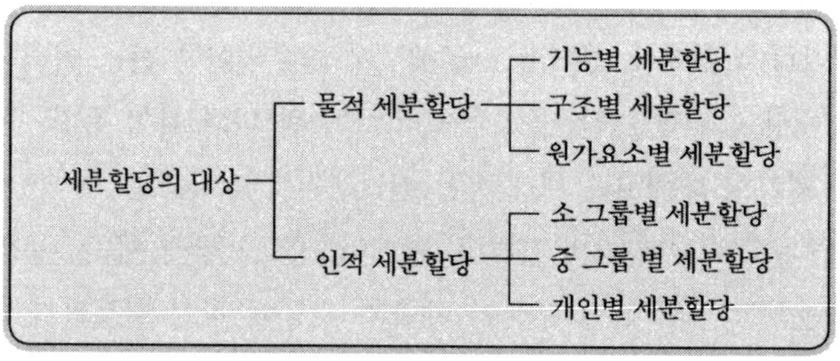

자료 : 田中雅康, 『원가기획の推進とIE』, 1991, p. 7.

(1) 기능별 세분할당

기능별 세분할당은 제품을 구성하는 각 기능분야에 대하여 원가목표를 세분할당한다. 이 방법은 우선 기능분야를 명확히 하여 그 기능을 평가한 후 다시 정책적 수정을 가하여, 그 평가치에 의한 목표원가를 세분할당한다. 따라서, 가치공학에서의 기능계통도를 작성해 두면 편리하고, 항상 사용자측에서 판단하여, 고객지향의 평가를 실시하는 관점이 필요하다.

(2) 구조별 세분할당

구조별 세분할당은 원가목표를 구조(물)별로 세분할당한다. 이 방법은 개발설계하는 제품의 구성을 크게 구분해서 각각의 중요성 비율(%)을 경험적으로 구하거나, 유사품의 과거실적치에 대한 원가 구성비를 구해 이 비율로 원가목표를 세분할당하거나 또는 정책적 감각적인 비율로 세분할당한다.

(3) 원가요소별 세분할당

원가요소별 세분할당은 원가목표를 기능별 또는 구조(물)별로 할당한 후, 그 주요한 조립품이나 부품 등에 대하여 그 원가목표를 다시 원가요소별로 분해해서 세분할당한다. 이 방법은 상세설계 단계에서 주로 실시되지만, 제조준비 단계의 대체안 발상과 공법 연구 그리고 공정설계의 연구를 촉진하고, 생산기술측면의 원가의식 재고에 도움을 준다.

(4) 개발설계자별 세분할당

개발설계자별 세분할당은 작업분할구성(WBS : work breakdown structure)을 작성하여 원가목표를 개발설계자별로 재편성하여 세분할당한다. 이 방법은 원가목표를 개발설계자별로 기록하여 개인별 달성 정도의 측정을 가능하게 하고, 여기서 할당된 제목표는 개발설계자가 제품컨셉에 적합한 새로운 기능·디자인·재료·생산방식 등을 개발하기 위한 출발점이 된다.

설계활동은 기능을 물적인 형태로 만들어내는 활동이므로 제품의 각 기능별로 세분하여 할당한다. 그러나 현실적으로는 간편법으로 구조별 할당을 하는 경우가 있다. 따라서, 가장 바람직한 방법으로는 개발설계의 초기 단계에서는 기능별로 할당하고 중·후기단계에서는 다시 구조별로 할당하는 것이다.

3. 원가견적

1) 원가견적의 목적 및 분류

일반적인 설계안에 대한 평가는 기술성과 경제성의 측면에서 이루어지는데, 원가관리에서는 주로 경제성을 평가한다. 원가견적은 개발설계자가 개발할 제품사양에 대한 금액을 평가하고, 설계대체안의 원가를 현 시점에서 추정하는 원가평가(cost evaluation)와 그 평가치의 시간경과에 따른 변화를 추정하는 원가예측(cost forecasting)의 두 가지 영역으로 구분된다. 본 연구에서의 원가견적은 원가평가를 뜻하며, 그 역할은 첫째, 사양원가(specification cost)를 계산하고, 둘째, 이 평가가치와 목표원가를 대비시켜 원가개선 목표를 명시하는 것이다. 따라서 설계대체안의 원가가 원가목표에 부합하는지를 평가하는 것이 원가견적의 목적이다.

원가견적은 물적 대상과 기능 수준에 대한 견적으로 분류한다. 물적 대상은 제품·시스템·부품 등이 견적의 대상이며 기능 수준의 원가견적은 성능이나 사양치와 같은 기능 수준을 대상으로 한다. 즉 기능 수준의 원가는 특정한 성능을 발휘하기 위한 원가이며, 여러 가지 설계특성치와 가공특성치 등에 대한 원가견적이다.

2) 원가견적의 전제조건

보다 정확한 제품원가의 파악과 유사제품과의 용이한 원가 비교를 통한 효율적인 원가 개선방안을 제시하기 위하여, 원가견적은 원가목표설정시의 전제조건과 일치하여야 한다. 원가견적의 전제조건을 요약하면 다음과 같다.

① 원가구성의 명확화

원가견적을 실시하는 경우 우선 필요한 것은 원가구성의 명확화이다. 원가구성은 개산원가견적인가, 상세원가견적인가에 따라 크게 달라진다.

(가) 개산원가견적

제품개발·설계단계에 있어서 개산원가견적의 원가구성은 원가 견적의 시점, 입수 가능한 견적정보, 필요한 정확성 등에 따라 다음과 같은 복수의 원가 구성을 고려할 수 있다.

㉠ 제조원가를 일괄한 것

㉡ 제조원가를 직접재료비와 기타 원가로 분류한 것

㉢ 제조원가를 직접재료비, 직접가공비, 기타 원가로 분류한 것

(나) 상세원가견적

상세원가견적은 외부기업의 원가와 비교할 수 있도록 하기 위해 원가요소를 종래의 3요소 분류에서 4요소로 분류하는 것이 바람직하다. 이것은 제조원가 중에서 차지하는 설비비의 비율이 높아졌기 때문에 이것에 대응한 원가를 파악할 필요가 있기 때문이다. 이 새로운 4요소 분류에 의거해 원가견적에 있어서의 제조원가 구성을 생각해 보면 다음과 같이 분류할 수 있다.

〈산식〉

제조원가=직접재료비+직접가공비+직접경비+간접가공비+공장관리비

이 원가구성의 각각에 대해 요약하면 다음과 같다.

㉠ 직접가공비라는 것은 당해 제품의 가공을 위해 들어간 사실이 인식되고, 그 측정이 합리적인 원가를 말하며 이것은 직접노무비와 직접설비비의 합으로 표시된다.

㉡ 직접경비는 당해 제품의 제조에 의해 발생하는 것이 직접 인식되고, 그 측정이 합리적인 경비로서, 그 대표적인 것은 개발설계비, 지급설계료, 외주가공비, 전용기계설비의 감가상각비, 금형·치공구, 지급 특허료 등이다.

㉢ 간접가공비는 제품의 가공과 관련해서 발생하는 가공비로서 당해 제품의 가공원가로서 바로 확인이 어렵거나 합리적이지 못한 것이다. 간접가공비에는 간접가공재료비, 간접가공노무비, 간접가공설비비, 간접가공경비가 포함된다. 이러한 원가는 전통적인 원가계산에서는 제조간접비로 취급되고 있으나 제조실태 측면에서 보아 적절한 방법이 아니라고 할 수 있다. 따라서 여기에서는 독자적인 항목으로서 설정한다.

㉣ 직접재료비는 당해제품을 위해 소비되는 사실이 인식되고 그 측정이 합리적인 소재와 부품

등의 원가이며, 재료주비와 재료부비를 포함한다.

ⓜ 공장관리비는 공장 전반에 걸친 관리부문의 부문비로서 다른 원가요소에 포함되지 않는 것이다. 공장관리비에 포함되는 대표적인 것은 총무부문비, 경리부문비, 생산관리부문비, 생산기술부문비 등이다.

(2) 원가내용의 명확화

원가내용의 명확화는 다음 두 가지에 대해서 명확히 하는 것을 의미한다.

첫째, 원가견적의 대상인 전술한 원가구성이 내용을 명확히 하고, 거기에서 계산 표시되는 원가가 재무회계기준인가 관리회계기준인가를 밝히는 것이다.

둘째, 원가견적의 대상인 원가가 평균원가인가 증분원가인가 또는 전부원가인가 부분원가인가를 분명히 하는 것이다. 일본에서는 대부분의 기업이 평균원가로 견적하고 있으며, 추가 생산량에 대한 원가견적으로는 증분원가의 견적이 필요하게 된다.

(3) 원가수준의 명확화

원가수준은 원가견적에 있어서 원가의 엄격성의 정도이다. 원가수준을 대별하면 이상원가수준, 정상원가수준, 계획원가수준으로 분류할 수 있다. 원가수준의 명확화는 이들 원가수준 중 어디에 기초할 것인가를 결정하는 것이다. 그러나 구체적으로 결정하려고 하면 반드시 적당한 원가수준이 예측될 수 없는 경우가 많다. 따라서 그 내용을 잘 검토해야 한다. 먼저 원가수준을 결정하는 요인으로 5항목을 설정했으므로, 각각의 조합에 따라 수많은 원가수준을 고려할 수 있다.

이러한 원가수준을 결정지우는 각 요인에 의거해서, 어느 조합 수준의 것을 원가견적의 대상수준으로 하는가를 밝혀두지 않으면 안된다. 원가수준은 원칙으로 개산견적와 상세견적이 동일하게 되도록 해야 한다. 그것이 다른 경우는 각각에 대해서 원가수준을 명확하게 하고, 각각의 관련성을 명확하게 해 두어야 한다.

〈표 19-4〉 원가수준 결정요인에 의한 원가수준의 비교

수준 / 요인	이상원가수준	정상원가수준	계획원가수준
조 업 도	달성가능한 최대 조업도	정상 조업도	계획 조업도
사용하는 기계설비	실현가능한 최고성능의 기계설비	현재의 기계설비	사용 가능한 최고성능의 기계설비
작업자의 숙련도	고도의 숙련된 작업자	현상태의 작업자	차기 기대되는 작업자
작 업 능 률	최고 능률	평균적 작업능률	차기 기대되는 작업능률
가 격 수 준	최저 가격수준	평균적 가격수준	차기 기대되는 가격수준

자료 : 김일운 외, 『전략적원가관리』, 비봉사, 1997, p. 95.

(4) 견적 시점의 명확화

단일품 수주생산기업과는 달리, 양산기업은 초기 유동기의 제조원가와 안정기의 제조원가가 상당한 차이가 있다. 따라서, 원가견적 시점을 분명히 해야만 한다. 일반적으로 안정기는 어떤 일정한 누적 생산량이나 초기 생산으로부터의 시간적 경과(3개월 후의 원가 등)로 표시된다.

원가견적은 관리 수준의 향상에 따라, 안정기의 원가만을 관리 대상으로 하지 않고, 초기 유동단계(대량생산초기단계)의 원가를 관리하기 위한 원가견적을 병행 실시한다.

3) 바람직한 원가견적

기존의 원가견적은 제품개발 설계의 후방단계에 중점을 두고서, 「물적」원가를 누적방식으로 견적하는 것이며, 원칙적으로 재무회계 기준의 원가견적이다. 기존의 원가견적에 대한 원가 구성은 다양화되어서 원가 비교가 곤란하며, 원가수준이 명확하지 않고, 주로 견적전문가가 견적을 담당한다. 이러한 기존의 원가견적 방법과 문제점을 개선하여 합리적이고도 효율적으로 원가를 견적하기 위한 방안을 살펴보기로 하자.

(1) 기능수준의 원가견적

기능수준은 성능치에 대한 원가견적과, 성능발휘를 위한 여러 설계특성치를 대상으로 하는 원가견적을 포함한다. 기능수준의 원가견적은 구상설계단계와 기본설계단계에서의 원가견적과 상세설계 단계에서의 원가견적 두 가지가 필요하다.

전자는 원가견적을 위한 정보가 적고 개략적이므로, 정확성이 낮은 반면에, 후자는 원가견적을 위한 정보가 많고 그 질 또한 높기 때문에 정확성이 높고, 원가견적에 소요되는 시간과 간편성은 거의 동일하다. 따라서, 개발설계단계의 원가견적은 일반적으로 개산견적이므로, 일괄방식에 의한 기능수준의 원가견적을 채택하여 개발설계자 스스로 원가견적을 실시하는 것이 바람직하다.

(2) 원가표(Cost Table)에 의한 원가견적

원가표는 외부 구입품 가격의 적정한 견적과, 구입비용의 적정 수준 유지, 그리고 외주품과 자가 제작품에 대한 원가 데이터의 제시와, 각종 원가견적의 체계적 시행을 위하여 개발·활용되고 있다.

원가표는 원가에 대한 내·외적 정보가 축적되고, 또한 ABC를 포함한 원가표상의 원가견적 정확도를 높임으로써, 제품 매가안의 작성과, 설계상의 대체안에 대한 원가평가, 사양차 혹은 등급차에 대한 원가평가가 정확해지고, what-if분석 등도 유효하게 실시된다.

4. 목표원가의 달성

설정되어진 목표원가를 달성하기 위한 방법은 다음과 같다.

1) 가치공학

가치공학(VE : Value Engineering)은 시장이 제품에 대하여 요구하는 사용가치와 효용과 목표원가가 균형을 이루도록 재료, 부품, 가공방법, 설비투자 등에 공학적 기법을 적용하여, 각 부문의 전문적 지식과 경험을 가진 구성원들이 팀을 이루어 진행하는 전사적 활동이다.

VE의 진행단계는 다음과 같다.[6]

1단계 : 시제품의 기능 검토

2단계 : 적정수준의 기능을 위한 설계 변경

3단계 : 필요기능을 유지하면서, 원가개선 검토

4단계 : 기획, 설계단계의 가치비율 향상을 위한 방법을 모색하여, 제조, 유통과정에 실행

5단계 : 실행결과를 통한 문제점 검토와 개선안 제시

VE의 실행단계는 다음과 같다.[7]

1단계 : VE실시 대상의 설정

2단계 : 기능의 정의

3단계 : 아이디어의 발상

4단계 : 가치공학의 파악과 평가

5단계 : 개선안의 제안

2) 설계심사

설계심사(design review)는 설계단계에서, 시장 정보를 활용하여 설계를 다양하게 분석·평가하여, 제품에 관한 불량을 미연에 방지하는 활동과 이를 위한 도구로서, 신뢰성 관리나 신뢰성 공학 기법을 주로 이용한다. 〈표 19-5〉는 설계심사의 기본적 흐름을 요약하고 있다.

---

6) 김희범·박희수, 상게 논문, pp. 16-17.
7) 육근효, 전략적 원가관리로서의 원가기획활동, 월간공인회계사, 1994, 7월호, pp. 74-75.

〈표 19-5〉 설계심사의 기본적 흐름

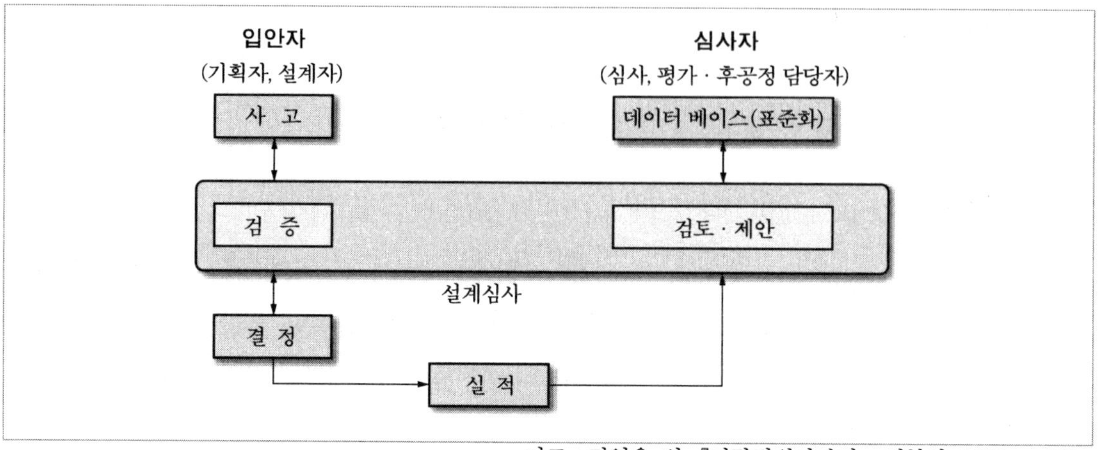

자료 : 김일운 외, 『전략적원가관리』, 비봉사, 1997, p. 103.

설계심사의 특징을 요약하면 다음과 같다.

첫째, 설계심사는 단순히 기술적 측면에서 시행되는 것이 아니라, 설계변경과 VE의 원가 변화를 설계 담당자에게 수시로 피드백하여 원가의식을 높이는 원가 심사와 동시에 시행함으로써 원가절감과 기능 실현을 동시에 달성한다.

둘째, 철저한 설계심사를 통하여 recall이나 PL소송에 따른 비용과 특허나 지적소유권 침해에 따른 원가 등을 사전에 방지함으로서 기업 전체의 원가절감이 가능하다.

셋째, 설계심사를 개발과정에 일상 업무화함으로써 원가기획에 의한 제조원가의 절감과 전사적 원가의 최적관리를 동시에 달성한다.

넷째, 설계심사의 적용 범위를 확대함으로써 개발 지연이나 설계 사양의 미달성을 사전에 방지하고 경쟁사가 제품의 개발기간 중에 발매하는 신제품에 대한 대응도 가능하다.

3) 원가표와 데이터베이스 관리

효율적인 원가기획 활동을 위하여 원가표와 원가절감 데이터베이스 및 그 운용을 원활하게 하는 원가절감 데이터베이스 관리시스템과 같은 컴퓨터 시스템이 필요하다.

먼저 원가표(cost table)의 특징은 다음과 같이 요약된다.

첫째, 원가표는 단순한 구입부품의 가격 리스트만으로 구성되지 않는다.

둘째, 원가표는 설계상의 대체안에 대한 원가와 여러 가지 속성에 대한 평가가 가능하다.

셋째, 사양의 차이와 등급 차이가 원가에 미치는 영향을 즉시 파악할 수 있다.

넷째, 대체안의 비교 평가가 실시간으로 수행될 수 있다.

다섯째, 컴퓨터 지원설계(CAD : Computer Aided Design)와 원가표가 연결되어 있는 경우, 설계자는 자신의 설계에 대한 원가견적을 입수할 수 있다.

VE와 품종·부품수를 삭감하는 기법인 VRP(variety reduction program)의 실행과정에의 원가절감 아이디어는 즉각 개발중인 제품에 반영되지 않고, 차기 개발상품에 활용 가능한 아이디어는 복수부문의 협동이나 수년 후 실용화가 기대되는 기술혁신에 의해 점차적으로 실행 가능하다.

이러한 원가절감을 위한 근원정보를 효과적으로 기록·보관·검색·활용할 수 있는 원가절감 데이터베이스와 데이터베이스의 이용을 용이하게 하는 원가절감 데이터베이스 관리시스템은 장래의 원가기획에 있어 매우 중요한 지원도구이다. 또한 개발시 반복되는 소모적 작업, 비능률, 경영자원의 낭비 등을 사전에 방지하기 위하여 데이터베이스화가 바람직하다.

제 3 절 원가기획 지원시스템

1. 원가기획 지원시스템의 의의

기업의 효율적인 원가기획 활동을 지원하는 다양한 원가기획 지원시스템의 구축은 매우 중요하다. 이러한 원가기획 지원시스템의 유용성은 다음과 같다.

첫째, 다양한 지원시스템을 활용함으로써 목표원가의 정확한 산정과 효율적인 달성을 할 수 있다.

둘째, 원가기획 활동의 적절한 성과측정을 할 수 있다.

셋째, 원가기획 활동 정보를 신속하고 정확하게 요약·분석함으로써 원가기획 활동의 사후관리를 할 수 있다.

넷째, 데이터베이스화된 원가기획 정보의 폭넓은 활용을 통해 전략적 원가관리를 위한 의사결정에 유용한 정보를 제공해 준다.

다섯째, 원가기획 지원시스템을 구축함으로써 인적낭비와 시간낭비를 절감할 수 있다.

반면에 원가기획 지원시스템은 다음과 같은 제한점을 가지고 있다.

첫째, 원가기획 지원시스템에 대한 지나친 의존으로 인하여 새로운 원가절감 아이디어 발상이 힘들다.

둘째, 기업환경의 변화에 따라 민감하게 반응하기 위하여 빈번한 시스템의 변경과 이로 인한 비용이 증가하게 된다.

셋째, 원가기획 지원시스템이 소수의 전문가 집단에 의해 활용된다면, 그들의 판단이 선행되어,

경영 전체에 경쟁우위를 가져다주는 제품개발이 방해받을 수 있다.

넷째, 원가기획 지원시스템의 적용범위 외에서는 조직 전체에 치중해야 하는 원가절감 활동이 개선되지 않을 수 있다.

2. 원가기획의 성과측정을 위한 원가기획 지원시스템

1) PDCA주기의 활용

원가의식을 높이기 위하여 설계나 시험제작을 할 때마다 그 시점의 원가견적을 설계담당자에게 전달하여 PDCA(목표원가의 설정〈plan〉, 원가목표를 위한 활동〈do〉, 활동결과의 평가〈check〉, 목표원가달성을 위한 방침결정과 실행〈action〉)주기를 가능한 빨리 회전시켜 필요한 시정조치와 성과의 확인 그리고 반복적인 새로운 시도를 통해 성과를 재고시킨다.

제품개발이 설계작업의 반복인 것과 마찬가지로, 원가기획에 의한 목표원가의 달성 활동은 수많은 원가의 추정과 원가계산의 반복이며, 각 단락에서 원가의 추정치가 목표원가를 당성하지 못한 경우에는 새로운 행동을 취할 필요가 있다. 그래서 짧은 간격으로 신속하게 PDCA 주기를 진행시켜, 각 부문의 목표원가와 견적원가의 관리를 실시한다.

2) 이정표 관리

이정표 관리란 원가절감을 위한 아이디어의 도출을 위하여 각 부문의 전문가들이 합숙과 회의를 하는 활동이다. 이 방법의 특징은 다음과 같다.

첫째, 다른 업무로부터 해방된다.

둘째, 타부서의 담당자와 공감대를 형성할 수 있다.

셋째, 모표를 수행하기 위한 분위기가 형성된다.

넷째, 극도의 긴장감을 유발하여 긴박한 상황하에서 지혜를 도출할 수 있다.

다섯째, 빈번한 회의는 제품관리자 담당제품에 대한 의도를 철저히 주지시킬 수 있다.

여섯째, 타부서의 정보나 가치관에 대한 공유를 할 수 있다.

일곱번째, 제품의 다음 개발단계로 진행에 대한 중요한 의사결정을 할 수 있다.

여덟번째, 제품개발의 각 단계에서 원가기획의 성과를 검토할 수 있다.

아홉번째, 반복되는 PDCA의 과정에서 이루어지기 때문에 제품개발 각 단계의 모든 활동을 집계할 수 있다.

3) 사후검토활동

사후검토(follow up)활동은 여러 단계에서 실시되며, 대부분 양산개시 후에도 목표원가의 재차 달성, 또는 양산으로 이행하는 단계에서 실제로 발생하는 원가와 원가기획에서의 목표원가를 일치하도록 하는 개선활동이다. 이 방법은 초기유동단계에서의 원가개선 활동으로서 이러한 활동을 통해 목표가 달성된 경우에는 원가유지 활동으로 전환한다.

3. 원가기획 지원시스템의 개선방안

원가기획 지원시스템의 개선방안을 요약하면 다음과 같다.

첫째, 원가기획을 지원하기 위한 회계정보시스템에 대한 지속적인 이론적 연구와 더불어 제품개발시 필요한 각종 의사결정에 필요한 회계정보시스템이 구축되어져야 한다.

둘째, 제품의 개발·설계 활동에서의 대체안들의 개별제품의 원가지표 및 제품원가의 반영과, 대체안에 따른 전체적인 경영활동과 제품의 장래 개발활동에서의 변화의 반영을 위하여 회계정보의 역할이 보다 명확해져야 한다.

셋째, 원가기획 활동을 지원하기 위한 다양한 도구와 시스템들을 효과적으로 활용하지 못할 경우, 원가기획은 효율적으로 실행되지 못한다. 따라서 기존의 원가기획 지원시스템에 의존하지 않고, 보다 포괄적인 관점에서 원가기획활동을 인식할 수 있는 전사적 원가관리시스템이 구축되어야 한다.

넷째, 교육·훈련 제도, 원가기획 활동과 가치공학(VE) 활동에 대한 과거의 경험을 장래의 원가기획 활동에 반영하기 위한 성공과 실패 사례집을 정비·활용해야 한다.

다섯째, 원가기획이 본격적으로 수행되기 위해서는 그 활동을 지원하는 도구와 시스템 정비의 중요성이 한층 더 높아지고 있다. 따라서, 원가기획이 종합적인 이익관리의 일환으로서 실시되기 위해서 전체가 적절히 조합되어 적용되어져야 하며, 동시에 각각의 원가기획 지원시스템을 더욱 연구, 발전시켜야 한다.

여섯째, 원가절감 아이디어의 창출과 원가기획 활동의 원활하고 효율적인 실시를 지원하는 원가기획사무국의 역할이 더욱 강조되어야 한다.

부 록

〈부록 1〉

원가계산기준

한국공인회계사회 공표(1973. 1. 1)

제1장 총 칙

제1조 (기준의 적용) 본 기준은 기업의 건전한 경영과 산업경제의 발전을 도모하기 위하여 기업의 원가를 계산함에 있어서 준거하여야 할 계산기준이다.

제2조 (원가계산의 목적) 원가계산의 목적은 다음과 같다.

1. 재무제표 작성에 필요한 원가자료의 제공
2. 가격계산에 필요한 원가자료의 제공
3. 원가관리에 필요한 원가자료의 제공
4. 예산편성 및 예산통제에 필요한 원가정보의 제공
5. 경영의 기본계획 설정에 필요한 원가정보의 제공

제3조 (원가의 본질) ① 원가라 함은 경영에 있어서 일정한 급부에 관련하여 파악된 재화 또는 용역의 소비를 화폐가치로 표시한 것이다.

② 원가는 경영목적 이외의 경제가치의 소비나 이상상태하의 경제가치의 감소를 포함하지 아니한다.

제4조 (원가의 분류) ① 실제원가와 표준원가

1. 실제원가라 함은 재화의 실제소비량을 실제취득가격 또는 예정가격에 의하여 계산한 원가의 실제 발생액이다.
2. 표준원가라 함은 재화의 소비량을 과학적·통계적 조사에 의하여 능률의 척도가 되도록 예정하고 이를 예정가격 또는 정상가격으로 계산한 원가이다.

② 제품원가와 기간원가

1. 제품원가라 함은 일정단위의 제품에 집계된 원가이다.
2. 기간원가라 함은 일정기간의 원가발생액을 당기의 수익에 직접 대응시켜 파악한 원가이다.

③ 전부원가와 부분원가

1. 전부원가라 함은 일정한 급부에 대하여 발생한 제조원가 또는 이에 일반관리비 및 판매비를 가산한 총원가를 말한다.
2. 부분원가라 함은 그 발생 원가중 일부분만을 집계한 것으로서 그 중 가장 중요한 부분원가는 변동비만을 집계한 직접원가이다.

제5조 (비원가항목) 총원가에 산입되지 않는 항목은 대체로 다음과 같다.

1. 현재 영업에 공여되지 아니하고 있는 자산에 관련하여 발생하는 제비용(유휴미가동, 투자자산, 경영목적 무관자산에 대한 감가상각비, 세금과 공과, 관리비 등)
2. 기업회계원칙에서 규정하고 있는 영업외비용(지급이자, 대손상각, 물품평가손실 등)
3. 이상상태를 원인으로 하는 가치의 감소(우발손실, 천재지변에 의한 손실 등)

4. 세법상 특히 인정된 손금 산입항목(해외시장개척준비금 전입액, 정상상각액을 초과하는 특별상각비 등)
5. 기타 이익잉여금에 부과되는 항목(법인세, 소득세, 배당금, 건설이자상각 등)

제6조 (원가계산제도) ① 본기준에 있어서 원가계산이란 제도로 이루어지는 원가계산으로서 원가계산목적이 달성되어야 할 일정한 계산질서이다.

② 원가계산제도는 재무회계기구와 유기적으로 결부되어 계속적으로 행하여지는 계산체계이다.

③ 원가계산제도는 원가의 내용에 따라 실제원가계산제도와 표준원가계산제도로 분류한다.

④ 실제원가계산제도는 제품의 실제원가를 계산하고 이것을 재무회계에 편입하여 유기적으로 결합된 원가계산제도이다.

⑤ 표준원가계산제도는 제품의 표준원가를 산정하고 이것을 재무회계에 편입하여 유기적으로 결합된 원가계산제도로서 실제원가와 표준원가와의 차이를 분석하는 계산체계이다.

⑥ 본기준에 있어서 특수원가조사는 원가계산제도의 범위에 포함하지 않는 것으로 한다.

제7조 (원가계산의 기간) 원가계산의 기간은 통상 1개월로 한다.

다만, 단위제품생산이 개별적으로 이루어지는 제품의 원가계산은 생산 개시일부터 제품완성일 또는 회계연도 종료일까지를 계산기간으로 할 수 있다.

제2장 실제원가계산

제1절 원가계산의 절차

제8조 (실제원가의 계산절차) ① 실제원가에 있어서의 제조원가는 원칙적으로 그 실제발생액을 우선 비목별 계산을 거쳐 원가부문별로 계산한 다음 제품별로 집계한다.

② 일반관리비와 판매비는 원칙적으로 일정기간의 실제방생액을 비목별로 계산하되필요에 따라 부문별. 제품별로 분류계산할 수 있다.

제9조 (제조원가요소의 분류기준) ① 원가요소는 제조원가요소와 일반관리 판매비 요소로 분류한다.

② 제조원가요소를 분류하는 기준은 다음과 같다.

1. 형태별 분류

원가요소는 원가발생의 형태에 따라 재료비, 노무비 및 경비로 분류한다.

가. 재료비는 물품의 소비에 따라 발생하는 원가를 말하며 주요재료비, 부분품비, 연료비, 공장소모품비 및 소모공구 비품비로 세분한다.

나. 노무비는 노동용역의 소비에 의하여 발생되는 원가를 말하며, 임금, 급료, 잡급, 종업원제수당, 종업원퇴직금 및 복리후생비로 세분된다.

다. 경비는 재료비, 노무비 이외의 제조원가요소를 말하며 기업의 실정에 따라 적당한 계정과목으로 분류한다.

라. 재료비 및 노무비에 속하는 항목중 이것을 재료비 및 노무비로 분류하는 것이 곤란한 경우에는 경비에 속하게 할 수 있다.

2. 기능별 분류

기능별 분류란 원가가 경영상 어떠한 기능을 위하여 발생한 것인가에 따라 재료비는 주요재료비 및 보조재료비와 공장소모품비 등으로, 임금은 작업종류별 개별작업임금, 공통작업임금 등으로 하고 경비는 각 부문의 기능에 따라 분류한다.

3. 제품과의 관련에 따른 분류

제품에 대한 원가발생의 상태에 따라 직접비와 간접비로 구분하고 직접비는 직접재료비, 직접노무비, 직접경비로, 간접비는 간접재료비, 간접노무비, 간접경비로 분류한다.

4. 조업도와의 관련에 의한 분류

원가요소를 조업도와의 관련에 따라 고정비와 변동비로 분류한다. 다만, 그 성격이 준고정비 및 준변동률로 분류되는 것은 각각 고정비와 변동비로 귀속시킬 수 있다.

5. 원가의 관리가능성에 따른 분류

원가의 관리가능성에 따라 관리가능비와 관리불능비로 분류한다.

제 2 절 원가의 비목별 계산

제10조 (원가의 비목별 계산) 일정기간에 있어서의 원가요소를 비목별로 분류계산하는 절차를 원가의 비목별 계산이라 한다.

제11조 (비목별 계산에 있어서의 원가요소의 분류) 비목별 계산에 있어서는 원가요소를 원칙적으로 형태별 분류를 기초로 하여 이것을 직접비로 대별하고 다시 필요에 따라 기능별 분류를 한다.

제12조 (재료비계산) ① 직접재료, 보조재료 등의 입출기록을 행하는 재료에 관한 원가는 원가계산기간중의 소비량 및 소비가격으로서 계산한다.

② 재료의 실제소비량은 원칙적으로 계속기록법에 의하여 계산하여 항구 실사법도 병용할 수 있다. 다만 계속기록법에 의하여 계산하기 곤란하거나 필요가 없는 경우에는 재고조사법, 역산법 등을 적용할 수 있다.

③ 재료의 소비가격은 원칙적으로 구입원가에 의하여 계산한다. 다만 동종 재료의 구입원가가 다를 경우에는 선입선출법, 후입선출법, 이동평균법, 총평균법, 개별법 등으로서 계산한다.

또한 필요에 따라서는 예정가격으로서 계산할 수도 있다.

④ 재료의 구입에 따른 부비는 이를 원칙적으로 다음과 같이 처리한다.

1. 외부부비는 재료의 구입원가에 가산한다.
2. 내부부비는 제조경비로 처리한다.

제13조 (노무비계산) ① 직접임금으로서 작업시간 또는 작업량이 측정되는 노무비는 실제작업시간 또는 작업량에 임률을 승하여 계산한다.

임률은 실제의 개별임률 또는 평균임률에 의하며 평균임률은 필요에 따라 예정임률을 적용할 수 있다.

② 간접노무비로서 간접임금, 급료, 제수당 등은 원칙적으로 원가계산기간의 부담에 속하는 요 지급액으로 계산한다.

제14조 (경비계산) ① 경비는 원칙적으로 당해 원가계산 기간의 실제 발생액으로 계산한다. 다만, 필요에 따라서는 예정가격 또는 예정액으로서 계산할 수 있다.

② 감가상각비, 부동산임차료 등 수개월을 일시에 총괄적으로 계산하는 또는 지급하는 경비는 월할계산한다.

③ 전력료, 수도료 등 소비량을 계산하는 경비는 실제측정된 소비량으로 계산한다.

제15조 (비목별 계산에 있어서의 예정가격적용) 비목별 계산에 있어 일정기간의 원가요소의 발생을 측정할 때 예정가격을 적용할 경우에는 이를 실제가격과의 가격차이를 최소한도로 감소되도록 결정한다.

제 3 절 원가의 부문별 계산

제16조 (원가의 부문별 계산) 원가의 부문별 계산이란 비목별 계산에 파악된 원가요소를 원가 부문별로 분류집계하는 절차를 말하며 원가계산일 제2차 단계이다.

제17조 (원가부문의 설정) 원가부문이란 원가의 발생을 기능별 책임부서별로 관리하고 제품원가의 계산을 정확히 하기 위하여 원가요소를 분류집계하는 계산조직상의 구분을 말하며 이를 제조부문과 보조부문으로 분류한다.

1. 제조부문은 직접 제조작업을 행하는 부문을 말하며 제품의 종류별 생산단계 또는 제조활동의 내용에 따라 다시 세분한다.
2. 보조부문이란 제조부문에 대하여 보조 역할을 하는 부문을 말하며 이를 보조경영과 공정관리부문으로 분류한다. 보조경영부문은 동력부, 운반부, 수선부, 공작부, 검사부 등으로 세분하며 공장관리부문은 재료부, 노무비, 기획부, 시험연구부, 공장사무부 등으로 세분할 수 있다.

제18조 (부문개별비와 부문공통비) 원가요소를 원가부문에 분류집계함에 있어 당해 부문에 발생한 원가가 직접적이냐 아니냐에 따라 부문개별비와 부문공통비로 분류한다. 부문개별비는 그 원가발생액을 당해 부문에 직접 부과하고 부문공통비는 일정한 배부기준에 의하여 관계 각 부문에 배부한다.

제19조 (부문비계산의 절차) ① 원가요소는 우선 각 제조부문과 보조부문에 부과 또는 배부한다. 각 부문에 집계된 원가요소는 필요에 따라 이를 변동비와 고정비 또는 관리가능비와 관리불능비로 구분할 수 있다.

② 보조부문비는 직접배부법, 상호배부법, 계제식배부법 등에 의하여 적당한 배부기준에 따라 각 제조부문에 배부한다.

필요에 따라서는 일부 보조부문비를 직접 제품에 배부할 수 있다.

③ 제조부문에 집계된 원가요소는 필요에 따라 그 부문의 소공정 또는 작업단위별로 집계할 수 있다.

제 4 절 원가의 제품별 계산

제20조 (원가의 제품별 계산) 원가의 제품별 계산은 원가계산의 제3차 계산단계로서 원가요소를 일정제품단위에 집계하여 단위제품의 제조원가를 산정하는 절차를 말하며 그 원가단위는 개수, 시간수, 도량형단위 등으로 표시한다.

제21조 (원가의 제품별 계산의 분류) 원가의 제품별 계산은 다음과 같이 분류할 수 있다.

1. 개별원가계산
2. 단순종합원가계산
3. 조별종합원가계산
4. 공정별 종합원가계산
5. 가공비공정별 종합원가계산
6. 등급별 종합원가계산
7. 연산품종합원가계산

제22조 (개별원가계산) ① 개별원가계산은 종류를 달리하는 제품을 개별적으로 생산하는 생산형태에 적용한다.

② 직접비는 그 발생시에 다음과 같이 당해 제품에 부과한다.

1. 직접재료비는 실제소비량과 소비가격으로서 계산함을 원칙으로 하고 자가생산재료의 소비가격은 실제

원가 또는 예정가격으로서 계산한다.

2. 직접노무비는 실제작업시간 또는 작업량과 임률로서 계산함을 원칙으로 하고 임률은 평균임률 또는 예정평균임률로 계산할 수 있다.
3. 직접경비는 실제방생액으로서 계산한다.

③ 제조간접비는 다음과 같일 배부한다.

1. 제조간접비는 원칙적으로 예정배부율에 의하여 제품에 배부한다.
2. 부문별 제조간접비의 예정배부율은 일정기간에 있어서의 간접비 예정액을 당해 부문의 예정 작업시간 등의 배부기준으로 나누어 산정한다.
3. 일정기간에 있어서의 각 부문의 간접비 예정액은 다음과 같은 절차로서 계산한다.
   가. 우선 간접비를 고정비와 변동비로 구분한다.
   나. 장래에 있어서의 물가의 변동 등을 감안하며 이를 수정한다.
   다. 그리고 고정비는 설비계획의 변경 등 고정비에 미치는 영향을 감안하고 변동비는 제조계획의 변경 등 변동비에 영향을 주는 변동조건을 감안하여 각각 수정한다.
   라. 변동비는 예정조업도에 대응하도록 산정한다.

④ 예정배부율계산의 기초가 되는 예정조업도는 원칙적으로 1년 또는 1회계기간의 정상조업도이어야 하며 직접작업시간, 기계운전시간, 생산수량 등 간접비의 발생과 관련이 있는 적당한 기준으로서 각 부문으로 구분하여 표시한다.

⑤ 부문별 제조간접비의 제품별 배부액은 각 제조부문별, 소공정별 또는 각 작업단위별로 예정배부율과 실제배부기준에 의하여 계산배부한다.

⑥ 일부 보조부문비는 그 성격에 따라 제조부문에 배부하지 않고 제품에 직접 배부할 수 있다.

⑦ 가공비의 배부

개별원가계산에 있어서 인력과 기계작업이 종합적으로 이루어져 제품에 부과할 직접노무비와 제조간접비의 분류가 곤란한 경우에는 가공비를 부분별고 계산하여 예정배부율로서 제품에 배부할 수 있다.

⑧ 개별원가에 있어서의 공손비는 다음 절차에 따라 계산한다.

1. 공손이 보수에 의하여 회복될 경우 그 보수비용을 공손비로 한다.
2. 공손이 보수로서 회복되지 않고 그 전부를 대품으로 생산할 경우에는 종전제조원가 전액을 공손비로 한다.
3. 공손이 보수로서 완전 회복되지 않고 그 일부를 대품으로 생산할 경우에는 대품생산의 제조원가를 공손비로 한다.
4. 공손이 경미할 경우에는 그 보수 또는 대품생산에 소비된 비용에서 공손품의 견적매각가격을 공제한 가격을 제조원가에 가산한다.
5. 공손비는 실제방생액 또는 견적액을 당해 제품에 부과하거나 간접비로 하여 공손이 발생한 부문에 배부한다.

⑨ 작업폐물은 이를 종합원가계산의 부산물의 평가방법에 준하여 평가하고 이것을 발생부문의 부문비에서 공제하거나 필요에 따라 당해 제품의 직접재료비 또는 제조간접비에 공제할 수 있다.

제23조 (단순종합원가계산) ① 단순종합원가계산은 동종 제품을 반복 연속적으로 생산하는 생산형태에 적용한다.

② 단순종합원가계산은 1원가계산기간에 발생한 모든 원가요소를 집계한 다음 이에 기초재공품원가를 가

산하고 기말제공품원가를 공제하여 완성품 종합원가를 계산하고 이를 제품단위에 균분하여 단위원가를 계산한다.

제24조 (조별종합원가계산) ① 조별종합원가계산은 이종제품을 조별로 연속 생산하는 주요 형태에 적용한다.

② 조별종합원가계산은 1기간의 제조비용을 조직접비와 조간접비 또는 재료비와 가공비로 분류하여 조직접비는 각 조의 제품에 부과하고 조간접비는 일정한 배부기준에 의하여 각 조에 배부한다.

③ 그 다음 1기간에 있어서의 조별제조비용과 기초재공품 원가를 합산하고 이를 다시 조별완선품과 기말재공품으로 분류함으로써 조별완성품 종합원가를 계산하고 제품단위에 균분하여 단위원가를 계산한다.

제25조 (공정별 종합원가계산) ① 제조공정이 2개 이상의 연속되는 공정으로 구분되고 공정별로 공정제품의 종합원가를 계산할 경우에는 전공정에서 차공정으로 이체되는 종합원가를 전공정비 또는 재료비로서 차공정의 제조비용에 가산한다.

② 공정간에 이체되는 공정제품의 계산은 예정원가 또는 정상원가에 의할 수 있다.

제26조 (가공비공정별 종합원가계산) 재료가 전부 최초의 공정에서 투입되고 차공정 이후에는 단순히 가공만을 할 경우에는 가공비만을 각 공정별로 집계하여 여기에 재료비를 가산하여 완성품의 종합원가를 계산한다.

제27조 (등급별 종합원가계산) ① 등급별 종합원가계산은 동종유사제품을 연속생산할 경우에 적용한다.

② 등급별 종합원가계산에 있어서는 동종유사제품의 적당한 등가계수를 정하고 일기간의 완성품종합원가 또는 제조비용을 등가계수에 의하여 가중평균법으로 안분하여 제품원가를 계산한다.

③ 등가계수의 산정 및 등급별 제품원가의 산정은 다음 방법에 의한다.

1. 각 등급 제품의 중량, 길이, 면적, 순분도, 열량, 경도, 표준재료소모량, 표준작업시간, 공정별 표준원가 등 원가의 발생과 관련되는 제요소 또는 예정판매가격으로서 등가계수를 산정한다.
   다만, 상기 제요소를 복합하여 등가계수를 산정할 수 있다.
2. 등가계수에 의한 각 등급 제품원가의 계산은 일기간의 생산량에 등가계수를 곱한 총적수를 구하고 그 기간의 완성품종합원가를 그 적수에 의하여 안분한 다음 제품단위당원가를 계산한다.
3. 등가계수는 적당한 원가요소별로 결정하여 각 등급 제품에 안분계산할 수 있다.

제28조 (연산품 종합원가계산) 연산품이란 동일 재료로 동일공정에서 생산되는 이종의 제품으로서 상호 주부를 명확히 구별하기 곤란한 것을 말하며 이는 등급별 원가계산의 방법에 준하여 각 제품의 원가를 계산한다.

제29조 (종합원가계산에 있어서의 완성품원가와 기말재공품원가) ① 당기제조비용 및 기초재공품원가는 이를 원칙적으로 직접재료비와 가공비로 분류하고 기말재공품의 완성품환산량을 직접재료비와 가공비로 분류산정한다.

② 기말재공품의 완성품 환산량은 직접재료비에 있어서는 기말재공품에 포함된 직접재료소비량과 완성품에 포함되는 직접재료 소비량의 비율을 계산하고 이를 기말재공품 재고량에 곱하여 계산한다.

그리고 가공비는 기말재공품의 완성정도를 완성품에 대한 비율로 계산하고 이를 기말재공품 재고량에 곱하여 계산한다.

③ 그 다음 당기제조비용과 기초재공품원가를 다음과 방법중의 어느 하나라소 완성품종합원가와 기말재공품원가를 계산한다.

1. 당기의 직접재료비 총액 및 가공비 총액을 총완성품 환산량으로 안분하여 완성품과 기말재공품 직접재료비와 가공비를 계산한다.

2. 기초재공품원가는 모두 완성품원가로 산입하고 당기제조비용을 완성품환산량을 공제한 수량과 기말재공품 완성품 환산량의 비율로 완성품 기말재공품에 안분하여 계산한다.(선입선출법)
3. 기말재공품의 완성품 환산량 중 기초재공품의 완성품환산량에 상당한 부분은 기초재공품 원가를 그대로 적용 평가하고, 이를 초과부분은 기말재공품 완성품 환상량과 완성품 수량의 비율에 의하여 당기제조비용을 안분하고 기말재공품에 대한 안분액과 기초재공품원가와의 합계액을 기말재공품원가로 한다.(후입선출법)
4. 위 각 방법에 있어 가공비의 기말재공품 완성품 환산량을 계산하기 곤란할 때에는 당기의 가공비 총액을 전액 완성품에 부담시키고 기말재공품은 직접재료비만으로 계산할 수 있다.
5. 기말재공품은 필요에 따라 예정원가 또는 정상원가로서 평가할 수 있다.
6. 기말재공품의 수량이 매월 거의 같을 때는 그 평가를 생략하고 당기제조비용을 그대로 완성품 종합원가로 계산할 수 있다.

제30조 (부산물의 평가처리) 종합원가계산에 있어 부산물이 발생할 경우에는 그 가액을 산정하고 이를 주산물의 종합원가에서 공제한다. 이 경울 부산물의 평가는 다음 방법에 의한다.

1. 부산물로서 그대로 외부에 매각할 수 있는 것은 추정매각가격에서 일반관리비와 판매비, 통상이윤을 공제한 가액
2. 부산물로서 가공후 매각하는 것은 가공제품의 추정매각가격에서 가공비, 일반관리비와 판매비, 통상이윤의 추정액을 공제한 가액
3. 부산물로서 그대로 자가소비하는 것은 그 추정구입가액
4. 부산물로서 가공후 자가소비하는 것은 그 추정구입가격에서 가공비 발생액을 공제한 가액
5. 작업폐물, 공손품 등의 평가처리는 부산물의 평가처리방법에 준한다.

제31조 (종합원가계산에서의 직접원가계산) ① 종합원가계산에 있어서 필요한 경우에는 1기간의 제조비용 중 변동비만을 집계하여 부문비로 계산하고 이에 기초재공품원가를 가산한 다음 이를 완성품과 기말재공품으로 안분하여 제품의 직접원가를 계산하고 고정비는 제품에 집계하지 않을 수도 있다.

② 이때 회계연도말에 있어서는 당해 회계기간에 발생한 고정비액은 기말의 재공품과 제품 및 당기의 매출품에 배부한다.

제 5 절 총원가의 계산

제32조 (일반관리비와 판매비의 분류기준) 일반관리비와 판매비는 다음과 같이 분류한다.

1. 형태별 분류로서는 급료, 임금, 소모품비, 감가상각비, 임차료, 보험료, 수선비, 수도광열비, 세금과 공과, 운반비, 보관비, 여비와 교통비, 통신비, 광고선전비 등으로 분류한다.
2. 기능별 분류로서는 광고선전비, 출하운송비, 창고비, 외상채권수금비, 판매조사비, 기획비, 기술연구비, 사무비 등으로 분류한다.
3. 일반관리비와 판매비는 판매품종 등의 구별에 관련하여 다시 직접비와 간접비, 고정비와 변동비, 관리가능비와 관리불능비로 분류한다.

제33조 (시험연구비) 신제품 또는 신기술의 연구개발 등의 비용으로서 기업전반에 관하여 경상적으로 지출하는 것은 필요에 따라 일반관리비와 판매비의 항목으로 처리할 수 있다.

제34조 (일반관리비와 판매비의 계산) 일반관리비와 판매비는 원칙적으로 형태별 분류를 기초로 하고 이를

직접비와 간접비로 대별하여 필요에 따라서 기능별 분류를 가미하여 일정기간의 발생액을 계산한다. 이 경우에는 제조원가의 비목별 계산에 준한다.

제 3 장 표준원가계산

제 1 절 표준원가의 계산

제35조 (표준원가의 효용) ① 원가관리를 효과적으로 하기 위한 원가의 표준으로서의 표준원가를 설정한다.
② 표준원가는 정상적인 원가로서 재공품, 제품 등의 재고자산가액 및 매출원가산정의 기초가 된다.
③ 표준원가는 예산 특히 추정재무제표 작성에 있어서 신뢰성있는 기초를 제공한다.
④ 표준원가는 이것을 계정조직 중에 편입함으로써 기장을 간략화 및 신속화할 수 있다.

제36조 (표준원가의 산정) ① 표준원가는 직접재료비, 직접노무비 등의 직접비 및 제조간접비에 대하여 계산하고 다시 이를 제품원가에 관련하여 산정한다.
② 원가요소의 표준은 원칙적으로 수량표준과 가격표준의 양면에 대하여 산정한다.

제37조 (표준직접재료비) ① 표준직접재료비는 직접재료의 종류별로 제품단위당의 표준소비량과 표준가격을 정하고 이 양자를 곱하여 산정한다.
② 표준소비량에 대하여는 제품의 생산에 필요한 각종 재료의 종류, 품질, 가공방법 및 순서 등을 정하고 과학적・통계적 조사에 의하여 제품단위당의 각종 재료의 표준소비량을 정한다.
표준소비량에는 정상적인 감손.공손을 포함한다.
③ 표준가격은 예정가격 또는 정상가격으로 한다.

제38조 (표준직접로무비) ① 표준직접노무비는 직접 작업의 구분마다 제품단위당의 표준시간과 표준임률을 정하고 그 양자를 곱하여 산정한다.
② 표준직접작업시간에 대하여는 작업의 종류별, 사용기계공구, 작업방식 및 순서, 노동등급등을 정하고 이를 과학적.통계적 조사에 의하여 제품단위당의 각 구분작업의 표준시간을 정한다. 이 표준작업시간에는 통상적 여유시간을 포함한다.
③ 표준임률은 예정임률 또는 정상임률로 한다.

제39조 (제조간접비의 표준) ① 제조간접비의 표준은 이것을 부분별 또는 작업단위별로 일정기간에 발생할 제조간접비의 예정액을 산정한다.
② 이 부문별 간접비예산의 산정방법은 실제원가계산에 있어서의 부문별 계산절차에 준한다.
③ 부문간접비예산은 고정예산 또는 변동예산으로 산정한다.

제40조 (제조간접비의 고정예산) ① 고정예산이란 제조간접비예산을 예산기간에 있어서 예상되는 일정한 조업도에 대응하여 산정하는 것이다.
② 각 부문별 고정예산은 일정한 한도내에서 원가관리에 기여할 뿐만 아니라 제품에 대한 표준간접비배부율의 산정기초가 된다.

제41조 (제조간접비의 변동예산) ① 제조간접비를 보다 효과적으로 관리하기 위하여 변동예산을 설정한다.
② 변동예산이란 제조간접비예산을 예산기간에 예상되는 여러 조업도에 대응하여 산정한 예산을 말하며 실제간접비 발생액을 당해 조업도의 예산과 비교하여 부문업적의 관리를 가능케 한다.
③ 변동예산은 실사법, 공식법 등에 의하여 산정한다.

④ 실사법에 의하는 경우에는 일정한 기준 조업도를 중심으로 예상되는 여러 조업도를 일정한 간격으로 구분하고 각 조업도에 대응하는 복수의 제조간접비예산을 산정한다.

이 경우 간접비예산은 간접비의 각 항목에 대하여 각 조업도에 있어서의 금액을 개별적으로 실사하여 산정한다.

⑤ 공식법에 의하는 경우에는 제조간접비 요소를 고정비, 변동비로 구분하고 고정비는 조업도의 증감에 불구하고 일정한 것으로 하고 변동비는 조업도의 증감과 관련시켜 그 변동률을 각 요소별로 측정하여 두고 이것을 그때마다 관계조업도를 곱하여 산정한다.

제42조 (표준제품원가) ① 표준제품원가는 제품의 일정단위에 대하여 표준직접재료비, 표준직접노무비 및 표준간접비 배부율에 따라 선정한 표준간접비 배부액을 합계하여 산정한다.

② 표준간접비 배부율은 고정예산 산정시의 기준조업도에 있어서의 표준간접비를 기초로 하여 산정한다.

또한 가공비의 배부계산을 행하는 경우에는 부문가공비 표준을 제조간접비의 표준산정에 준하여 산정한다.

제43조 (표준원가의 수정) 표준원가는 표준원가계산 목적에 적합한 표준이어야 하므로 항상 그 적부를 음미하여 생산의 기본조건 및 재료가격, 임률, 경비 등에 중대한 변화가 발생한 경우에는 현실에 적응할 수 있도록 이를 수정한다.

제44조 (표준원가의 지시) 표준원가는 일정한 문서에 의하여 원가발생에 관하여 책임을 갖는 각 부서에 지시되며, 이 표준원가를 지시하는 문서에 관하여는 기업의 실정에 따라 적당히 정할 것이나 대체로 다음과 같이 한다.

1. 표준제품원가표

   표준제품원가표란 제조명령서에 지시된 제품의 일정단위당의 표준원가를 구성하는 가종 직접재료비 표준, 작업종류별 직접노무비 표준 및 제조간접비 배부액의 표준을 수량 및 금액으로 기재 지시하는 문서를 말한다.

   이에는 필요에 따라 재료명세표, 표준작업표 및 제조간접비 배부표 등을 부속시킨다.

2. 재료명세표

   재료명세표란 제품의 일정단위의 생산에 필요한 직접재료의 종류, 품질 및 그 표준소비수량 등을 지정하는 것이다.

3. 표준작업표

   표준작업표란 제품의 일정단위의 생산에 필요한 작업의 종류, 작업부문, 사용기계공구, 작업의 내용, 노동의 등급에 각 구분작업의 시간 등을 지정하는 것이다.

4. 제조간접비예산표

   제조간접비예산표란 제조간접비예산을 비목별로 설정한 비목별 예산표와 이것을 다시 부문별로 설정한 부문별 예산표로 구분한다.

   이 예산표는 필요한 경우 비목을 변동비와 고정비 또는 관리가능비와 관리불능비로 구분 지시한다.

제 2 절 원가차이의 산정과 분석

제45조 (원가차이의 산정) 원가차이란 실제원가계산제도에 있어서 원가의 일부를 예정가격으로 계산한 경우의 원가와 실제발생액과의 차액 그리고 표준원가계산제도에 있어서의 표준원가와 실제발생액과의 차액(이것을 표준차이라 한다)을 말한다.

제46조 (원가차이의 분석) 원가차이가 발생할 경우에는 이것을 산정기록하고 분석한다. 그 목적은 원가차이를 재무회계상 적정히 처리하여 제품원가 및 손익을 확정함과 아울러 그 분석결과를 각 계층에 제공함으로써 원가관리에 활용한다.

제47조 (실제원가계산제도에 있어서의 원가차이) ① 재료부비 배부차이 재료부비 배부차이란 재료부비의 일부 또는 전부를 예정배부율로서 재료의 매입원가에 산입함으로써 발생하는 원가차이를 말하며 일정기간에 있어서 그 재료부비의 배부액과 실제액과의 차액으로서 산정한다.

② 재료수입가격 차이
재료수입가격 차이란 재료의 수입가격을 예정가격으로 계산함으로써 발생하는 원가차이를 말하며 일정기간에 있어서 그 재료의 수입금액과 실제수입금액과의 차액으로서 산정한다.

③ 재료소비가격 차이
재료소비가격 차이란 재료의 소비가격을 예정가격으로 계산함으로써 발생하는 원가차이를 말하며 일정기간에 있어서 예정가격으로서 계산된 재료비액과 실제발생액과의 차액으로서 산정한다.

④ 임률차이
임률차이란 노무비를 예정임률로 계산함으로써 발생하는 원가치이를 말하며 일정기간에 있어서 예정임률에 의하여 계산된 노무비액과 실제발생액과의 차액으로 산정한다.

⑤ 제조간접비 배부차이
제조간접비 배부차이란 제조간접비를 예정배부율로 제품에 배부함으로써 발생하는 원가차이를 말하며 일정기간에 있어서 예정배부율에 의한 제조간접비 배부액과 실제 발생액과의 차액으로서 산정한다.

⑥ 가공비 배부차이
가공비 배부차이란 가공비를 예정배부율로 제품에 배부함으로써 발생하는 원가차이를 말하며 일정기간에 있어서 그 가공비 예정배부율로 계산한 배부액과 실제배부액과의 차액으로서 산정한다.

⑦ 보조부문비 배부차이
보조부문비 배부차이란 보조부문비를 예정배부율로 제조부문에 배부함으로써 발생하는 원가차이를 말하며 일정기간에 있어서 예정배부율로 계산되는 보조부문비의 배부액과 실제배부액과의 차액으로써 산정한다.

⑧ 대체차이
대체차이란 공정간에 대체되는 공정제품의 가액을 예정가액으로 계산함으로써 발생하는 원가차이를 말하며 일정기간에 있어서 예정가격으로 계산된 공정제품의 대체가액과 실제가액과의 차액으로 산정한다.

제48조 (표준원가계산제도에 있어서의 원가차이) ① 재료수입가격 차이재료수입가격 차이란 재료의 수입가격을 표준가격으로 계산함으로써 발생하는 원가차이를 말하며 표준수입가격과 실제수입가격과의 차이에 실제수입수량을 곱하여 산정한다.

② 직접재료비 차이
직접재료비 차이란 표준원가에 의한 직접재료비와 직접재료비의 실제발생액과의 차액을 말하며 이것을 재료종류별로 가격차이와 수량차이로 분석한다.

1. 가격차이란 재료의 표준소비가격과 실제소비가격과의 차이에 따른 직접재료비 차이를 말하며 직접재료의 표준소비가격과 실제소비가격과의 차이에 실제소비량을 곱하여 산정한다.
2. 수량차이란 재료의 표준소비수량과 실제소비수량과의 차이에 따른 직접재료비 차이를 말하며 직접재료

의 표준소비수량과 실제소비수량과의 차이에 표준소비가격을 곱하여 산정한다.

③ 직접노무비 차이

직접노무비 차이란 표준원가에 의한 직접노무비와 직접노무비의 실제발생원가와의 차이를 말하며 이것을 부문별 또는 작업종류별로 임금차이와 작업시간 차이로 분석한다.

1. 임률차이란 표준임률과 실제임률과의 차이에 따른 직접노무비 차이를 말하며 표준임률과 실제임률과의 차이에 실제작업시간을 곱하여 산정한다.
2. 작업시간 차이란 표준작업시간과 실제작업시간과의 차이에 따른 직접노무비 차이를 말하여 표준작업시간과 실제작업시간과의 차이에 표준임률을 곱하여 산정한다.

④ 제조간접비 차이

제조간접비 차이란 일정기간에 있어서의 제조간접비의 표준배부액과 실제발생액과의 차액을 말하며 이것을 능률차이, 조업도차이, 예산차이 등으로 분석한다.

제 3 절 원가차이의 회계처리

제49조 (실제원가계산제도에 있어서의 원가차이의 처리) ① 원가차이는 재료수입가격 차이를 제외하고는 원칙적으로 당해 연도의 매출원가에 부과한다.

② 재료수입가격 차이는 당해 연도의 불출액과 기말재고액에 배부한다. 이 경우 재료를 기말재고액에 대하여는 재료를 적당한 종류별로 분류하여 배부한다.

③ 예정가격이 부적당하기 때문에 비교적 다액의 원가차이가 발생하는 경우 직접재료비, 직접노무비, 직접경비 및 제조간접비에 관한 원가차이의 처리는 다음 방법에 의한다.

1. 개별원가계산의 경우는 당년도의 매출원가와 기말재고자산에 제조명령서별로 배부하거나 또는 당년도의 매출원가와 기말재고자산에 과목별로 배부한다.
2. 종합원가계산의 경우는 당년도의 매출원가와 기말재고자산에 과목별로 배부한다.

제50조 (표준원가계산제도에 있어서의 원가차이의 처리) ① 수량차이, 작업시간차이, 능률차이 등의 원가차이가 이상상태에 기인하여 발생한 경우에는 이것을 비원가항목으로 처리한다.

② 전항의 경우를 제외한 기타 원가차이는 모두 실제원가계산제도에 있어서의 원가차이 처리방법에 준한다.

〈부록 2〉

원가계산준칙

증권선물위원회 제정(1998. 4. 1)

제1장 총 칙

제1조 (목적) 이 준칙은 기업회계기준 제97조의 규정에 의하여 회사가 재무제표를 작성하기 위하여 제품의 원가를 산정함에 있어 준거해야 할 세부사항에 관하여 정함을 목적으로 한다.

제2조 (적용범위) 이 준칙은 회사가 제품의 생산과 관련하여 발생한 원가(이하 "제조원가"라 한다)를 산정하는데 적용한다.

제3조 (원가계산제도의 확립 등) ① 회사는 제조원가를 계속적으로 수집·측정·배분·보고하기 위한 계산절차로서 실제원가계산제도 또는 표준원가계산제도를 확립하여야 한다.

② 회사가 채택한 원가계산제도는 매기 계속하여 적용하여야 하며 정당한 이유없이 이를 변경하여서는 아니된다.

제4조 (제조원가범위) ① 제조원가는 제품의 생산과 관련하여 소비된 경제적 차원의 가치만을 포함한다.

② 비정상적으로 발생한 경제적 자원의 소비 는 제조원가에 포함하지 아니한다.

제5조 (원가계산기간) 원가계산기간은 회사의 회계연도와 일치하여야 한다. 다만, 필요한 경우에는 월별 또는 분기별 등으로 세분하여 원가계산을 실시할 수 있다.

제6조 (원가계산의 일반원칙) 제조원가의 계산은 다음 각호에 따른다.

1. 제조원가는 일정한 제품의 생산량과 관련시켜 집계하고 계산한다.
2. 제조원가는 신뢰할 수 있는 객관적인 자료와 증거에 의하여 계산한다.
3. 제조원가는 제품의 생산과 관련하여 발생한 원가에 의하여 계산한다.
4. 제조원가는 그 발생의 경제적 효익 또는 인과관계에 비례하여 관련제품 또는 원가부문에 직접 부과하고, 직접부과가 곤란한 경우에는 합리적인 배부기준을 설정하여 배부한다.

제7조 (제조원가요소의 분류) ① 제조원가요소는 재료비, 노무비 및 경비로분류하거나, 회사가 채택하고 있는 원가계산방법에 따라 직접재료비, 직접노무비 및 제조간접비 등으로 분류할 수 있다.

② 제조원가요소와 판매비와 관리비요소는 구분하여 집계한다. 다만, 그 구분이 명확하지 아니한 경우에는 발생원가를 비목별로 집계한 후, 일정한 기준에 따라 제조원가와 판매비와관리비로 구분하여 배부할 수 있다.

제2장 실제원가계산제도

제8조 (실제원가계산 절차) 실제원가계산은 원가요소의 실제발생액을 비목별계산을 거쳐 원가부문별로 계산한 후 제품별로 제조원가를 집계한다.

제9조 (재료비의 계산) ① 재료비는 기초재료재고액에 당기재료매입액을 가산하고 기말재료재고액을 차감

하여 계산한다.

② 재료의 소비수량은 계속기록법에 의하여 계산하며 필요한 경우에는 실지재고조사법 또는 역산법에 의하여 계산할 수 있고, 2 이상의 방법을 병행하여 적용할 수 있다.

③ 재료의 소비가격은 취득원가에 의하여 계산하며, 동일재료의 취득원가가 다를 경우에는 개별법·선입선출법·후입선출법·이동평균법 또는 총평균법 등의 방법을 적용하여 계산한다.

제10조 (노무비의 계산) ① 노무비는 그 지급기준에 기초하여 당해 기간에 실제로 발생한 비용을 집계하여 계산한다.

② 작업시간 또는 작업량에 비례하여 발생하는 노무비는 실제작업시간 또는 실제작업량에 임율을 곱하여 계산한다. 이 경우 임율은 개별임율 또는 평균임율에 의한다.

③ 상여금 또는 특별수당 등과 같이 월별·분기별로 지급금액 또는 지급시기가 일정하지 아니한 노무비는 회계연도중의 원가계산기간에 안분하여 계산한다.

제11조 (경비의 계산) ① 경비는 제조원가중 재료비와 노무비를 제외한 모든 비용을 포함하고 그 내용을 표시하는 적절한 세부과목으로 구분하여 기재한다.

② 경비는 당해 기간에 실제로 발생한 비용을 집계하여 계산한다.

③ 시간 또는 수량에 비례하여 발생하는 경비는 실제시간 또는 실제수량에 단가를 곱하여 계산한다.

제12조 (외주가공비의 계산) ① 당기제품제조와 관련하여 발생한 외주가공비는 당해 기간에 실제로 발생한 비용을 집계하여 계산한다.

② 외주가공비는 그 성격에 따라 재료비 또는 경비에 포함하여 계상할 수 있으며, 그 금액이 중요한 경우에는 별도의 과목으로 기재할 수 있다.

제13조 (예정가격 등의 적용특례) 제8조의 규정에 불구하고 제조원가는 재료의 가격, 임율 및 경비를 예정가격 또는 예정액으로 계산할 수 있으며, 제조간접비는 예정배부율을 적용하여 계산할 수 있다.

제14조 (원가부문별 계산) ① 원가계산은 원가의 발생을 관리하고 제품원가의 계산을 정확히 하기 위하여 부문별로 계산할 수 있다. 이 경우 원가의 비목별 계산에서 집계된 원가요소는 그 전부 또는 일부를 다시 원가부문별로 집계한 후, 이를 다시 제품별로 배분할 수 있다.

② 원가부문은 원가요소를 분류·집계하는 계산상의 구분으로서 제조부문과 보조부문으로 구분한다.

③ 제조부문은 직접 제조작업을 수행하는 부문을 말하며 제조활동 등에 따라 세분할 수 있다.

④ 보조부문은 직접 생산활동을 수행하지 아니하고 제조부문을 지원·보조하는 부문으로서 그 수행하는 내용에 따라 세분할 수 있다.

제15조 (부문비 계산의 절차) ① 원가의 부문별 계산은 원가요소를 제조부문과 보조부문에 배분하고, 보조부문비는 직접배부법·단계배부법 또는 상호배부법 등을 적용하여 각제조부문에 합리적으로 배부한다.

② 제조부문에 집계된 원가요소는 필요에 따라 그 부문의 소공정 또는 작업단위별로 집계할 수 있다.

제16조 (부문개별비와 부문공통비) ① 원가요소는 발생한 원가의 직접적인 집계가능성여부에 따라 부문개별비와 부문공통비로 구분한다.

② 부문개별비는 원가발생액을 당해 발생부문에 직접부과하고, 부문공통비는 인과관계 또는 효익관계 등을 감안한 합리적인 배부기준에 의하여 관련부문에 배부한다.

제17조 (원가의 제품별 계산방법) 원가의 제품별 계산은 원가요소를 제품단위에 집계하여 단위 제품의 제조원가를 산정하는 절차를 말하며, 이는 생산형태에 따라 개별원가계산방식과 종합원가계산방식 등으로 분류한다.

제18조 (개별원가계산) ① 개별원가계산은 다른 종류의 제품을 개별적으로 생산하는 생산형태에 적용하며, 각 제조지시서별로 원가를 산정한다.

② 제조간접비의 제품별 배부액은 각 제조부문별·소공정별 또는 작업단위별로 예정배부율 또는 실제배부기준에 의하여 배부한다. 다만, 필요한 경우에는 제조부문에 배부하지 않고 직접 제품에 부과할 수 있다.

제19조 (종합원가계산) ① 종합원가계산은 동일 종류 또는 다른 종류의 제품을 연속하여 반복적으로 생산하는 생산형태에 적용한다.

② 종합원가계산의 단위당원가는 발생한 모든 원가요소를 집계한 당기총제조비용에 기초재공품원가를 가산한 후 그 합계액을 완성품과 기말재공품에 안분계산함으로써 완성품총원가를 계산하고, 이를 제품단위에 배분하여 산정한다.

③ 종합원가계산에 있어서 완성품원가와 기말재공품원가는 완성품환산량에 의하여 선입선출법·후입선출법 또는 총평균법 등 기타 합리적인 방법을 적용하여 계산한다.

④ 기말재공품의 완성품환산량은 재료의 투입정도 또는 가공정도 등을 고려하여 직접재료비와 가공비로 구분하여 산정할 수 있다.

⑤ 종합원가계산은 생산되는 제품의 형태 및 공정에 따라 공정별원가계산, 조별원가계산, 등급별원가계산 및 연산품원가계산 등으로 분류한다.

제20조 (공정별원가계산) ① 공정별원가계산은 제조공정이 2 이상의 연속되는 공정으로 구분되고 각 공정별로 당해 공정제품의 제조원가를 계산할 경우에 적용한다.

② 전공정에서 다음 공정으로 대체되는 제조원가는 전공정대체원으로 하여 다음 공정의 제조원가에 가산한다.

③ 재료가 최초 공정에 전량 투입되고 다음 공정이후에는 단순히 가공비만이 발생하는 경우 완성품총원가는 각 공정별로 가공비를 집계하고 여기에 재료비를 가산하여 계산할 수 있다.

제21조 (조별원가계산) ① 조별원가계산은 다른 종류의 제품을 조별로 연속하여 생산하는 생산형태에 적용한다.

② 조별원가계산에서는 당해기간의 제조원가를 조직접비와 조간접비로 구분하여 조직접비는 각 조에 직접부과하고, 조간접비는 일정한 배부기준에 의하여 각 조별로 배부하여 조별총제조원가를 산출한다.

제22조 (등급별원가계산) ① 등급별원가계산은 동일 종류의 제품이 동일공정에서 연속적으로 생산되나 그 제품의 품질 등이 다른 경우에 적용한다.

② 등급품별단위당 원가는 각 등급품에 대하여 합리적인 배부기준을 정하고, 당해 기간의 완성품총원가를 동 배부기준에 따라 안분하여 계산한다.

③ 등급품별로 직접원가를 구분하는 것이 가능할 경우 직접원가는 당해제품에 직접부과하고 간접원가는 제2항의 배부기준에 따라 배부할 수 있다.

제23조 (연산품원가계산) ① 연산품원가계산은 동일재료로 동일공정에서 생산되는 다른 종류의 제품으로서 주산물과 부산물을 명확히 구분하기 곤란한 경우에 적용한다.

② 연산품원가계산은 제22조 제2항 및 제3항의 규정을 준용한다.

제24조 (부산물과 작업폐물의 평가) ① 부산물은 제22조의 규정을 준용하여 평가하거나, 다음 각호의 방법에 의하여 그 가액을 산정하여 이를 발생부문의 주산물 총원가에서 안분하여 차감한다.

1. 부산물을 그대로 외부에 매각할 수 있는 경우에는 추정매각가격에서 판매비와 관리비 및 정상이윤을 공제한 가액

2. 부산물로서 추가가공 후 매각하는 경우에는 가공제품의 추정매각가격에서 추가가공비, 판매비와 관리비 및 정상이윤을 공제한 가액
3. 부산물을 그대로 자가소비하는 경우에는 그 추정 매입가격
4. 부산물로서 추가가공 후 자가소비하는 것은 그 추정매입가격에서 추가가공비 발생액을 공제한 가액

② 부산물의 추정매각가격 또는 추정매입가격은 최근의 거래가격 또는 권위 있는 물가조사기관의 물가조사표에 의한 시가를 적용한다.

③ 판매비와 관리비 및 정상이윤은 유사제품의 최근 평균매출원가율을 적용하여 계산한다.

④ 작업폐물은 제1항 내지 제3항의 규정을 중용하여 평가하고, 이를 발생부문의 제조원가에서 차감하거나 필요에 따라 당해 제품의 제조원가에서 차감할 수 있다.

제25조 (공손비의 계산) ① 공손비는 다음 각호에 따라 계산하여 당해제품의 제조원가에 부과하거나 원가발생부문의 간접비용으로 한다. 다만, 비정상적인 공손비는 영업외비용으로 한다.

1. 공손의 보수에 의하여 회복될 경우 공손비는 그 보수비용으로 한다.
2. 공손이 보수로서 회복되지 않고 그 전부를 다시 생산할 경우 공손비는 기발생된 공손품 제조원가에서 공손품의 평가액을 차감한 가액으로 한다.
3. 공손이 보수로서 완전 회복되지 않고 그 일부를 다시 생산할 경우 공손비는 추가적으로 발생하는 제조원가에서 공손품의 평가액을 차감한 가액으로 한다.

② 제1항 제2호 및 제3호의 규정에 의한 공손품의 평가는 제24조의 규정을 준용한다.

제 3 장 표준원가계산제도

제26조 (표준원가 계산의 적용) ① 표준원가계산은 사전에 객관적이고 합리적인 방법에 의하여 산정한 원가(이하 "표준원가"라 한다)를 이용하여 제조원가를 계산하는 경우에 적용한다.

② 표준원가는 회사의 제반 사정을 고려하여 현실적으로 달성 가능하도록 설정한다.

제27조 (표준원가의 산정) ① 표준원가는 직접재료비, 직접노무비 및 제조간접비에 대하여 산정하고, 다시 제품원가에 대하여 설정한다.

② 원가요소의 표준은 수량과 가격에 대하여 각각 설정한다.

제28조 (표준직접재료비) ① 표준직접재료비는 직접재료의 종류별로 제품단위당 표준소비수량과 표준소비가격을 설정하고, 이 양자를 곱하여 산정한다.

② 표준소비수량은 과학적·통계적 조사에 의하여 제품의 생산에 필요한 각종 재료의 종류, 품질, 가공방법 등을 고려하여 정한다. 이 경우 표준소비수량에는 정상적인 공손 및 감손을 포함한다.

③ 동일한 기능을 수행하는 여러 종류의 재료가 대체적으로 사용되는 경우 표준직접재료비는 각 재료의 표준배합비율을 곱하여 설정하고 이에 각 재료의 표준소비수량과 표준소비가격을 산정한다.

④ 표준소비가격은 과거 및 현재의 시장가격과 장래에 예측되는 가격동향이나 거래관습 등 제반 경제적 여건을 고려하여 정한다.

제29조 (표준직접노무비) ① 표준직접노무비는 직접작업의 구분마다 제품단위당 표준작업시간과 표준임률을 설정하고, 이 양자를 곱하여 산정한다.

② 표준작업시간은 과학적·통계적 조사에 의하여 작업의 종류, 사용기계공구, 작업방식, 노동의 등급 등

을 고려하여 정한다.

③ 표준임률은 과거 및 현재의 임률과 장래에 예측되는 변동 등 제반 여건을 고려하여 정한다.

제30조 (제조간접비의 표준) ① 제조간접비의 표준은 부문별 또는 작업단위별로 일정기간에 발생할 제조간접비의 예정액으로 산정한다.

② 부문별 제조간접비표준의 산정방법은 제14조 내지 제16조의 규정을 준용한다.

제31조 (표준원가의 수정) 표준원가는 생산의 조건 등에 변화가 있는 경우 이를 적절히 수정한다.

제32조 (원가차이의 산정) 표준원가와 실제발생원가와의 차액(이하 "원가차이"라 한다.)은 원가계산기간별로 산정한다. 이 경우 실제발생원가의 산정은 제8조 내지 제16조의 규정에 의한다.

제33조 (원가차이의 회계처리) ① 원가차이는 일정한 기준에 따라 회계연도의 매출원가와 기말재고자산에 배부하며, 원가차이의 배부를 보다 정확히 하기 위하여 원가요소별로 다른 배부기준을 적용할 수 있다.

② 비정상적으로 발생한 원가차이는 영업외수익 또는 영업외 비용으로 한다.

③ 실제원가계산제도에 있어서 원가의 일부를 예정가격 등으로 계산할 경우 발생한 원가차이는 제1항 및 제2항의 규정을 준용하여 처리한다.

제4장 보 칙

제34조 (준용규정) 이 준칙은 제조업 이외의 업종을 영위하는 회사가 원가계산을 함에 있어서도 이를 준용할 수 있다.

부 칙

제1조 (시행일) 이 준칙은 1998년 4월 1일부터 시행한다.

제2조 (종전 준칙의 폐지 및 이에 따른 경과조치) ① 종전 증권관리위원회의 원가계산준칙(이하 "종전 준칙"이라 한다)은 이 준칙 시행일부터 이를 폐지한다.

② 이 준칙 시행전에 종전 준칙에 의하여 회계처리한 경우에는 이 준칙을 적용한 것으로 본다.

제3조 (다른 규정과의 관계) 이 준칙 시행 당시 다른 규정에서 종전 준칙을 인용하고 있는 경우에 이 준칙 중 그에 해당하는 규정이 있는 경우에는 종전 준칙에 갈음하여 이 준칙 또는 이 준칙의 해당 규정을 인용한 것으로 본다.

연습문제 해답

〈제 1 장〉 [주관식]

1. 본문 참조
2. 본문 참조
3. 본문 참조
4. 본문 참조
5. 본문 참조
6. 본문 참조
7. 본문 참조
8. 본문 참조
9. 본문 참조
10. 본문 참조

〈제 2 장〉 [주관식]

1. 본문 참조
2. 본문 참조
3. 본문 참조
4. 본문 참조
5. 본문 참조
6. 본문 참조
7. 본문 참조
8. 본문 참조
9. 본문 참조
10. 본문 참조

〈제 3 장〉 [주관식]
(원가개념과 분류)

1. 본문 참조
2. 본문 참조
3. 본문 참조
4. 본문 참조
5. 본문 참조
6. 본문 참조
7. ① → ⓒ

② → ⓐ
③ → ⓑ
④ → ⓐ
⑤ → ⓑ
⑥ → ⓒ

8. ① ○ ② ×
③ × ④ ×
⑤ ○ ⑥ ×
⑦ × ⑧ ○
⑨ ○ ⑩ ×

9. 직접 원가 ₩780,000
제조간접비 ₩378,000
제조 원가 ₩1,158,000
총 원 가 ₩1,257,000
판매 가격 ₩1,281,000

10. ① ₩300,000 × 0.25 = ₩75,000 (제조간접비)
② ₩300,000 + ₩75,000 = ₩375,000 (제조원가)
③ ₩468,750 − ₩375,000 = ₩93,750 (판매비와관리비)
④ ₩375,000 ÷ 80% = ₩468,750 (총원가)
⑤ ₩468,750 × 0.18 = ₩84,375 (판매이익)
⑥ ₩468,750 + ₩84,375 = ₩553,125 (판매가격)

〈제 5 장〉 [주관식]
(재료비회계)

1. 본문 참조
2. 본문 참조
3. 본문 참조
4. 본문 참조
5. ① 주요재료 1,405,000 / 외상매입금 1,350,000
당좌예금 55,000
② 재공품 1,600,000 / 주요재료 2,200,000
제조간접비 600,000
③ 재료재고감모비 40,000 / 재료 40,000
④ 재공품 12,000,000 / 주요재료 12,000,000
⑤ 부분품 2,800,000 / 재공품 2,800,000

6. ① 외상매입 : 재료 8,700,000 / 외상매입금 8,700,000
② 반 품 : 외상매입금 150,000 / 재료 150,000
③ 직접소비 : 재공품 6,000,000 / 재료비 6,000,000

④ 간접소비 : 제조간접비 2,000,000 / 재료비 2,000,000
⑤ 재료반납 : 재료 550,000 / 재공품 550,000

7. 〈분개〉

	(차)		(대)	
①	재공품	1,900,000	재료비	3,600,000
	당좌예금	1,700,000		
②	재료비	4,000,000	재료	4,000,000
③	재료비차액	400,000	재료비	400,000
④	매출원가	400,000	재료비차액	400,000

〈전기〉

재 료 비

차변		대변	
(2) 재료	4,000,000	(1) 제좌	3,600,000
		(3) 재료비차액	400,000
	4,000,000		4,000,000

재료비차액

차변		대변	
(3) 재료비	400,000	(4) 매출원가	400,000

8. 1) ①은 제조간접비 ₩100,000을 제조에 배부한 경우
②는 재료의 직접소비액 ₩100,000을 제조에 부과한 경우
2) 예정가격의 재료소비액과 실제재료소비액이 ₩200,000의 차액이 발생한 경우에
①은 예정가격보다 실제가격이 많은 경우이고
②는 그 반대의 경우이다.
3) 재료의 실제기말재고액이 장부가액보다 ₩60,000이 부족한 경우에
①은 부족액 ₩80,000을 비용으로 처리한 경우이고
②는 부족액이 정상적이어서 제조원가에 산입한 경우이다.
4) 재료 ₩300,000을 소비한 경우
①은 제조에 간접소비한 경우이고
②는 제조에 직접소비한 경우이다.
5) 재료 ₩280,000을 제조에 직접소비하고 ₩150,000을 제조에 간접소비한 경우
①은 실제가격으로 소비한 경우이고
②는 예정가격으로 소비한 경우이다.

9. 1)

(선입선출법) 재 료 원 장

일자		적 요	수 입			출 고			잔 액		
			수량	단가	금액	수량	단가	금액	수량	단가	금액
5	1	전기이월	200	200	40,000				200	200	40,000
	6	매 입	300	250	75,000				300	250	75,000
	10	출 고				200	200	40,000			
	15	매 입	500	300	150,000	150	250	37,500	150	250	37,500
	18	출 고							150	250	37,500
									500	300	150,000
						150	250	37,500			
						400	300	120,000	100	300	30,000
			1,000		265,000	900		235,000			
6	1		100	300	30,000				100	300	30,000

1) 재료소비액 ₩235,000
2) 기말재고액 ₩30,000

2)

(총평균법) 재 료 원 장

일자		적 요	수 입			출 고			잔 액		
			수량	단가	금액	수량	단가	금액	수량	단가	금액
5	1	전기이월	200	200	40,000				200	200	40,000
	6	매 입	300	250	75,000				500		
	10	출 고				350	265	92,750	150		
	15	매 입	500	300	150,000				650		
	18	출 고				550	265	145,750	100	265	26,500
			1,000		265,000	900		238,500			
6	1		100	265	26,500				100	265	26,500

※ 265,000 ÷ 1,000 = @₩265

1) 재료소비액 ₩238,500
2) 기말재고액 ₩26,500

3)

(이동평균법) 재 료 원 장

일	자	적 요	수입 수량	수입 단가	수입 금액	출고 수량	출고 단가	출고 금액	잔액 수량	잔액 단가	잔액 금액
5	1	전기이월	200	200	40,000				200	200	40,000
	6	매 입	300	250	75,000				500	230	115,000
	10	출 고				350	230	80,500	150	230	34,500
	15	매 입	500	300	150,000				650	283.85	184,500
	18	출 고				550	283.85	156,117.5	100	283.85	28,385
			1,000		265,000	900		236,617.5			
6	1		100	283.85	28,385				100	283.85	28,385

1) 재료소비액 ₩236,617.50

2) 기말재고액 ₩28,385

4)

(후입선출법) 재 료 원 장

일	자	적 요	수입 수량	수입 단가	수입 금액	출고 수량	출고 단가	출고 금액	잔액 수량	잔액 단가	잔액 금액
5	1	전기이월	200	200	40,000				200	200	40,000
	6	매 입	300	250	75,000				300	250	75,000
	10	출 고				300	250	75,000			
	15	매 입	500	300	150,000	50	200	10,000	150	200	30,000
									150	200	30,000
	18	출 고							500	300	150,000
						500	300	150,000			
						50	200	10,000	100	200	20,000
			1,000		265,000	900		245,000			
6	1		100	200	20,000				100	200	20,000

1) 재료소비액 ₩245,000

2) 기말재고액 ₩20,000

10. ① 예정가격으로 계상한 재료비보다 실제 재료비가 ₩60,000 초과하여 차액을 재료비차액 계정에 대체하였다.

② 예정가격으로 계상한 재료비보다 실제소비액의 ₩38,000이 과소하여 차액을 재료비차액 계정에 대체하였다.

③ 결산시에 재료비차액 계정의 차변 잔액 ₩22,000을 영업외비용으로 처리하였다.

④ 기말실제재고액의 장부잔액보다 ₩15,000 부족함을 발견한다.

⑤ 재료감모손실 ₩10,000은 정상적이므로 제조경비에 산입하였다.

⑥ 재료감모손실 ₩5,000은 비정상적이므로 영업외비용으로 처리하였다.

〈제 6 장〉 [주관식]
(노무비회계)

1. 본문 참조
2. 본문 참조
3. 본문 참조
4. 본문 참조

5. 1) 각 부문별 소비임률
   갑부문 : ₩600,000 ÷ 600시간 = ₩1,000
   을부문 : ₩500,000 ÷ 500시간 = ₩1,000
   병부문 : ₩300,000 ÷ 300시간 = ₩1,000
   2) A제품 각 부문의 노무비
   갑부문 : ₩1,000 × 280시간 = ₩280,000
   을부문 : ₩1,000 × 210시간 = ₩210,000
   병부문 : ₩1,000 × 180시간 = ₩180,000
   3) A제품의 노무비
   ₩280,000 + ₩210,000 + ₩180,000 = ₩670,000

6. 1) 전월 미지급임금에 대한 재수정분개

(차) 미지급임금	580,000	(대) 임금	580,000

   2)

(차) 선대금	580,000	(대) 현금	1,500,000

   3) 임금지급시

(차) 임금	2,300,000	(대) 선대금	1,500,000
		소득세예수금	21,000
		의료보험료예수금	15,000
		현금	764,000

   4) 소득세와 의료보험료 납부시

(차) 소득세예수금	21,000	(대) 임금	36,000
의료보험료예수금	15,000		

   5) 임금소비시

(차) 재공품	900,000	(대) 임금	2,020,000
제조간접비	600,000		
판매관리비	520,000		

   6) 당월의 미지급임금 계상시

(차) 임금	300,000	(대) 미지급임금	300,000

임 금

선 대 금	1,500,000	전월미지급임금	580,000
소득세 예수금	21,000	재 공 품	900,000
보험료 예수금	15,000	제 조 간 접 비	600,000
현 금	764,000	판 매 관 리 비	520,000
당월미지급임금	300,000		
	2,600,000		2,600,000

7\. 1. 임금분개장의 작성 및 소비임금의 분개

1) 임금분개장

임금분개장

일자	적 요	원면	차 변			대 변
			재공품	제조간접비	판매관리비	소비임금
	갑, #1, #3		₩463,250			₩463,250
	을, #2, 판매부		231,625		₩218,000	449,625
	병, #3, 동력부		218,000	₩204,375		422,375
	정, #1, 수선부		212,550	190,750		403,300
			1,125,425	395,125	218,000	1,738,550

※(3,000 + 2,800 + 2,600 + 2,500) ÷ 4 = ₩2,725(평균임률)

2) 소비임금의 분개

(차) 재공품 1,125,425 (대) 소비임금 1,738,550
제조간접비 395,125
판매관리비 218,000

2\. 임금지급장의 작성 및 지급임금의 분개

1) 임금지급장

임금지급장

성명	작업시간수	임률	지급임금총액	차감액			실제지급액
				소득세	보험료	조합비	
갑	170	₩3,000	₩510,000	₩18,000	₩9,000	₩5,000	₩478,000
을	165	2,800	462,000	16,000	8,000	5,000	433,000
병	155	2,600	403,000	15,000	7,000	5,000	376,000
정	148	2,500	370,000	14,500	6,000	5,000	344,500
			1,745,000	63,500	30,000	20,000	1,631,500

2) 지급임금의 분개

(차) 임금 1,745,000 (대) 소득세예수금 63,500

보험료예수금 30,000
조합비예수금 20,500
당 좌 예 금 1,631,500

(차) 소비임금 1,745,000 (대) 임금 1,745,000

3) 임금차액의 계산 및 분개

₩1,745,000 − ₩1,738,550 = ₩6,450 (배부부족)
(실제임금) (소비임금) (임금차액)

(차) 임금차액 6,450 (대) 소비임금 6,450

4) 계정관련 흐름표

계정관련흐름표

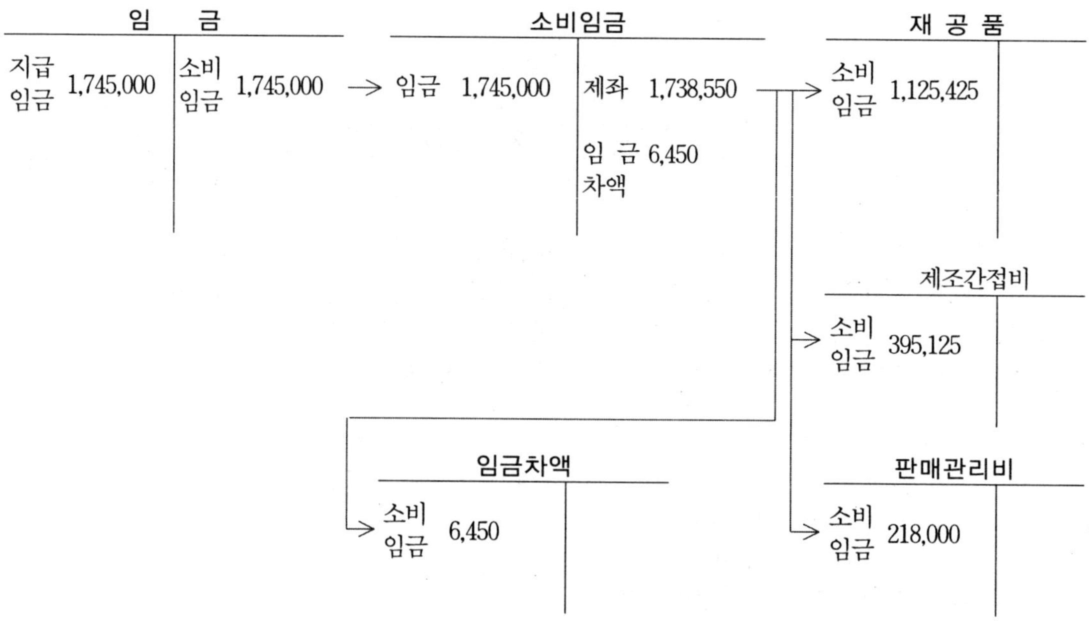

8. 〈분개〉

① (차) 재공품 1,200,000 (대) 소비임금 1,850,000
제조간접비 650,000

② (차) 소비임금 1,900,000 (대) 임금 1,900,000

③ (차) 임금차액 50,000 (대) 소비임금 50,000

〈계정흐름도〉

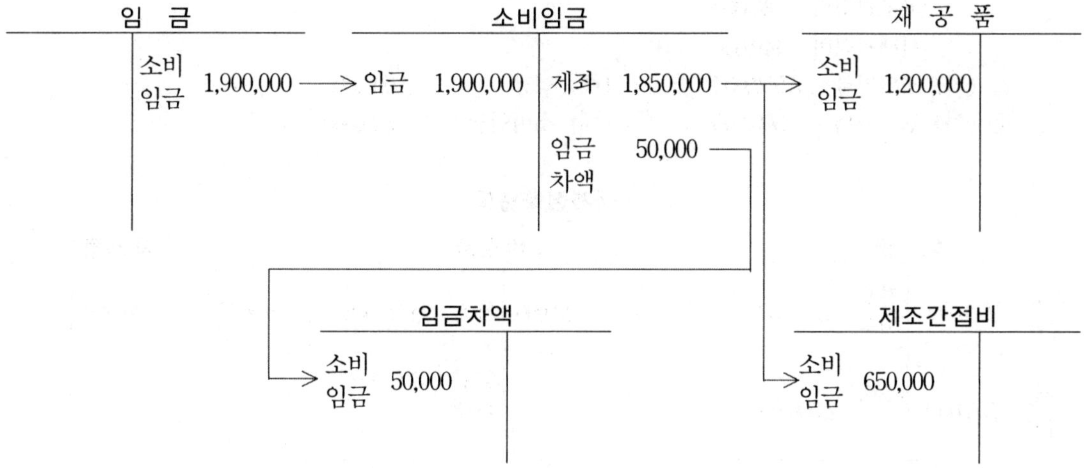

9.〈분개〉

① (차) 재공품 650,000 (대) 소비임금 950,000
　　　 제조간접비 300,000
② (차) 소비임금 1,000,000 (대) 임금 1,000,000
③ (차) 임금차액 50,000 (대) 소비임금 50,000
④ (차) 손익 50,000 (대) 임금차액 50,000

〈계정흐름도〉

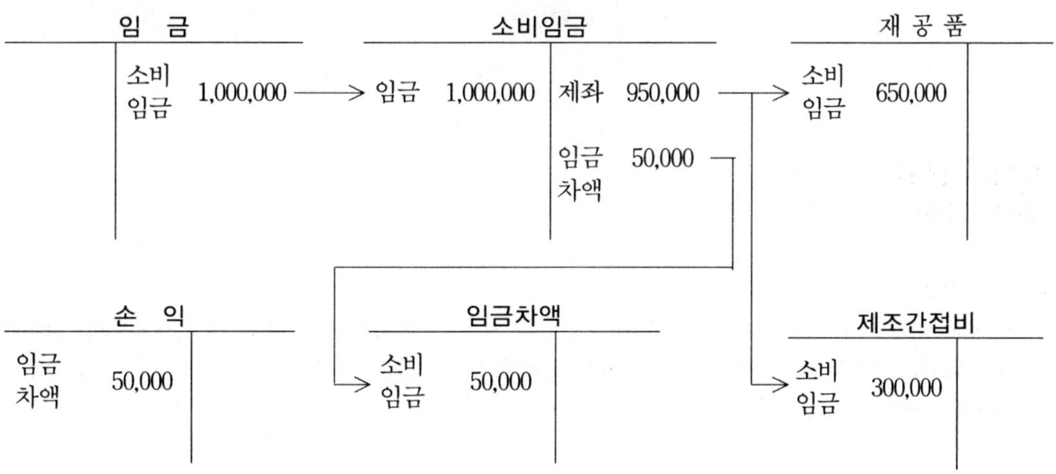

10. 당월실제소비임금의 계산

₩2,800,000 − ₩250,000 + ₩350,000 = ₩2,900,000

〈분개〉

① (차) 재공품	1,280,000		(대) 소비임금	2,600,000
제조간접비	880,000			
판매관리비	440,000			
② (차) 소비임금	2,900,000		(대) 임금	2,900,000
③ (차) 임금차액	300,000		(대) 소비임금	300,000

〈계정흐름도〉

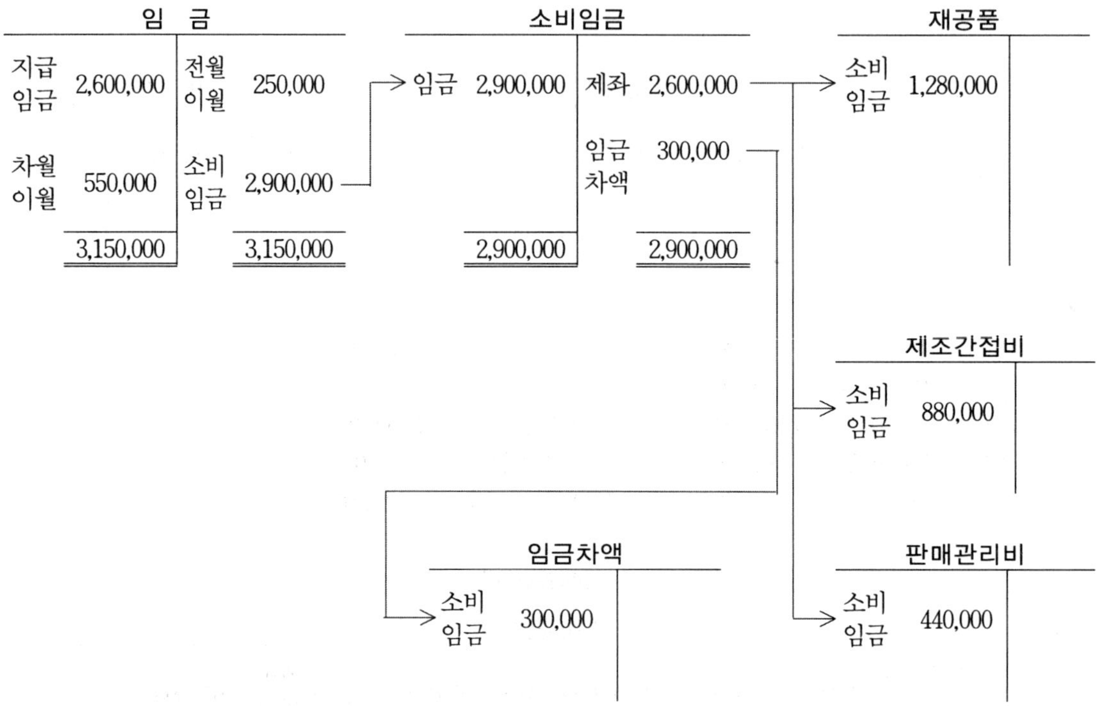

〈제 7 장〉 [주관식]

(경비의 회계)

1. 본문 참조
2. 외주가공비란 타인에게 재료를 공급하고 이를 가공케 하여 반제품 또는 부분품으로서 이것을 인수할 때 지급되는 가공비를 말한다. 외주가공비의 회계처리방법으로는 재료비에 가산하는 방법, 즉 외주가공비라는 계정을 설정하여 계산한다.

3.

지 급 경 비	① ④ ⑦ ⑪ ⑬ ⑭ ⑰
월 할 경 비	② ⑤ ⑧ ⑩ ⑫
측 정 경 비	③ ⑥ ⑨
발 생 경 비	⑮ ⑯

4. ① 전월의 미지급수수료는 ₩23,000이다.
   ② 수도료 ₩38,000을 현금으로 지급하다.
   ③ 수도료의 제조간접비 소비액은 ₩29,000이다.
   ④ 수도료의 판매관리부의 소비액은 ₩14,000이다.
   ⑤ 당월 미지급수도료는 ₩28,000이다.
   ⑥ 전월 선급복리후생비는 ₩18,600이다.
   ⑦ 당월 복리후생비 ₩30,000을 현금으로 지급하다.
   ⑧ 복리후생비의 제조간접비 소비액은 ₩19,600이다.
   ⑨ 복리후생비의 판매관리부의 소비액은 ₩13,600이다.
   ⑩ 당월 선급복리후생비는 ₩15,400이다.

5. ① 수선비 : 당월소비액
   84,000 + 3,400 + 5,200 = ₩92,600
   ② 통신비 : 당월소비액
   65,000 - 1,800 - 4,600 = ₩59,600
   ③ 잡 비 : 당월소비액
   72,000 + 2,600 - 2,100 = ₩72,500

6. ① 감가상각비 ₩88,200 ÷ 6 = ₩14,700
   ② 임 차 료 ₩72,500 ÷ 5 = ₩14,500
   ③ 외주가공비 ₩34,000 + ₩18,500 = ₩52,500
   ④ 복리후생비 ₩19,000 + ₩16,300 = ₩35,300
   ⑤ 재고감모비 ₩120,000 - ₩98,000 = ₩22,000
   ⑥ 가 스 료 ₩14,000
   ⑦ 세금과공과 ₩81,600 ÷ 6 = ₩13,600
   ₩166,600

7. ①	(차) 특허권 사용료	180,000	(대) 현 금	180,000
②	(차) 재 공 품	180,000	(대) 특허권사용료	180,000
③	(차) 재고 감모 손실	84,000	(대) 재 료	84,000
④	(차) 제 조 간 접 비	84,000	(대) 재료감모손실	84,000

8. ①	(차) 제 조 간 접 비	185,500	(대) 수 선 비	265,000
	판매비와 관리비	79,500		
②	(차) 제 조 간 접 비	112,000	(대) 전 력 비	160,000
	판매비와 관리비	48,000		
③	(차) 재 고 감 모 비	130,000	(대) 재 료	130,000
④	(차) 제 조 간 접 비	130,000	(대) 재 고 감모비	130,000
⑤	(차) 제 조 간 접 비	27,000	(대) 수 도 료	27,000

9.

경비분개장

경비분류	원 가항 목	차 변			대 변
		재공품	제조간접비	판매관리비	
월할경비	감 가 상각비		210,000	50,000	260,000
	임 차 료		2,750,000	920,000	3,670,000
	보 험 료		540,000	280,000	820,000
	특허권사용료	1,400,000			1,400,000
	조 세 공 과		530,000	230,000	760,000
지급경비	외 주 가공비	296,000			296,000
	교 제 비		186,000	191,000	377,000
	운 임		150,000	49,000	199,000
	수 선 비		560,000	87,000	647,000
측정경비	전 력 비		110,000	24,000	134,000
	가 스 료		80,000	4,000	84,000
	수 도 료		84,000	8,000	92,000
발생경비	재 고 감모비		76,000		76,000
	합 계	1,696,000	5,276,000	1,843,000	8,815,000

〈분개〉

(차)		(대)	
재 공 품	1,696,000	감 가 상각비	260,000
제 조 간 접 비	5,276,000	임 차 료	3,670,000
판매비및관리비	1,843,000	보 험 료	820,000
		특허권사용료	1,400,000
		조 세 공 과	760,000
		외 주 가공비	296,000
		교 제 비	377,000
		운 임	199,000
		수 선 비	647,000
		전 력 비	134,000
		가 스 료	84,000
		수 도 료	92,000
		재 고 감모비	76,000

10.

경 비 분 개 장

경비분류	원 가항 목	차 변			대 변
		재공품	제조간접비	판매관리비	
월할경비	감가상각비		13,800	9,200	23,000
	임 차 료		81,000	5,400	13,500
	특허권사용료	18,500			18,500
지급경비	복리후생비		47,820	31,880	79,700
	수 선 비		41,880	27,920	69,800
	외주가공비	56,400			56,400
측정경비	전 력 비		52,800	35,200	88,000
	가 스 료		32,400	21,600	54,000
발생경비	재고감모비		18,000		18,000
	합 계	74,900	214,800	131,200	420,900

〈분개〉

(차)		(대)	
재 공 품	74,900	감 가 상각비	23,000
제 조 간 접 비	214,800	임 차 료	13,500
판매비및관리비	131,200	특허권사용료	18,500
		복 리 후생비	79,700
		수 선 비	69,800
		외 주 가공비	56,400
		전 력 비	88,000
		가 스 료	54,000
		재 고 감모비	18,000

〈제 8 장〉 [주관식]

(부문별 원가계산)

1. 본문 참조
2. 본문 참조
3. 본문 참조
4. 본문 참조
5. ① (차) 제1제조부문비 850,000 (대) 제 조 간 접 비 3,000,000
   제2제조부문비 250,000
   동력부문비 840,000
   수선부문비 600,000
   공장사무부문비 460,000

   ② (차) 제1제조부문비 1,150,000 (대) 동 력 부 문 비 840,000
   제2제조부문비 750,000 수 선 부 문 비 600,000
   공장사무부문비 460,000

   ③ (차) 재 공 품 2,000,000 (대) 제1제조부문비 2,000,000

재 공 품 1,000,000 제2제조부문비 1,000,000

6.

부문비 배부표

원가항목	합 계	제조부문		보조부문	
		갑부문	을부문	동력부문	수선부문
부 문 개 별 비					
간 접 재 료 비	₩105,000	₩ 45,000	₩35,000	₩10,000	₩15,000
간 접 노 무 비	260,000	120,000	70,000	40,000	30,000
감 가 상 각 비	20,000	8,000	3,000	5,000	4,000
수 선 비	30,000	10,000	8,000	7,000	5,000
전 력 비	15,000	5,000	4,000	3,000	3,000
소 계	₩430,000	₩188,000	₩120,000	₩65,000	₩57,000
부 문 공 통 비					
간 접 재 료 비	₩125,000	₩68,750	₩50,000	₩ 0	₩ 6,250
간 접 노 무 비	200,000	80,000	70,000	20,000	30,000
감 가 상 각 비	100,000	48,000	30,000	12,000	10,000
수 선 비	50,000	21,500	16,500	7,500	4,500
전 력 비	45,000	19,800	15,300	6,300	3,600
화 재 보 험 료	50,000	21,000	15,000	8,000	6,000
소 계	₩570,000	₩259,050	₩196,800	₩53,800	₩60,350
합 계	₩1,000,000	₩447,050	₩316,800	₩118,800	₩117,350

7.

(1) 부문공통비의 배부계산

1) 건물감가상각비

A 제조부문 : ₩230,000 × $\frac{35}{100}$ = ₩80,500

B 제조부문 : ₩230,000 × $\frac{25}{100}$ = ₩57,500

동력 부문 : ₩230,000 × $\frac{15}{100}$ = ₩34,500

수선 부문 : ₩230,000 × $\frac{13}{100}$ = ₩29,900

공장사무부문 : ₩230,000 × $\frac{12}{100}$ = ₩27,600

2) 동력비

A 제조부문 : ₩150,000 × $\frac{90}{200}$ = ₩67,500

B 제조부문 : ₩150,000 × $\frac{80}{200}$ = ₩60,000

동력부 : ₩150,000 × $\frac{16}{200}$ = ₩12,000

수선부 : ₩150,000 × $\frac{14}{200}$ = ₩10,500

3) 복리후생비

A 제조부문 : ₩100,000 × $\frac{18}{50}$ = ₩36,000

B 제조부문 : ₩100,000 × $\frac{17}{50}$ = ₩34,000

동력 부문 : ₩100,000 × $\frac{8}{50}$ = ₩16,000

수선 부문 : ₩100,000 × $\frac{4}{50}$ = ₩8,000

공장사무부문 : ₩100,000 × $\frac{3}{50}$ = ₩6,000

(2) 부문비 배부표 작성

부문비 배부표

원가항목	배부기준	합 계	제조부문		보조부문		
			A제조부문	B제조부문	동력부문	수선부문	공장사무부문
부문개별비		₩1,340,000	₩530,000	₩350,000	₩180,000	₩150,000	₩130,000
부문공통비							
건물감가상각비	면 적	230,000	80,500	57,500	34,500	29,900	27,600
전 력 비	마 력	150,000	67,500	60,000	12,000	10,500	-
복리후생비	종업원수	100,000	36,000	34,000	16,000	8,000	6,000
공통비합계		480,000	184,000	151,500	62,500	48,400	33,600
부문비합계		1,820,000	714,000	501,500	242,500	198,400	163,600

(3) 분개

(차) A 제조부문 184,000 (대) 제조간접비 480,000
B 제조부문 151,500
동력부문 62,500
수선부문 48,400
공장사무부문 33,600

8.

(1) 부문공통비의 배부계산

1) 복리후생비 (종업원수 기준)

A 제조부문 : ₩59,400 × $\frac{20}{54}$ = ₩22,000

B 제조부문 : ₩59,400 × $\frac{18}{54}$ = ₩19,800

동력 부문 : ₩59,400 × $\frac{4}{54}$ = ₩4,400

수선 부문 : ₩59,400 × $\frac{6}{54}$ = ₩6,600

창고 부문 : ₩59,400 × $\frac{2}{54}$ = ₩2,200

관리 부문 : ₩59,400 × $\frac{4}{54}$ = ₩4,400

2) 건물보험료 (점유면적 기준)

A 제 조 부문 : ₩16,100 × $\frac{120}{350}$ = ₩5,520

B 제조부문 : ₩16,100 × $\frac{110}{350}$ = ₩5,060

동력 부문 : ₩16,100 × $\frac{30}{350}$ = ₩1,380

수선 부문 : ₩16,100 × $\frac{40}{350}$ = ₩1,840

창고 부문 : ₩16,100 × $\frac{20}{350}$ = ₩920

관리 부문 : ₩16,100 × $\frac{30}{350}$ = ₩1,380

3) 전력비(전력소비율 기준)

A 제조부문 : ₩180,000 × $\frac{40}{100}$ = ₩72,000

B 제조부문 : ₩180,000 × $\frac{30}{100}$ = ₩54,000

동력 부문 : ₩180,000 × $\frac{20}{100}$ = ₩36,000

수선 부문 : ₩180,000 × $\frac{10}{100}$ = ₩18,000

4) 전화료 (전화대수 기준)

A 제조부문 : ₩12,600 × $\frac{6}{21}$ = ₩3,600

B 제조부문 : ₩12,600 × $\frac{5}{21}$ = ₩3,000

동력 부문 : ₩12,600 × $\frac{2}{21}$ = ₩1,200

수선 부문 : ₩12,600 × $\frac{3}{21}$ = ₩1,800

창고 부문 : ₩12,160 × $\frac{2}{21}$ = ₩1,200

관리 부문 : ₩12,600 × $\frac{3}{21}$ = ₩1,800

5) 기계감가상각비 (기계가액 기준)

A 제조부문 : ₩17,200 × $\frac{1,320,000}{1,920,000}$ = ₩11,825

B 제조부문 : ₩17,200 × $\frac{80,000}{1,920,000}$ = ₩717

동력 부문 : ₩17,200 × $\frac{500,000}{1,920,000}$ = ₩4,479

수선 부문 : ₩17,200 × $\frac{20,000}{1,920,000}$ = ₩179

2. 부문비 배부표 작성

부문비 배부표

원가항목	배부기준	합 계	제조부문		보조부문			
			A제조부문	B제조부문	동력부문	수선부문	창고부문	관리부문
부 문 개 별 비								
간 접 재 료 비		₩230,000	₩ 70,000	₩ 62,000	₩24,000	₩36,000	₩28,000	₩10,000
간 접 노 무 비		272,000	112,000	104,000	16,000	18,000	10,000	12,000
건물감가상각비		28,600	24,000	2,200	600	800	400	600
잡 비		52,800	16,000	13,400	2,400	6,800	5,000	9,200
소 계		₩430,000	₩188,000	₩120,000	₩65,000	₩57,000	₩43,400	₩31,800
부 문 공 통 비								
복 리 후 생 비	종업원 수	₩ 59,400	₩22,000	₩19,800	₩ 4,400	₩ 6,600	₩2,200	₩4,400
건 물 보 험 료	면 적	16,100	5,520	5,060	1,380	1,840	920	1,380
전 력 비	전력소비율	180,000	72,000	54,000	36,000	18,000	–	–
전 화 료	전화대 수	12,600	3,600	3,000	1,200	1,800	1,200	1,800
기계감가상각비	가 액	17,200	11,825	4,479	717	179	–	–
소 계		₩285,300	₩114,945	₩86,339	₩43,697	₩28,419	₩4,320	₩7,580
부 문 비 합 계		₩868,700	₩336,945	₩267,939	₩86,697	₩90,019	₩47,720	₩39,380

9.

(1) 보조부문비의 배부액 계산

1) 공장사무부문비

A 제조부문 : ₩100,000 × 0.4 = ₩40,000

B 제조부문 : ₩100,000 × 0.3 = ₩30,000

수선 부문 : ₩100,000 × 0.2 = ₩20,000

동력 부문 : ₩100,000 × 0.1 = ₩10,000

2) 동력부문비

(동력부문비의 합계 : ₩400,000+₩10,000=₩410,000)

A 제조부문 : ₩410,000 × 0.6 = ₩246,000

B 제조부문 : ₩410,000 × 0.3 = ₩123,000

수선 부문 : ₩410,000 × 0.1 = ₩41,000

3) 수선부문비

(수선부문비의 합계 : ₩500,000+₩20,000+₩41,000=₩561,000)

A 제조부문 : ₩561,000 × 0.7 = ₩392,700

B 제조부문 : ₩561,000 × 0.3 = ₩168,300

2)부문비 배부표작성

보조부문비 배부표

(계제식 배부법)

원가항목	합 계	제조부문		보조부문		
		A제조	B제조	동력부	수선부	공장사무부
부 문 비 합 계	₩3,660,000	₩1,460,000	₩1,200,000	₩500,000	₩400,000	₩100,000
공장사무부문비	100,000	40,000	30,000	20,000	10,000	100,000
동 력 부 문 비	410,000	246,000	123,000	41,000	410,000	
수 선 부 문 비	561,000	392,700	168,300	561,000		
합 계	₩3,660,000	₩2,138,700	₩1,521,300			

10. 1. 직접배부법

1) 보조부문비의 배부액 계산

(1) 동력부문비

A 제조부문 : ₩300,000 × $\frac{140}{200}$ = ₩210,000

B 제조부문 : ₩300,000 × $\frac{60}{200}$ = ₩90,000

(2) 수선부문비

A 제조부문 : ₩200,000 × $\frac{55}{100}$ = ₩110,000

B 제조부문 : ₩200,000 × $\frac{45}{100}$ = ₩90,000

(3) 공장사무부문비

A 제조부문 : ₩100,000 × $\frac{600}{1000}$ = ₩60,000

B 제조부문 : ₩100,000 × $\frac{400}{1000}$ = ₩40,000

2) 보조부문비 배부표작성

보조부문비 배부표

(직접배부법)

원가항목	배부기준	합 계	제조부문		보조부문		
			A제조부문	B제조부문	동력부	수선부	공장사무부
부문비합계		₩2,000,000	₩800,000	₩600,000	₩300,000	₩200,000	₩100,000
동 력 부 문 비	기계 마력수	300,000	210,000	90,000			
수 선 부 문 비	수선작업시간	200,000	110,000	90,000			
공장사무부문비	작 업 시 간	100,000	60,000	40,000			
합 계		₩2,000,000	₩1,180,000	₩820,000			

2. 계제식배부법

1) 보조부문비의 배부액 계산

(1) 공장사무부문비

A 제조부문 : $₩100,000 \times \frac{600}{1200} = ₩50,000$

B 제조부문 : $₩100,000 \times \frac{400}{1200} = ₩33,333$

동력 부문 : $₩100,000 \times \frac{120}{1200} = ₩10,000$

수선 부문 : $₩100,000 \times \frac{80}{1200} = ₩6,667$

(2) 수선부문비

(수선부문비의 합계액 : ₩200,000+₩6,667=₩206,667)

A 제조부문 : $₩206,667 \times \frac{55}{130} = ₩87,436$

B 제조부문 : $₩206,667 \times \frac{45}{130} = ₩71,539$

동력 부문 : $₩206,667 \times \frac{30}{130} = ₩47,692$

(3) 동력부문비

(동력부문비의 합계액 : ₩300,000+₩10,000+₩47,692=₩357,692)

A 제조부문 : $₩357,692 \times \frac{140}{200} = ₩250,384$

B 제조부문 : $₩357,692 \times \frac{60}{200} = ₩107,308$

2) 보조부문비 배부표작성

보조부문비 배부표

(계제식 배부법)

원가항목	배부기준	합 계	제조부문		보조부문		
			A제조	B제조	동력부	수선부	공장사무부
부 문 비 합 계		₩2,000,000	₩800,000	₩600,000	₩300,000	₩200,000	100,000
공장사무부문비	작업시간	100,000	50,000	33,333	10,000	6,667	
수 선 부 문 비	수선시간	206,667	87,436	71,539	47,692	206,667	
동 력 부 문 비	기계마력	357,692	250,384	107,308	357,692		
합 계		₩2,000,000	₩1,187,820	₩812,180			

3. 상호직접배부법

1) 제1차 보조부문비의 배부액 계산(부문개별비를 상호배부법으로 계산한다.)

(1) 동력부문비

A 제조부문 : ₩300,000 × $\frac{140}{240}$ = ₩175,000

B 제조부문 : ₩300,000 × $\frac{60}{240}$ = ₩75,000

수선 부문 : ₩300,000 × $\frac{40}{240}$ = ₩50,000

(2) 수선부문비

A 제조부문 : ₩200,000 × $\frac{55}{150}$ = ₩73,333

B 제조부문 : ₩200,000 × $\frac{45}{150}$ = ₩60,000

동력 부문 : ₩200,000 × $\frac{30}{150}$ = ₩40,000

공장사무부문 : ₩200,000 × $\frac{20}{150}$ = ₩26,667

(3) 공장사무부문비

A 제조부문 : ₩100,000 × $\frac{600}{1200}$ = ₩50,000

B 제조부문 : ₩100,000 × $\frac{400}{1200}$ = ₩33,333

동력 부문 : ₩100,000 × $\frac{120}{1200}$ = ₩10,000

수선 부문 : ₩100,000 × $\frac{80}{1200}$ = ₩6,667

2) 제2차 보조부문비의 배부액 계산

(제1차 배부계산으로 타보조부문에서 배부된 것을 직접배부법으로 계산한다.)

(1) 동력부문비 (₩40,000+₩10,000=₩50,000)

A 제조부문 : ₩50,000 × $\frac{140}{200}$ = ₩35,000

B 제조부문 : ₩50,000 × $\frac{60}{200}$ = ₩15,000

(2) 수선부문비 (₩50,000+₩6,667=₩56,667)

A 제조부문 : ₩56,667 × $\frac{55}{100}$ = ₩31,167

B 제조부문 : ₩56,667 × $\frac{45}{100}$ = ₩25,500

(3) 공장사무부문비 (₩26,667)

A 제조부문 : ₩26,667 × $\frac{600}{1000}$ = ₩16,000

B 제조부문 : ₩26,667 × $\frac{400}{1000}$ = ₩10,667

3) 보조부문비 배부표 작성

보조부문비 배부표

(상호직접배부법)

원가항목	배부기준	합 계	제조부문		보조부문		
			A제조	B제조	동력부	수선부	공장사무부
부 문 비 합계		₩2,000,000	₩800,000	₩600,000	₩300,000	₩200,000	₩100,000
(보조부문1차배부)							
동 력 부 문 비	기계마력수	300,000	175,000	75,000	-	50,000	-
수 선 부 문 비	수선 시간	200,000	73,333	60,000	40,000	-	26,667
공장 사무부문비	작업 시간	100,000	50,000	33,333	10,000	6,667	-
					₩50,000	₩56,667	₩26,667
(보조부문2차배부)							
동 력 부 문 비	기계마력수	50,000	35,000	15,000			
수 선 부 문 비	수선 시간	56,667	31,167	25,500			
공장 사무부문비	작업 시간	26,667	16,000	10,667			
합 계		₩2,000,000	₩1,180,500	₩819,500			

4. 상호계제식배부법

1) 제1차 보조부문비의 배부액 계산 (부문개별비를 상호배부법으로 계산한다.)

(1) 동력부문비

A 제조부문 : ₩300,000 × $\frac{140}{240}$ = ₩175,000

B 제조부문 : ₩300,000 × $\frac{60}{240}$ = ₩75,000

수선 부문 : ₩300,000 × $\frac{40}{240}$ = ₩50,000

(2) 수선부문비

A 제조부문 : $₩200,000 \times \frac{55}{150} = ₩73,333$

B 제조부문 : $₩200,000 \times \frac{45}{150} = ₩60,000$

동력 부문 : $₩200,000 \times \frac{30}{150} = ₩40,000$

공장사무부문 : $₩200,000 \times \frac{20}{150} = ₩26,667$

(3) 공장사무부문비

A 제조부문 : $₩100,000 \times \frac{600}{1200} = ₩50,000$

B 제조부문 : $₩100,000 \times \frac{400}{1200} = ₩33,333$

동력 부문 : $₩100,000 \times \frac{120}{1200} = ₩10,000$

수선 부문 : $₩100,000 \times \frac{80}{1200} = ₩6,667$

2) 제2차 보조부문비의 배부액 계산

(제1차 배부계산으로 타보조부문에서 배부된 것을 계제식배부법으로 계산한다. 즉 공장사무부문, 수선부문, 동력부문의 순으로 계산한다.)

(1) 공장사무부문

A 제조부문 : $₩26,667 \times \frac{600}{1200} = ₩13,334$

B 제조부문 : $₩26,667 \times \frac{400}{1200} = ₩8,889$

동력 부문 : $₩26,667 \times \frac{120}{1200} = ₩2,667$

수선 부문 : $₩26,667 \times \frac{80}{1200} = ₩1,777$

(2) 수선부문비

(수선부문비의 합계 : ₩50,000+₩6,667+₩1,777=₩58,444)

A 제조부문 : $₩58,444 \times \frac{55}{130} = ₩24,726$

B 제조부문 : $₩58,444 \times \frac{45}{130} = ₩20,231$

동력 부문 : $₩58,444 \times \frac{30}{130} = ₩13,487$

(3) 동력부문비

(동렵부문비의 합계 : ₩40,000+₩10,000+₩2,667+₩13,487=₩66,154)

A 제조부문 : $₩66,154 \times \frac{140}{200} = ₩46,308$

B 제조부문 : $₩66,154 \times \frac{60}{200} = ₩19,846$

3) 보조부문비 배부표 작성

보조부문비 배부표

(상호계제식배부법)

원가항목	배부기준	합 계	제조부문		보조부문		
			A제조	B제조	동력부	수선부	공장사무부
부 문 비 합계		₩2,000,000	₩800,000	₩600,000	₩300,000	₩200,000	₩20,000
(보조부문1차배부)							
동 력 부 문 비	기계마력수	300,000	175,000	75,000	-	50,000	-
수 선 부 문 비	수선 시간	200,000	73,333	60,000	40,000	-	26,667
공장 사무부문비	작업 시간	100,000	50,000	33,333	10,000	6,667	-
(보조부문2차배부)							
공장 사무부문비	작업 시간	26,667	13,334	8,889	2,667	1,777	2,667
수 선 부 문 비	수선 시간	58,444	24,726	20,231	13,487	58,444	
동 력 부 문 비	기계마력수	66,154	46,308	19,846	66,154		
합 계		₩2,000,000	₩1,182,701	₩817,299			

제 8 장 [주관식]

(개별원가계산)

1. 본문 참조
2. 본문 참조
3. 본문 참조
4. 본문 참조
5. 본문 참조
6. 본문 참조

7. ① (차) 공 손 비 620,000 (대) 직 접 재 료 비 130,000
직 접 노 무 비 390,000
제 조 간 접 비 100,000
② (차) 재 공 품 620,000 (대) 공 손 비 620,000
③ (차) 공 손 품 90,000 (대) 재 공 품 260,000
공 손 비 170,000
(차) 제 조 간 접 비 170,000 (대) 공 손 비 170,000

8. ① (차) 작 업 폐 물 190,000 (대) 재 공 품 190,000
② (차) 제 조 간 접 비 190,000 (대) 작 업 폐 물 190,000
③ (차) 작 업 폐 물 99,000 (대) A 제 조 부문비 99,000
④ (차) 제 조 간 접 비 66,000 (대) 작 업 폐 물 620,000
현 금 45,000 작업폐물매각이익 12,000
⑤ (차) 작 업 폐 물 85,000 (대) 재 공 품 85,000
⑥ (차) 현 금 15,000 (대) 잡 수 익 15,000

9. 1. 제조간접비 배부액 계산

$$\frac{₩720,000}{₩2,880,000} = 25\%$$

제조지시서별 제조간접비 배부액

제조지시서 #8 : ₩1,680,000 × 0.25 = ₩420,000

제조지시서 #9 : ₩1,200,000 × 0.25 = ₩300,000

2. 원가계산표 작성

원가계산표

원가항목 \ 제조지시서	# 8	# 9
전월기말재공품	₩ 260,000	₩ 180,000
직 접 재 료 비	1,680,000	1,200,000
직 접 노 무 비	1,060,000	900,000
제 조 간 접 비	420,000	300,000
제 조 원 가	₩3,420,000	₩2,580,000

3. 단위당 제조원가

제조지시서 #8의 단위당 제조원가 : ₩3,420,000 ÷ 600개 = @₩5,700

제조지시서 #9의 단위당 제조원가 : ₩2,580,000 ÷ 1,000개 = @₩2,580

4. 〈전기〉

재공품

차변	금액	대변	금액
전 월 이월	440,000	제 품	6,000,000
직접재료비	2,880,000		
직접노무비	1,960,000		
제조간접비	720,000		
	6,000,000		6,000,000

제 품

차변	금액	대변	금액
재 공 품	6,000,000		

10. 1. 재료비계산

총 재료 소비액 : ₩30,000 + ₩200,000 - ₩20,000 = ₩210,000

직접재료소비액 : ₩30,000 + ₩40,000 + ₩50,000 + ₩60,000 = ₩180,000

간접재료소비액 : ₩210,000 - ₩180,000 = ₩30,000

2. 노무비계산

총 노무비 지급액 : ₩150,000 + ₩70,000 = ₩220,000

직접노무비지급액 : ₩18,000(10×₩1,800) + ₩36,000(20×₩1,800) + ₩54,000(30×₩1,800) + ₩72,000(40×₩1,800) = ₩180,000

간접노무비지급액 : ₩220,000 - ₩180,000 = ₩40,000

3. 제조지시서별 제조간접비 배부액 계산

총제조간접비 발생액 : ₩30,000 + ₩40,000 + ₩100,000 = ₩170,000

제조간접비 배부율 : $\frac{₩170,000}{100시간} = ₩1,700$

제조지시서별 배부액

제조지시서 #12 : ₩1,700 × 10 = ₩17,000
제조지시서 #13 : ₩1,700 × 20 = ₩34,000
제조지시서 #14 : ₩1,700 × 30 = ₩51,000
제조지시서 #15 : ₩1,700 × 40 = ₩68,000

4. 제조원가계산
₩40,000(기초재공품) + ₩530,000(당기제조비용) - ₩30,000(기말재공품) = ₩540,000
※ 당기제조비용 : ₩180,000 + ₩180,000 + ₩170,000 = ₩530,000

5. 매출원가계산
₩70,000 + ₩540,000 - ₩90,000 = ₩520,000

6. 순손익계산
₩550,000 - ₩520,000 = ₩30,000

7. 〈분개〉

	차변	금액	대변	금액
①	(차) 재 공 품	180,000	(대) 재　　료	210,000
	제조간접비	30,000		
②	(차) 재 공 품	180,000	(대) 노 무 비	220,000
	제조간접비	40,000		
③	(차) 재 공 품	170,000	(대) 제조간접비	170,000
④	(차) 제　　품	540,000	(대) 재 공 품	540,000
⑤	(차) 매 출 원가	520,000	(대) 제　　품	520,000
⑥	(차) 손　　익	520,000	(대) 매 출 원가	520,000
⑦	(차) 매　　출	550,000	(대) 손　　익	550,000

8. 〈전기〉

재공품

차변	금액	대변	금액
전 월 이월	40,000	제　　품	540,000
재 료 비	180,000	차 기 이월	30,000
노 무 비	180,000		
제조간접비	170,000		
	570,000		570,000

제　품

차변	금액	대변	금액
전 월 이월	70,000	매 출 원가	520,000
재 공 품	540,000	차 기 이월	90,000
	610,000		610,000

제조간접비

차변	금액	대변	금액
재 료 비	30,000	재 공 품	170,000
노 무 비	40,000		
제 경 비	100,000		
	170,000		170,000

손　익

차변	금액	대변	금액
매 출 원가	520,000	매　　출	550,000

매출원가

차변	금액	대변	금액
제　　품	520,000	손　　익	520,000

원가계산표

제조지시서 / 원가항목	# 12	# 13	# 14	# 15	합계
기초재공품	₩15,000	₩15,000	₩10,000	₩ 0	₩ 40,000
직접재료비	30,000	40,000	50,000	60,000	180,000
직접노무비	18,000	36,000	54,000	72,000	180,000
제조간접비	17,000	34,000	51,000	68,000	170,000
계	₩80,000	₩125,000	₩165,000	₩200,000	₩570,000

제 10 장 [주관식]
(제조간접비)

1. 본문 참조
2. 본문 참조
3. 본문 참조

4. ① 직접재료비법

$$배부액 = \frac{500,000}{2,000,000} \times 130,000 = ₩32,500$$

지시서 #3의 제조원가 = ₩130,000 + ₩150,000 + ₩32,500 = ₩312,500

② 직접노무비법

$$배부액 = \frac{500,000}{1,500,000} \times 150,000 = ₩50,000$$

지시서 #3의 제조원가 = ₩130,000 + ₩150,000 + ₩50,000 = ₩330,000

③ 직접원가법

$$배부액 = \frac{500,000}{2,000,000+1,500,000+500,000} \times (130,000+150,000) = ₩35,000$$

지시서 #3의 제조원가 = ₩130,000 + ₩150,000 + ₩35,000 = ₩315,000

5. ① (차) 재 공 품 860,000 (대) 제조간접비 860,000
② (차) 제조간접비 820,000 (대) 간접재료비 410,000
간접노무비 350,000
간 접 경비 60,000
③ (차) 제조간접비 40,000 (대) 제조간접비 배부차액 40,000

6. 〈분개〉
① (차) 재 공 품 294,000 (대) 제조간접비 294,000
② (차) 제조간접비 330,000 (대) 간접재료비 150,000
간접노무비 140,000

		간 접 경비	40,000
③ (차) 제조간접비 배부차액	36,000	(대) 제조간접비	36,000

〈전기〉

제조간접비

간접재료비	150,000	재 공 품	294,000
간접노무비	140,000	제조간접비 배부차액	36,000
간 접 경비	40,000		
	330,000		330,000

재공품

제조간접비	294,000		

제조간접비배부차액

제조간접비	36,000		

7. $\frac{₩4,000,000}{20,000시간}$ = 200 ———— 예정배부율

3,000시간 × 200 = ₩600,000 ———— 제조지시서 #1의 배부액

8,000시간 × 200 = ₩1,600,000 ———— 제조지시서 #2의 배부액

9,000시간 × 200 = ₩1,800,000 ———— 제조지시서 #3의 배부액

8. ① 보조부문비의 제조부문에의 배부

동력부문비
- 갑제조부문 : ₩88,000 × 40% = ₩35,200
- 을제조부문 : ₩88,000 × 60% = ₩52,800

수선부문비
- 갑제조부문 : ₩54,000 × 40% = ₩21,600
- 을제조부문 : ₩54,000 × 60% = ₩32,400

② 제조간접비 예정배부율 계산

갑제조부문 : (₩789,000 + ₩35,200 + ₩21,600) ÷ 2,000시간 = 423

을제조부문 : (₩660,000 + ₩52,800 + ₩32,400) ÷ 1,000시간 = 745

③ 지시서별 제조간접비 부담액

(190시간 × 423) + (85시간 × 745) = ₩143,695 ——— 제조지시서 #9의 배부액

(130시간 × 423) + (67시간 × 745) = ₩104,905 ——— 제조지시서 #13의 배부액

9. ① 제조간접비배부차액

₩200,000 - ₩180,000 = ₩20,000 (과대배부)

② 매출원가가감법

(차) 제조간접비배부차액 20,000 (대) 매출 원가 20,000

③ 보충률법 (간접비배부액 비례법)

원 가 항 목	제조간접비배부액	배분비율	배분액
재 공 품	₩ 30,000	15%	₩3,000
제 품	40,000	20%	4,000
매 출 원 가	130,000	65%	13,000
합 계	₩200,000	100%	₩20,000

(차) 제조간접비배부차액 20,000 (대) 재 공 품 3,000
제 품 4,000
매 출 원 가 13,000

④ 영업외손익법
(차) 제조간접비배부차액 20,000 (대) 손 익 20,000

10. ① 제조간접비배부차액
₩2,400,000 - ₩2,200,000 = ₩200,000 (과대배부)
② 보충률
₩200,000 ÷ 2,000시간 = 100/시간
③ 배부차액의 할당

원 가 항 목	보 충 률	배부액
재 공 품	400시간 × 100	₩40,000
제 품	300시간 × 100	30,000
매 출 원 가	1,300시간 × 100	130,000

〈분개〉
(차) 제 조 간 접 비 200,000 (대) 제조간접비배부차액 200,000
(차) 제조간접비배부차액 200,000 (대) 재 공 품 40,000
제 품 30,000
매 출 원 가 130,000

제 11 장 [주관식]
종합원가계산 (I)

1. 본문 참조
2. 본문 참조
3. 〈물량흐름〉

재 공 품

기초재공품수량	680kg(완성도40%)	완 성 품 수 량	7,800kg
당 기 투 입 량	9,320kg	공 손 품	450kg(완성도50%)
		기말재공품수량	710kg(완성도60%)
	10,000		10,000

1) 기말재공품의 원가

$$(₩3,000,000 + ₩62,000,000) \times \frac{710 \times 0.6}{7,800 + 680 \times 0.4 + 710 \times 0.6} = ₩3,258,414$$

2) 완성품원가

₩3,000,000 + ₩62,000,000 - ₩3,258,414 = ₩61,741,586

※ 이 방법은 정상공손을 무시해 버리는 방법이다.

4. 1) 기말재공품재료비

$$(₩200,000 + ₩3,500,000) \times \frac{10,000 \times 0.5}{95,000 + 10,000 \times 0.5} = ₩185,000$$

2) 기말재공품가공비

$$(₩150,000 + ₩2,000,000) \times \frac{10,000 \times 0.5}{95,000 + 10,000 \times 0.5} = ₩107,500$$

3) 기말재공품원가

₩185,000 + ₩107,500 = ₩292,500

4) 완성품원가

₩350,000 + ₩5,500,000 - ₩292,500 = ₩5,557,500

원가계산표

항목	직접재료비	가 공 비	합 계
기초재공품원가	₩ 200,000	₩ 150,000	₩ 350,000
당기발생비용	3,500,000	2,000,000	5,500,000
계	3,700,000	2,150,000	5,850,000
기말재공품원가(-)	185,000	107,500	292,500
당기완성품원가	₩3,515,000	₩2,042,500	₩5,557,500
당기완성품수량	95,000개	95,000개	95,000개
완성품단위당원가	@₩37	@₩21.5	@₩58.5

5. 〈물량흐름〉

재공품

차변		대변	
기초재공품	800kg (40%)	완성품수량	4,300kg
당기투입량	4,500kg	공 손 품	300kg (50%)
		기말재공품	700kg (60%)
	5,300		5,300

〈원가흐름〉

재 공 품

차변		대변	
기초재공품	3,199,440	완성품원가	┐
당기투입원가	15,000,000	공손품원가	┤ 배분
		기말재공품	┘
	18,199,440		18,199,440

〈평균법〉

1. 5단계법

1) 완성품환산량

4,300 + (800×0.4) + (700×0.6) = 5,040kg

2) 단위원가

(₩3,199,440 + ₩15,000,000) ÷ 5,040kg = @₩3,611

3) 공손품원가

@₩3,611 × (800kg×0.4) = ₩1,155,520

① 완성품에 배분될 공손품원가

$$₩1,155,520 \times \frac{4,300}{4,300+420} = ₩1,052,698$$

② 기말재공품에 배분될 공손품원가

$$₩1,155,520 \times \frac{420}{4,300+420} = ₩102,822$$

4) 완성품원가

@₩3,611 × 4,300kg =	₩15,527,300
공손원가배분액 (+)	1,052,698
	₩16,579,998

5) 기말재공품원가

@₩3,611 × (700×0.6) =	₩1,516,620
공손원가배분액 (+)	102,822
	₩1,619,442

2. 산식법

1) 기말재공품원가

$$(₩3,199,440 + ₩15,000,000) \times \frac{700 \times 0.6}{4,300 + 700 \times 0.6} = ₩1,619,442$$

2) 완성품원가

₩18,199,440 - ₩1,619,442 = ₩16,579,998

6. 1. 평균법

1) 5단계법

(1) 물량흐름

재 공 품

기초재공품수량	400개	완 성 품 수 량	4,800개
당 기 투 입 량	5,000개	기말재공품수량	600개
	5,400개		5,400개

(2) 완성품환산량 단위당원가

$$\frac{₩6,600,000 + ₩18,000,000}{4,800 + 600 \times 0.2} = @₩5,000$$

(3) 기말재공품원가

@₩5,000 × 120개 = ₩600,000

2) 산식법

기말재공품평가액 = (기초재공품원가 + 당기제조비용) × $\frac{\text{기말재공품환산량}}{\text{완성수량} + \text{기말재공품환산량}}$ 의 산식에 의거

$$(₩6,600,000 + ₩18,000,000) \times \frac{600 \times 0.2}{4,800 + 600 \times 0.2} = ₩600,000$$

2. 선입선출법

1) 5단계법

(1) 물량흐름

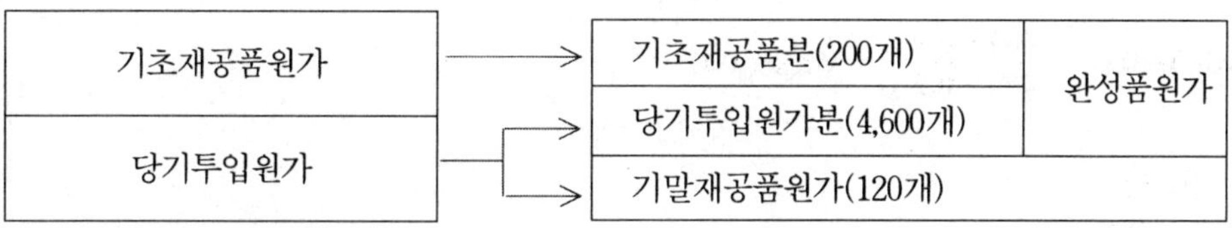

(2) 완성품환산량 단위당원가

$$\frac{₩18,000,000}{4,600 + 120} = @₩3,813.56$$

(3) 기말재공품원가

@₩3,813.56 × 120개 = ₩457,627

2) 산식법

기말재공품평가액 = 당기제조비용 × $\frac{\text{기말재공품환산량}}{\text{완성수량} + \text{기말재공품환산량} - \text{기초재공품환산량}}$

의 산식에 의거

$$₩18,000,000 \times \frac{600 \times 0.2}{4,800 + 600 \times 0.2 - 400 \times 0.5} = ₩457,627$$

3. 후입선출법

1) 5단계법

기초재공품환산량 〉 기말재공품환산량이므로

(1) 물량흐름

재공품

기초재공품환산량	200개	완성품수량	4,800개
투입량	4,720개	기말재공품환산량	120개
	4,920개		4,920개

(2) 완성품환산량 단위당원가

$$\frac{₩6,600,000}{200} = @₩33,000$$

(3) 기말재공품원가

@₩33,000 × 120개 = ₩3,960,000

2) 산식법

$$\text{기말재공품평가액} = \frac{\text{기초재공품원가} \times \text{기말재공품환산량}}{\text{기초재공품환산량}}$$ 의 산식에 의거

$$₩6,600,000 \times \frac{600 \times 0.2}{400 \times 0.2} = ₩3,960,000$$

7. 1. 평균법

1) 5단계법

(1) 물량흐름

재공품

기초재공품	50,000kg(50%)	완성품수량	500,000kg
당기투입량	540,000kg	공손품량	40,000kg
		기말재공품	50,000kg(40%)
	590,000kg		590,000kg

(2) 완성품환산량

500,000 + 40,000 + 50,000×0.4 = 560,000kg

(3) 단위원가

(₩200,000+₩500,000) + (₩3,600,000+₩8,500,000) ÷ 560,000kg = @₩22.8571428

(4) 완성품원가

@₩22.8571428×540,000kg = ₩12,342,857

(5) 기말재공품원가

@₩22.8571428×50,000kg×0.4 = ₩457,143

2) 산식법

(1) 기말재공품원가

$$₩200,000+₩500,000+₩3,600,000+₩8,500,000 \times \frac{50,000 \times 0.4}{500,000+40,000+50,000 \times 0.4}$$

= ₩457,143

(2) 완성품원가

₩12,800,000 - ₩457,143 = ₩12,342,857

2. 선입선출법

1) 5단계법

(1) 완성품환산량

500,000 + 40,000 + 50,000×0.4 - 50,000×0.5 = 535,000kg

(2) 단위원가

(₩3,600,000 + ₩8,500,000) ÷ 535,000kg = @₩22.6168224

(3) 완성품원가

① 기초재공품원가 ₩700,000

② 당기투입량원가중 완성품원가 ₩10,742,991

@₩22.6168224 × (500,000-25,000)

③ 공손품원가 ₩904,673

@₩22.6168224 × 40,000kg

₩12,347,664

(4) 기말재공품원가

@₩22.6168224 × (50,000×0.4) = ₩452,336

2) 산식법

(1) 기말재공품원가

$$(₩3,600,000+₩8,500,000) \times \frac{50,000 \times 0.4}{500,000+40,000+50,000 \times 0.4-50,000 \times 0.5}$$

= ₩452,336

(2) 완성품원가

₩12,800,000 - ₩452,336 = ₩12,347,664

8. 1. 1단계 (물량의 흐름)

물량의흐름

기초재공품수량	800kg	당기완성품수량	5,500kg
당 기 투 입 량	5,200kg	기말재공품수량	500kg
	6,000kg		6,000kg

2. 2단계 (완성품환산량의 계산)

1) 재료비 완성품환산량

5,500kg + 500kg×0.6 = 5,800kg

2) 가공비 완성품환산량

5,500kg + 500kg×0.5 = 5,750kg

3. 3단계 (총원가의 집계)

항 목	직접재료비	가 공 비	합 계
기초재공품	₩ 360,000	₩ 600,000	₩ 960,000
당기제조비용	8,800,000	24,000,000	32,800,000
총 원 가	₩9,160,000	₩24,600,000	₩33,760,000

4. 4단계 (완성품환산량의 단위당원가계산)

재료비 : (₩360,000 + ₩8,800,000) ÷ 5,800kg = ₩1,579.3103448
가공비 : (₩600,000 + ₩24,000,000) ÷ 5,750kg = ₩4,278.2608695
@₩5,857.5712143

5. 5단계 (총원가를 완성품과 기말재공품에 배분)

1) 완성품원가

@₩5,857.5712143×5,500kg = ₩32,216,642

2) 기말재공품원가

재료비 : @₩1,579.3103448×300kg(500×0.6) = ₩473,793
가공비 : @₩4,278.2608695×250kg(500×0.5) = ₩1,069,565
₩1,543,358

9. 〈물량흐름의 요약〉

재공품

기초재공품	30,000(50%)	완성품수량	110,000
당기투입량	120,000	기말재공품	40,000(40%)
	150,000		150,000

〈원가흐름의 요약〉

재공품

기초(재료비)	800,000		
(가공비)	600,000	완성품원가	
당기(재료비)	4,800,000	재공품원가	
(가공비)	1,200,000		
	7,400,000		7,400,000

1. 평균법

1) 5단계법

① 완성품환산량

㉠ 재료비 : 110,000 + 40,000 = 150,000개
㉡ 가공비 : 110,000 + 16,000 = 126,000개

② 단위원가

㉠ 재료비 : (₩800,000 + ₩4,800,000) ÷ 150,000개 = ₩37.33
㉡ 가공비 : (₩600,000 + ₩1,200,000) ÷ 126,000개 = ₩14.29

③ 완성품원가

㉠ 재료비 : @₩37.33 × 150,000개 = ₩5,599,500
㉡ 가공비 : @₩14.29 × 126,000개 = ₩1,800,540
₩7,400,040

④ 기말재공품원가

㉠ 재료비 : @₩37.33 × 40,000개 = ₩1,493,200

ⓛ 가공비 : @₩14.29 × 16,000개 = ₩ 228,640

₩1,721,840

2) 산식법

① 기말재공품재료비

$$(₩800,000 + ₩4,800,000) \times \frac{40,000}{110,000+40,000} = ₩1,493,333$$

② 기말재공품가공비

$$(₩600,000 + ₩1,200,000) \times \frac{40,000 \times 0.4}{110,000+40,000 \times 0.4} = ₩228,571$$

③ 기말재공품원가

₩1,493,333 + ₩228,571 = ₩1,721,904

④ 완성품원가

₩7,400,000 - ₩1,721,904 = ₩5,678,096

2. 선입선출법

1) 산식법

① 기말재공품재료비

$$₩4,800,000 \times \frac{40,000}{110,000+40,000-30,000} = ₩1,600,000$$

② 기말재공품가공비

$$₩1,200,000 \times \frac{40,000 \times 0.4}{110,000+40,000 \times 0.4-30,000 \times 0.5} = ₩172,973$$

③ 기말재공품원가

₩1,600,000 + ₩172,973 = ₩1,772,973

④ 완성품원가

₩7,400,000 - ₩1,772,973 = ₩5,627,027

3. 후입선출법

1) 산식법

① 기말재공품재료비

$$₩800,000 + ₩4,800,000 \times \frac{40,000-30,000}{110,000+40,000-30,000} = ₩1,200,000$$

② 기말재공품가공비

$$₩600,000 + 1,200,000 \times \frac{40,000 \times 0.4}{110,000+40,000 \times 0.4-30,000 \times 0.5} = ₩610,811$$

③ 기말재공품원가

₩1,200,000 + ₩610,811 = ₩1,810,811

④ 완성품원가

₩7,400,000 - ₩1,810,811 = ₩5,589,189

10. 1. 재료투입량
- 기초재공품 : 1,800 ÷ 0.9 = 2,000
- 기말재공품 : 2,160 ÷ 0.9 = 2,400
- 당기완성품 : 4,480 ÷ 0.8 = 5,600

2. 기말재공품원가의 계산

1) 직접재료비 : $₩2,040,000 \times \frac{400}{5,600+2,400-2,000} + 600,000 = ₩736,000$

2) 가 공 비 : $₩2,839,680 \times \frac{200}{5,600+1,200-1,000} + 500,000 = ₩597,920$

3) 기말재공품원가

₩736,000 + ₩597,920 = ₩1,333,920

3. 원가계산표

[원가계산표]

항목	직접재료비	가공비	합계
기초재공품원가	₩600,000	₩500,000	₩1,100,000
당기제조비용	2,040,000	2,839,680	4,879,680
계	2,640,000	3,339,680	5,979,680
기말재공품원가(-)	736,000	597,920	1,333,920
당기완성품원가	₩1,904,000	₩2,741,760	₩4,645,760
당기완성품수량	4,480개	4,480개	4,480개
완성품단위당원가	@₩425	@₩612	@₩1,037

4. 분개

1) (차) 재 공 품	4,879,680	(대)	주요재료비	2,040,000
			노 무 비	1,500,000
			제 경 비	1,339,680
2) (차) 제 품	4,645,760	(대)	재 공 품	4,645,760

제11장 〔주관식〕

종합원가계산(Ⅱ)

1. 본문 참조
2. 본문 참조
3. 본문 참조
4. 본문 참조
5. 본문 참조

6. 1) 조간접비 배부

A제품 배부액 : $₩18,000,000 \times \frac{2,200시간}{4,000시간} = ₩9,900,000$

B제품 배부액 : $₩18,000,000 \times \frac{1,800시간}{4,000시간} = ₩8,100,000$

2) 기말재공품평가

A 제품

① 완성품환산량

	직 접 재 료 비	가　공　비
완 성 품　수 량 기말재공품환산량	800개 80개	800개 40개(80개×50%)
완 성 품 환 산 량	880개	840개

② 완성품환산량 당위당원가

직접재료비 : (₩7,500,000 + ₩10,000,000) ÷ 880 = ₩19,886

가　공　비 : (₩12,500,000 + ₩16,000,000 + ₩9,900,000) ÷ 840 = ₩45,714

③ 기말재공품평가

직접재료비 : ₩19,886 × 80 = ₩1,590,880

가　공　비 : ₩45,714 × 40 = ₩1,828,560

기말재공품원가 : ₩1,590,880 + ₩1,828,560 = ₩3,419,440

B 제품

① 완성품환산량

	직접재료비	가공비
완 성 품　수 량 기말재공품환산량	600개 70개	600개 35개(70개×50%)
완 성 품 환 산 량	670개	635개

② 완성품환산량 단위당원가

직접재료비 : (₩6,200,000 + ₩13,000,000) ÷ 670 = ₩28,657

가　공　비 : (₩8,800,000 + ₩15,000,000 + ₩8,100,000) ÷ 635 = ₩50,236

③ 기말재공품평가

직접재료비 : ₩28,657 × 70 = ₩2,005,990

가　공　비 : ₩50,236 × 35 = ₩1,758,260

기말재공품원가 : ₩2,005,990 + ₩1,758,260 = ₩3,764,250

단순 조별 종합원가계산표

비 목	A 제품	B 제품	합 계
기초재공품 원 가	₩20,000,000	₩15,000,000	₩35,000,000
주 요 재 료 비	7,500,000	6,200,000	13,700,000
가 공 비	12,500,000	8,800,000	21,300,000
조 직 접 비	₩26,000,000	₩28,000,000	₩54,000,000
주 요 재 료 비	10,000,000	13,000,000	23,000,000
가 공 비	16,000,000	15,000,000	31,000,000
조간접비 배부액	9,900,000	8,100,000	18,000,000
기말재공품 원 가	₩3,419,440	₩3,764,250	₩7,183,690
조 별 제품원가	₩52,480,560	₩47,335,750	₩99,816,310
완 성 품 수 량	800개	600개	
단위당 제조원가	@₩65,600.70	@₩78,892.92	

7. 1. 물량의 흐름계산

제 1공정

기초	60개(40%)	완성	800개
당기투입	820개	감손	20개
		기말	60개(70%)
	880개		880개

제 2공정

기초	40개(50%)	완성	760개
전공정대체	800개	감손	30개
		기말	50개(60%)
	840개		840개

2. 기말재공품의 평가

1) 제1공정 (평균법)

① 기말재공품원가 : (₩180,000 + ₩880,000) × $\frac{60 \times 0.7}{(800+20+60 \times 0.7)}$ = ₩51,647

② 완성품원가 : ₩180,000 + ₩880,000 - ₩51,647 = ₩1,008,353

※ 별법 : (₩180,000 + ₩880,000) × $\frac{800+20}{(800+20+60 \times 0.7)}$ = ₩1,008,353

2) 제2공정 (선입선출법)

① 전공정비 기말재공품원가

₩1,008,353 × $\frac{60}{800}$ = ₩75,626

② 자공정비 기말재공품원가

₩660,000 × $\frac{50 \times 0.6}{(760-40 \times 0.5+30+50 \times 0.6)}$ = ₩24,750

③ 제2공정 기말재공품원가

₩75,626 + ₩24,750 = ₩100,376

④ 완성품원가

㉠ 전공정비 완성품원가 : ₩140,000 + ₩1,008,353 - ₩75,626 = ₩1,072,727

㉡ 자공정비 완성품원가 : ₩160,000 + ₩660,000 - ₩24,750 = ₩795,250

⑤ 제2공정 완성품원가 : ₩1,072,727 + ₩795,250 = ₩1,867,977

※ 별법

① 전공정비 완성품원가 : ₩140,000 + 1,008,353 × $\frac{800-60}{800}$ = ₩1,072,727

② 자공정비 완성품원가 : ₩160,000 + 660,000 × $\frac{(760-40\times0.5+30)}{(760-40\times0.5+30+50\times0.6)}$ = ₩795,250

③ 제2공정 완성품원가 : ₩1,072,727 + ₩795,250 = ₩1,867,977

원가계산표

원 가 항 목	제 1 공정	제 2 공정	합 계
기초재공품원가	₩180,000	₩ 300,000	₩ 480,000
당기 제조비용	880,000	660,000	1,540,000
전 공 정 비	-	1,008,353	-
소 계	₩1,060,000	1,968,353	₩2,020,000
기말재공품원가(-)	51,647	100,376	152,023
완 성 품 원 가	₩1,008,353	₩1,867,977	₩1,867,977
완 성 량	800개	760개	
단위당제조원가	@₩1,260.44	@₩2,457.86	

8. (1) 직접재료비

① 기말재공품평가

(₩1,700,000 + ₩6,000,000) × $\frac{31,000}{120,000+31,000}$ = ₩1,580,795

② 완성품원가

₩1,700,000 + ₩6,000,000 - ₩1,580,795 = ₩6,119,205

(2) 가공비

① 제1공정

㉠ 기말재공품평가

20,000×0.5

(₩220,000 + ₩550,000) × $\frac{11,000}{95,000+20,000\times0.5}$ = ₩73,333

㉡ 공정완성품원가

₩220,000 + ₩550,000 - ₩73,333 = ₩696,667

② 제2공정

㉠ 기말재공품원가

전공정비 : (₩100,000 + ₩696,667) × $\frac{11,000}{120,000+11,000}$ = ₩66,896

자공정비 : (₩240,000 + ₩400,000) × $\frac{11,000\times0.4}{120,000+11,000\times0.4}$ = ₩22,637

제2공정 기말재공품원가 : ₩66,896 + ₩22,637 = ₩89,533

㉡ 공정완성품원가

₩340,000 + (₩400,000 + ₩696,667) - ₩89,533 = ₩1,347,134

가공비 공정별 종합원가계산표

항 목	제 1 공정	제 2 공정	직접재료비	합 계
기초재공품원가	₩220,000	₩340,000	₩1,700,000	₩2,260,000
당기 제조비용	550,000	400,000	6,000,000	6,950,000
전 공 정 비	-	696,667	-	696,667
소 계	₩770,000	₩1,436,667	₩7,700,000	₩9,906,667
기 말 재 공 품	73,333	89,533	1,580,795	1,743,661
당기 완성품 원가	₩696,667	₩1,347,134	₩6,119,205	₩8,,163,006
완 성 량	95,000개	120,000개	120,000개	
단 위 원 가	@₩7.33	@₩11.23	@₩50.99	

9. 1) 등가계수와 적수의 산정

A급품 : 1.5 × 2,500개 = 3,750
B급품 : 1 × 4,000개 = 4,000
C급품 : 0.5 × 3,500개 = 1,750

9,500

2) 적수비율에 의한 당월 총제조원가의 등급품별 배부계산

A급품 : $79{,}999{,}500 \times \frac{3{,}750}{9{,}500}$ = ₩31,578,750

B급품 : $79{,}999{,}500 \times \frac{4{,}000}{9{,}500}$ = ₩33,684,000

C급품 : $79{,}999{,}500 \times \frac{1{,}750}{9{,}500}$ = ₩14,736,750

3) 각 등급품별 단위원가계산

A급품 : ₩31,578,750 ÷ 2,500개 = ₩12,631.50
B급품 : ₩33,684,000 ÷ 4,000개 = ₩8,421
C급품 : ₩14,736,750 ÷ 3,500개 = ₩4,210.50

4) 등급품별 종합원가계산표

원가계산표

제품명	단위당중량	등가계수	생산량	적수	배분원가	단위원가
A급품	3 t	1.5	2,500개	3,750	₩31,578,750	₩12,631.50
B급품	2 t	1	4,000개	4,000	33,684,000	8,421
C급품	1 t	0.5	3,500개	1,750	14,736,750	4,210.50
계	-	-	10,000개	9,500	₩79,999,500	-

10. ① 단위당 제조원가

$\frac{₩1{,}600{,}000}{4{,}000kg}$ = ₩400

② 결합원가의 배부 및 단위당 매출총이익의 계산

물량기준법

제품명	생산량	단위당매충액	결합원가배부액	단위당제조원가	단위당매출총이익
A	1,600kg	₩800	₩640,000	₩400	₩400
B	1,000kg	700	400,000	400	300
C	1,400kg	600	560,000	400	200

※ 결합원가배부액 : 단위당 제조원가 × 생산량

상대적판매가치법

제품명	생산량	단 위 당 판매가격	상 대 적 판매가치	결합원가 배 부 액	단 위 당 제조원가	단 위 당 매출총이익
A	1,600kg	₩800	₩1,280,000	₩726,241	₩453.90	₩346.10
B	1,000kg	700	700,000	397,163	397.16	302.84
C	1,400kg	600	840,000	476,596	340.43	259.57
	4,000kg		₩2,820,000			

※ 결합원가배부액 : 1,600,000 × 배부율

※ 단위당제조원가 : 결합원가 ÷ 제품별 생산량

제13장 [주관식]

1. 본문 참조
2. 본문 참조
3. 본문 참조

4. ₩1,800,000

일정한 매출액(S')또는 판매량(M)인 경우에 목표이익(g)을 올리는데 필요한 비용절감을 구하는 산식

$e=(F+g)-S'\times(1-\frac{V}{S})$의 산식에 의거

(₩15,000,000 + ₩5,400,000) - ₩62,000,000 × (1-0.7) = ₩1,800,000

5. 1) $\frac{\text{고정비}}{\text{단위당공헌익}}$의 산식에 의거

$\frac{₩48,000,000}{2,000-800}$=40,000개

2) ₩2,000,000

매출액 50,000개 × 2,000 = ₩100,000,000

제비용 변동비 50,000 × 1,000 = 50,000,000

고정비 48,000,000

₩98,000,000

순이익 ₩100,000,000 - ₩98,000,000 = ₩2,000,000

6. 1) 손익분기점이 되는 판매수량

$$X = ₩7{,}999{,}600 \div (₩5{,}000 - \frac{₩3{,}600}{1})$$

= 5,714개 (판매수량)

2) 손익분기점이 되는 매출액

S = @₩5,000 × 5,714개

= ₩28,570,000 (매출액)

※ BEP의 검산

₩28,570,000 = ₩7,999,600 + 3,600 × 5,714개

7. 제품 20,000개, 매출액을 ₩40,000,000으로 할 때의 손익 P는

$$P = (₩2{,}000 \times 20{,}000\text{개}) \times (1 - \frac{₩800}{₩2{,}000}) - ₩6{,}000{,}000$$

= ₩18,000,000

8. 1)목표이익 ₩7,200,000을 예정한때의 매출액은 다음과 같이 산출된다.

$$X = (₩10{,}080{,}000 + ₩7{,}200{,}000) \div (₩3{,}600 - \frac{₩1{,}440}{1}) = 8{,}000\text{개}$$

※ 검 산

1) 매출액 = 이익 + (변동비 + 고정비)

₩28,800,000 = ₩7,200,000 + ₩1,440 × 8,000개 + ₩10,080,000

$$2)\ \text{판매량} = \frac{\text{이익} + (\text{변동비} + \text{고정비})}{\text{판매단가}}$$

$$8{,}000\text{개} = \frac{₩7{,}200{,}000 + ₩1{,}440 \times 8{,}000\text{개} + ₩10{,}080{,}000}{₩3{,}600}$$

9. 1) S : 0.6S = $210,000 + 0.1S

0.3S = $210,000

S = $700,000

2)산식법

$$S = \frac{(\$210{,}000 + 0.1S)}{0.4}$$

0.4S = $210,000 + 0.1S

0.3S = $210,000

S = $700,000

10. 1) ①X축 : (조업도(volume),또는 매출액, 판매량=생산량)

②Y축 : 총수익 및 총원가 (=총비용)
③총수익 ④총비용 ⑤ 총고정비 ⑥손익분기점 조업도 ⑦손실
⑧이익 ⑨단위당 판매가격 ⑩단위당 변동비

2) ①조업도(total volume) ②이익(손실) ③손익분기점(이익=0)
④총고정비 ⑤이익선(공헌이익선) ⑥손실 ⑦이익 ⑧단위당 공헌이익

제 15 장 [주관식]
(표준원가계산)

1. 1) 원가관리 목적
2) 재무제표 작성의 목적
3) 예산편성의 목적
4) 경영의사결정의 목적
5) 기장절차의 간략화 및 신속화

2. 본문 참조

3. ① 표준간접비배부율 $= \dfrac{900,000}{10,000}$ = ₩90
② 예산차이 계산 : 850,000 - 900,000 = ₩50,000(유리)
③ 조업도차이 계산 : 90×(10,000-9,300) = ₩63,000(유리)
④ 능률차이 계산 : 90×(9,200-9,000) = ₩18,000(불리)
⑤ 총차이 계산 : ₩95,000(유리)

4. 제조간접비차이
1) 2분법
① 표준제조간접비 : 145×2,600 = ₩377,000
② 표준시간에 대한 예산액의 계산

공장 감독	60,000+(25×2,600) = ₩125,000	관리가능비
유 지 비	14,000+(15×2,600) = ₩ 53,000	
간접 임금	34,000+(12×2,600) = ₩ 65,200	
동 력 비	80,000+(30×2,600) = ₩158,000	
보조재료비	6,000+(5×2,600) = ₩ 19,000	
잡 비	2,000+(3×2,600) = ₩ 9,800	
감가상각비	₩16,000	관리불능비
세 금	₩ 4,000	
보 험 료	₩ 4,000	

표준시간에 대한 예산액 : ₩454,000
③ 제조간접비 차이의 산정과 분석
제조간접비 차이 총액 : 377,000 - 500,000 = -₩123,000

조업도 차이 : 377,000 - 454,000 = -₩77,000
관리가능 차이 : 454,000 - 500,000 = -₩46,000

④ 관리가능 차이

원가 항목	예 산	실 적	차 이
공장 감독	125,000	125,000	0
유 지 비	53,000	61,460	-8,460
간접 임금	65,200	75,720	-10,520
동 력 비	158,000	176,080	-18,080
보조재료비	19,000	27,360	-8,360
잡 비	9,800	10,380	-580
	430,000	476,000	-46,000

2) 3분법

① 표준제조간접비 (이분법과 같음)
145×2,600 = ₩377,000
표준시간에 대한 예산액(이분법과 같음) : ₩454,000

② 실제시간에 대한 예산액의 계산
공장 감독 60,000+(25×3,000) = ₩135,000
유 지 비 14,000+(15×3,000) = ₩ 59,000
간접 임금 34,000+(12×3,000) = ₩ 70,000
동 력 비 88,000+(30×3,000) = ₩170,000
보조재료비 6,000+(5×3,000) = ₩ 21,000
잡 비 2,000+(3×3,000) = ₩ 11,000
감가상각비 ₩16,000
세 금 ₩ 4,000
보 험 료 ₩ 4,000
실제시간에 대한 예산액 : ₩490,000

③ 제조간접비 차이분석
제조간접비 차이 총액 : 377,000 - 500,000 = -₩123,000
조업도 차이 : 377,000 - 454,000 = -₩77,000
관리가능 차이 : 490,000 - 500,000 = -₩10,000

④ 관리가능 차이분석

원가 항목	능률차이	2,000시간에 대한 예산	3,000시간에 대한 예산	3,000시간에 대한 실적	예산차이
공장 감독	-10,000	125,000	135,000	125,000	+10,000
유 지 비	-6,000	53,000	59,000	61,400	-2,460
간접 임금	-4,800	65,200	70,000	75,720	-5,720
동 력 비	-12,000	158,000	170,000	176,080	-6,080
보조재료비	-2,000	19,000	21,000	27,360	-6,360
잡 비	-1,200	9,800	11,000	10,380	+620
	-36,000	430,000	466,000	500,000	10,000

5. ① 갑재료비 차이계산
실제가격×실제소비량
(2,800×4,300개) = ₩12,040,000
표준가격×표준소비량
(2,600×4,000개) = ₩10,400,000
12,040,000 - 10,400,000 = ₩1,640,000
② 소비가격 차이계산
(실제가격×실제소비량) - (표준가격×실제소비량)
(2,800×4,300개) - (2,600×4,300개) = ₩860,000
③ 소비수량 차이계산
(표준가격×실제소비량) - (표준가격×표준소비량)
(2,600×4,300개) - (2,600×4,000개) = ₩780,000
또 다음과 같이 계산할 수 있다.
① 소비가격 차이계산
실제소비량×(실제가격-표준가격)
4,300×(2,800-2,600) = ₩860,000
② 소비수량 차이계산
표준가격×(실제소비량-표준소비량)
2,600×(4,300-4,000) = ₩780,000

6. 조업도차이 = {(병동비율×표준작업시간) + 고정제조간접비예산} - 표준배부액
또는 (기준조업도-실제 산출량에 허용된 표준조업도(표준작업시간)×고정제조간접비 배부율
{\$75,000 + (\$6×24,000)} - (24,000×\$9) = \$3,000 (불리)

7. 1) 직접노동시간 차이
표준임률을 χ라 하면 \$43,400 - 14,000×χ = \$1,400
표준임률(χ) = \$3
따라서 직접노동시간 차이는
(14,000 - 15,000) ×\$3 = \$3,000 (유리)
2) 관리가능 차이
\$32,000 - {\$9,000 + (15,000×\$1.5)} = \$500 (불리)
고정간접비배부율 = \$9,000 ÷ 12,000 = \$0.75
변동간접비배부율 = \$2.25 - \$0.75 = \$1.5
3) 조업도 차이
조업도 차이 = 고정제조간접비예산 - 고정제조간접비 배부액
= (기준조업도 - 실제산출량에 허용된 표준조업도) × 고정제조간접비 배부율
\$9,000 - 12,000×0.75 = \$2,250 (유리)

8. 1) 차이분석

(1) 직접재료비차이

	실제발생액	실제수량에 대한 표준원가	허용된 표준원가
A재료 :	105,000×₩140 = ₩14,700,000	105,000×₩150 = ₩15,750,000	100,000*×₩150 = ₩15,000,000
	가격차이 ₩1,050,000(유리)	수량차이 ₩750,000(불리)	
B재료 :	47,000×₩210 = ₩ 9,870,000	47,000×₩200 = ₩ 9,400,000	45,000**×₩200 = ₩ 9,000,000
	가격차이 ₩470,000(불리)	수량차이 ₩400,000(불리)	

* (8,000+2,000×100%)×10kg = 100,000kg

** (8,000+2,000×50%)×5kg = 45,000kg

① 가격차이

A재료	△₩1,050,000(유리)
B재료	470,000(불리)
	△₩580,000(유리)

② 수량차이

A재료	₩750,000(불리)
B재료	400,000(불리)
	₩1,150,000(불리)

(2) 직접노무비차이

실제발생액	실제시간에 대한 표준원가	허용된 표준원가
71,000×₩310 = ₩22,010,000	71,000×₩300 = ₩21,300,000	72,000*×₩300 = ₩21,600,000
임률차이 ₩710,000(불리)	시간차이 ₩300,000(유리)	

* (8,000+2,000×50%)×8시간 = 72,000시간

(3) 제조간접비차이

실제발생액	허용된 표준원가
= ₩10,860,000	70,400*×₩150 = ₩10,560,000
제조간접비차이 ₩300,000(불리)	

* (8,000+2,000×40%)×8시간 = 70,400시간

2) 손익계산서

Ⅰ. 매출액		₩61,190,000
Ⅱ. 매출원가		
1. 기초제품재고액	₩6,100,000	
2. 당기완성품제조원가	48,800,000	
3. 기말제품재고액	6,710,000	48,190,000
Ⅲ. 매출총이익		₩13,000,000
Ⅳ. 판매비와 관리비		3,720,000
Ⅴ. 영업이익		₩9,280,000
Ⅵ. 영업외수익		
1. 재료가격차이	₩580,000	
2. 시간차이	300,000	880,000
Ⅶ. 영업외비용		
1. 재료수량차이	₩1,150,000	
2. 임률차이	710,000	
3. 제조간접비차이	300,000	2,160,000
Ⅷ. 당기순이익		₩8,000,000

※ 1. 기초제품재고액
₩6,100 × 1,000 = ₩6,100,000

2. 당기완성품 제조원가
₩6,100 × 8,000 = ₩48,800,000

3. 기말제품재고액
₩6,100 × 1,100 = ₩6,710,000

9. 1) 롯트별 제품의 표준제조원가

No. 101	@252원×1,000		= 252,000원
No. 102	@252원×1,500		= 378,000원
No. 103	@120원×1,200	= 144,000원	
	@132원×1,200×0.8	= 126,720원	270,720원
		표준제조원가	₩900,720원

2) 재료구입가격차이
585,000원÷9,000 = @65원 ——— 실제구입가격
(@60원 - @65원) × 9,000 = -45,000원(불리)

3) 재료수량차이

	허락표준소비량	재료수량차이의 계산
No. 101	2×1,000 = 2,000	(2,000-2,100)×@60원 = - 6,000원(불리)
No. 102	2×1,500 = 3,000	(3,000-3,250)×@60원 = -15,000원(불리)
No. 103	2×1,200 = 2,400	(2,000-2,170)×@60원 = -13,800원(유리)
		계 - 7,200원(유리)

4) 작업시간차이

	허락표준시간	작업시간차이의 계산
No. 101	3×1,000 = 2,000	(3,000-2,950)×@24원 = 1,200원(유리)
No. 102	3×1,500 = 3,000	(4,500-4,530)×@24원 = -720원(불리)
No. 103	3×1,200×0.8 = 2,400	(2,880-2,620)×@24원 = 6,240원(유리)
		계 6,720원(유리)

5) 임률차이

6) 제조간접비에 대하여

1,260,000원×0.6 = 756,000원 ——— 6개월분의 고정비

756,000원÷6 = 126,000원(1개월당 고정비)

1,260,000원×0.4 = 504,000원 ——— 6개월분의 변동비

504,000원÷63,000 = @8원(변동임률)

(a) 126,000원 + @8원 × 10,100 = 206,800원

(b) 126,000원 + @8원 × 10,380* = 209,040원

(c) @20원 × 10,380 = 207,600원

* 3,000시간+4,500시간+2,880시간 = 10,380시간(허용표준시간)

10. 1. (1) 재료가격차이 : (12-15)×500,000 = 1,500,000(유리)

(2) 재료수량차이 : (420,000-400,000)×15 = 300,000(불리)

① 실제구입단가 : 6,000,000÷500,000 = 12

② 표준단가 : 300÷20 = 15

③ 표준수량 : 20,000×20 = 400,000

(3) 임률차이 : (55-50)×41,000 = 205,000(불리)

(4) 사용할 시간차이 : (41,000-40,000)×50 = 50,000(불리)

① 실제임률 : 2,255,000÷41,000 = 55

② 표준시간 : $20,000\times\frac{100}{50} = 40,000$

(5) 관리가능한 차이 : 3,000,000-2,800,000 = 200,000(불리)

(6) 조업도차이 2,800,000-2,100,000 = 700,000(불리)

① 실제제조간접비 : 3,000,000

② 실제생산에 허용된 표준간접비 예산

1,000,000+1,000,000+800,000 = 2,800,000

③ 제조간접비 표준배부액 : 105×20,000 = 2,100,000

2. 재료비(H원료 20g) 300

노무비	100
변동제조간접비(주)	70
	470

(주) ① 표준변동비의 분해

변동비율 : $\frac{1,600,000-1,000,000}{40,000-20,000}=30$

고정비 : 1,600,000-40,000×30 = 400,000

② 고정비 : 감가상각비 1,000,000

간접노무비 400,000

1,4000,000

③ 단위당 고정비 : 1,400,000÷40,000 = 35

④ 단위당 변동제조간접비 : 105-35 = 70

3.

재료비 (20×18)	360
노무비 (60×2)	120
고정제조간접비(1,400,000÷35,000)	40
변동제조간접비	70
제품단위당표준제조원가	590

4. X: 판매비, Y: 판매가격

매출액 - 변동비 - 고정비 = 영업이익

① 4,700,000 = 1.05XY - (470+100)X - (1,400+50×40,000)

= 1.05XY - 570X - 3,400,000

② 3,500,000 = XY - 570X - 3,400,000

① - ②하면

③ XY = 24,000,000

③식을 ②식에 대입하면

24,000,000 - 570X - 3,400,000 = 3,500,000

∴ X = 30,000

Y = 800

제 16 장 [주관식]

(변동원가계산)

1. 본문참조

2. 변동원가계산방법에 의하면, 고정제조간접비는 기간원가가 되고, 전부원가계산방법에 의하면, 고정제조간접비는 제조원가가 된다.

3. 전부원가계산과 변동원가계산의 순이익의 차이는 전부원가계산에 의하여 재고자산에 이연된 고정제조원가의 변동액에 의하여 조정한다.

4. 1) 생산량 = 판매량일 때
변동원가계산의 순이익은 전부원가계산의 순이익과 같다.
2) 생산량 〉 판매량일 때
변동원가계산의 순이익은 전부원가계산의 순이익보다 적다.
3) 생산량 〈 판매량일 때
변동원가계산의 순이익은 전부원가계산의 순이익보다 크다.

5. 1) 변동원가계산을 찬성하는 이론적 근거
(1) 고정원가와 변동원가를 분리함으로써 증분분석과 단기의 가격결정에 도움이 된다.
(2) 생산조업도 차이에 대한 혼란을 제거한다.
(3) CVP모형의 개발을 촉진한다.
(4) 재고자산의 변동에 따른 손익효과를 제거한다.
2) 변동원가계산을 반대하는 이론적 근거
(1) 설비원가(capacity cost)의 중요성을 인식하지 못한다.
(2) 재고자산을 과소평가한다.
(3) 재무보고서의 분석에서 투자자를 오도하기 쉽다.
(4) 법인세의 계산방법으로 인정되지 않고 있다.

6. 고정제조간접비의 실제 발생액과 예산의 차이는 가격변동, 원가추정오류, 공장, 설비의 변경 또는 설비의 비능률적인 유지 등의 원인 때문에 발생한다.

7. 본문참조

7. 1) 전부원가계산에 의한 손익계산서

손익계산서

Ⅰ. 매출액		₩20,000,000
Ⅱ. 매출원가		
1. 기초제품재고액	₩17,280,000	
2. 기말제품재고액	5,760,000	₩11,520,000
Ⅲ. 매출총이익		₩ 8,480,000
Ⅳ. 판매비와 관리비		7,500,000
Ⅴ. 영업이익		₩ 980,000

2) 변동원가계산에 의한 손익계산서

손익계산서

Ⅰ. 매출액		₩20,000,000
Ⅱ. 변동비		
1. 기초제조비용	₩11,370,000	
2. 기말제품재고액	3,790,000	₩ 7,580,000

Ⅲ. 공헌이익		₩12,420,000
Ⅳ. 고정비		
1. 제조간접비	5,910,000	
2. 판매비와 관리비	7,500,000	₩13,410,000
Ⅴ. 당기순이익		△₩ 990,000

3) 양방식의 기간손익의 차이

전부원가계산에서는 제품의 제조원가를 구성하는 모든 원가요소를 제품에 부과하여 산정한다. 그러나 변동원가계산에 있어서의 원가는 직접재료비, 직접노무비와 생산량에 따라 증감하는 변동간접비만을 제품에 부과하고 생산량의 증감에 고정적 간접비는 제품에 부과하지 않고 매기의 손비로서 손익계산서에서는 기간비용으로 처리한다.

8. 1) 전부원가계산에 의한 손익계산서

원가항목	제 1 기		제 2 기	
Ⅰ. 매출액		₩1,760,000		₩2,112,000
Ⅱ. 매출원가				
1. 기초재고액	–		₩ 352,000	
2. 당기제품제조원가	₩1,232,000		1,056,000	
계	₩1,232,000		₩1,408,000	
3. 기말재고액	352,000	880,000	211,200	1,196,800
Ⅲ. 매출총이익		₩880,000		₩915,200
Ⅳ. 판매비와 관리비		538,000		555,600
Ⅴ. 영업이익		₩342,000		₩359,600

2) 변동원가계산에 의한 손익계산서

원가항목	제 1 기		제 2 기	
Ⅰ. 매출액		₩1,760,000		₩2,112,000
Ⅱ. 변동비				
1. 기초제품재고액	-		₩176,000	
2. 변동제품제조원가	₩616,000		440,000	
계	₩616,000		₩616,000	
3. 기말제품재고액	176,000		88,000	
4. 변동매출원가	440,000		528,000	
5. 변동판매비	88,000	₩528,000	105,600	₩633,600
Ⅲ. 공헌이익		₩1,232,000		₩1,478,400
Ⅳ. 고정비				
1. 제조원가	₩616,000		₩616,000	
2. 관리비	450,000	1,066,000	450,000	1,066,000
Ⅴ. 영업이익		₩166,000		₩412,400

3) 차이발생원인의 설명

(1) 제1기 : 전부원가계산시 기말제품재고액에 배부된 고정제조간접비는 ₩176,000이다. 그러나 변동원가계산에서는 고정제조간접비가 모두 기간비용으로 처리되었다. 따라서 전부원가계산에서 기말제품재고액 중 고정제조간접비(400개×440 = ₩176,000)만큼 이익이 증가되었다.

※ $616,000 \times \frac{400}{1,400} = ₩176,000$

(2) 제2기 :

제1기에서 제2기로 이월된 기초제품재고	₩176,000
기말제품재고에 배부된 고정제조간접비	
$₩616,000 \times \frac{200}{1,000} =$	₩123,200
변동원가계산시 영업이익의 초과액	₩52,800

전부원가계산은 기초재고에 전기분 고정제조간접비 ₩176,000이 포함되어 있으며 기말재고액에는 ₩123,200만큼 계상되었다. 따라서 변동원가계산에 비해 ₩52,800만큼 이익이 과소계상되었다.

9. 1) 제품단위당 제조원가

	전부원가계산법	변동원가계산법
직접재료비	₩2	₩2
직접노무비	4	4
변동제조간접비	1	1
고정제조간접비	5	-
제품단위원가	₩12	₩7

2) 전부원가계산법에 의한 손익계산서

손익계산서

Ⅰ. 매출액 (5,000×20)		₩100,000
Ⅱ. 매출원가		
1. 기초제품재고	₩ 0	
2. 당기제품재고	72,000	
4. 기말제품재고	12,000	₩ 60,000
Ⅲ. 매출총이익		₩ 40,000
Ⅳ. 판매비와관리비		25,000
Ⅴ. 영업이익		₩ 15,000

※ 당기제품재고 : ₩72,000 = 6,000×12
기말제품재고 : ₩12,000 = 1,000×12
※ 판매비와 관리비 : ₩25,000 = (5,000×3) + 10,000

3) 변동원가계산에 의한 손익계산서

손익계산서

Ⅰ. 매출액 (5,000×20)		₩100,000
Ⅱ. 변동비		
1. 변동매출원가		
1) 기초제품재고	₩ 0	
2) 당기제품제조원가	42,000	
3) 기말제품재고	7,000	
4) 변동매출원가	35,000	
5) 변동판매관리비	15,000	₩ 50,000
Ⅲ. 공헌이익		₩ 50,000
Ⅳ. 고정비		
1. 고정제조간접비	30,000	
2. 판매비와 관리비	10,000	₩ 40,000
Ⅴ. 당기순이익		₩ 10,000

10. 1) 변동원가계산에 의한 손익계산서

손익계산서

	제 1 분기	제 2 분기	제 3 분기
Ⅰ. 매출액 (6,000단위×@₩4)	₩24,000	₩24,000	₩24,000
Ⅱ. 변동원가			
1. 기초제품재고액	0	0	800
2. 당기제품제조원가	6,000	6,800	5,200
3. 기말제품재고액	0	800	0
4. 변동매출원가	₩6,000	₩6,000	₩6,000
5. 변동판매관리비(6,000단위 ×@₩4)	2,400	2,400	2,400

변동원가합계	₩8,400	₩8,400	₩8,400
Ⅲ. 공헌이익	₩15,600	₩15,600	₩15,600
Ⅳ. 고정원가			
1. 제조원가	₩4,000	₩4,000	₩4,000
2. 판매비	1,000	1,000	1,000
3. 관리비	1,600	1,600	1,600
고정원가합계	₩6,600	₩6,600	₩6,600
Ⅴ. 영업이익	₩9,000	₩9,000	₩9,000

2) 전부원가계산에 의한 손익계산서

손익계산서

	제 1 분기	제 2 분기	제 3 분기
Ⅰ. 매출액 (6,000단위×@₩4)	₩24,000	₩24,000	₩24,000
Ⅱ. 매출원가			
1. 기초제품재고액	0	0	0
2. 당기제품제조원가	10,000	10,800	9,200
3. 기말제품재고액	0	1,270	0
계	₩10,000	₩9,530	₩10,470
Ⅲ. 매출총이익	₩14,000	₩14,470	₩13,530
Ⅳ. 판매비와 관리비	5,000	5,000	5,000
Ⅴ. 영업이익	₩9,000	₩9,470	₩8,530

제 16 장 [주관식]
(경영의사결정)

1. 본문참조

2. ① 관련원가(relevant cost)
   역사적원가와는 관계없이 기대되는 미래원가로서 제 대체안의 선택여부 혹은 그 의사결정에 영향을 미치는 원가를 말한다.
   ② 비관련원가(irrelevant cost)
   의사결정에 영향을 미치지 아니하는 원가를 뜻한다.

3. 본문참조

4. 1. 대체안의 평가
   1) 외부구입시 원가

구입가격($18×10,000)	$180,000	
수입임대료	(15,000)	$165,000

   2) 관련원가

직 접 재 료 비	$ 20,000	
직 접 노 무 비	55,000	
변 동 제 조 간접비	45,000	
회피가능고정간접비	40,000	$160,000
자가생산시유리한 차이		$ 5,000

2. 대체안의 선택

V회사의제안을 거부하고 M-1을 생산하는 것이 $5,000가 절감된다.

5. 순관련원가 : 변동제조원가

직 접 재 료 비	$ 2	
직 접 노 무 비	8	
변동제조간접비	4	$14
회피가능고정간접비($6×1/3)		2
단위당 순관련원가		$16
순관련원가($16×5,000단위)		$80,000

6. 자가제조 또는 외부구입의사결정시 회피불가능한 고정제조간접비는 비관련원가이다.

₩1,520 - (₩400×60%) = ₩1,280(개당 관련원가)

₩1,280 × 10,000개 = ₩12,800,000 (관련원가 총액)

7. 1. 대체안의 평가 및 선택

1) 대체안의 평가

Ⅰ. 판매가격		₩40,000
제조원가 :		
직 접 재 료 비	₩5,000	
직 접 노 무 비	25,000	
변동제조간접비	3,500	33,500
Ⅱ. 변동판매비와 관리비		2,000
Ⅲ. 추가공헌이익		₩4,500

※ 변동제조간접비 : $(₩200{,}000 - ₩60{,}000) \times \frac{500}{20{,}000} = ₩3{,}500$

변동판매비와 관리비 : $₩4{,}000 - ₩80{,}000 \times \frac{500}{20{,}000} = ₩2{,}000$

2) 대체안의 선택

주문을 수락함으로 이익이 ₩4,500 증가하게 된다.

2. 1) 분석에서 제외하고 비용의 내용

제조간접비중 고정비와 판매비와 관리비의 고정비

2) 그 이유 : 고정비는 생산량의 증가나 감소와 관계없이 일정하게 발생되는 것이다. 따라서 추가생산에 의한 고정비용의 추가발생은 없기 때문에 이 분석에서는 관련원가(relevant cost)가 아니다.

3. 추가적으로 조달되어야 하는 직접노무비의 변동이 조정되어야 하며 설비의 신규도입에 따른 감가상각비, 자본비용, 유지비용이 추가되어야 하지만 예정제조간접비에의 영향을 고려해야 한다.

8. 1. 대체안의 평가

원 가 항 목	현재상태 X 40lbs Y 60lbs	대 체 안 X 60lbs Y 40lbs	차 액
Ⅰ. 수 익			
X 품목	₩200,000	₩300,000	₩100,000
Y 품목	120,000	80,000	(-) 40,000
Ⅱ. 원 가			
종합 원가	150,000	150,000	-
추가가공비	-	45,000	45,000
Ⅲ. 이 익	₩170,000	₩185,000	₩15,000

2. 대체안의 선택

추가로 가공하는 것이 ₩15,000이 유리하다.

9. (주)동현건설은 부분품을 자가제조함으로써 ₩140,000이 절약되므로 제조하는 것이 유리하다고 말할 수 있다.

유리하다는 근거

	구 입	제 조
1. 구매가격(₩50×5,000단위)	₩250,000	
2. 인수, 주문, 검사비(₩6×5,000단위)	30,000	
3. 자가제조비용{(3+18+7)×5,000단위}	-	₩140,000
	₩280,000	₩140,000

10. 1. 대체안의 선택

원가항목	제품A의 판매	제품B의 판매
Ⅰ. 총수익	₩950×100,000 = ₩95,000,000 -- 95,000,000	₩2,500×120,000 = ₩300,000,000 1,800×40,000 = 72,000,000 372,000,000 70,000,000
Ⅱ. 총비용	700×100,000 = 75,000,000 -- -- 70,000,000	변동비 (2,400-700)×120,000 =204,000,000 (1,600-700)×40,000 =36,000,000 310,000,000
Ⅲ. 총이익	₩25,000,000	₩62,000,000

위 표와 같이 제품 B, C를 생산하여 판매하는 것이 ₩37,000,000(₩62,000,000 - ₩25,000,000)만큼 유리하다.

2. 매몰원가 (sunk cost)

1) 매몰원가의 뜻

매몰원가란 과거의 의사결정에 의해 이미 발생한 원가로 현재에는 회피할 수 없는 과거 원가를 의미한다.

즉 용도가 극히 제한된 혹은 특수화된 설비자금의 취득에 소요된 원가의 전부 또는 일부가 일정한 상태아래서 회수불가능(irrecusable)한 원가이다.

2) 매몰원가의 관리적 의의

첫째로 조업을 계속할 것인가 혹은 중단할 것인가 하는 의사결정에 활용되어 총수익이 총가변비용조차 회수하지 못한다면, 조업을 중단하는 것이 더 유리하며 이때에 매몰원가가 나타나게 된다.

둘째로 신설비를 구입하여 구설비와 대체하는 것이 유리한가를 결정하는데 쓰인다. 즉 내용연수가 채 경과하지 않은 설비를 신설비로 대체하려고 할 때에는 미상각액에서 매각가능액을 차감한 잔액(매몰원가)을 고려해야 한다.

3) 위 사례에서의 수치

위의 사례에서 매몰원가라고 인정되는 것은 제품B, C를 생산하여 판매할 때에 투입된 제품 A의 ₩70,000,000이 해당된다. 왜냐하면 일단 B, C를 생산하게 된다면 제품 A가 완제품으로서의 독립된 판매기회는 상실되는 것으로 보아 이미 과거에 발생된 원가로서 현재에는 회피할 수 없기 때문이다.

3. 차액원가(differential cost)

1) 차액원가의 수치

위의 사례에서의 차액원가는 제품 B, C를 생산할 때에 추가적으로 소요되는 비용으로서 기타원재료, 직접노무비, 변동간접비로 사용되는 ₩240,000,000이 된다.

즉 (2,400-700)×120,000 + (1,600-700)×400,000 = ₩240,000,000

2) 차액원가의 의미

차액원가란 한계원가라고도 하며, 조업도의 증감, 설비의 증감 또는 생산방법의 변경 등 작업의 형태가 변경된 경우에 생산량 품종의 증감분에 대해서 생긴 원가의 증감분을 말한다.

3) 차액원가의 관리적 의의

일정한 설비능력을 가지고 있는 공장에서 신제품을 추가 제조하고자 할 때에 추가 제조의 가부(可否) 결정에는 차액원가만을 고려하면 된다. 다시 말해서 전부원가 또는 평균원가를 고려할 필요가 없이 추가적으로 소요되는 변동비를 차액수익과 비교하여 의사결정을 하게 된다. 이와 같이 추가적인 생산을 위한 추가적인 고정비의 지출이 없다면 변동비는 곧 차액원가가 되는 것이며 만일에 추가적인 고정비의 지출을 예상한다면 이것도 차액원가에 포함된다.

결론적으로 관리적 결정을 행하기 위하여 또는 대체적 방안을 고료하기 위하여 수행하는 비교원가조사의 중요한 것이 바로 차액원가 개념이다.

4. 기회원가 (opportunity cost)

1) 기회원가의 금액

제품 A를 판매하는 경우의 순이익	₩25,000,000
제품 B, C를 판매하는 경우의 순이익	62,000,000
	₩37,000,000

이 경우의 기회원가는 ₩62,000,000이 되며, 차액 ₩37,000,000이 아니다.

2) 기회원가의 관리적 의의

기회원가는 한정된 자원의 대체적인 용도 중 어느 것을 택할 것인가를 결정할 때 적용되는 특수원가 개념이므로, 경영자가 여러 가지 대체안 중 어느 하나를 선택할 때에 최선의 선택을 가능하게 해주는 의사결정기준(decision rule)으로서의 관리적 의의가 있다.

5. 대체안 비교결과의 타당성

100%의 조업도를 유지하고 있다면 물음 1.에서의 대체안 비교의 결과는 다음과 같이 분석하여 그 타당함을 기다릴 수 있다.

물음 1.에서의 대체안의 비교는 30% 여유 조업도를 이용하여 A제품의 재고를 B, C의 생산에 사용하였기 때문에 추가적인 고정비를 고려하지 않았다. 그러나 100%의 조업의 경우에 대체안을 비교하려면 반드시 고정비의 주가부담 여부를 고려해야 한다. 대체안의 새로운 이익이 추가적인 고정비를 충분히 보상하는 경우 즉, 100%의 조업에서 추가적으로 A제품의 재고를 B, C의 생산에 사용하여 얻은 새로운 이익이 생산으로 인한 추가적 변동비와 고정비를 보상하고도 이익이 남는다면 물음1.에서의 대체안의 비교 결과는 타당하다. 그러나 새로운 이익이 추가적 변동비와 고정비를 보상하지 못한다면 물음1.에서의 대체안의 비교적 결과는 타당하지 못하다.

제 18 장 [주관식]
(자본예산)

1. 경영자가 회수기간법을 선호하는 이유는 불확실한 상황에서는 짧은 회수기간을 갖는 투자안이 보다 바람직하고, 쉽게 계산 · 이해될 수 있다는 점에서 선호한다.

2. 자본예산은 오늘날 기업이 시설투자에 대한 확장 및 대체, 신기술의 채택, 신제품개발 등에 대한 의사결정의 기회가 점진적으로 확대되어감에 따라 기업의 재무정책에 있어 중요한 위치를 차지하고 있다.

3. 순현가법(NPV)은 그 순현금유입액의 현가가 0(zero)보다 크거나 같은 경우에 수락하고, 내부수익률(IRR)법은 일정투자에 대한 내부수익률이 자본비용보다 크거나 같을 경우에 그 투자안을 수락하게 되므로, 순현가법은 일정 수치간 비교에 의한 평가방법이고, 내부수익률법은 일정 비율간 비교에 의한 평가방법이다.

4. 자본예산의 모형은 현금흐름의 할인 여부에 따라 대별하여 2가지로 분류할 수 있다. 할인모형(discounting models)은 화폐의 시간가치(time value of money)를 고려한 모형이고 여기에는 내부이익률법과 순현가법이 있다.

   비할인모형(nondiscounting models)은 화폐의 시간가치를 고려하지 않는 모형으로 전통적 회계모형으로 긴급한 상황이 발생시 임기응변적으로 처리하는 방법이다.

   여기에는 회수기간법과 회계이익률법이 있다. 전통적회계모형을 비과학적이고 비논리적인 방법이다.

5. 현금흐름할인법(discounted cash-flow method)은 현금순환 할인법이라고도 불리우는 것으로, 화폐의 시간가치(time value of money)를 고려하여 투자안의 수락여부를 결정하는 방법이다. 여기에는 순현가법과 내부이익률법이 있다.

6. 현금유입이 고르지 않을 경우 내부수익률을 계산하기 위한 시행착오법(trial and error method)은 다음과 같은 단계를 거쳐서 이루어진다.

   제1단계: 자본비용으로 순현가를 계산한다.
   제2단계: 순현가가 正(+)인지, 否(-)인지를 파악한다.
   제3단계: NPV를 산출한다.

제4단계: 보간법을 사용하여 정확한 IRR를 계산한다.

7. 순현가법의 의사결정규칙(decision rule)은
   ① 순현가를 계산한다. 순현가는 기대되는 최저이익률을 할인율로 하여 계산한다.
   ② 순현가가 0(zero)이거나 正(+)의 수이면 그 투자안은 받아들인다. 그러나 否(-)의 수이면 거부한다.
   내부이익률법의 의사결정 규칙은 ① 현가표를 사용하되, 시행착오법과 보간법을 이용하여 내부이익률을 산출한다. ② 이 내부이익률이 기대되는 최저이익률과 같거나 초과하면, 그 투자안은 수락하고, 그렇지 않으면 거부한다.

8. 일정기간 자본이용에 대하여 그 대가를 지불하여야 하는데 이 자본 사용에 소요될 것이라 보는 비용을 자본비용(cost of capital)이라고 한다. 자본비용은 투자대상 선택 및 자본구조를 결정하는 기준이 되고 있다. 투자대상 선택의 관점에서 자본비용은 일정 투자안이 최소한도로 획득하여야 할 최저필수 수익률을 제시해 준다. 또한 이는 내부수익률법에 있어서 해당 내부수익률과 상호 비교됨으로써 투자안을 수락하는 기준이 되며, 순현가법에 있어서는 미래 기대 현금유입액에 대한 할인율로써 이용되어 투자안에 대하여 최소한도의 획득가능 가치를 나타낸다.

9. 1) 회수기간법

   A 안: $3\ \dfrac{(40,000-36,000)}{20,000} = 3.2$년

   B 안: $3\ \dfrac{(55,000-54,000)}{18,000} = 3\dfrac{1}{18}$ 년

   2) 순현재가치법

   A 안:
   총현금유입액의 현가
   8,000 × 1.7355 = 13,884
   20,000 × (3.7908 - 1.7355) = 41,106
   합계 54,990
   순현금유입액의 현가
   ₩54,990 - ₩40,000 = ₩14,990

   B 안:
   총현금유입액의 현가
   18,000 × 3.7908 = ₩68,234
   순현금유입액의 현가
   68,234 - 55,000 = ₩13,234

   3) 수익성 지수법

   A 안: 54,990 ÷ 40,000 = 1.375
   B 안: 68,234 ÷ 55,000 = 1.241

4) 내부수익률법

A 안:

	20%인 경우	25%인 경우
	8,000 × 1.5278 = 12,222	8,000 × 1.44 = 11,520
	20,000 × 1.4628 = 29,256	20,000 × 1.2493 = 24,986
	41,478	36,506

20%	41,478
25%	36,506
5%	4,972

$$20\% + 5\%\left(\frac{41,478-40,000}{4,972}\right) = 21.49\%$$

B 안:

17%인 경우	20%인 경우
18,000 × 3.1993 = 57,587	18,000 × 2.9906 = 53,830

17%	57,587
20%	53,830
3%	3,757

$$17\% + 3\%\left(\frac{57,587-55,000}{3,757}\right) = 19.07\%$$

10. 투자안 A: 순현금유입 × 할인계수 = 순현재가치

순현금유입	할인계수	순현재가치
₩954,000	× 0.893 =	₩851,922
390,000	× 0.797 =	310,830
120,000	× 0.712 =	85,440
		₩1,248,192

투자안 B:

순현금유입	할인계수	순현재가치
₩350,000	× 0.893 =	₩ 312,550
575,000	× 0.797 =	458,275
800,000	× 0.712 =	569,600
		₩1,340,425

순현재가치의 계산

	투자안 A	투자안 B
현금유입의 현가	₩1,248,192	₩1,340,425
최초투자액	△ 800,000	△1,000,000
순현재가치	₩ 448,192	₩ 340,425

A 투자안의 현재가치가 B 투자안보다 크기 때문에 A투자안을 선택하는 것이 좋다.

찾아보기

[ㄷ]

[ㅁ]

[ㅂ]

[ㅅ]

[저자 소개]

• 신성식(申成植)

호원대학교 산업경영연구소장
호원대학교 입학홍보처장
호원대학교 경상관광대학장
호원대학교 사회과학대학장
(사)한국국제회계학회장
(사)한국경영교육학회 편집위원장
원광대학교 · 군산대학교 경영행정대학원 · 군산대학교 대학원 외래교수
현, 호원대학교 경영학부 교수, (사)한국경영교육학회장
경영학박사(원광대학교)
경영지도사

〈저서〉

『현대상업계산』, 1982, 양서원
『신상업계산』, 1993, 양서원
『원가회계』, 1994, 양서원
『회계원리』, 1995, 율곡출판사
『회계학원론』, 1997, 학현사
『원가관리회계』, 1999, 법경사
『객관식회계학』, 2001, 법경사
『생활과 세무』, 2002, 대경

원가관리회계

2008년 9월 20일 초판인쇄
2008년 9월 25일 초판발행

저 자 신 성 식
발행인 유 성 렬
발행처 청목출판사
서울특별시 영등포구 신길동 233-96
전화 (02) 849-6157(代) · 2820
FAX (02) 849-0817
등록 제318-1994-000090호

파본은 바꾸어 드립니다. 값 29,000원

http : //www.chongmok.co.kr

ISBN 978-89-5565-269-7